L'IMPRIMÉ AU QUÉBEC

ASPECTS HISTORIQUES (18e-20e siècles)

Avec les hommages

de

l'Institut québécois

de recherche

sur la culture

Collection «Culture savante» no 2

L'IMPRIMÉ AU QUÉBEC

ASPECTS HISTORIQUES (18e-20e siècles)

Sous la direction de

Yvan Lamonde

1983

INSTITUT QUÉBÉCOIS DE
RECHERCHE SUR LA CULTURE

ISBN 2-89224-026-3
ISSN 0714-5608
Dépôt légal — Bibliothèque nationale
du Québec

2e trimestre 1983

Institut québécois de recherche sur la culture,
93, rue Saint-Pierre,
Québec G1K 4A3

Table des matières

Avant-propos

Le présent ouvrage rend publics les textes des communications présentées à un atelier de travail («workshop») organisé conjointement par l'Institut québécois de recherche sur la culture et le Groupe de recherche en histoire de l'imprimé au Québec. Cet atelier, qui eut lieu les 12 et 13 novembre 1981, fournissait l'occasion de faire le bilan des tendances, des méthodes et des besoins dans le domaine de l'histoire de l'imprimé, tant au plan de la production, de l'exploitation que de la consommation.

L'une de ces communications, celle de Yvan Lamonde et de Daniel Olivier sur *Les bibliothèques personnelles au Québec. Inventaire analytique et préliminaire des sources*, fera l'objet d'une publication conjointe de la Bibliothèque nationale du Québec et de l'Institut.

Cet atelier a enfin permis d'identifier certains besoins et de manifester certaines attentes. Les chercheurs présents ont noté l'urgence d'une recherche d'équipe sur l'exceptionnel fonds d'archives de Brown et Neilson dont l'étude constituera un apport original et décisif à la compréhension de la culture de l'imprimé à Québec principalement, durant la première moitié du 19e siècle. On a souligné l'intérêt d'une publication prochaine des résultats de l'étude sur l'alphabétisation aux 17e et 18e siècles menée par le Groupe de recherche en démographie historique de l'Université de Montréal. La publication de la recherche encore manuscrite de Lucie Benoît Ladouceur et Michel Biron, de la Bibliothèque nationale du Québec, sur «Les almanachs québécois des origines à nos jours» serait, certes, extrêmement utile aux chercheurs en général et aux historiens de la culture et de l'imprimé en particulier. On a enfin suggéré la production d'un guide des collections d'images imprimées du Québec et d'un inventaire analytique des catalogues de libraires québécois.

Yvan Lamonde

La recherche récente en histoire de l'imprimé au Québec

au Québec

Yvan Lamonde

Institut québécois de recherche sur la culture
Université McGill, Montréal

L'avancement de la recherche récente et des connaissances nouvelles en histoire de l'imprimé au Québec tient d'abord à un effort de conceptualisation du secteur. À une recherche fragmentée en objets multiples on a substitué une cohérence qui fait de l'imprimé l'objet d'une histoire totale incluant tout autant sa production que sa distribution et sa consommation. Ce progrès des connaissances tient aussi à des préoccupations méthodologiques, essentiellement à la recherche de séries documentaires et analytiques et, conséquemment, à la possibilité d'un traitement quantitatif des données. Enfin, ces percées nouvelles dans le secteur culturel proviennent d'une analyse sociale plus poussée des phénomènes étudiés.

Ces caractéristiques de l'histoire de l'imprimé se dégagent de façon exemplaire de trois domaines privilégiés d'analyse: la bibliothèque collective, la bibliothèque personnelle et l'imprimé entre 1764 et 1820.*

Les bibliothèques collectives

Diverses séries documentaires — les catalogues, les rapports de paroisse ou du surintendant de l'Instruction publique par exemple — ont permis d'identifier, de dénombrer et d'évaluer l'ampleur du phénomène des bibliothèques collectives à Montréal au 19e siècle. La constitution par Yvan Lamonde d'une typologie des bibliothèques a non seulement dégagé des ressemblances sous les appellations diverses mais surtout contribué à scruter en profondeur l'origine de la bibliothèque dite «publique» dans la métropole du Canada. Nous disposons dorénavant pour Montréal — et bientôt pour Québec — d'une périodisation de l'évolution des bibliothèques collectives identifiée successivement à une culture de marchands, d'avocats et de clercs auxquels s'ajoutent, dans le dernier quart du siècle, les gouvernements provincial et municipal.

Parmi ces bibliothèques collectives auxquelles on s'est intéressé, la bibliothèque d'association s'avère celle qui, le plus tôt et le plus directement, mène à la bibliothèque publique. Cette bibliothèque d'association fut un véritable «marché aux idées»; non seulement en raison de sa dimension de «bourse intellectuelle» ou de la place qu'elle a faite à la presse dans sa «salle de nouvelles» mais surtout de la polarisation idéologique dont elle fut pendant près de quarante ans l'expression. Marcel Lajeunesse a bien analysé à travers les bibliothèques sulpiciennes — l'Oeuvre des Bons Livres (1844), le Cabinet de lecture paroissial (1857) et le Cercle Ville-Marie (1857, 1884) — le pôle catholique et conservateur de la bibliothèque d'association. Grâce aux catalogues principalement, il a pu franchir le seuil de ces bibliothèques et évaluer ces «bons livres»: livres religieux surtout, primordiaux pour le «salut éternel», livres de lettres et de philosophie ensuite menant à une orientation de plus en plus marquée vers la «littérature», le romanesque sain, moral et catholique. Il a aussi confirmé l'importance de la presse — catholique — dans ces cabinets de lecture qui prennent, de diverses façons, appui

---

* Pour les références aux travaux, on consultera le bilan bibliographique présenté à la fin de cette étude.

sur elle. Si l'historien a pu franchir le seuil de la bibliothèque, il n'a pu, dans ce cas, établir de façon satisfaisante l'identité sociale de ceux qui le franchirent à l'époque pour y lire «les gazettes» ou y emprunter des volumes; la clientèle de ces bibliothèques est difficile à évaluer. On y parviendra sans doute pour quelques bibliothèques en utilisant des registres d'emprunts conservés.

Armande Lebeau s'est intéressée à l'autre pôle idéologique de ces associations en étudiant le contenu littéraire de la bibliothèque «libérale» de l'Institut canadien de Montréal (1844-1883). L'analyse de deux catalogues (1870, 1883) et d'un supplément (1876) a révélé l'importance de la «littérature» qui constitue plus du tiers de la bibliothèque de l'Institut. Mme Lebeau y a découvert la prépondérance du romanesque, littérature «légère» ou de divertissement fort populaire et comme au détriment des attentes des dirigeants de l'Institut! Les romanciers et feuilletonnistes contemporains y avaient leurs titres sur les rayons; par ordre d'importance du *Catalogue de 1883*: Alexandre Dumas, Ponson du Terrail, Émile Souvestre, Eugène Sue, Gustave Aimard, par exemple. Bon nombre était aussi dans l'*Index des livres défendus*, situation conflictuelle à souhait pour les libéraux de Montréal!

Le catalogue s'est donc révélé une source documentaire essentielle pour l'étude de la bibliothèque collective. On a avec raison repéré ces catalogues manuscrits et imprimés, étudié leur évolution jusqu'au catalogue sur fiche et souligné les problèmes méthodologiques de leur utilisation, problèmes dont Roger Meloche a fait peu de cas dans son étude de trois catalogues (1852, 1857, 1870) de la bibliothèque de l'Institut canadien de Montréal.

Claude Galarneau a pu aussi franchir le seuil d'une autre bibliothèque collective, celle du Séminaire de Québec, grâce encore une fois à un catalogue — manuscrit — établi en 1782 par l'abbé Arnauld-Germain Dudevant et déjà étudié (1973) par Monique Laurent. Il en a quantifié la collection et en a établi les secteurs les plus riches — religion, belles-lettres, histoire, droit — qui en faisaient une bibliothèque parfaitement adaptée à l'institution religieuse d'enseignement classique qu'était le Séminaire de Québec.

L'étude récente et de plus en plus approfondie des bibliothèques collectives reflète adéquatement les préoccupations d'histoire sociale des historiens de l'imprimé; ceux-ci ont non seulement mieux identifié socialement les groupes initiateurs de telles bibliothèques mais ils ont surtout mieux dégagé la genèse de la lecture «publique» et les résistances cléricales à cette démocratisation de la lecture. Ces études sur les bibliothèques collectives ont enfin fait la preuve de la richesse méthodologique de sources sériées et du traitement quantitatif.

Marcel Lajeunesse poursuit, dans le présent ouvrage, cette étude sur les bibliothèques collectives avec un aperçu sur la lecture «publique» au Québec au 20e siècle et l'ambivalence des solutions apportées.

Les bibliothèques personnelles

L'étude de la bibliothèque personnelle s'est faite ces dernières années soit à l'occasion de recherches biographiques, soit à l'occasion de la disponibilité d'une source documentaire, l'inventaire après décès. En raison vraisemblablement de ce type de source, l'étude de la bibliothèque personnelle durant la période coloniale française a été plus fréquente.

Jean-Claude Dubé qui s'était déjà intéressé à la bibliothèque de l'intendant Dupuy (1969) a esquissé une biographie intellectuelle des intendants à partir de leur histoire familiale, de leur éducation et de leur mobilier qui incluait parfois une bibliothèque. Cette étude étale d'un coup l'éventail des difficultés méthodologiques qui confrontent l'historien. John Dickinson a étudié grâce à l'inventaire après décès, plus rare qu'on ne le souhaiterait, la bibliothèque des officiers de justice de la seigneurie de Notre-Dame-des-Anges de 1664 à 1759 et, plus particulièrement, celles de trois juges, seuls à posséder une telle bibliothèque. Il souligne le caractère fonctionnel de ces bibliothèques d'une élite urbaine. Cameron Nish a découvert, grâce à un inventaire de banqueroute (1741-1742) et à un inventaire après décès, l'orientation pratique de la bibliothèque de l'homme d'affaires et juriste Jean-François Cugnet. Ce dernier, qui dispose d'une bibliothèque plus large que celle de Dupuy, a certes des goûts vastes, classiques, comme en témoignent les oeuvres de belles-lettres (24,7%), d'histoire (23,8%) et de religion (12,2%) de sa bibliothèque; mais ses livres de droit et de jurisprudence (21,4%), d'arts et de sciences (17,6%) semblent emporter le jugement de Nish. On aura noté le défi de préciser davantage cette caractérisation typique de la bibliothèque personnelle qui l'a faite à la fois fonctionnelle et classique. Ce schème d'analyse récurrent exige des analyses plus fines.

Les historiens du 19e siècle se sont aussi intéressés à l'inventaire après décès. À la suite des premiers travaux non encore publiés de Jean-Pierre Wallot, de Gilles Paquet et d'historiens du Musée de l'Homme d'Ottawa, Yvan Morin a fait, dans un premier temps, une étude critique de la valeur méthodologique de l'inventaire après décès à Québec entre 1800 et 1829, avant de livrer ici les résultats de sa thèse de maîtrise sur les bibliothèques privées à Québec d'après les inventaires après décès (1800-1819).

Raymond Duchesne a essayé pour sa part, à partir d'un fonds conservé de bibliothèque, d'enrichir la biographie intellectuelle d'un scientifique québécois, l'abbé Léon Provencher, en scrutant ses modes d'acquisition de volumes (achats, voyages, correspondance, échanges, dons) et en notant la spécialisation progressive de cette bibliothèque vers la botanique et l'entomologie nord-américaines. Cette recherche lui a permis d'expliquer le peu d'ouvrages scientifiques de Provancher concernant le transformisme, question que le prêtre classait au rayon de la controverse. L'auteur note enfin qu'en certains domaines, tel celui des sciences et de leur histoire, l'étude de la bibliothèque personnelle pourrait s'avérer plus éclairante que celle des bibliothèques publiques. Dans son étude du catalogue de la bibliothèque de Louis-Joseph Papineau, publiée ci-après, Roger Le Moine s'est heurté à des problèmes méthodologiques exemplaires dans l'analyse de la bibliothèque personnelle — tout comme Yvan Lamonde et Daniel Olivier d'ailleurs, qui ont constitué le corpus des catalogues de vente à l'encan de bibliothèques personnelles et évalué leurs possibilités et leurs limites au plan de l'analyse. Cet inventaire et cette analyse feront l'objet d'une publication de la Bibliothèque nationale du Québec.

En quelques années, la connaissance de la bibliothèque personnelle a certes fait des progrès. On a identifié une variété de sources possibles — inventaire après décès, catalogues de vente à l'encan ou catalogue établi par le propriétaire; on en a surtout fait l'étude critique au plan méthodologique et dégagé de premiers aperçus sur la lecture dans différents milieux socio-professionnels et à différentes époques.

L'imprimé entre 1764 et 1820

Les recherches récentes en histoire de l'imprimé au Québec ont confirmé l'intérêt privilégié porté par les historiens aux débuts de l'imprimé. Cet intérêt s'explique à la fois par l'ampleur des travaux sur la bibliographie rétrospective — ceux de Marie Tremaine (1764-1800), de John Hare et Jean-Pierre Wallot (1800-1810) poursuivis dans la présente publication, ceux de Milada Vlach et Yolande Buono de la Bibliothèque nationale du Québec (avant 1821) — et par le développement des travaux d'histoire culturelle de Claude Galarneau et de Jean-Pierre Wallot sur l'incidence des Révolutions américaine et française, sur la circulation atlantique des biens, des personnes et des idées, tout comme ceux de John Hare sur les institutions, la pensée et le vocabulaire politiques de 1784 à 1812.

La période 1764-1820 est donc particulièrement bien connue tant au plan de l'histoire des idées qu'à celui de l'histoire globale de l'imprimé. À cet égard, les biographies d'imprimeurs parues dans le volume IV du *Dictionnaire biographique du Canada*, qui couvre les années 1771 à 1800, esquissent au total un portrait assez typique du milieu et des premières années de l'imprimerie. L'imprimeur de Québec ou de Montréal est alors un imprimeur de type américain, plus journaliste que libraire, ce dernier cas étant plutôt celui de l'imprimeur européen. Brown, Neilson et Mesplets, par exemple, appuient de façon décisive leur entreprise sur la publication d'un journal qui sera la «gazette» officielle du gouvernement ou un «papier public» polémiste. Un bon nombre d'imprimeurs et de leurs apprentis viennent des États-Unis — de Philadelphie souvent — ou y sont passé. L'analyse quantitative des titres et des types de titres publiés par chacun fait ressortir l'importance de l'imprimeur Neilson et les secteurs de l'activité humaine privilégiés au tournant du 18e siècle. Encore ici, les relations entre le pouvoir et l'imprimé étonnent, tout comme les dimensions fonctionnelles de ces imprimés, qui n'ont rien d'un luxe.

S'appuyant sur les premiers travaux publiés de la Bibliothèque nationale du Québec en matière de bibliographie rétrospective, Yolande Buono a, dans sa thèse intitulée «L'imprimerie et la diffusion de l'imprimé à Montréal 1776-1820», tenté une première systématisation de l'histoire de l'imprimé avant 1820. Elle a dénombré les imprimeurs, étudié leurs relations commerciales, la polyvalence de leur entreprise d'imprimerie, de librairie, de reliure, d'édition, de papeterie; elle a évoqué le monde de l'apprentissage, les réseaux de distribution et démontré l'importance de trois imprimeurs qui publient 66% des imprimés sortis des presses entre 1764 et 1820; ce sont par ordre d'importance Fleury Mesplets (96 titres), William Brown (47) et Arthur Mower (43). Elle a dénombré 282 imprimés durant cette période: des circulaires surtout (101), des brochures de cinq à quarante-neuf pages (87) et des volumes (94). Ces imprimés, de langue française à 54%, consistèrent pour la moitié environ d'almanachs (11), de manuels (18), de calendriers (45) et d'ouvrages religieux (60) eux-mêmes constitués d'une vingtaine de sermons en langue anglaise principalement. Ces imprimés, tout comme les journaux, rappellent le caractère utilitaire de l'imprimé dans cette société coloniale. L'auteur a complété cette mise en place en décrivant les formes variées de la diffusion de l'imprimé: librairie, vente par encan, marchands, particuliers et bibliothèques. Parce que systématique, cette recherche constitue une percée de première valeur en ce qu'elle permet justement, par ses aperçus quantitatifs, la formulation de questions pertinentes et des recherches qui s'amorcent sur l'essentiel: principaux imprimeurs, catégories d'imprimés, par exemple. Les résultats de cette thèse, qui s'ajoutent aux travaux de John Hare et de Jean-Pierre Wallot ci-après, appellent des approfondissements possibles par un dépouillement systématique de la presse périodique dont les recherches de Claude Galarneau présentées ici offrent un fascinant aperçu. L'étude de l'imprimé durant cette période peut enfin s'appuyer aussi sur les travaux de Gilles Gallichan, Yvan Morin, Michel Verrette et Louise Letocha, par exemple. L'histoire de l'imprimé entre 1764 et 1820 s'avère donc un chantier fort avancé bientôt susceptible d'une histoire globale attendue.

Autres secteurs étudiés

La librairie n'a pas fait, depuis l'étude de Jean-Louis Roy sur la maison Fabre de Montréal, l'objet d'analyses poussées. Roy, qui achève une histoire de la librairie Crémazie-Garneau de Québec, en a publié des aperçus à partir d'une analyse de deux catalogues (1845 et 1861) de la librairie. Cette librairie est bien «religieuse» et «classique» si l'on se fie aux ouvrages mis en vente et à ses clients traditionnels: l'école et la bibliothèque paroissiale. Tout comme la maison Fabre, la librairie Crémazie-Garneau fut un commerce polyvalent, offrant de la papeterie, du papier peint, de la musique en feuille, des gravures, des ornements d'église et même des denrées d'importation. Roy a contribué à mieux faire comprendre la faillite de Crémazie — qu'il faut bien expliquer — par une analyse nouvelle de la concurrence de la librairie à Québec entre 1844 et 1862. À l'occasion du même colloque, John Hare avait, avec à propos, situé le libraire et la librairie dans le contexte nouveau de l'économie capitaliste de consommation, celui de la «société d'épiciers» amèrement perçue par Crémazie. Les percées dans le secteur de l'histoire de la librairie viendront sans doute d'études monographiques à partir d'archives (Neilson) ou d'un inventaire systématique de la presse qu'a achevé Claude Galarneau, pour la ville de Québec.

Les travaux en bibliographie rétrospective nationale et les inventaires de presse ont engendré des recherches sur l'histoire des éditeurs et des éditions. La polyvalence de l'imprimeur — éditeur depuis la fin du 18ᵉ siècle québécois était certes connue; mais il revient à Manon Brunet (1979) d'avoir tenté une archéologie du métier d'éditeur, de la fonction d'édition, en abordant le sujet par la dimension des relations entre écrivains et «éditeur». Cette piste d'enquête suivie ici par Maurice Lemire et Lucie Robert indique un intérêt nouveau pour l'histoire de l'imprimé de la part des sociologues et des historiens de la littérature qui y trouveront un nouveau souffle. Cette histoire de l'édition s'est donc simultanément amorcée au cours de deux périodes, le 19ᵉ et le tournant du 20ᵉ siècle, et l'après Seconde Guerre mondiale avec les travaux de Vincent Nadeau, Denis Saint-Jacques, Michel René, Sylvie Provost sur l'édition populaire et la littérature en fascicules. Grâce, enfin, à des aperçus sur le monde de l'édition après 1950 communiqués par Pierre Tisseyre (1981), à l'analyse par Alain Perrier des statistiques nationales de l'édition (1979) depuis 1969 et aux travaux d'Ignace Cau (1977, 1980) sur les problèmes économiques et politiques de l'édition contemporaine au Québec, nous disposons dorénavant de jalons chronologiques et surtout d'hypothèses directrices de recherche. Cet attrait nouveau pour l'histoire de l'édition emprunte une variété d'avenues complémentaires, incluant l'édition musicale dont Maria Calderisi (1979, 1981) a systématiquement entrepris l'histoire.

La recherche en histoire de l'imprimé a aussi bénéficié des apports des historiens de l'art et des ethnologues qui se sont intéressés tant à l'histoire de l'illustration et de l'image imprimée qu'à ses fonctions. À nouveau, des inventaires comme ceux de Raymond Vézina ont ouvert la réflexion sur l'estampe (Letocha, 1975, 1976), la gravure (Martin, 1980) et l'imagerie religieuse (Simard, 1979, Lessard, 1977, 1979). Les études de François-Marc Gagnon sur les fonctions de l'image religieuse dans le travail de conversion des Jésuites de la Nouvelle-France ont été poursuivies pour la fin du 19ᵉ et pour le 20ᵉ siècles par celles de Pierre Lessard sur les petites images dévotes dont il a scruté la production, la provenance, les genres, les thématiques et les fonctions. Ces apports réciproques de l'imprimé et de l'image deviendront plus évidents lorsqu'on aura étudié, en particulier, l'histoire de la presse illustrée par la gravure, le leggotype et la photogravure.

Grâce, enfin, aux travaux de Allan Greer (1978, 1979), poursuivis dans le présent ouvrage, et aux thèses dirigées par Claude Galarneau (Michel Verrette, 1979), nous disposons maintenant de connaissances plus précises sur l'alphabétisation des Québécois. Greer a dédramatisé le débat autour d'un analphabétisme «pathologique» au Québec en le situant dans le contexte de l'expérience occidentale des pays pré-industriels, puis industriels. Ses travaux, tout comme ceux de Verrette, précisent surtout les facteurs qui influencent l'alphabétisation: sexe, lieu urbain ou rural de résidence, occupation, appartenance religieuse.

16

Quinze ans de recherches et de publications sur l'histoire de l'imprimé au Québec auront réussi à constituer un secteur identifié de l'historiographie. Ils auront contribué aussi à mieux cerner le domaine de l'histoire intellectuelle et de la culture dite savante. La sortie d'un certain anecdotisme, qui réduisait l'histoire de l'imprimé à des trouvailles ponctuelles, et le défi d'une histoire globale du phénomène, qui inclut tout autant la production, la diffusion que la consommation, ont jeté des éclairages nouveaux et importants sur la culture au Québec depuis le 18e siècle.

Un long travail de dépistage documentaire et la constitution de séries longues ont permis des analyses systématiques et l'ouverture de la recherche sur des phénomènes nouveaux et dorénavant bien documentés. Ce travail systématique a permis de braquer l'attention de certains chercheurs sur des périodes bien circonscrites, susceptibles d'une histoire totale de l'imprimé, facilitée çà et là par des données quantitatives.

Ces recherches récentes auront aussi mis l'accent sur le collectif, sur des publics plus larges de lecteurs, d'abonnés de bibliothèques ou de journaux, de clients de librairies. À rebours d'une certaine conception idéaliste de la culture et de l'imprimé, ces recherches auront mieux fait voir le caractère pratique, fonctionnel de l'imprimé, du livre tant dans la bibliothèque publique que dans la bibliothèque personnelle. Ces travaux auront eu un effet d'entraînement dans le domaine de l'histoire littéraire où la matérialité de la production et de la consommation littéraires constitue dorénavant un domaine d'étude.

L'histoire de l'imprimé au Québec a atteint sa maturité; elle fait face dorénavant à des exigences irréversibles de méthode, de périodisation et d'analyse sociale. Une mise au point sur l'état des connaissances et des défis méthodologiques dans le domaine de l'histoire de la presse périodique pourrait constituer une prochaine étape prioritaire.

Travaux en histoire de l'imprimé au Québec (1974-1981)

Bilans

Yvan Lamonde.
«La recherche sur l'histoire de l'imprimé et du livre québécois», *Revue d'histoire de l'Amérique française*, 28, 3(déc. 1974):405-414.

Claude Galarneau.
«Le livre ancien au Québec: état présent des recherches», *Revue française d'histoire du livre*, 16(1977):335-348.

David Hayne.
«A Survey. Quebec Library History», *Canadian Library Journal*, 38, 6(déc. 1981):355-361.

Bibliothèques collectives

Marcel Lajeunesse.
«Les cabinets de lecture à Paris et à Montréal au 19e siècle», *Recherches sociographiques*, 16, 2(mai-août 1975):241-247.

Yvan Lamonde.
«Inventaire des études et des sources pour l'étude des associations littéraires québécoises francophones (1840-1900)», *Recherches sociographiques*, 16, 2(mai-août 1975):261-275.

Yvan Lamonde.
«Les associations au Bas-Canada: de nouveaux marchés aux idées (1840-1867)», *Histoire sociale / Social History*, 16(nov. 1975):361-369.

Marc Lebel.
«Les bibliothèques collectives de la ville de Québec aux 18e et 19e siècles: quelques jalons», *Bulletin du Centre de recherche en civilisation canadienne-française*, 12(1975):15-18.

Marcel Lajeunesse.
«Associations littéraires et bibliothèques à Montréal au 19e siècle», *Bulletin de la Bibliothèque nationale du Québec*, 10, 4(déc. 1976):8-9.

Gilles Gallichan.
La Bibliothèque de la Législature de Québec 1802-1977. (Catalogue d'exposition). Québec, Bibliothèque de la Législature, 1977. 66 p.

Paul-Émile Filion.
«La première bibliothèque canadienne: le Collège des Jésuites à Québec: historique et contribution à l'inventaire du fonds», Georges-A. Chartrand, *Livre, bibliothèque et culture québécoise. Mélanges offerts à Edmond Desrochers, s.j.* (Montréal, Asted, 1977):273-291.

Marcel Lajeunesse.
Associations littéraires et bibliothèques à Montréal au XIXe siècle et au début du XXe siècle: l'apport des Sulpiciens. Thèse de Ph.D. (histoire), Université d'Ottawa, 1977. 333 p.

Edward C. Moodey.
The Fraser-Hickson Library. An Informal History. Londres, Clive Bingley, 1977. VIII, 224 p.

Yvan Lamonde.
«Georges-Barthélemi Faribault», *Dictionnaire biographique du Canada*, 9(1977):274-276.

Jean-Roch Rioux.
«Joseph Guibord», *Dictionnaire biographique du Canada*, 9(1977):377-378.

Yvan Lamonde.
Les bibliothèques de collectivités à Montréal (17ᵉ-19ᵉ siècles). Sources et problèmes. Montréal, Bibliothèque nationale du Québec, 1979. 139 p.

Ginette Bernatchez-Houle.
La Société littéraire et historique de Québec / The Quebec Literary and Historical Society, 1824-1890. Thèse de M.A. (histoire), Université Laval, 1979. IX, 160 p.

Marcel Lajeunesse.
«Les bibliothèques québécoises: les avatars de leur rôle social au cours des âges», *l'Évolution du rôle social de l'imprimé et de ses agents au Québecs.* Conférences Aegidius-Fauteux 1979-1980 (Montréal, Bibliothèque nationale du Québec, 1981):46-78.

Armande Lebeau.
L'Institut canadien de Montréal (1844-1883). Le contenu littéraire de la bibliothèque. Thèse de M.A. (littérature), Université McGill, 1981. iv, 81 p.

Roger Meloche.
«Inventaire des catalogues de 1852, 1857 et 1870 de la bibliothèque de l'Institut canadien de Montréal», *Documentation et Bibliothèques*, 27, 1(mars 1981):21-28.

Yvan Lamonde.
«Social Origins of the Public Library in Montreal», *Canadian Library Journal*, 38, 6(déc. 1981):363-370.

Nora Robins.
«1828-1870. The Montreal Mechanics' Institute», *Canadian Library Journal*, 38, 6(déc. 1981):373-379.

Bibliothèques personnelles

John A. Dickinson.
«Un aperçu de la vie culturelle en Nouvelle-France», *Revue de l'Université d'Ottawa*, 44, 4(oct.-déc. 1974):453-466.

Jean-Claude Dubé.
«Les intendants de la Nouvelle-France et la République des Lettres», *Revue d'histoire de l'Amérique française*, 29, 1(juin 1975):31-48.

Cameron Nish.
«L'image de l'homme», *François-Étienne Cugnet, 1719-1751: entrepreneur et entreprises en Nouvelle-France* (Montréal, Fides, 1975):145-157.

Yvan Morin.
Les niveaux de culture à Québec, 1800-1819. Étude des bibliothèques privées dans les inventaires après décès. Thèse de M.A. (histoire), Université Laval, 1979. xv, 140 p.
Yvan Morin.
«La représentativité de l'inventaire après décès. L'étude d'un cas: Québec au début du 19ᵉ siècle», *Revue d'histoire de l'Amérique française*, 34, 4(mars 1981):515-533.

Raymond Duchesne.
«La bibliothèque scientifique de l'abbé Léon Provencher», *Revue d'histoire de l'Amérique française*, 34, 4(mars 1981):535-556.

Imprimé entre 1764 et 1820

Peter E. Greig.
Fleury Mesplet (1734-1794), the First French Printer in the Dominion of Canada: a Bibliographical Discussion. Thèse de M.A., Leeds, Institute of Bibliography and Textual Criticism, 1974. iii, 214 p.

Peter E. Greig.
«A Checklist of Primary Source Material Relating to Fleury Mesplet», *Cahiers de la Société bibliographique du Canada*, 13(1974):49-74.

Gilles Gallichan.
Bibliothèques et Culture au Canada après la Conquête 1760-1800. Thèse de M.A. (bibliothéconomie), Université de Montréal, 1975. 145 p. [Aperçus publiés dans Georges-A. Chartrand, *Livre, Bibliothèque et Culture québécoise. Mélanges offerts à Edmond Desrochers, s.j.* (Montréal, ASTED, 1977):299-308].

Milada Vlach et Yolande Buono.
Laurentiana parus avant 1821. Montréal, Bibliothèque nationale du Québec, 1976. xxvii, 416, 120 p.

John E. Hare.
La pensée socio-politique au Québec, 1784-1812. Ottawa, Éditions de l'université d'Ottawa, 1977. 103 p.

Jean Gagnon.
«Notes sur un mandement de Monseigneur de Pontbriand daté du 28 octobre 1759», *Cahiers de bibliologie*, 1(1980):25-28.

Yolande Buono.
Imprimerie et diffusion de l'imprimé à Montréal 1776-1820. Thèse de M.A. (bibliothéconomie), Université de Montréal, 1980. 216 p. [Aperçus dans: «Imprimerie et diffusion de l'imprimé à Montréal 1776-1820», *Documentation et Bibliothèques*, 28, 1(mars 1982):15-23].

Jean-Francis Gervais et collaborateurs.
«William Brown», *Dictionnaire biographique du Canada*, 4(1980):114-116.

John E. Hare.
«Louis Roy», *Dictionnaire biographique du Canada*, 4(1980):746-748.

John E. Hare.
«Samuel Neilson», *Dictionnaire biographique du Canada*, 4(1980):628-629.

Dorothy E. Ryder.
«William Moore», *Dictionnaire biographique du Canada*, 4(1980):601-603.

Claude Galarneau.
«Fleury Mesplet», *Dictionnaire biographique du Canada*, 4(1980)575-578.

Claude Galarneau.
«Valentin Jautard», *Dictionnaire biographique du Canada*, 4(1980):421-423.

Jean-Francis Gervais.
«Thomas Gilmore», *Dictionnaire biographique du Canada*, 4(1980):317-318.

Claude Galarneau.
«Arnauld-Germain Dudevant», *Dictionnaire biographique du Canada*, 4(1980):252-253.

Thérèse P. Lemay.
«Joe, pressier», *Dictionnaire biographique du Canada*, 4(1980):423-424.

Gilles Gallichan.
«Le livre dans les institutions politiques au Québec avant 1800», *Bulletin de la Bibliothèque de la Législature*, 11, 1(mai 1981):9-30.

20

Librairies

Jean-Louis Roy.
«Une région culturelle mal connue: le pouvoir des librairies ou les librairies du pouvoir», *L'évolution du rôle social de l'imprimé et de ses agents au Québec*. Conférences Aegidius-Fauteux 1979-1980 (Montréal, Bibliothèque nationale du Québec, 1981):23-45.

Jean-Louis Roy.
«La librairie Crémazie», Réjean Robidoux et Paul Wyczinski, *Crémazie et Nelligan* (Montréal, Fides, 1981):11-42.

John E. Hare.
«Perspectives sociologiques: Octave Crémazie et la poésie dans une société de consommation», Réjean Robidoux et Paul Wyczinski, *Crémazie et Nelligan* (Montréal, Fides, 1981):155-161.

L'édition

Ignace Cau.
«Crise de l'édition et politique du livre au Québec», *Possibles*, 1, 3(print.-été 1977):99-119.

Vincent Nadeau et Michel René.
«Vingt ans (1947-1966) de commerce et d'industrie culturelle: jalons pour situer l'importance du tirage des *Aventures étranges de l'Agent IXE-13*», *Études littéraires*, 12, 2(août 1979):269-284.

Alain Perrier.
«Étude de l'édition de livres au Québec, 1969-1977», *Documentation et bibliothèques*, 25, 3(sept. 1979):139-150.

Maria Calderisi.
«Sheet Music Publishing in the Canadas», *La Société bibliographique du Canada. IIIᵉ colloque (1978)* (1979):115-130. [Aperçus de *Music Publishing in Canada from 1800 to 1876*. Thèse de M.A. (musique), Université McGill, 1976, 130 p.].

Manon Brunet.
Documents pour une histoire de l'édition au Québec avant 1900: bibliographie analytique. Thèse de M.A. (études françaises), Université de Montréal, 1979. ix, 278 p.

Ignace Cau.
«Positions et stratégie des éditeurs dans le champ éditorial québécois», *Documentation et Bibliothèques*, 26, 3(sept. 1980):139-149.

Pierre Tisseyre.
«L'édition au Québec», *l'Évolution du rôle social de l'imprimé et de ses agents au Québec*. Conférences Aegidius-Fauteux 1979-1980 (Montréal, Bibliothèque nationale du Québec, 1981):1-22.

Maria Calderisi.
L'édition musicale au Canada, 1800-1867. Ottawa, Bibliothèque nationale du Canada, 1981. x, 124 p.

L'illustration

Louise Letocha.
Les origines de l'art de l'estampe au Québec. Thèse de M.A. (histoire de l'art), Université de Montréal, 1975. viii, 136 p.

François-Marc Gagnon.
La conversion par l'image. Montréal, Bellarmin, 1975. 141 p.

Louise Letocha.
«Le premier Livre illustré imprimé au Québec», *Bulletin de la Bibliothèque nationale du Québec* (sept. 1976):5-7.

Denise A. Ostiguy.
«L'illustration du livre au Québec», Georges-A. Chartrand, *Livre, bibliothèque et culture québécoise. Mélanges offerts à Edmond Desrochers, s.j.* (Montréal, Asted, 1977):99-111.

Pierre Lessard.
«L'imagerie de dévotion populaire de petit format», *Culture et Tradition*, 2(1977):21-34.

Jean Simard.
«L'imagerie religieuse et son discours sur le travail des hommes», *Revue de l'Université Laurentienne*, 12(nov. 1979):65-86.

Pierre Lessard.
«L'imagerie religieuse», Jean Simard, *Un patrimoine méprisé, La religion populaire des Québecois* (Montréal, Hurtubise HMH, 1979):175-193.

Dominique Lerch.
«Un cas de dépendance culturelle: l'imagerie au Québec», *Bulletin du Vieux Papier* (Paris), 277(juill. 1980):69-79.

Denis Martin.
Les collections de gravures du Séminaire de Québec. Histoire et destins culturels. Thèse de M.A. (histoire de l'art), Université Laval, 1980. 341 p.

Alphabétisation

Allan Greer.
«The Pattern of Literacy in Quebec, 1745-1899», *Histoire sociale / Social History*, 11, 22(nov. 1978):295-335.

Allan Greer.
«Misinterpreting Historical Literacy. A Reply», *Histoire sociale / Social History*, 12, 24(nov. 1979):456-460.

Michel Verrette.
L'alphabétisation de la population de la ville de Québec de 1750 à 1849. Thèse de M.A. (histoire), Université Laval, 1979. XI, 138 p.

Bibliographie rétrospective

Henri-Bernard Boivin.
Notices en langue française du Canadian Catalogue of Books 1921-1949. Montréal, Bibliothèque nationale du Québec, 1975. ix, 263, 199 p.

Michel Thériault.
Le livre religieux au Québec depuis les débuts de l'imprimerie jusqu'à la Confédération, 1764-1867. Coll. «Occasional papers» no 6. Montréal, McGill University, Graduate School of Library Science, 1977. 55 p. [Aperçus publiés dans Georges-A. Chartrand (éd.), *op. cit.*, p. 113-129].

Jean-Rémi Brault et Roland Auger.
«La bibliographie au Québec», Georges-A. Chartrand, *Livre, bibliothèque et culture québécoise. Mélanges offerts à Edmond Desrochers, s.j.* (Montréal, Asted, 1977):161-190.

Bibliophilie

Jean-Jacques Leblanc.
«Un collectionneur singulier: l'abbé Louis-Édouard Bois (1813-1889)», Georges-A. Chartrand, *Livre, bibliothèque et culture québécoise. Mélanges offerts à Edmond Desrochers, s.j.* (Montréal, Asted, 1977):191-217.

Marie Baboyant.
«Philéas Gagnon et la Collection Gagnon de la Bibliothèque de la Ville de Montréal», Georges-A. Chartrand, *Livre, bibliothèque et culture québécoise. Mélanges offerts à Edmond Desrochers, s.j.* (Montréal, Asted, 1977): 311-336.

Daniel Olivier.
Philéas Gagnon, bibliophile. Thèse de M.A. (bibliothéconomie), Université de Montréal, 1978. 96 p.

Daniel Olivier.
«La bibliophilie québécoise à la fin du 19e siècle: l'exemple de Philéas Gagnon», *Documentation et Bibliothèques*, 25, 4(déc. 1979):201-211.

Jean Gagnon.
«Un minuscule canadien», *Cahiers de bibliologie*, 1(1980):29-30.

Diffusion et lecture

Sylvain Simard.
«La diffusion du livre canadien en France avant 1914», *Études canadiennes / Canadian Studies*, 6(1979):75-80.

Lise Brunet.
«Les tendances de la recherche sur les habitudes de lecture au Québec», *Documentation et Bibliothèques*, 26, 3(sept. 1980):161-167.

Jean Gagnon.
«Les livres de récompense et la diffusion de nos auteurs de 1856 à 1931», *Cahiers de bibliologie*, 1(1980):3-24.

Raymond Hould.
Rapport d'enquête sur les habitudes de lecture des élèves du secondaire. Coll. «SREP». Québec, Ministère de l'Éducation, Direction générale du développement pédagogique, 1980. 244 p.

Gérard Héon.
Les habitudes de lecture des Québécois de 10-12 ans. Drummondville, G. Héon, 1980. x, 204 p.

Bibliothécaires

Gilbert Gagnon.
«Les idéologies des bibliothécaires canadiens-français (1951-1968)», *Documentation et Bibliothèques*, 2, 4(déc. 1976):169-181.

Claire Gervais.
«Les bibliothécaires canadiens-français écrivains de 1850 à 1975», Georges-A. Chartrand, *Livre, bibliothèque et culture québécoise. Mélanges offerts à Edmond Desrochers, s.j.* (Montréal, Asted, 1977):425-462.

Marcel Lajeunesse et Lise Wilson.
«Vingt-cinq ans de publication périodique en bibliothéconomie au Québec: analyse quantitative du Bulletin de l'ACBLF / Documentation et Bibliothèques (1955-1979)», *Documentation et Bibliothèques*, 27, 2(juin 1981):53-67.

Politique du livre

Yvon Lussier et Albert Melançon.
Premiers éléments pour l'élaboration d'une politique du livre. Québec, Ministère des Affaires culturelles, 1974. 288 p.

Jean-D. Paquin et Jean Hoepffner.
Étude sur le commerce du livre au Québec. Québec, Ministère des Affaires culturelles, 1976; 1re partie: *Évaluation de la situation*. 135 p. et annexes; 2e partie: *Définition d'une stratégie d'aide et de développement*. 66 p.

Divers

Michel Thériault.
«Un imprimé en caractères grecs à Montréal en 1837: étude d'histoire typographique», *Cahiers de la Société bibliographique du Canada*, 13(1974):75-83.

Chassé, Béatrice.
«Collection Neilson», *Rapport de l'Archiviste de la Province de Québec*, 52(1974):25-37.

Amtmann, Bernard.
Early Canadian Children's Books 1763-1840... Montreal, Bernard Amtmann Inc., 1976. xv, 150 p.

Michael Cross.
«Stewart Derbishire», *Dictionnaire biographique du Canada*, 9(1977):221-222.

Aileen Desbarats.
«George-Paschal Desbarats», *Dictionnaire biographique du Canada*, 9(1977):222-223.

Jean-Louis Roy.
«Louis Perrault», *Dictionnaire biographique du Canada*, 9(1977):698-699.

L'alphabétisation et son histoire au Québec

État de la question*

Allan Greer

Département d'histoire
Université du Maine, Orono

* Je tiens à remercier Yvan Lamonde et Micheline Duhaime pour les corrections grammaticales apportées à ce texte.

L'historiographie

Si l'on en croit les témoignages de nombreux voyageurs et administrateurs, les Canadiens français de l'époque pré-industrielle ne connaissaient guère la langue écrite; depuis le père Charlevoix jusqu'à lord Durham, on a souvent souligné l'ignorance des habitants. Que l'évêque Hubert ait essayé de nuancer ces propos en affirmant que chaque paroisse, en 1789, ne comptait pas moins de 24 à 30 personnes sachant lire et écrire ne détruit pas la preuve confirmée par des sources littéraires. Bien que ces commentaires aient souvent été perçus comme des critiques à l'endroit du clergé catholique, seul dispensateur pendant longtemps de l'enseignement à tous les niveaux, les débats publics sur l'analphabétisme ont été peu nombreux; l'alphabétisation universelle ne fut pas un idéal social avant le 19e siècle, sauf pour quelques rares protestants qui considéraient la lecture de l'Écriture Sainte comme le devoir de tout chrétien.

Ce n'est qu'après l'avènement de l'alphabétisation massive au Québec, au milieu du 19e siècle, que s'est amorcé le débat sur l'analphabétisme des Canadiens français. Au 20e siècle, même le clergé québécois ne remet pas en question la nécessité de l'instruction. Des historiens cléricaux, plus sensibles que les évêques de la Nouvelle-France à l'accusation selon laquelle l'Église avait négligé l'instruction des fidèles, s'érigèrent en défenseurs du clergé qui avait tant fait pour enrayer l'ignorance des Canadiens français. L'abbé Amédée Gosselin fut le premier à assumer cette tâche si difficile. Dans *L'instruction au Canada sous le Régime français (1635-1760)*[1], Gosselin affirme que l'instruction a été beaucoup plus répandue avant la Conquête que les historiens laïcs — tels Garneau et Salone — ne le laissent croire. Tout en identifiant les obstacles «physiques» à la scolarisation (climat, éloignement,...), il soutient que les écoles ont été nombreuses, même à la campagne, et que la proportion de la population capable d'écrire a été assez élevée. Sa démarche n'a rien de scientifique — il faut se rappeler qu'il publie son ouvrage en 1911 — et donne une fausse idée de la question. Il se préoccupe d'abord de compter le nombre d'écoles en Nouvelle-France, sans s'interroger ni sur les buts poursuivis par ces institutions (dans quelle mesure y enseignait-on des matières autres que le catéchisme?) ni sur leur efficacité, ni sur la stabilité de chaque établissement. S'appuyant sur le dépouillement de quelques registres paroissiaux, il affirme, par exemple, que les registres d'une certaine paroisse, pendant une décennie, comptait «plus de cent» signatures d'hommes[2]. Il ne précise toutefois pas le nombre de ceux qui sont incapables de signer; on ne peut alors établir un pourcentage. On ne sait pas non plus si l'historien a compté les signatures des nouveaux mariés et des parrains. Donc ses chiffres ne signifient rien.

Un autre historien de l'éducation, l'abbé Lionel Groulx, épouse les conclusions de Gosselin tout en proposant une interprétation clérico-nationaliste pour la période qui suit la Conquête[3]. Il met en doute la signature au mariage comme preuve d'alphabétisation. Beaucoup de nouveaux mariés et de nouvelles mariées savaient écrire, mais, selon Groulx, ils n'ont pas signé les actes de mariage, en raison de leur timidité ou par négligence des curés[4]. Toutefois, il partage l'opinion de Gosselin selon laquelle l'Église a doté la Nouvelle-France d'un système scolaire répondant aux besoins de la population, ce qui fit que le niveau d'analphabétisation n'y fut pas pire que celui de la France, à la même époque. Sous le Régime anglais, il trouve que cette situation n'est pas aussi favorable. C'est à Groulx qu'il revient d'avoir formulé l'interprétation selon laquelle la Conquête fut catastrophique pour le système éducatif. Selon lui, le réseau scolaire s'est alors démantelé et l'ignorance s'est généralisée au tournant du 19e siècle, période sombre de l'histoire de l'enseignement au Québec. Le renouveau s'est amorcé vers 1829 avec la législation scolaire plutôt inefficace et mal perçue des patriotes. Puis, au milieu du siècle, s'est implanté un système scolaire dominé par l'Église. Selon Groulx, la valeur de l'enseignement dépend de la position plus ou moins favorable qu'occupe le clergé canadien-français.

C'est contre cette interprétation cléricale de l'histoire que s'est élaborée depuis vingt ans une interprétation laïque, voire anticléricale. Fernand Ouellet, Jean-Jacques Jolois et Richard Chabot, pour n'en citer que trois, s'accordent pour affirmer que le niveau d'analphabétisation a toujours été assez élevé dans le Québec pré-industriel[5]. Ces historiens mettent l'accent sur la continuité entre les Régimes français et anglais et contestent l'existence d'une population assez bien instruite en Nouvelle-France. Il est clair, chez eux, que c'est la mainmise du clergé sur l'enseignement et l'indifférence de ce corps, voire son hostilité à l'égard de l'alphabétisation de la masse, qui expliquent cette ignorance générale de la langue écrite avant et après la Conquête.

Bien que les interprétations «cléricale» et «anticléricale» de l'histoire de l'éducation s'opposent sur plusieurs points, il faut noter, par ailleurs, leurs lieux de convergence. Contrairement à certains commentateurs du passé, tous les historiens du 20e siècle considèrent l'alphabétisation universelle comme un phénomène tout à fait positif, une mesure du progrès culturel et une clé du développement économique. Ils voient l'école comme le moteur essentiel et presque unique de l'alphabétisation. Ainsi le degré d'instruction populaire constituerait le barème qui mesurerait le succès des autorités chargées de l'enseignement (soit l'Église pour la période antérieure au 19e siècle). De cette équation implicite alphabétisation-scolarisation il s'ensuit que l'on peut connaître la *literacy* de la masse en étudiant la législation scolaire et le réseau des écoles. Partant de ces postulats, on comprend que les partisans des deux camps ne se soient pas trop attardés à rechercher les preuves directes de l'alphabétisation.

Depuis une décennie, on a amorcé l'étude systématique et scientifique de l'alphabétisation au Québec. S'inspirant des courants historiographiques étrangers, cette nouvelle poussée s'appuie surtout sur la quantification. On prend les moyens pour établir des séries diachroniques et pour faire l'analyse synchronique des facteurs de l'analphabétisme; autrement dit, on favorise «la conjoncture et la structure». Cette étude est encore à l'état embryonnaire. On dispose de quelques chiffres sur les pourcentages de signatures reproduits en annexe à des études de démographie historique et d'histoire sociale[6], ainsi que des résultats de mes propres recherches qui ne constituent qu'une première reconnaissance des sources et des problèmes de l'alphabétisation des Québécois[7]. D'autres études sont présentement en cours, notamment celles menées par les étudiants de Claude Galarneau, à l'Université Laval. Le mémoire de Michel Verrette sur les signatures aux actes de mariage de la ville de Québec entre 1750 et 1849 est d'un apport précieux[8]. L'histoire quantitative de l'alphabétisation cherche non seulement à répondre, chiffres en main, à des problèmes classiques de l'historiographie québécoise mais elle vise encore à fournir les éléments d'une analyse de la culture québécoise, d'une part, et, d'autre part, à procurer une meilleure connaissance de l'alphabétisation en général, de ses facteurs et de sa signification. Tout cela implique une ouverture à la théorie, aux sociétés et aux cultures étrangères.

Les problèmes

Du côté de la sociologie, il n'est pas nécessaire de franchir les frontières du Québec pour trouver un guide de premier choix. Voilà plus de quatre-vingts ans que Léon Gérin a proposé qu'on cesse de considérer l'alphabétisation comme un simple reflet du système scolaire. Dans une série d'articles publiés en 1897-1898 sous le titre, «la Loi naturelle du développement de l'instruction populaire: les causes sociales de la répartition des illettrés au Canada», Gérin procède à l'analyse par comté des statistiques sur l'analphabétisme provenant du recensement de 1891[9]. Pour expliquer les inégalités régionales, il cite plusieurs facteurs, dont deux primordiaux: premièrement, le régime économique et la structure professionnelle et, deuxièmement, la composition ethnique de la population, chaque groupe ethnique y apportant son propre «régime familial». Par exemple, les régions industrielles sont moins analphabètes que les régions où l'on pratique la pêche, et les régions à forte population anglaise sont moins analphabètes, en raison de leurs valeurs «individualistes», que les régions candiennes-françaises, qui favorisent des valeurs «communales».

Il est facile de reprocher à Gérin un manque de rigueur statistique, l'impré-cision du concept de «régime familial» et l'oubli de bien d'autres facteurs, tels la classe sociale, la religion, l'immigration. Il faut noter aussi que, en parlant de «loi naturelle», l'auteur ne rend pas justice à l'histoire. Il n'en reste pas moins qu'en invoquant les facteurs d'ordre économique, social et culturel, Gérin a indiqué la manière de comprendre les inégalités de l'alphabétisation et les obstacles qui nuisent à son progrès. Avec lui, on peut se poser la question: quelles sont les causes de l'analphabétisme dans une société moderne? L'habitat isolé? La pauvreté? Une «mentalité communale»?...

Malgré sa valeur, le cadre de référence de l'étude Gérin reste d'un usage limité pour les historiens. Chercher à comprendre l'analphabétisme comme phéno-mène pathologique constitue une approche bien adaptée aux sociétés majoritaire-ment alphabétisées, tel le Québec au tournant du présent siècle par exemple; mais, pour beaucoup de sociétés de notre époque et pour le Québec d'avant 1850, il faut oublier la pathologie, et accepter que l'analphabétisme soit un phénomène normal.

Pour éviter tout «rougisme», les historiens de l'époque pré-industrielle doivent donc chercher les causes positives du *literacy* plutôt que les facteurs de l'analphabétisme. Apprendre la langue écrite n'est pas facile; alors, quels sont les motifs qui poussèrent certains individus et certains groupes à y consacrer tant d'efforts? Dans quelle mesure le *literacy* était-il essentiel à la réussite sociale ou matérielle? Certes, le diplôme n'était pas, et n'était pas censé être, comme de nos jours, le billet de voyage pour l'ascension sociale; mais le *literacy* était-il une marque de prestige social? Un illettré risquait-il de se faire voler dans les transactions? Dans quelles professions le maniement de l'écriture était-il un avantage? Existait-il un motif religieux qui incitait les gens à apprendre à lire?

On peut, selon Gérin, procéder à une analyse synchronique de la répartition des gens instruits et des analphabètes, mais on doit aussi se préoccuper du problème proprement historique de l'évolution de l'alphabétisation. Il s'agit avant tout d'établir des séries pour connaître le rythme de croissance de la proportion de la population générale *literate* (la définition de cette quantité reste, bien entendu, problématique, on le verra plus loin). La chronologie de l'alphabétisation globale étant connue, on veut naturellement expliquer ce phénomène et identifier les facteurs qui y ont contribué. C'est l'analyse des composantes de l'alphabétisation qui s'impose avant tout. Le taux de *literacy* a-t-il crû parce que les secteurs de la population jusque là fortement analphabètes (les femmes peut-être ou les ruraux) apprenaient à lire et à écrire, ou bien la croissance était-elle simplement due à la multiplication des effectifs à l'intérieur des groupes déjà bien alphabétisés (les hommes ou les citadins, par exemple)?

On s'intéresse surtout à l'alphabétisation des classes populaires, c'est-à-dire des paysans et des ouvriers. Dans la plupart des sociétés occidentales (à l'exception de la Nouvelle-Angleterre, de l'Écosse et de la Suède, pays protestants et prématurément alphabétisés), c'est un phénomène du 19e siècle et, par ce moyen, ces sociétés majoritairement analphabètes sont devenues des sociétés majoritairement alphabétisées. Mais, qu'est-ce qui a favorisé une telle transformation? Voilà une question qui préoccupe maints historiens européens et à laquelle les historiens du Québec doivent s'intéresser. Provient-elle de «l'urbanisation» des ruraux et de l'évolution des mentalités qui en découle? Cette alphabétisation massive est-elle due à la multiplication des moyens matériels, personnels ou collectifs, désormais utilisés pour l'instruction des élèves? Ou ce mouvement ne fait-il pas plutôt partie d'une stratégie hégémonique de la bourgeoisie montante? Dans quelle mesure l'alphabétisation n'est-elle pas une condamnation de la culture orale et «sauvage» de la masse et une volonté de soumettre les classes inférieures à une culture savante et uniforme pour mieux répondre aux fonctions industrielles et au désir de paix sociale?

Un problème qu'il faut alors considérer, bien que fort distinct, est celui de l'impact de l'alphabétisation. Il n'y a pas si longtemps, les sociologues croyaient qu'elle était essentielle au développement économique et parlaient même d'un niveau de *literacy* «seuil» de la croissance économique[10]. Les spécialistes sont plutôt portés maintenant à rejeter toute relation absolue entre l'alphabétisation et l'industrialisation. On note que la plupart des emplois offerts par l'industrie naissante ne demandaient pas beaucoup d'instruction; bien au contraire[11]! Cependant, selon certains, l'alphabétisation contribue à la formation d'une mentalité «moderne» favorable à la mobilité et aux valeurs matérialistes; la société orale, par contraste, reste figée dans une mentalité «traditionnelle»[12]. Cette théorie est elle aussi remise en question[13]. L'hypothèse d'une «révolution mentale» attribuable à l'alphabétisation n'est toutefois pas à rejeter complètement. Elle mérite un examen critique dans le contexte québécois. On pourrait, par exemple, faire une étude de l'impact de l'alphabétisation sur le comportement démographique, en se demandant si l'alphabétisation a contribué à faire baisser le taux de fécondité, indice reconnu de la «modernité». Une telle étude impliquerait la reconstitution des familles d'une paroisse (sans doute pour la période 1850-1950, alors que les deux indices furent en mouvement) et la séparation de ces familles en deux groupes: celles dont les père et mère auraient signé l'acte de mariage et celles dont les père et mère n'auraient pas su signer. Il serait alors possible de déterminer si le comportement démographique a varié d'un groupe à l'autre et si la contraception a été d'abord pratiquée par ceux qui savaient signer leurs noms.

L'impact de l'alphabétisation sur la vie politique constitue un problème historique plus délicat à expliquer. Dans quelle mesure, par exemple, la capacité de lecture des classes humbles a-t-elle contribué à transformer le jeu des élections et des débats publics? Avant l'alphabétisation massive au 19e siècle, les paysans et les ouvriers étaient-ils plutôt indifférents aux questions politiques (sauf à l'occasion de quelques crises où ils réagissaient souvent de façon violente)? Les nouvelles publiques se répandaient-elles de bouche à oreille en milieu analphabète, grâce à la minorité capable de lire les journaux? De plus, l'alphabétisation massive a-t-elle vraiment modifié l'atmosphère politique? La «culture orale» a-t-elle survécu dans le milieu politique à l'avènement de la société alphabétisée[14]?

Plus intéressant, mais plus difficile aussi à mesurer, est l'impact de l'alphabétisation sur la politique, dans le sens noble, c'est-à-dire luttes de pouvoir et relations de classes à l'intérieur d'une société. Dans certains milieux, on croit de nos jours que l'alphabétisation des masses est un mécanisme d'asservissement[15]. Les partisans de cette théorie s'appuient sur un grand nombre de déclarations de bourgeois, «promoteurs d'écoles», selon l'expression de Alison Prentice, qui affirme franchement que la fonction de l'alphabétisation est de soutenir l'ordre établi et de former des ouvriers dociles[16]. Cependant, il existe un autre courant de pensée, favorable à l'alphabétisation, qui relie les jacobins français, les patriotes du Bas-Canada et les sandinistes du Nicaragua. Les partisans de cette dernière théorie croient que l'alphabétisation de la masse s'impose pour garantir la démocratie. Ce n'est qu'en sachant lire et écrire que quelqu'un peut jouir de ses droits et de ses devoirs de citoyen. Mais cette volonté de libération des peuples ne constitue-t-elle pas une façon de soumettre les «ignorants»? En tout cas, jusqu'ici les études consacrées à l'idéologie n'ont pas abordé encore les effets de l'alphabétisation. Il se peut, par exemple, que les partisans de l'instruction populaire fassent fausse route et que leurs efforts conduisent, non pas à la soumission des «classes dangereuses», mais bien à la révolte. L'alphabétisation de la masse est-elle libératrice ou asservissante? Sans doute a-t-elle eu une portée tout à fait différente, selon les circonstances et les régimes socio-politiques. Voilà un point qui mérite à coup sûr plus de considération de la part des spécialistes de l'histoire du Québec.

La tâche de l'historien intéressé à l'alphabétisation est donc triple. Premièrement, il lui faut connaître la situation de l'analphabétisme dans le passé. Ensuite, il doit être en mesure de décrire la montée de l'alphabétisation. Enfin, il lui faut identifier les effets de l'alphabétisation sur la culture, sur la société et sur la politique. Les remarques méthodologiques qui suivent se rapportent au but premier de la recherche, c'est-à-dire à la description. Nous devons souligner toutefois que les études dans ce domaine resteront stériles et sans valeur si elles ne mènent pas aux deux autres tâches, proprement explicatives.

Sources et méthodes

Pour entreprendre l'étude de l'alphabétisation, on doit puiser à deux sources: les sources de constatation et les sources de signature. Les premières sont les recensements et les enquêtes réalisées au cours des ans pour connaître la répartition des analphabètes et des gens instruits. Elles sont dites «sources de constatation» parce qu'elles reposent sur le témoignage des sujets ou d'un observateur. Les sources de signature — les registres paroissiaux, les actes notariés, les pétitions et certains documents officiels — portent, en principe, les signatures ou les «marques ordinaires» d'un grand nombre de personnes. Jusqu'à présent, les historiens ont consulté surtout ces dernières sources, peut-être parce qu'elles sont plus nombreuses que les sources de constatation et qu'elles sont disponibles pour les périodes préstatistiques.

Signature ou non-signature: une dichotomie très sûre, en apparence, et propre au calcul des pourcentages. Mais que signifie la signature à la fin? Quelqu'un sachant signer son nom sait-il écrire pour autant? Sait-il lire? Voici quelques cas qui suscitent la réflexion. Interrogé en 1838, Augustin Marchessault, cultivateur et prisonnier politique, déclare: «Je sais lire un peu mais ne sais point écrire». Il a pourtant signé sa déclaration. Un autre prisonnier, le potier Édouard Besse, affirme: «Je sais lire un peu, mais ne sais écrire que pour signer mon nom»[17]. Bien entendu, de telles anecdotes ne nous aident pas à résoudre la question de la signification des taux de signature. C'est un problème statistique et non pas individuel. Pendant longtemps, les historiens ont cru — sans toutefois beaucoup de preuves à l'appui — à la théorie de Roger Schofield selon laquelle le taux de signature dans une population serait supérieur au pourcentage sachant lire et écrire, mais inférieur au pourcentage sachant lire seulement[18]. La première vérification de cette hypothèse fut faite par François Furet et Wladimir Sachs qui ont confronté le taux de signature des actes de mariage par département avec les données sur l'analphabétisme du recensement français de 1866. Ils en sont arrivés à la conclusion que le pourcentage de ceux qui savent signer leur nom était deux fois plus nombreux que ceux qui savaient lire. Le taux de signature est plutôt lié à la capacité de lire et d'écrire, c'est-à-dire au *literacy*[19]. Cette question reste pourtant ouverte car il n'est pas impossible que la signification de la signature varie d'une société à l'autre, d'une époque à l'autre, selon les divers régimes pédagogiques. Cependant, il semble que le taux de signature soit un des indices réels de l'alphabétisation.

Parmi les sources de signature, l'acte de mariage dans les registres paroissiaux constitue le document privilégié en raison de son uniformité, de sa quasi-universalité et de sa véracité. Depuis le Concile de Trente, les curés catholiques devaient, en effet, tenir des registres de baptêmes, mariages et sépultures, et faire signer les nouveaux mariés ou indiquer leur incapacité de signer, le cas échéant. Pendant longtemps cette règle ne fut pas respectée dans toutes les paroisses. Au Canada par exemple, entre 1680 et 1699, on ne trouve pas plus de 60% d'actes de mariage qui se sont conformés à cette ordonnance[20]. Pourtant, par rapport aux registres d'autres pays, ceux du Canada français étaient très soigneusement entretenus; à partir du 18e siècle, il existe dans tous les registres des données relatives à la capacité de signer dans presque tous les cas. D'ailleurs, puisque le Québec est doté d'une collection unique d'anciens registres paroissiaux, on est en mesure de vérifier, mieux que nulle part ailleurs, l'évolution des taux de signature. Le groupe de recherche en démographie historique à l'Université de Montréal est en train, depuis quelques années, d'exploiter une telle richesse historique; heureusement, les chercheurs de cette équipe recueillent, outre les renseignements proprement démographiques, les données relatives aux signatures.

Comme source de signature, l'acte de mariage a l'avantage d'englober à peu près toute la population adulte, hommes et femmes, d'une localité — ou tous les catholiques, soit presque toute la population des paroisses canadiennes-françaises. Dans le passé, peu de Canadiens ou Canadiennes ne se sont jamais mariés[21]. Par contre, un certain nombre d'entre eux se sont mariés deux fois ou plus, à la suite de la mort de leur époux ou de leur épouse. Ceux-là sont comptés deux fois dans les statistiques du taux de signature, qui sont faussées d'autant[22]. De plus, le taux de signature au mariage concerne surtout les jeunes adultes et non la population globale.

Une deuxième source de signature demeure les pétitions. Très nombreux au 19e siècle, ces documents étaient soumis au gouvernement par les citoyens d'une localité pour réclamer la nomination d'un juge, pour rendre hommage à un gouverneur, pour affirmer leur loyauté envers la Couronne (surtout après l'échec de l'insurrection de 1837-1838)... Seules les pétitions envoyées par une paroisse entière nous intéressent car, en principe, chaque homme propriétaire de biens fonciers devait y apposer sa signature ou sa marque. En réalité, très peu de pétitions fournissent la liste de tous les hommes aptes à signer, et le pourcentage de la population participant à une pétition est très variables. En général, seules les pétitions où la majorité d'une population donnée a apposé sa signature ou sa croix risquent de donner des taux de signature mesurant de façon précise les connaissances de la population[23]. On doit donc rej4eter les pétitions qui contiennent les noms d'une trop faible proportion d'hommes d'un lieu donné. De telles pétitions risqueraient de surévaluer le pourcentage d'alphabétisation de ce lieu. D'aucuns sont très sceptiques à l'endroit des pétitions en général, même les plus complètes en apparence. Cette source de signature est beaucoup moins fiable que les actes de mariage. Mais ces pétitions ont l'avantage toutefois de fournir rapidement au chercheur, conscient de leur caractère approximatif, des taux de signature pour une tranche assez large de la population, qui, contrairement à ceux provenant des registres paroissiaux, constituent une prise de vue synchronique de toute la population (ou, du moins, des hommes) d'une localité donnée.

Bien qu'assez hétérogènes, les actes notariés constituent un troisième groupe de sources de signature. Étant donné les lois civiles et les coutumes légales, très peu de Canadiens français n'ont pas eu, au moins une fois dans leur vie, à passer un acte devant notaire. Le notaire était obligé, en rédigeant chaque acte, de faire signer les sujets ou de noter leur incapacité de signer. Il faut toutefois se méfier. Les notaires remplissaient alors leurs tâches assez rapidement parfois, sans grande rigueur. On doit donc chercher des actes rédigés par des notaires qui exigeaient les signatures — on pourrait faire la vérification en confrontant l'acte notarié et l'acte de mariage pour un certain nombre d'individus — car les actes fournissent beaucoup de détails permettant une analyse approfondie des facteurs de l'analphabétisme. Par exemple, on trouve la profession du sujet, surtout dans les contrats d'engagement et les marchés de construction[24]. Les contrats de mariage, les testaments, les donations entre vifs et les inventaires après décès éclairent sur le niveau de vie. Évidemment, dans le cas des inventaires après décès, on ne «ait pas si la personne savait signer; cependant, son veuf ou sa veuve est appelé à signer le document. Comme les registres paroissiaux, les archives notariales constituent donc un champ de recherche presque inépuisable pour l'historien s'intéressant à l'alphabétisation.

Les sources de constatation sont normalement plus faciles d'accès et moins difficiles à manipuler. Plusieurs recensements fournissent des tableaux sommaires sur le niveau d'alphabétisation de toute la population; les cahiers de relevé contiennent des indications concernant les connaissances de chaque individu ainsi que certains autres détails personnels s'y rapportant. Pour certaines années, on peut donc connaître rapidement le niveau global d'alphabétisation et entreprendre des analyses plus approfondies des facteurs et de l'impact de l'analphabétisme[25]. Par rapport aux sources de signature, les sources de constatation ont l'avantage d'avoir été conçues pour mesurer les connaissances réelles de la population; elles répondent par exemple aux questions: combien de personnes savent lire? Savent écrire?

Les sources de constatation posent pourtant de sérieux problèmes méthodologiques. Il y a d'abord le risque de fraude, consciente ou inconsciente. En signant l'acte de mariage, un individu fournit une preuve solide de sa capacité de signer, tandis que l'historien, qui accepte les réponses aux enquêtes statistiques, «oui, je sais lire et écrire», risque souvent, en principe, d'être trompé. En réalité, les risques sont moindres si l'échantillonnage est vaste. Avant le 20e siècle, le recensé n'avait aucune honte à se déclarer analphabète; on ne tentait donc pas de dissimuler la vérité[26]. Un autre problème, plus sérieux celui-là, découle du caractère forcément imprécis des concepts «savoir lire» et «savoir écrire». Celui, par exemple, qui sait reproduire le son des mots d'un texte déjà connu, sans pouvoir dégager le sens d'un texte nouveau, sait-il lire? Il nous semble analphabète, mais les recherches dans l'histoire des techniques pédagogiques montrent que certains instituteurs n'en exigeaient pas plus pour déclarer leurs élèves aptes à lire[27]. Et pourquoi s'étonner quand on parle d'une population (protestante surtout) dont l'Écriture Sainte constitue presque la seule lecture, à l'école comme à la maison, que la distinction entre «lire» et «réciter par coeur» soit vague. Ainsi les recensements constituent certes une source précieuse pour l'étude de la répartition de l'analphabétisme, mais les comparaisons des taux d'alphabétisation entre sociétés et entre époques font souvent défaut.

Dans le cas du Québec, on trouve un autre obstacle, cette fois d'ordre pratique, à l'utilisation des sources de constatation pour suivre l'évolution de l'alphabétisation. Les recensements canadiens sont muets sur l'analphabétisme, sauf entre 1861 et 1931; les chiffres qu'ils fournissent manquent souvent de consistance (dans les classes d'âges, la définition de l'analphabétisme) d'un recensement à l'autre. Voici les types de séries statistiques qu'on y trouve (les sexes étant séparés dans tous les recensements):

1861 — au-dessus de 20 ans

      ne sachant ni lire ni écrire

1871 — au-dessus de 20 ans

      ne sachant lire
      ne sachant écrire

1881 — aucune donnée sur l'analphabétisme

1891 — cohortes de 10 ans

      sachant lire et écrire
      sachant lire seulement
      ne sachant ni lire ni écrire

1901

      sachant lire et écrire
      sachant lire seulement
      ne sachant lire
      ne sachant ni lire ni écrire

1911 — au-dessus de 5 ans; au-dessus de 21 ans

      nés au Canada   sachant lire et écrire
      nés en Grande-Bretagne   sachant lire seulement
      nés ailleurs   ne sanchant ni lire ni écrire

1921 — 10 à 14 ans; 15 à 20 ans; 21 à 34 ans; 35 à 64 ans; 65 ans et plus

      origine ethnique   lieu de naissance des parents
                         «analphabète»

1931 — cohortes de 5 ans

      population de la ville de résidence
      sachant lire et écrire
      sachant lire seulement
      ne sachant ni lire ni écrire

Il existe une autre source de constatation, la seule disponible pour le Québec d'avant 1861, c'est l'enquête menée en 1838-1839 par Arthur Buller. Associé de lord Durham, Buller a fait parvenir des questionnaires aux curés et aux autres notables de chaque paroisse et de chaque *township* du Bas-Canada pour connaître le taux d'alphabétisation et le degré de fréquentation scolaire de la population locale. Ces chiffres ne portent toutefois pas sur un dénombrement individuel. Statisticien peu avisé, Buller a d'ailleurs demandé à ses correspondants le nombre de personnes sachant lire et écrire par classes d'âge, sans exiger le nombre réel de personnes pour toutes ces tranches de la population locale; il ne connaît donc pas le nombre de base pour calculer la proportion d'alphabétisés. Pour comble de malheur, la majorité des questionnaires ne lui a jamais été retournée; les questionnaires ont été dûment remplis dans 70 localités seulement et révèlent des chiffres d'une qualité fort variable, voire discutable. On comprend alors la déception de Buller, rentré en Angleterre sans avoir publié les résultats de son enquête. J'ai eu la chance de mettre la main sur les formules originales envoyées à Buller, il y a un siècle et demi[28]. Les chiffres qu'elles contiennent ne sont pas dépourvus d'intérêt, après avoir éliminé plusieurs d'entre eux, manifestement faux, et avoir estimé la population par catégories d'âge pour servir de base au calcul du taux d'analphabétisme. Cette procédure, que certains ont fortement contestée[29], fournit, pour 55 localités rurales, la proportion des hommes et des femmes, des garçons et des jeunes filles sachant lire et sachant lire et écrire. Puisqu'il y existait des chiffres sur l'ethnicité et la religion, il était possible aussi d'aborder l'analyse des facteurs de la répartition des analphabètes. Ainsi, les efforts d'Arthur Buller et de ses collaborateurs n'auront pas été vains.

Nos connaissances

Malgré cette richesse documentaire, les connaissances sur l'histoire de l'alphabétisation au Québec restent assez minces. Des recherches limitées permettent toutefois de tirer quelques conclusions provisoires. Quant à l'évolution globale de l'alphabétisation, on voit (tableau 2) que les immigrants en Nouvelle-France étaient plus alphabétisés que le Français moyen de l'époque[30]. Ceci s'explique sans doute par l'origine urbaine d'un grand nombre d'immigrants. Il y eut une régression de l'instruction à la suite de l'immigration, les Canadiens de naissance étant moins aptes à signer leur acte de mariage que leurs compatriotes nés en France. Depuis le début du 18e siècle jusqu'au milieu du siècle suivant, il y eut une longue période de stagnation, plus accentuée que celle que la France a connue (voir tableau 1). Vers 1850, il y a eu une augmentation sensible du *literacy* global; le Québec est ainsi devenu une société majoritairement alphabétisée dans la deuxième moitié du siècle (tableaux 1 et 5). À la suite de cette «révolution de l'alphabétisation», un nouvel équilibre s'est établi. L'analphabétisme existe toujours, mais il s'agit d'un phénomène marginal.

Les inégalités de l'alphabétisation sont peut-être plus intéressantes que son évolution générale. Selon l'exemple de Léon Gérin, on a établi quelques liens avec la structure socio-professionnelle[31]. Nous savons que la hiérarchie de l'instruction dans le Québec d'hier, entre 1700 et 1850, années qui correspondent à la grande stagnation dont nous avons parlé, ressemblait bien à ce qu'on trouve dans l'Europe pré-industrielle (voir tableau 3). Les membres des professions libérales sont alors tous alphabétisés. Plusieurs commerçants sont instruits; quelques petits marchands parviennent à se débrouiller. Les artisans sont, en général, beaucoup moins instruits; plus de la moitié d'entre eux ne savent pas signer. Toutefois, le niveau d'instruction des artisans varie, selon le métier et selon le lieu de résidence, à la campagne ou à la ville. Par exemple, à Québec, au début du 19e siècle, deux fois plus de menuisiers que de charpentiers sont capables de signer. Il faut insister sur le niveau élevé d'alphabétisation au sein des cordonniers, véritables philosophes du peuple dans les sociétés pré-industrielles. À la remorque des artisans, on trouve les cultivateurs-propriétaires dont environ 90% sont incapables d'écrire. Les journaliers sont au bas de l'échelle. La hiérarchie dont il s'agit, ici, est établie selon la fonction économique, non selon la richesse. Les artisans, quoique nettement plus instruits que les paysans, sont souvent moins riches que ces derniers; même au sein de la paysannerie, il n'existe aucun lien direct entre le niveau de vie et l'alphabétisation.

On note par ailleurs un écart prononcé — tout à fait normal, par ailleurs, dans une société largement analphabète — pour la période antérieure à 1850, entre les populations urbaines et rurales. Vers 1750, le taux de signature des époux était six fois plus élevé à Québec qu'à Saint-Ours ou à Boucherville. À cette époque, les fonctions économiques et les structures professionnelles des villes et des campagnes étaient particulièrement distinctes au Canada; c'est cette différence qui explique largement l'écart des taux d'analphabétisme. S'il est permis de généraliser à partir des taux de signature par groupe professionnel d'une pétition de Trois-Rivières et de la région en 1840, les citadins n'étaient pas plus alphabétisés que les ruraux de même profession; les professions hautement alphabétisées (artisans, marchands, fonctionnaires...) étaient simplement mieux représentées en ville qu'à la campagne (voir tableau 3).

Il y a inégalité aussi entre les hommes et les femmes. Dans les villes surtout, là où les membres des professions libérales sont alphabétisés, les hommes sont plus aptes à signer que les femmes. Dans les populations rurales, en revanche, les femmes offrent des taux de signature égalant, voire dépassant ceux des hommes. Il s'agit là d'une égalité dans la médiocrité, les différences ayant, en général, tendance à se confondre dans les populations analphabètes. Normalement moins aptes à écrire que leurs maris, les femmes, dans le Québec pré-industriel, savent souvent plus lire que les hommes. Dans les paroisses canadiennes-françaises recensées par Arthur Buller en 1839, 28,2% des femmes savent lire seulement, contre 14,4% des hommes (voir le tableau 5). Cette proportion, ajoutée aux 14,1% des femmes qui savent lire et écrire (légèrement inférieur au pourcentage chez les hommes (15,8%) complètement alphabétisés) donne un total de 42,3% de femmes — contre 30,2% d'hommes — sachant au moins écrire. Dans certaines régions de la France du 19e siècle, François Furet et Jacques Ozouf ont noté cette même prépondérance des femmes dans les rangs des demi-alphabétisés. Ils ont vu, dans ce phénomène, un signe d'atavisme. La géographie des taux élevés de ceux sachant «lire seulement» correspond parfaitement à la fréquence de la pratique religieuse:

> Il est probable que, dans l'ancienne France, et tout particulièrement dans cette partie de la France qui était la moins scolarisée, il y a eu une vaste demi-alphabétisation, centrée sur la lecture, animée par l'Église et par les familles, destinée essentiellement aux filles: phénomène qui exprime davantage un fidéisme religieux qu'une volonté de modernisation.[32]

Avec l'établissement au Canada d'une population anglophone, une quatrième source d'alphabétisation inégale s'est manifestée. Il n'est pas possible de camoufler, pour le siècle qui suit la Conquête, l'écart énorme qui sépare Britanniques et Canadiens français. Les chiffres de Michel Verrette quant à la population de Québec entre 1750 et 1799 révèlent que 60,6% des anglophones contre 38,2% des francophones savent signer (voir tableau 4). À la campagne, il semble que l'écart est davantage prononcé. Selon l'enquête de Buller, en 1839, 15,8% des hommes dans 32 paroisses à forte majorité francophone sont capables de lire et d'écrire, contre 71,3% des hommes dans 16 *townships* fortement anglophones (voir tableau 5). Cette inégalité est liée à plusieurs facteurs qui échappent à Buller et à lord Durham. Il y a d'abord beaucoup d'immigrants parmi les anglophones, tandis que les francophones de cette époque sont tous nés au pays; si l'immigration avait favorisé l'alphabétisation, comme ce fut le cas sous le Régime français, les Anglais en auraient retiré tous les avantages. Deuxièmement, les anglophones ont été relativement nombreux, semble-t-il, dans les professions «instruites» (marchands, fonctionnaires, etc.). Cela n'empêche que les Anglais signaient plus souvent que les Français, même à l'intérieur de chaque groupe professionnel[33]. Il existe un troisième facteur, plus significatif celui-là que les précédents: la religion. Michel Verrette a montré — mes propres recherches débouchent sur la même conclusion — que le clivage fondamental dans l'alphabétisation au Bas-Canada a été celui séparant protestants et catholiques. On voit alors que les immigrants irlandais, anglophones et catholiques présentaient un taux d'analphabétisme plus près de ceux des Canadiens français que de ceux des Canadiens anglais[34].

Ces inégalités se sont atténuées au cours de la deuxième moitié du 19e siècle d'où cette «révolution» qui a fait monter en flèche le taux d'alphabétisation. À cette époque, l'alphabétisation des femmes, des ruraux et des Canadiens français fait un bond en avant d'une façon bien plus rapide que celui de l'ensemble du Québec. D'ailleurs, le Québec progressait plus rapidement que l'Ontario, déjà fort alphabétisé avant 1850[35].

Évidemment le dossier reste fort incomplet, mais on dispose d'un certain nombre de données sur la structure et sur la conjoncture de l'alphabétisation au Québec. Il est même possible d'expliquer les inégalités de l'analphabétisme à l'époque pré-industrielle. Nous avons réussi à mesurer l'ampleur du phénomène, premier élément pour faire l'histoire de l'alphabétisation. Quant aux deux autres tâches — expliquer la croissance de l'alphabétisation et évaluer son impact — les recherches qui se poursuivent toujours au Québec n'ont pas encore donné de résultats concrets.

Conclusions et perspectives

L'apport quantitatif des dernières années, quoique mineur, fournit quand même quelques réponses à quelques-unes des questions classiques qui alimentaient les débats entre les historiens cléricaux et les historiens anticléricaux. La population canadienne-française de l'ère pré-industrielle fut plutôt analphabète par rapport à la population scandinave, française ou anglo-saxonne. En revanche, les populations de l'Europe du sud et de l'est, c'est-à-dire celles qui pratiquaient la même religion et qui offraient des structures économiques semblables à celles de la Nouvelle-France, ne furent guère plus instruites. La Conquête, de son côté, n'a pas eu d'effet catastrophique sur l'alphabétisation. La grande révolution a plutôt eu lieu dans la deuxième moitié du 19e siècle: l'avènement de l'alphabétisation de la masse des Québécois. D'ailleurs, cette transformation vers une société majoritairement alphabétisée s'est effectuée dans la plus grande partie de l'Europe à la même époque[36]. Il n'y a donc rien de pathologique dans l'histoire de l'alphabétisation des Québécois.

De toute façon, cette problématique mise en place par l'historiographie traditionnelle, semble dépassée. Plutôt que de se servir de l'analphabétisme pour blâmer ou pour louer le clergé, les hommes politiques..., l'historien d'aujourd'hui s'intéresse davantage aux causes sociales de l'alphabétisation et à son impact. À mon avis, il s'agit avant tout de chercher à mieux comprendre la révolution de l'alphabétisation de la deuxième moitié du 19e siècle. Quelle est l'originalité de la formule québécoise de ce phénomène universel en Occident? J'ai l'impression que cette révolution a été assez brutale, que l'alphabétisation massive s'est produite beaucoup plus rapidement au Québec qu'en Angleterre ou qu'en France. Si une telle approche est valable, elle doit être liée à d'autres transformations fondamentales de l'époque. Pour Furet et Ozouf, «l'universalisation de l'alphabétisation naît de l'économie de marché, qui développe la division au travail et répand la communication par l'écrit, du haut vers le bas du corps social»[37]. Derrière le rayonnement de l'économie de marché, il faut voir les progrès du capitalisme et l'ascension d'une bourgeoisie qui faisait sentir son emprise «vers le bas du corps social». En effet, le Québec est resté, avant 1850, essentiellement féodal, hors des villes: l'économie de marché n'a eu que peu d'impact et le capitalisme était, tout au plus, à l'état embryonnaire. Voilà l'explication du taux d'alphabétisation plutôt faible par rapport aux sociétés davantage touchées par le développement économique. L'alphabétisation massive ne serait-elle pas due, en dernière analyse, à la naissance d'un vrai capitalisme canadien au milieu du 19e siècle? La révolution de l'alphabétisation n'est-elle pas survenue à peu près en même temps que deux autres transformations importantes, l'abolition de la tenure seigneuriale (1854) et la confédération canadienne (1867)? Ces trois mutations, culturelle, légale et politique, ont en commun, outre une certaine simultanéité, le fait qu'elles ont contribué ensemble à la formation d'un champ d'action bien adapté à l'expansion du capital: un marché domestique assez large, une forme de propriété foncière absolue et individuelle, une force de travail potentielle d'une culture uniforme. C'est une interprétation schématique, certes. Et si la recherche historique mettait à l'épreuve toutes ces hypothèses!

TABLEAU 1 — Taux généraux de signature à partir des actes de mariage

Source	Localisation	Période	Nombre de mariages	Sachant signer (%)		Sexes réunis
				Époux	Épouses	
1	Canada	1680-1699	2170	42,1	30,4	36,2
	Mont. et Qué.	1680-1699	768	56,0	43,8	49,9
	cinq paroisses rurales	1680-1699	247	34,4	22,9	28,6
2	Québec	1750-1759	204	49,5	36,8	43,1
	Québec	1760-1769	129	48,1	34,9	41,5
	Québec	1770-1779	149	40,9	30,9	35,9
	Québec	1780-1789	215	56,7	33,0	44,9
	Québec	1790-1799	205	47,8	38,0	42,9
	Québec	1800-1809	277	42,6	35,4	39,0
	Québec	1810-1819	409	49,6	35,7	42,7
	Québec	1820-1829	606	54,0	32,2	43,0
	Québec	1830-1839	998	48,2	30,2	39,2
	Québec	1840-1849	1242	46,0	27,6	36,8
3	Rivière-du-Loup	1745-1754	37	8,1	10,8	
	Rivière-du-Loup	1795-1799	110	13,6	10,0	
	Rivière-du-Loup	1840-1844	122	28,7	25,4	
	Rivière-du-Loup	1845-1849	137	32,8	23,4	
	Rivière-du-Loup	1850-1854	107	30,8	32,7	
	Rivière-du-Loup	1895-1899	125	72,8	74,4	
3	Trois-Rivières	1745-1754	55	49,1	54,5	
	Trois-Rivières	1795-1799	57	17,5	15,8	
	Trois-Rivières	1840-1844	220	28,2	20,1	
	Trois-Rivières	1850-1854	268	33,9	28,7	
3	Boucherville	1745-1755	106	11,3	16,0	
	Boucherville	1785-1789	79	13,9	16,5	
3	Saint-Ours	1750-1760	41	7,3	4,9	
	Saint-Ours	1795-1799	74	8,1	5,4	
	Saint-Ours	1840-1844	151	9,3	9,3	
	Saint-Ours	1850-1854	130	18,5	14,6	

TABLEAU 2 — Taux de signature des immigrants et des Canadiens de naissance

Source	Type de document	Secteur de la population	Période	Cas observés	Sachant signer (%)
4	actes de mariage	mariés au Canada, nés en France (h)	1680-1699	842	44,1
		mariés au Canada, nés au Canada (h)	1680-1699	1328	40,8
		mariés au Canada, nées en France (f)	1680-1699	62	29,0
		mariées au Canada, nées au Canada (f)	1680-1699	2108	30,4
		mariés au Canada, nés en France (sr)	1680-1699	904	43,0
		mariés au Canada, nés au Canada (sr)	1680-1699	3436	34,4
5	actes de mariage	mariés à Montréal, nés en France (h)	1657-1715	?	38,4
		mariés à Montréal, nés au Canada (h)	1657-1715	?	45,5
		mariées à Montréal, nées en France (f)	1657-1715	?	31,7
		mariées à Montréal, nées au Canada (f)	1657-1715	?	43,0

TABLEAU 3 — Taux de signature de certains groupes socio-professionnels

Source	Type de document	Secteur de la population	Période	Cas observés	Sachant signer (%)
6	registres paroissiaux et actes notariés	Canada: ecclésiastiques et fonctionnaires	vers 1663	52	100,0
		Canada: nobles	vers 1663	46	97,8
		Canada: commerçants	vers 1663	42	90,5
		Canada: soldats	vers 1663	32	87,5
		Canada: «métiers de la terre»	vers 1663	73	37,0
		Canada: métiers de construction	vers 1663	105	50,5
		Canada: domestiques	vers 1663	41	41,5
7	registres paroissiaux et actes notariés	Québec: cordonniers	1660-1699	?	63
		Québec: cordonniers	1700-1759	?	58
		Québec: tanneurs	1660-1699	?	100
		Québec: tanneurs	1700-1759	?	64
8	registres paroissiaux	Québec: professions libérales	1750-1799	20	100,0
		Québec: professions libérales	1800-1849	160	98,1
		Québec: commerçants	1750-1799	66	87,9
		Québec: commerçants	1800-1849	402	82,1
		Québec: artisans	1750-1799	118	47,4
		Québec: artisans	1800-1849	2462	35,4
		Québec: ouvriers	1750-1799	108	26,8
		Québec: ouvriers	1800-1849	2578	24,6
		Québec: soldats	1750-1799	158	40,5
		Québec: soldats	1800-1849	110	39,1
9	marchés de construction	métiers de construction	1810-1820	105	42
		charpentiers	1810-1820	?	32
		maçons	1810-1820	?	36
		menuisiers	1810-1820	?	60
10	pétition	région de Trois-Rivières, paroisses rurales			
		professions libérales	1840	42	97,6
		commerçants	1840	29	86,2
		artisans	1840	97	33,0
		cultivateurs	1840	1778	18,8
		journaliers	1840	33	6,1
		divers	1840	47	51,1
		indéterminé	1840	63	44,4
		ensemble	1840	2089	23,3
		Trois-Rivières et ses environs			
		professions libérales	1840	21	100,0
		commerçants	1840	34	85,3
		artisans	1840	97	23,7
		cultivateurs	1840	484	8,7
		journaliers	1840	112	5,4
		divers	1840	66	57,6
		indéterminé	1840	162	79,6
		ensemble	1840	976	29,5

TABLEAU 4 — Taux de signature selon l'ethnicité et la religion

Source	Type de document	Secteur de la population	Période	Cas observés	Sachant signer (%)
11	registres paroissiaux	Québec: francophones	1750-1799	1475	38,2
		Québec: francophones	1800-1849	4090	30,1
		Québec: anglophones	1750-1799	320	60,6
		Québec: anglophones	1800-1849	2905	53,2
		Québec: catholiques	1750-1799	1480	38,7
		Québec: catholiques	1800-1849	5746	33,2
		Québec: protestants	1750-1799	324	57,4
		Québec: protestants	1800-1849	1316	66,5

TABLEAU 5 — Niveaux d'alphabétisation selon les recensements

Source	Date	Population recensée	Critères	Nombre d'individus	Alpha-bétisés (%)
12	1838-39	32 paroisses rurales à forte majorité canadienne-française*			
		hommes	lire et écrire	15485	15,8
		hommes	lire au moins	15485	30,2
		femmes	lire et écrire	16456	14,1
		femmes	lire au moins	16456	42,3
		sexes réunis	lire et écrire	31941	14,9
		sexes réunis	lire au moins	31941	36,5
		16 *townships* à forte majorité canadienne-française*			
		hommes	lire et écrire	3015	71,3
		hommes	lire au moins	3015	84,0
		femmes	lire et écrire	2770	63,0
		femmes	lire au moins	2770	83,0
		sexes réunis	lire et écrire	6305	68,5
		sexes réunis	lire au moins	6305	84,4
13	1861	le Québec +	lire au moins	?	64,6
		population rurale	lire au moins	?	61,8
		population urbaine	lire au moins	?	81,8
	1891	le Québec +	lire au moins	?	70,4
		population rurale	lire au moins	?	67,3
		population urbaine	lire au moins	?	82,2

* population au-dessus de 15 ans
+ population au-dessus de 20 ans

SOURCES DES STATISTIQUES

1. Roy, Landry et Charbonneau, «Quelques comportements des Canadiens au XVIIe siècle», p. 66.

2. Verrette, «L'alphabétisation de la population de la ville de Québec», p. 113.

3. Greer, «The Pattern of Literacy in Quebec», p. 299.

4. Roy, Landry et Charbonneau, «Quelques comportements des Canadiens au XVIIe siècle», p. 66.

5. Dechêne, *Habitants et marchands de Montréal*, p. 467.

6. Trudel, *La population du Canada en 1663*, p. 110 et 151.

7. Thivierge, «Les artisans du cuir à Québec», p. 354.

8. Verrette, *op. cit.*, p. 132.

9. Bernier, «La construction domiciliaire à Québec», p. 559.

10. Greer, *op. cit.*, p. 304.

11. Verrette, *op. cit.*, p. 115-116.

12. Greer, *op. cit.*, p. 314.

13. *Ibid.*, p. 327.

NOTES

1. Voir aussi Louis-Philippe Audet, «La Nouvelle-France et ses dix mille colons».

2. Amédée Gosselin, *L'instruction au Canada sous le Régime français*, p. 147.

3. Lionel Groulx, *L'enseignement français au Canada*, vol. 1, *Dans le Québec*.

4. *Id.*, p. 27.

5. Fernand Ouellet, «L'enseignement primaire: responsabilité des Églises ou de l'État? (1801-1836)»; Jean-Jacques Jolois, *Joseph-François Perrault (1753-1844)*; Richard Chabot, *Le curé de campagne et la contestation locale au Québec*, p. 45-73.

6. Louise Dechêne, *Habitants et marchands de Montréal au XVIIᵉ siècle*, p. 467-469; Fernand Ouellet, «Répartition de la propriété foncière...», p. 118-121; Raymond Roy, Yves Landry et Hubert Charbonneau, «Quelques comportements des Canadiens au XVIIᵉ siècle...», p. 66; Marcel Trudel, *La population du Canada en 1663*, passim; Jacques Bernier, «La construction domiciliaire à Québec 1810-1820», p. 559; Marîse Thivierge, «Les artisans du cuir à Québec — (1660-1760)», p. 354; Claudette Lacelle, «Urban Domestic Servants in the Nineteenth Century: Second Stage of the Research», passim.

7. Allan Greer, «The Pattern of Literacy in Quebec, 1745-1899».

8. Michel Verrette, «L'alphabétisation de la population de la ville de Québec de 1750 à 1849». [Michel Verrette poursuit maintenant ses recherches sur les taux de signature dans une aire plus large, tandis que Christine Veilleux fait des recherches analogues sur les paroisses rurales du comté de Portneuf (1680 à 1849) et que Pierre Hamelin s'occupe de la Côte du Sud (jusqu'à 1870)].

9. Léon Gérin, «La loi naturelle du développement de l'instruction populaire».

10. Voir les articles rassemblés dans C. A. Anderson et M. J. Bowman, *Education and Economic Development*.

11. Michael Sanderson, «Literacy and Social Mobility in the Industrial Revolution in England».

12. J. Goody et I. Watt, «The Consequences of Literacy», J. Goody, *Literacy in Traditional Societies*, p. 27-68.

13. Kenneth A. Lockridge, *Literacy in Colonial New England...*

14. On trouve cette thèse dans l'ouvrage de Richard Hoggard, *La culture du pauvre*.

15. Voir, par exemple, Harvey J. Graff, *The Literacy Myth*.

16. Alison Prentice, *The School Promoters*; Nadia F. Eid, *Le clergé et le pouvoir politique au Québec*, p. 225-228.

17. Archives nationales du Québec, événements de 1837-38, no 330, examen volontaire d'Augustin Marchessault, 28 mars 1838; no 338, examen volontaire d'Édouard Besse, 19 février 1838.

18. R. S. Schofield, «The Measurement of Literacy in Pre-Industrial England»; J. Goody, *Literacy in Traditional Societies*, p. 324.

19. François Furet et Wladimir Sachs, «La croissance de l'alphabétisation en France (XVIIIᵉ-XIXᵉ siècles)».

20. Raymond Roy et Hubert Charbonneau, «Le contenu des registres paroissiaux canadiens du XVIIᵉ siècle», p. 88; Gérard Bouchard et André LaRose, «La réglementation du contenu des actes de baptême, mariage, sépulture, au Québec, des origines à nos jours», p. 81.

21. Jacques Henripin, *La population canadienne au début du XVIIIᵉ siècle*, p. 102.

22. Les remariages ne sont pourtant pas suffisamment nombreux pour déformer sérieusement les chiffres. Par exemple, dans la paroisse de Sorel, 89,6% des hommes et 92,6% des femmes qui se sont mariés entre 1740 et 1839 étaient célibataires. A. Greer, «The Pattern of Literacy in Quebec», p. 298. Parmi les études basées sur les actes de mariage, seule celle de Louise Dechêne échappe à cette faiblesse, cet auteur ayant soigneusement écarté les mariages de veufs et de veuves.

23. Allan Greer, *op. cit.*, p. 301-307.

24. Jacques Bernier, *op. cit.*, p. 559; Marîse Thivierge, *op. cit.*, p. 354; Marcel Trudel, *op. cit.*, passim.

25. C'est cette dernière procédure qu'a suivie Harvey Graff pour quatre villes de l'Ontario dans son étude, *The Literacy Myth*.

26. Voir H. J. Mays et H. F. Manzl, «Literacy and Social Structure in Nineteenth-Century Ontario»; Harvey J. Graff, «What the 1861 Census can tell us about Literacy».

27. Daniel R. Resnick et Lauren B. Resnick, «The Nature of Literacy: an Historical Explanation».

28. Archives publiques du Canada, RG4, B30, vol. 108-115; A. Greer, *op. cit.*, p. 308-325.

29. Harvey J. Graff, «Interpreting Historical Literacy: The Pattern of Literacy in Quebec — a Comment», p. 453-454.

30. A comparer: Michel Fleury et Pierre Valmary, «Les progrès de l'instruction élémentaire de Louis XIV à Napoléon III»; Jacques Houdaille, «Les signatures au mariage de 1740 à 1829».

31. Quelques-unes des contributions à l'étude de cette question souffrent d'un choix malheureux de catégories. Dans *La population du Canada en 1663*, par exemple, Marcel Trudel parle de groupes professionnels dont «les gens de métier», qui regroupe, semble-t-il, les charpentiers, les naviga-teurs et les habitants («les métiers de la terre»), entre autres; une autre catégorie assez obscure s'appelle «hommes à tout faire» (p. 112).

32. François Furet et Jacques Ozouf, *Lire et Écrire*, vol. 1, p. 357; voir aussi, vol. 1, p. 199-228.

33. A. Greer, *op. cit.*, p. 303.

34. Michel Verrette, *op. cit.*, p. 67; A. Greer, *op. cit.*, p. 318.

35. A. Greer, *op. cit.*, p. 326-330.

36. Carlo M. Cipolla, *Literacy and Development in the West*, p. 86-87.

37. François Furet et Jacques Ozouf, *op. cit.*, p. 352.

Bibliographie

Sur le Québec

Audet, Louis-Philippe.
Le système scolaire de la province de Québec. Québec, Les Éditions de l'Érable, 1950-1956. 6 vol.

Audet, Louis-Philippe.
Histoire de l'enseignement au Québec, 1608-1971. Montréal, Holt, Rinehart et Winston, 1971. 2 vol.

Audet, Louis-Philippe.
«La Nouvelle-France et ses dix mille colons», *Cahiers des Dix*, 36(1971):9-53.

Bernier, Jacques.
«La construction domiciliaire à Québec 1810-1820», *Revue d'histoire de l'Amérique française*, 31, 1(mars 1978):547-561.

Bouchard Gérard et André LaRose.
«La réglementation du contenu des actes de baptême, mariage, sépulture, au Québec, des origines à nos jours», *Revue d'histoire de l'Amérique française*, 30, 1(juin 1976):67-84.

Chabot, Richard.
Le curé de campagne et la contestation locale au Québec (de 1791 aux troubles de 1837-38): la querelle des écoles, l'affaire des fabriques et le problème des insurrections de 1837-38. Coll. «Histoire et Documents d'histoire». Montréal, Hurtubise HMH, 1975. 242 p.

Charbonneau, Hubert.
Vie et Mort de nos ancêtres: étude démographique. Montréal, Les Presses de l'Université de Montréal, 1975. 267 p.

Dechêne, Louise.
Habitants et marchands de Montréal au XVIIe siècle. Paris et Montréal, Plon, 1974. 588 p.

Eid, Nadia F.
Le clergé et le pouvoir politique au Québec: une analyse de l'idéologie ultramontaine au milieu du XIXe siècle. Montréal, Hurtubise HMH, 1978. 318 p.

Gérin, Léon.
«La loi naturelle du développement de l'instruction populaire: les causes sociales de la répartition des illettrés au Canada», *La science sociale suivant la méthode d'observation*, 23(juin 1897):441-479; 24(nov. 1897):356-390; 25(juin 1898):488-522.

Gosselin, Amédée.
L'instruction au Canada sous le Régime français (1635-1670). Québec, Typographie Laflamme & Proulx, 1911. 501 p.

Graff, Harvey J.
«Interpreting Historical Literacy: The Pattern of Literacy in Quebec — a Comment», *Histoire sociale / Social History*, 12, 24(nov. 1979):444-455.

Greer, Allan.
«The Pattern of Literacy in Quebec, 1745-1899», *Histoire sociale / Social History*, 11, 22(nov. 1978):293-335.

Greer, Allan.
«Misinterpreting Historical Literacy — a Reply», *Histoire sociale / Social History*, 12, 24 (nov. 1979):456-460.

Groulx, Lionel.
L'enseignement français au Canada.
Montréal, A. Lévesque et Granger
Frères, 1934-1936. 2 vol.

Hautecoeur, Jean-Paul.
*Analphabétisme et alphabétisation au
Québec.* Québec, Service général des
communications, Ministère de l'Éducation, 1978. vi, 222 p.

Henripin, Jacques.
*La population canadienne au début du
XVIIIᵉ siècle: nuptialité, fécondité,
mortalité infantile.* Paris, Presses universitaires de France, 1954. 129 p.

Jolois, Jean-Jacques.
*Joseph-François Perrault (1753-
1844) et les origines de l'enseignement laïc au Bas-Canada.* Montréal,
Les Presses de l'Université de Montréal, 1969. 268 p.

Lacelle, Claudette.
*Urban Domestic Servants in the Nine-
teenth Century: Second Stage of the
Research.* Coll. «Research Bulletin»
no 109. Ottawa, Parcs Canada, 1978.

Lajeunesse, Marcel.
*L'éducation au Québec «19-20ᵉ
siècles».* Montréal, Boréal Express,
1971. 148 p.

Magnuson, Roger.
*A Brief History of Quebec Education:
from New France to Parti Québécois.*
Montréal, Harvest House, 1980. ix,
147 p.

Ouellet, Fernand.
«L'enseignement primaire: responsabilité des Églises ou de l'État? (1801-
1836)», *Recherches sociographiques,*
2, 2(av.-juin 1961):171-189.

Ouellet, Fernand.
«Répartition de la propriété foncière et
types d'exploitation agricole dans la
seigneurie de Laprairie durant les années 1830», *Éléments d'histoire sociale du Bas-Canada* (Montréal, Hur-
bubise HMH, 1972):113-149.

Roy, Raymond et Hubert Charbonneau.
«Le contenu des registres paroissiaux
canadiens du XVIIᵉ siècle», *Revue
d'histoire de l'Amérique française,*
30, 1(juin 1976):85-97.

Roy, Raymond, Yves Landry et Hubert Charbonneau.
«Quelques comportements des Canadiens au XVIIᵉ siècle d'après les registres paroissiaux», *Revue d'histoire
de l'Amérique française,* 31, 1(juin
1977):49-73.

Thivierge, Marîse.
«Les artisans du cuir à Québec (1660-
1760)», *Revue d'histoire de l'Amérique française,* 34, 3(déc. 1980):341-
356.

Trudel, Marcel.
La population du Canada en 1663.
Montréal, Fides, 1973. xl, 368 p.

Verrette, Michel.
*L'alphabétisation de la population de
la ville de Québec de 1750 à 1849.*
Thèse de M.A., Université Laval,
1979. xi, 138 p.

Éléments comparatifs

Alexander, David.
«Literacy and Economic Development
in Nineteenth-Century Newfoundland», *Acadiensis,* 10(aut. 1980):3-
34.

Anderson, C. A. et Mary Jane Bowman.
Education and Economic Development. Chicago, Aldine, 1965. 436 p.

Cipolla, Carlo M.
Literacy and Development in the West. Londres, Penguin Books, 1969. 143 p.

Daigle, Jean-Guy.
«Alphabétisation et culture populaire dans l'Angleterre victorienne: état de la question», *Histoire sociale / Social History*, 9, 19(mai 1977):5-23.

Fleury, Michel et Pierre Valmary.
«Les progrès de l'instruction élémentaire de Louis XIV à Napoléon III d'après l'enquête de Louis Maggiolo», *Population*, 12, 1(janv.-mars 1957):71-92.

Furet, François et Wladimir Sachs.
«La croissance de l'alphabétisation en France (XVIIIe-XIXe siècles)», *Annales: économies, sociétés, civilisation*, 29, 3(mai-juin 1974):714-737.

Furet, François et Jacques Ozouf.
Lire et Écrire: l'alphabétisation des Français de Calvin à Jules Ferry. Paris, Les Éditions de Minuit, 1977. 2 vol.

Goody, Jack.
Literacy in Traditional Societies. Cambridge, Cambridge University Press, 1968. 349 p.

Graff, Harvey J.
«What the 1861 Census can tell us about Literacy: a Reply», *Histoire sociale / Social History*, 8, 16(nov. 1975):337-349.

Graff, Harvey J.
The Literacy Myth: Literacy and Social Structure in the Nineteenth-Century City. New York, Academic Press, 1979. xxii, 352 p.

Hoggart, Richard.
La culture du pauvre. Étude sur le style de vie des classes populaires en Angleterre. Traduction de Jean-Claude Garcia et de Jean-Claude Passeron. Présentation de Jean-Claude Passeron. Paris, les Éditions de Minuit, 1970. 420 p.

Houdaille, Jacques.
«Les signatures au mariage de 1740 à 1829», *Population*, 32(janv.-fév. 1977):65-89.

Lockridge, Kenneth A.
Literacy in Colonial New England; an Enquiry into the Social Context of Literacy in the Early Modern West. New York, Norton, 1974. xii, 164 p.

Mays, H. J. et H. F. Manzl.
«Literacy and Social Structure in Nineteenth-Century Ontario: An Exercise in Historical Methodology», *Histoire sociale / Social History*, 7, 14(nov. 1974):331-345.

Prentice, Alison.
The School Promoters: Education and Social Class in Mid-Nineteenth Century Upper Canada. Toronto, McClelland and Stewart, 1977. 192 p.

Resnick, Daniel R. et Lauren B. Resnick.
«The Nature of Literacy: an Historical Explanation», *Harvard Educational Review*, 47(août 1977):371-384.

Sanderson, Michael.
«Literacy and Social Mobility in the Industrial Revolution in England», *Past and Present*, 56(août 1972):75-104.

Schofield, Roger.
«Dimensions of Illiteracy, 1750-1850», *Explorations in Economic History*, 10(été 1973):437-454.

Stone, Lawrence.
«Literacy and Education in England, 1640-1900», *Past and Present*, 43(fév. 1969):61-139.

L'imprimé et les traditions orales

Réflexion sur le problème et exemples de méthode

Vivian Labrie

Institut québécois de recherche sur la culture

Petit garçon qui te rends à l'école
Cueillant des fleurs et battant les buissons
Le temps qu'on perd est du temps qu'on vole
Petit garçon songe à la parabole:
«Sans le bon grain pas de bonnes moissons».
Cet alphabet sur lequel tu sommeilles
Ce crayon noir qui te semble odieux
C'est la clé d'or du pays des merveilles
Petit garçon l'erreur vient des oreilles
La vérité suit le chemin des yeux.
Des gens viendront qui te voyant t'instruire
Se récrieront: »On en sait trop toujours
Bien labourer vaut autant que bien lire».
Petit garçon à ces gens tu peux dire:
«Un bon écrit vaut mieux qu'un sot discours».

Apparemment une récitation tirée d'un livre d'école et incorporée au texte d'une création collective, *École Sainte-Misère, 1920*, réalisée à Sherbrooke en 1977 avec des personnes dont l'âge variait entre 5 et 15 ans en 1920.

On retrouve à la fin d'une série de conférences par ailleurs assez polémiques, données par Eric A. Havelock sur les origines de la culture écrite en Occident un renvoi clair à l'examen des questions de culture verbale préalables ou concomitantes à celles de culture écrite:

> [...] et comme (nous l'avons déjà signalé) l'écrit est
> issu d'un monde sans écriture et s'est établi sur cette
> absence d'écriture, l'élucidation de la nature exacte de
> cette culture sans écriture devient alors un préalable à la
> compréhension de ce qu'est la civilisation écrite.[1]

Un tel dossier est néanmoins difficile à ouvrir non pas tant en ce qu'il se situe aux confins d'une approche purement disciplinaire, mais parce qu'il traite d'un sujet central à l'échafaudage social moderne et à ses pratiques et que, de ce fait, il ouvre la voie à une confusion toute aussi discrète qu'efficace entre ce qu'on pourrait appeler «les vérités toutes faites d'un credo culturel implicite» et les connaissances à tirer d'une observation attentive du réel. «L'erreur vient des oreilles, la vérité suit le chemin des yeux». L'institutrice qui aura donné ce texte à réciter à ses élèves n'aura probablement pas aperçu la contradiction profonde dans laquelle elle les plaçait en les invitant ainsi à faire usage de leur mémoire orale pour retenir un texte faisant l'apologie de l'écriture...

Il n'est pas certain du tout qu'une recherche sur les rapports entre l'écriture et l'oralité puisse éviter ce genre de contradiction puisque, justement, ceux qui l'entreprendront se situent eux-mêmes dans une société intimement convertie à une certaine idéologie de l'écriture et qu'ils appartiennent même à cette petite fraction de la population la plus conditionnée à l'usage savant de l'écriture, la seule d'ailleurs à se préoccuper d'investir dans des questions semblables.

Il y a comme un conflit d'intérêt assez inévitable à confier un examen des rapports entre l'oralité et l'écriture à un lettré dont le plus clair de la compétence professionnelle est fondé sur sa capacité de lecture et d'écriture. On retrouve un peu ici la position ambiguë du médecin chargé d'établir des relations entre la médecine et les approches thérapeutiques non «médicales» de la maladie. Son étude factuelle pourra être «exacte» et conduire à des interprétations significatives mais aura-t-il pu, par exemple, présenter une définition non médicale de la santé et de la maladie, ou encore, rendre compte du caractère «shamanique» de sa propre pratique? C'est la jonction de deux mondes d'expérience qui pose le problème, lequel naît en fait du rapport à établir et de la commune mesure que ce rapport nécessite.

Il aurait été possible d'aborder ici, immédiatement, le rapport entre l'imprimé et les traditions orales sous son angle littéraire, en étudiant, par exemple, les prolongements de la littérature écrite dans le répertoire oral, ou encore en analysant comment la littérature orale a pu servir de source d'inspiration aux écrivains québécois. Ces questions ne sont pas en soi inutiles et peuvent même mener à des développements très intéressants[2] mais j'oserais dire que tant qu'on n'aura pas sondé de plus près la nature des différents présupposés idéologiques qui sont aplatis derrière notre notion de «culture écrite», la richesse du rapport à faire disparaîtra sous un certain nombre de stéréotypes qui ne nous apparaîtront même pas tels.

Je voudrais tenter d'élucider quelque peu ce problème, mais je ne le ferai pas sans émettre quelques réserves. D'abord, il est bien évident que je suis moi-même placée dans cette situation de conflit d'intérêt dont il était question tantôt. Ensuite, les données qui serviront à illustrer les deux propositions méthodologiques venant à la suite d'une première partie plus théorique ne sont ni entièrement dépouillées, ni suffisamment ordonnées pour être considérées comme définitives: le lecteur voudra bien voir ce texte comme une note de recherche. Enfin, il est probable que le développement «pluridisciplinaire» qui va suivre paraisse parfois bien «indiscipliné»: c'est notamment la rançon à payer pour la psychosociologue lorsqu'elle s'aventure sur le terrain de l'histoire. Le lecteur est donc invité à user largement de son esprit critique, car il n'est pas évident, cette fois-ci, que la vérité suive inévitablement le chemin des yeux...

Le rapport à faire entre l'imprimé et les traditions orales

Les sciences de laboratoire ont cet avantage sur les sciences de «terrain» qu'elles peuvent isoler des variables et étudier leur fonctionnement indépendant, en tenant d'autres variables constantes, même si leur variation naturelle relève souvent plutôt d'un système de covariance. Ce faisant, elles tiennent compte non seulement de ce qui arrive, mais aussi de ce qui pourrait arriver.

Il y a un peu de cela dans le problème de l'oralité et de l'écriture: la dynamique de ces deux variables est fatalement connue dans l'histoire, dans une seule possibilité, de sorte qu'il nous est difficile de les étudier pour ce qu'elles sont en dehors des influences du contexte et des circonstances. On risque alors d'énoncer des demi-vérités du genre «il est dans la nature de l'homme de porter des pantalons» — par exemple, «la culture écrite équivaut à la culture savante» — et «il est dans la nature des femmes de porter des robes» — par exemple, «la culture orale est une culture populaire» —, où on donne à des observations assez stables, dans un certain temps et un certain espace, une portée plus ontologique qu'accessoire.

Cet écueil peut être en partie évité en élargissant le cadre comparatif dans le temps et dans l'espace. Une certaine vigilance par rapport aux termes utilisés dans la description des problèmes peut également s'avérer utile. Dans le cas qui nous occupe, cette vigilance nous amènera à distinguer, du moins au plan théorique, entre les concepts de cultures populaires et savante et ceux de cultures orale et écrite.

La fusion dans l'histoire des concepts de culture populaire/culture savante et culture orale/écrite

Il est assez curieux en effet de constater que, pour son ouvrage si utile à l'étude de la pénétration de l'imprimé en France dans des milieux peu lettrés, Robert Mandrou ait choisi un titre dans lequel la mention même d'écriture est absente: *De la culture populaire aux 17ᵉ et 18ᵉ siècles*, l'objet de la recherche n'apparaissant qu'en sous-titre, *La Bibliothèque bleue de Troyes*[3]. Parallèlement, on voit Hoggart intituler son travail classique d'observation des conditions de vie et de la culture des quartiers pauvres de villes industrielles du nord de l'Angleterre: *The Uses of Literacy*[4].

Cette association n'est pas fortuite et elle représente bien la superposition que le point de vue historique impose forcément entre la condition sociale et la participation aux courants de la culture. On remarquera d'ailleurs que, dans ce contexte, l'écriture est considérée comme un bien, détenu et concédé par la haute société, alors que l'oralité n'est pas vue, elle, comme un bien, mais plutôt comme une absence de biens, ou encore, comme un pis-aller inconvenable qu'on associe soit aux classes populaires, soit à un «comportement populaire» à mépriser de la part de quelqu'un qui a de la «classe». La pénétration de l'écriture en milieu populaire aboutira donc logiquement en sa «popularisation», en sa «vulgarisation», en sa «dégradation» en quelque sorte. La distinction qualitative entre oralité et écriture se produira également entre divers niveaux d'écriture: «Vous croyiez assurément écrire à quelque fermière de votre mère, lorsque vous avez terminé la lettre que vous m'avez adressée», répondra une vieille dame qu'on trouve citée dans un traité épistolaire en circulation vers 1890[5].

Partant, Mandrou se garde bien de remettre cette idéologie en cause: il l'étaye même, en la documentant. On me permettra de citer à sa pleine longueur une page de son livre où le problème apparaît dans toute sa complexité:

Il n'est pas question ici — faut-il le dire? — de contester le rayonnement de ces oeuvres, de discuter le prestige, passé ou présent, des Lumières, ou de l'ère classique; ni même de mettre en discussion le rôle des philosophes ou des classiques dans la formation de la conscience française contemporaine. Notre propos est simplement de constater l'existence d'une autre culture, et de tenter une reconstitution incomplète à partir des rares documents sériels subsistants. De ces différences culturelles, les Français du XVIIe et du XVIIIe siècles étaient d'ailleurs parfaitement conscients: en 1783, l'éditeur d'une *Nouvelle Bibliothèque bleue*, réécrite en français du siècle, soucieux de légitimer son projet, écrivait en préface à son premier volume: «Il paraîtra sans doute bien singulier qu'on ait pris la peine de rajeunir des ouvrages qui, depuis plus de deux siècles, sont abandonnés au peuple; des romans que la plus mince bourgeoise n'oserait se vanter d'avoir lus, non pas à cause du style et du langage... mais plus précisément parce qu'ils ont fait l'amusement de la plus vile populace.» Ce qui exprime évidemment le mépris certain que professaient sur ce plan, pour les petites gens, les classes supérieures. Mais le sentiment d'appartenir à un autre monde, de ne point participer à cette tradition culturelle complexe, qui était l'apanage de la haute société, est aussi répandu; même les domestiques (et pas seulement les paysans ou les compagnons des métiers) ressentent cette séparation, en ont conscience. Nous pouvons encore appeler en témoignage cette préface de 1783: «Madame de N... sonna sa femme de chambre et lui demanda l'histoire de Pierre de Provence. La soubrette, étonnée, se fit répéter jusqu'à trois fois, et reçut avec dédain cet ordre bizarre: il fallut pourtant obéir; elle descendit à la cuisine, et rapporta la brochure en rougissant.» Témoignages importants en ce qu'ils attestent nettement d'une double circulation dont nous allons retrouver d'autres exemples, plus lourds que ceux-ci: d'une part, les imprimeurs et les «lettrés» se sont intéressés à cette littérature longtemps abandonnée au petit peuple; au XVIIIe certainement, sinon plut tôt. D'autre part, à mesure que la mise en nourrice des nouveau-nés s'est développée dans les grandes villes, les nourrices n'ont pas manqué de «conter» aux enfants à elles confiés ces récits qui constituaient le fonds du colportage. Ce que Voltaire rappelait dans ses «Remarques sur l'histoire» en une boutade bien claire: «Un homme mûr qui a des affaires sérieuses ne répète point les contes de sa nourrice».[6]

Il faudrait pourtant introduire une distinction entre le droit à l'usage de l'écriture et une soi-disant primauté culturelle de celle-ci. De même il faudrait distinguer entre les mérites de certains phénomènes culturels qui, au présent, ont été des comportements, des interactions, des mouvements, et ceux de leur expression dans une mémoire orale ou écrite. Et si on peut toujours discuter et réévaluer un parti-pris traditionnellement — et institutionnellement — favorable pour un, à l'écriture, et même spécifiquement à l'écriture alphabétique[7], et pour deux, à la culture de la haute société, d'ailleurs souvent filtrée comme culture «savante», il reste que, historiquement, l'écriture apparaît comme une sorte d'«or culturel» du fait même de sa rareté et de sa concentration dans des «cerveaux» organiquement liés aux pouvoirs en place, sinon détenteurs eux-mêmes de ces pouvoirs.

L'idée d'un accès universel à l'écriture est somme toute très récente si on la met dans la perspective des siècles et même des millénaires où son usage a été réservé soit à une cléricature, à des professionnels préposés aux écritures et oeuvrant au service des institutions, soit à un club restreint identifiable à cette même élite qui a fait en lieu de tous l'Événement, la Culture, la Littérature... L'histoire de l'écriture serait en quelque sorte l'histoire d'une pratique «clubée», dont l'arrivée de Gutenberg et du papier «moderne» n'aura fait que multiplier les conséquences[8]. Une infime partie des populations dites à culture écrite se sera ainsi composé une mémoire matérielle prolongeant son actualité, tandis que l'autre n'y aura participé que pour la bureaucratie, confiant sa perpétuation anonyme au train des traditions orales.

À partir du XIXe siècle, les idéaux de démocratisation de l'écriture et d'alphabétisation de la population deviennent plus évidents[9]. Les actions se feront cependant généralement dans le sens d'une culture privilégiée et détentrice de vérités qui concède progressivement à des inférieurs plus ou moins abrutis des morceaux choisis, vulgarisés de ses propres acquis. Il y aura donc des niveaux de culture écrite correspondant aux hiérarchies sociales. Cette notion de hiérarchie sociale est d'ailleurs essentielle à la compréhension de la diffusion de toute une gamme de faits de culture issus des pratiques de l'élite, les individus transmetteurs s'acceptant et se définissant dans des termes d'échelle sociale, et le savoir-vivre consistant à savoir se comporter selon sa position. L'exemple suivant, tiré du traité épistolaire déjà mentionné, est du reste assez éloquent:

La *cire d'Espagne*, sur laquelle on applique un *sceau*
ou des *armoiries*, est de rigueur sur toute lettre écrite
par une personne constituée en dignité, surtout quand
cette lettre est *officielle*.

> Elle est d'un usage universel pour les personnes qui,
> avec un titre, possèdent *des armoiries*; mais là encore il
> y a un *savoir vivre* à connaître, car dans les relations du
> monde, chaque détail a son importance. Ainsi, pour
> une personne à qui on doit du respect, le *cachet* se place
> *bien droit*; pour une amie ou une égale, il peut-être [sic]
> *incliné*; pour une inférieure, on le *renverse*.[10]

Dans un tel modèle où la notion d'échelle sociale n'est pas en soi remise en question, c'est la position des uns et des autres qui pourra être reconsidérée et, pour peu que la fortune le permette, on nourrira une ambition: gravir l'échelle. Ces faits de culture s'articuleront donc d'après le modèle «prestigieux» associé à la réussite, et la culture du pouvoir sera en mesure d'exercer les contrôles, si nécessaire. Du point de vue populaire, la pénétration progressive de la culture écrite sera associée à une dimension de «prestige» assez importante qui pourrait l'apparenter à d'autres traditions soumises aux modes comme la danse et le costume.

Il devient alors pertinent d'envisager des notions de centres culturels et de périphéries, de distance culturelle, de réseaux de distribution, et de tenter d'établir des parallèles avec les situations socio-économiques, puisqu'il y a en effet une hiérarchie à mettre à jour dans la diffusion de l'écriture.

Parler d'imprimé et de traditions orales dans ce contexte s'annonce cependant assez délicat car, en associant historiquement l'imprimé avec la culture du pouvoir, on risque de confondre les traditions orales avec les milieux populaires, ce qui serait une erreur.

La distinction psychosociologique entre l'appartenance sociale et les systèmes d'expression de la parole

Il nous faut bien nous rendre compte, en effet, que la culture orale est une culture de base, essentielle à la vitalité de toute société, dans toutes ses parties, même l'élite. L'emphase idéologique que celle-ci peut placer sur l'écriture ne doit pas nous tromper sur cette réalité. On pourrait même dire que, au plan d'une stricte nécessité psychosociale, les valeurs sont inversées: on peut envisager une société sans écriture, difficilement une société sans oralité.

L'oralité donne entre autres une possibilité d'intervention directe et non équivoque sur le présent[11]. On lui retrouve des formes plus libres comme la conversation — et encore celle-ci possède-t-elle des règles insoupçonnées — et des formes plus ritualisées comme la prière, le conte, la chanson. On parlera de tradition orale à partir du moment où un usage formel collectif est transmis et perpétué, et aussi lorsqu'un contenu qui est lui-même objet de tradition est assez systématiquement transmis oralement. Le plus souvent ces deux composantes coincideront dans un genre oral; par exemple, le conte pris comme tradition orale implique une tradition dans l'art de dire de même qu'une tradition de la fiction.

Pourtant, dans les sociétés à écriture, on associe habituellement le terme «tradition orale» aux couches populaires. Il est possible que le fait de posséder une écriture masque d'une certaine façon la réalité de l'oralité et que, dans un contexte social où le premier terme est survalorisé, on ait tendance à se définir absolument par rapport à celui-ci. De même, on peut imaginer que le dédain d'une certaine classe sociale envers les formes verbales de la culture populaire, nécessairement orales si l'accès à l'écriture est limité, en vienne à marquer profondément cette dichotomie, qui ne constitue qu'une vérité partielle.

Il suffit en effet de se représenter l'importance prise par la rhétorique — sermons, discours de toutes sortes —, par les conventions de conversation, par les pédagogies fondées sur la mémorisation, ou encore par l'existence même de lieux rituels de conversation, comme les salons, les clubs, et ainsi de suite, pour constater tout à coup que la culture en majuscules a toujours possédé elle aussi des traditions orales importantes et dignes d'étude[12].

D'autre part, il est bien certain que des situations comme l'introduction de l'écriture dans un milieu de culture essentiellement orale, ou la coexistence de classes sociales dont certaines font usage de l'écriture et d'autres, non, sont appelées à bouleverser tôt ou tard l'équilibre des moyens de parole.

En fait, on aurait tout à gagner à rapporter l'oralité comme l'écriture à un système global d'expression des individus par la parole[13] et à rapporter ce système à un système général d'expression de sens, lequel permet la communication, et duquel provient toute transmission culturelle.

Autrement dit, l'étude de l'imprimé gagnera à être mise en perspective avec d'autres formes d'écriture comme l'écriture manuscrite, très importante malgré tout, ou encore, l'écriture gravée. De même, on gagnera à mieux cerner son domaine et sa fonction à l'intérieur du système d'expression de la parole dans lequel on s'inscrit.

Ensuite le rapport entre l'imprimé et l'oralité ne sera logique que si on lui définit un contexte dans lequel ils seront les termes d'un même système d'expression. Par exemple, on pourra vouloir étudier les rapports entre l'écriture et l'oralité dans la vie politique ou dans l'enseignement universitaire; on pourra chercher à connaître la perception qu'ont les analphabètes du monde d'écriture dans lequel ils évoluent sans savoir le décoder, ce qui, en passant, serait particulièrement intéressant dans les milieux urbains, pour des périodes accessibles à l'histoire orale. On pourra aussi considérer l'imprimé comme un bien culturel et chercher à comprendre comment il se diffuse, géographiquement et socialement, et comment cette diffusion influence les systèmes locaux d'échange de parole. À cet égard, l'étude de l'origine des habitudes de lecture en milieu essentiellement oral peut s'avérer assez significative.

On voit ici que l'association imprimé-tradition orale, au sens des rapports entre l'écriture et ce qu'on pourrait appeler la littérature orale populaire telle que des folkloristes la définiraient, ne constitue qu'un cas, qu'une possibilité, intéressante certes, d'étude parmi d'autres.

Une histoire de la culture de la parole au Québec

Alors faut-il parler d'une histoire de la culture de la parole au Québec? Si le terme paraît juste et permet de concilier dans un seul ensemble une approche thématique, une histoire de l'imprimé par exemple, et des études sur l'interdépendance de divers moyens de prise de parole, il esquisse un projet qui, dans les faits, ne pourrait être réalisé que partiellement, faute de sources orales antérieures au XXe siècle.

Sur ce terrain, on pourrait espérer notamment une collaboration fructueuse entre les historiens, spécialistes du document écrit et de la culture «officielle», et les folkloristes, orientés principalement du côté de l'oralité et des savoirs populaires. Si ces deux disciplines perpétuent encore l'ambiguïté culture écriture/culture savante, culture orale/culture populaire discutée plus haut, en ce qui concerne la culture de la parole, on peut entrevoir que l'une comme l'autre ont maintenant suffisamment rencontré les contradictions inhérentes à cette ambiguïté pour pouvoir la dépasser et coopérer. Depuis un certain temps, les historiens se sont ouverts de plus en plus à des méthodes d'histoire orale et à des questions de culture populaire. Quant aux folkloristes, longtemps cantonnés dans une conception puriste de traditions orales dont ils avaient à justifier l'intérêt devant le public «universitaire»[14], on les voit peu à peu s'ouvrir à une sorte d'ethnographie de la société industrielle et post-industrielle qui tend à les faire déborder le domaine d'une culture populaire essentiellement orale et rurale[15]. Or une combinaison de l'ethnographie et de l'histoire orale sur des terrains bien cernés s'avérerait prometteuse puisqu'il est question ici de noter des attitudes, de décrire des comportements, de toucher au «vécu» que doit représenter une culture de la parole.

Un tel travail conjoint aurait probablement avantage à se concentrer sur la période 1900-1940. Qui est encore présente à la mémoire d'informateurs âgés, de personnes ayant vécu des transformations culturelles importantes et en mesure de les mettre en perspective avec la réalité présente. De plus, il vaudrait mieux couvrir, dans un premier temps, une période antérieure à l'arrivée de la radio et des moyens de communication électroniques, qui ont à leur tour bouleversé l'équilibre des systèmes d'expression verbale, et souvent d'une façon si complexe qu'il deviendrait fort difficile de s'y retrouver.

Ensuite, il vaudrait mieux songer à sonder plusieurs milieux différents plutôt que de se limiter à un seul terrain. Une ethnographie en cours le montre assez, la variété des expériences individuelles en matière d'oralité, d'écriture, de lecture est telle que deux individus peuvent fort bien vivre côte à côte pendant des années et évoluer dans des mondes de parole radicalement différents[16]. Pour s'en convaincre, le lecteur n'a qu'à comparer ce qui compose son univers de lectures et de non-lectures avec la réalité de ses proches. De même, et on le verra plus loin, il nous faut supposer des contextes familiaux et socio-géographiques assez bien différenciés. En un certain sens, mieux vaudrait donc poser des hypothèses préalables de très grande diversité, quitte à esquisser les similitudes lorsque celles-ci se feront évidentes, plutôt que de tendre à comparer des ensembles formés a priori, et dont on supposerait la consistance interne, une consistance régionale par exemple, région pour région, ou ville-campagne, ou encore une consistance en termes de classes sociales.

Ces études pourraient être attentives à deux dimensions. Premièrement on pourrait, à une dimension hiérarchique, correspondant à la réalité historique d'une pratique réservée, prestigieuse et donc enviée de l'écriture. Il faudrait, entre autres, identifier la nature et l'impact des pressions idéologiques transmises par l'école, les communautés religieuses, le clergé, repérer les grands mouvements économiques et culturels parallèles à la pénétration de l'écriture; qu'on pense, par exemple, aux phénomènes d'alphabétisation, de scolarisation, à l'apparition des élites locales et, de façon toute aussi pertinente, au sens de l'évolution du peuplement, à l'amélioration des réseaux de transport et de communication, et à une sorte de cartographie dynamique des allées et venues liées au quotidien et à la circulation des biens et services: il est sûrement pertinent ici de parler de distance psychologique, culturelle, économique, géographique, et de réseau de distribution, la résistance du système s'évaluant en nombre d'étapes intermédiaires[17].

La seconde dimension pourrait être qualifiée d'écologique, et toucher de plus près cette fois l'équilibre des rapports entre l'oralité et l'écriture dans l'usage courant. Quand consigne-t-on un renseignement plutôt que de l'apprendre par cœur? Comment un roman populaire passe t il dans un répertoire oral? Quelles contraintes, quels besoins justifient un effort d'alphabétisation? Y a-t-il un niveau d'aisance de lecture prérequis à la formation d'habitudes de lecture? Comment se répartissent les rôles dans la famille? Quelle est la fonction de la lecture à voix haute? Toutes ces questions relèvent d'une sorte d'économie de la parole où les comportements s'articulent autour de notions implicites de coûts, d'effort, d'utilité, de plaisir, d'avantages et d'inconvénients. On aura intérêt alors à bien circonstancier les événements de parole étudiés et à les dépasser même jusque dans leurs conséquences et leurs interfaces: l'étude des comportements liés à la présence du journal dans la famille profilerait, par exemple, une variété de rôles et d'intérêts prolongeant inévitablement la lecture dans l'oralité — lecture à voix haute, commentaires, citations, références — ...et le papier journal dans une foule de réutilisations, du «petit coin» au grenier, en passant par les murs, qui en étaient autrefois tapissés!

Le problème méthodologique du dépistage du »vécu» de la culture écrite

Les solutions méthodologiques à de telles questions ne sont pas toutes faites d'avance. Un des problèmes qui se pose dans des contextes comme ceux-ci où on fait tant appel au vécu, à l'expérience, consiste à trouver le ton juste qui rendra l'atmosphère d'une situation dont on peut difficilement faire l'observation systématique. Une ethnographie porte inévitablement les couleurs de l'ethnographe et de ses informateurs et celles-ci peuvent déteindre fortement sur l'ensemble. Quand on sait qu'un chercheur rigoureux comme Jean-Michel Guilcher a pu prendre vingt ans pour constituer une ethnographie un peu certaine de la danse traditionnelle en Basse Bretagne ou au pays basque, on peut mesurer le flou qui accompagnera des études plus rapides[18]. Dans le cas qui nous occupe, l'ethnographie permettra plutôt «d'attester la présence de», de documenter un cas individuel, de rapporter l'explication et le sentiment de l'informateur, ou encore d'identifier un réseau de relations. Une telle démarche peut déjà apporter beaucoup même à ses tous débuts, comme on le verra dans le dernier des sondages méthodologiques qui seront maintenant rapportés.

Nous allons en effet quitter maintenant un cadre théorique général pour sonder la réalité à l'aide de deux outils méthodologiques qui, s'ils sont ici appliqués à un contexte essentiellement rural, oral et traditionnel, n'en pourraient pas moins s'avérer utiles à l'exploration d'autres moments du continuum esquissé plus tôt. Les résultats alignés plus loin seront à la fois sommaires et d'une portée réduite, rappelons-le, mais ils permettront au moins de présenter les méthodes et de donner une idée du type de connaissances qu'on peut espérer obtenir au moyen d'une telle démarche. Ces méthodes elles-mêmes ne constituent d'ailleurs que des exemples de ce qu'on pourrait imaginer pour cerner le problème davantage.

Un premier sondage: la représentation de la culture écrite dans une oeuvre imaginaire (le répertoire d'Hilaire Benoit, un conteur acadien)[19]

S'il est difficile, voire impossible, de faire un relevé exact de tous les événements de parole impliquant l'usage d'une écriture dans un contexte de vie quotidienne, il devient possible de le réaliser dans ce qu'on pourrait appeler des réalités secondes, soit les productions imaginaires de ceux qui vivent la réalité et qui y projettent leurs perceptions. On peut ainsi se demander: qu'apprend-on de la réalité en examinant comment la culture écrite fait surface dans l'univers propre des personnages d'un roman, d'une nouvelle, d'un conte, et même d'un film, si on s'intéresse à une période plus récente? Nous prendrons ici l'exemple du conte populaire et de la perception qui pourrait être celle d'un milieu populaire de culture essentiellement orale, vivant en parallèle avec des milieux mieux nantis et détenteurs d'écriture.

Dans la trajectoire qui, des circonstances obscures qui ont donné lieu à leur formation, les a conduits jusqu'au seuil de notre ère de medias électroniques, les contes populaires ont nécessairement enrichi leur contenu expressif des réalités culturelles des siècles qu'ils traversaient. Et, dans la mesure où le récit peut être considéré comme un «concentré de réalité», comme un monde second dérivant avec une cohérence propre d'un monde primaire ou premier, il devient tout à fait plausible de chercher à connaître ce qui, de la réalité, a pu intéresser suffisamment l'esprit oral pour être retenu et «concentré» dans une construction imaginaire. On peut, dès lors, étudier ce monde second pour lui-même avec le même sérieux que commanderait une étude de la réalité, et en réaliser une sorte d'ethnographie.

Les questions à se poser seront alors: par quoi, quand, comment et pourquoi les personnages du récit sont-ils confrontés à des phénomènes d'écriture? Quand communiquent-ils par l'écrit? De quels signes écrits, de quels textes et de quels objets de lecture font-ils l'expérience? On peut espérer qu'une bonne «ethnographie» de la société et de la culture de cet univers imaginaire, lequel est bien le fait d'individus et d'une tradition en contact avec une société et une culture réelle, puisse effectivement éclairer le réel de toute l'interprétation symbolique ainsi réunie et décrite.

Il faudra ensuite délimiter ce qui, de cette interprétation ou portrait symbolique, relève de la dynamique personnelle du conteur, de son appartenance sociale et culturelle immédiate, ou du réseau culturel extensif — dans l'espace et le temps — dans lequel baigne cette tradition orale. D'où l'intérêt éventuel de comparer plusieurs répertoires.

Une autre difficulté consistera à opérer ou à souligner la délicate transformation qui démarque l'univers de la narration de la réalité elle-même. Les recherches sur l'imaginaire butent souvent sur cette question de «transformation». En effet, si on admet en général que l'univers imaginaire est en quelque sorte une fonction de la réalité, il reste malgré tout à préciser la nature de cette fonction, sous peine d'errer dans les conclusions malgré une documentation satisfaisante. Quelle correspondance pourrait-on établir entre cette «ethnographie de l'écriture en milieu imaginaire» et la réalité ethnographie et historique de la culture écrite? De même, on peut s'attendre à ce que les habitudes de lecture des personnages des contes ne calquent pas exactement la réalité mais qu'elles en représentent fidèlement certaines dimensions tout à fait réelles. En somme, on obtiendrait là une interprétation populaire.

Par exemple, une simple lecture des transcriptions de 77 contes d'un conteur acadien, Hilaire Benoit, et la notation systématique de tous les événements de parole écrite qu'on y retrouve suffisent à produire un tableau qu'on voudrait bien proposer au regard critique de l'historien (tableau 1).

On compte dans ces récits, qui représentent environ mille pages dactylographiées à simple interligne, un total de 109 mentions d'événements différents de parole écrite. Ces événements se regroupent assez facilement autour de cinq catégories: les annonces publiques, qu'elles soient affichées, inscrites ou publiées dans un journal, la correspondance dans ses formes officielles ou privées, la signature d'ententes, contrats, cessions de biens, le recours à un ouvrage de référence, la consignation d'événements dans une chronique.

Il est assez étonnant de remarquer à quel point le recours à l'écrit correspond ici d'une manière très ajustée à des situations d'officialisation d'états, de besoins ou d'actions. L'écriture y vient souvent donner un poids et une circulation à des décisions préalables — mariage, donation, permission — ou à des événements accomplis ou prédestinés — consignation d'un exploit, prédiction. Et si ces situations relèvent en elles-mêmes d'un contexte imaginaire propre au conte — écriteau, promesse d'un roi de donner sa fille en mariage en échange d'une tâche, cession d'un royaume, lettre d'introduction à présenter à une vieille femme —, doit-on les considérer comme un indice de l'importance pour le conteur et sa société de situations similaires mais réelles — enseignes et signalisation, offres d'emploi, contrats, papiers d'identité?

Il y aurait matière à poursuivre encore longtemps cette discussion, d'autant plus que la manière même dont le conteur s'y prend pour décrire ces événements est en elle-même fort riche d'indications:

> Ça s'a passé de même, ça s'a passé de même. Le roi voulait marier sa princesse, Ben c'était qui, qui ce qui allait la marier, voulait avoir quelqu'un qui... I a fait mettre un ban que çui-là qui dirait quoi ce que la princesse avait sur le corps, l'aurait en mariage. Avait ça sur les papiers. La vieille avait les papiers, savait un petit brin lire pis, lui, savait pas à lire. Pis a... a lisait ça, la vieille lisait ça à son petit gars, là, son garçon.[20]

Je n'en dirai cependant pas plus pour le moment, renvoyant tout simplement le lecteur à l'idée que la même procédure pourrait être reprise avec des échantillons d'oeuvres très différentes, et que, à défaut d'une connaissance factuelle, on pourrait bien en gagner une manière de structuration de l'incidence de l'écrit dans le quotidien, qui pour certaines périodes vaudrait toujours mieux que le vide créé par l'impossibilité de recourir à l'histoire orale: que donnerait entre autres une telle méthode appliquée à des auteurs de la seconde moitié du XIXe siècle?

Un second sondage: l'ethnographie de la culture écrite dans un milieu familial (une famille de Saint-Gervais, comté Bellechasse)

Le rendement d'un travail d'ethnographie ou d'histoire orale en matière de culture écrite risque de s'avérer inverse à celui de l'outil précédent: le cadre disparaîtra cette fois sous une avalanche d'informations qu'il faudra patiemment peser et situer.

Voyons par exemple ce que donne à espérer un début de travail auprès d'une famille de Saint-Gervais, comté de Bellechasse. L'effort d'enquête se résume pour le moment à une série de conversations informelles avec Alain Lacasse, étudiant en arts et traditions populaires devenu ici informateur-clé, à deux entrevues enregistrées d'environ deux heures chacune auprès de Marie-Paule et Rolande Lacasse, grand-tantes d'Alain, âgées respectivement de 53 et 59 ans, à une visite de la famille Lacasse, et à une consultation des «archives écrites» de cette famille — livres, coupures de journaux, cartes, brochures — qui ont échappé aux purges successives que la vie quotidienne impose, le tout ayant eu lieu entre janvier et septembre 1981.

Ces quelques démarches suffisent déjà à situer le «coeur» de l'action dans la maison paternelle, sise dans le village de Saint-Gervais, et dans la personne de l'arrière-grand-mère, Marie Marceau, née en 1887 et décédée il y a quelques années, dont le tempérament très fort semble avoir influencé grandement la culture familiale, notamment dans ses rapports aux lettres. La discussion est en effet régulièrement centrée sur cette femme quasi autodidacte, orpheline de bonne heure, élevée à Saint-Lazare et établie à Saint-Gervais après son mariage, qui a entretenu toute sa vie durant une passion pour la lecture du journal et les affaires publiques. On la voit à l'époque de sa jeunesse servir fréquemment de ressource pour des gens non alphabétisés de Saint-Lazare, écrivant ou lisant des lettres, ou faisant la lecture à voix haute. Une fois mariée, elle n'oublie pas son goût de lecture et continue de lire l'*Action catholique* le soir en élevant ses huit enfants, qu'elle encourage aussi à la lecture; elle tiendra la correspondance familiale et acquerra une réputation justifiée pour sa connaissance quasi encyclopédique de l'actualité politique:

> Ma mère, ça ça aurait fait une femme de carrière, de politique. On lui parlait de quelqu'un, elle savait qu'il s'était présenté telle année dans tel comté, puis qui avait gagné, battu. Elle savait tout ça, puis tous les soirs, elle se couchait pas avant d'avoir lu tout son journal des débats de l'Assemblée nationale.

Par ailleurs une généalogie sommaire nous montre à quel point il peut être important de bien établir le réseau d'influences qui tissent ce qu'on pourrait appeler «la tradition familiale». On constate, par exemple, que cette famille rurale, villageoise, n'est terrienne qu'en périphérie, et que certaines fonctions sociales semblent privilégiées: institutrice, menuisier (figure 1). On aura sûrement affaire ici à un «esprit de famille» différent de celui d'une famille de cultivateurs, isolée dans un rang voisin.

Dès la première entrevue avec Rolande et Marie-Paule, la dynamique familiale prend forme, d'une façon d'ailleurs assez pertinente à nos problèmes de culture écrite, comme en fait foi l'échantillon suivant, où je me contenterai de les citer, le plus souvent.

Dans le registre de leur propre expérience d'enfance, ces deux informatrices font mention de livres donnés par l'inspecteur, le couvent ou le curé, et «qu'on rapportait à l'occasion de la distribution des prix», de journaux comme *La Patrie, L'Action catholique*, dont elles auraient lu les feuilletons précédemment découpés et roulés par leur mère, de revues conservées par leur mère également et qu'elles auraient relues ensuite, d'almanachs, dont celui de *L'Action catholique* et d'emprunts à des amis abonnés à la bibliothèque de *L'Action catholique*.

Parmi les titres de livres mentionnés, et je cite pêle-mêle, sans souci d'époque, ou d'exactitude textuelle, on retrouve: *Bonheur d'occasion, Le survenant, Le déserteur, La vie de la famille Trapp*, la collection «Brigitte», *La statue de la vierge, Tout se paie, Pas de prêtre entre toi et moi, Tracasson, Le rouge-gorge, Petit Poucet, Le devoir du chrétien, L'imitation de Jésus-Christ, Le «Manuscrit»*, livre scolaire pour le déchiffrage des écritures manuscrites, *Flip-Flop, L'enfant perdu et retrouvé*...

Intérêt des membres de la famille pour la lecture

Elles-mêmes déclarent avoir toujours aimé la lecture «même avant de savoir lire»: «Quand j'ai su lire, bien j'ai lu tous les livres qui me tombaient sous la main, je les lisais, et j'aimais passionnément la lecture.» Ce goût qu'elles disent tenir de leur mère, «tout ce qui lui tombait sous la main, elle dit qu'elle dévorait tout», elles l'auraient partagé avec un de leurs frères, mais non avec le reste de la famille ni avec leur père: «Ça l'aurait ennuyé plutôt.»

On voit donc ici comment la situation pourrait paraître différente à partir d'un autre point de vue.

Fréquentation et assimilation des lectures

Il sera question à plusieurs reprises de relectures: les objets de lecture étant rares, on les reprenait plusieurs fois. On confirmera également l'importance de la lecture à haute voix, devenue quasiment un plaisir pour la mère, qui aurait même pris le temps d'entretenir ainsi un enfant malade et alité. Les commentaires recueillis sur le style et le contenu des lectures — lectures convenables pour des femmes en l'occurrence, ou pour des enfants — sont bien intéressants:

> [Un tel journaliste] écrivait «poète». Ah, moi, il m'a fait aimer les voyages. Malheureusement j'ai jamais voyagé, mais par lui j'ai voyagé.

> Ça ce sont des romans, mais c'est pas des romans à l'eau de rose comme ils écrivaient avant. C'étaient toujours le prince et la princesse, puis la cour [...], les portes du château [...], le grillage! Bon le grillage du

château, ça c'était toujours, hein. Mais c'est un peu irréel pour nous autres! Arriver un beau chevalier à cheval, ça s'est pas présenté chez nous!

Idéologie de la lecture

Des données idéologiques sur la lecture surgiront également dans la conversation. Parmi les plus explicites, on retrouvera la différence du statut des hommes et des femmes par rapport à la lecture, la réalité d'une censure moraliste représentée par l'index, la notion du danger d'un excès de lecture pour la conservation de la foi, et un discours «non digéré» sur l'importance d'une fréquentation assidue des livres pour la formation du style et de la qualité du langage:

> Si un garçon avait beaucoup lu, là, puis qu'il s'était renfermé chez lui... il aurait été mal vu. [...] Ils auraient dit: «C'est un homme différent des autres, ça. Quel genre que c'est?» Puis ça aurait été mystérieux.

> D'après ce que j'ai pu constater par la suite, là, c'étaient de grands auteurs [les auteurs des feuilletons de *L'Action catholique*]. Puis d'ailleurs c'était censuré, hein. Dans *L'Action catholique*, on publiait pas n'importe quoi. Alors, on pouvait dire que c'était sain, c'était moral.

> — Ils ont dit: «Il a lu des mauvais livres. Il a lu des mauvais livres puis il a perdu la foi». Puis c'était... En réalité c'est ça aussi. Ça l'a mêlé, il s'est cherché...
> —Ils disaient: «Il a lu des livres à l'index».
> —Il y a probablement qu'il avait lu du Voltaire. D'après quelques-uns, là, disons; ensuite, je pense, peut-être lors de sa mort.
> —Il y a des gens instruits. Il leur a parlé, puis là on a vu ce que c'était.

> [Les religieuses disaient:] «Ah lisez, lisez. Puis si vous voulez avoir du style, acquérir un bon style, lisez beaucoup». «Lisez beaucoup», mais on ne nous donnait pas de méthode, puis on avait peu de bibliothèques à notre disposition. La bibliothèque, c'était pour les soeurs. [...] Alors on lisait ce qu'on avait chez nous.

La différenciation culturelle entre localités voisines

Tout comme les témoignages ainsi recueillis amènent à considérer avec beaucoup d'attention le rôle de la tradition familiale dans la perméabilité à la culture écrite, ils font émerger l'importance de la «personnalité» de la paroisse dans son attitude vis-à-vis de l'importation culturelle. En déménageant de Saint-Lazare à Saint-Gervais après son mariage, Marie Marceau a bien senti une différence. Elle quittait un village peu équipé en services et en institutions pour gagner un village plus ancien, plus installé et un cran plus près de Québec. Elle y découvrait une autre société dans laquelle existait une élite active, formée de professionnels, notaires, médecins, d'artisans, de commerçants. L'adaptation semble avoir été difficile, comme elle s'en est ouverte ensuite à ses enfants: elle avait trouvé ses nouveaux concitoyens plus attentifs à la mode, plus «fiers» et, aussi, plus hautains, plus fermés, plus difficiles d'accès, comparativement à ceux de Saint-Lazare, plus «simples», qui se côtoyaient plus facilement, semble-t-il. D'un côté, la «fierté», de l'autre, la «simplicité». Incidemment, à Saint-Gervais, elle n'aura plus àassumer le service d'aide aux analphabètes pour lequel elle était recherchée à Saint-Lazare. Est-ce là une question de circonstances, ou un indice d'une différence réelle au niveau de l'alphabétisation? Mes informatrices hésitent à se prononcer formellement. Elles font remarquer cependant la qualité des institutions scolaires à Saint-Gervais:

> —Puis à Saint-Gervais, chez nous, il y a toujours eu un couvent. [. . .] C'est dire que depuis x années, toutes les jeunes filles sont passées par le couvent. Puis les garçons, ils avaient l'école modèle du village, un professeur masculin.

Une longue conversation commence ensuite sur les mérites respectifs des deux villages.

Il faudrait vérifier cette perception. Il n'empêche qu'elle renvoie à une explication logique, le couvent, dont on doit sûrement considérer l'influence, non seulement en tant qu'étalissement, mais aussi en fonction de la congrégation religieuse qui l'administrait, dans ce cas les religieuses de Jésus-Marie:

> Parce que même à Saint-Damien, je suis allée, puis les soeurs de Saint-Damien, [. . .] Mais mon dieu, que je trouvais que c'était pas l'éducation des Jésus-Marie.

> Les Dames de la congrégation, mon dieu que c'était simple comparativement aux Jésus-Marie.

> [Les religieuses disaient:] «On reconnaît toujours une demoiselle qui est passée par Jésus-Marie.»

En effet, une histoire des réseaux des congrégations religieuses aurait probablement beaucoup à nous apprendre. Il n'est pas impossible qu'on puisse ainsi découvrir des similitudes intéressantes entre les usages culturels de localités différentes et éloignées mais «affiliées».

Encore une fois, on pourrait poursuivre longtemps la description et l'explication, mais tel n'est pas mon propos et ce qui précède est probablement suffisamment suggestif en contenu et en méthodes. Si la dernière remarque, relativement au rôle des communautés religieuses, nous emportait fort loin du problème initial des relations entre l'imprimé et les traditions orales, elle nous amène cependant à esquisser en arrière-plan une préoccupation de fond: la quête des dynamismes de transmission et de différenciation culturelle.

Sur ce sujet, l'analyse sommaire d'une seule entrevue ne pouvait guère que soulever des questions, et aligner en dessous d'elles la réponse donnée par les informatrices elles-mêmes. Elle suggère cependant toute la richesse et la pertinence du point de vue émique[21], plus alimenté à l'expérience concrète. Aussi, si on devait persévérer dans une recherche ethno-historique sur la culture de la parole, faudrait-il songer à explorer non seulement les informations mais également les interprétations des informateurs contactés, et faire de ceux-ci, qui sait..., des collaborateurs?

TABLEAU 1 — **Répartition des mentions d'écriture dans le répertoire oral de Hilaire Benoit**

Annonces publiques		30*
inscriptions à remarquer	14	
annonces, «appels d'offre»	11	
publication de bans de mariage	5	
Correspondance		25
sauf-conduits, permis, attestations	9	
courrier, télégrammes	8	
livraison indéterminée du courrier	4	
messages en l'absence du pouvoir de parler	4	
Signature d'ententes		21
cessions de biens	15	
contrats à clauses personnelles	6	
Référence		12
cartes géographiques	5	
livres savants	3	
horoscopes	3	
plans	1	
Chronique, greffe		9
Travail de bureau		1
Divers (activité indifférenciée, mention de la source écrite du conte, etc.)		11
total		**109**

* L'unité est établie en regard de l'existence de l'objet de lecture dans le récit, peu importe le nombre de fois que cet objet apparaît dans le cours de la narration.

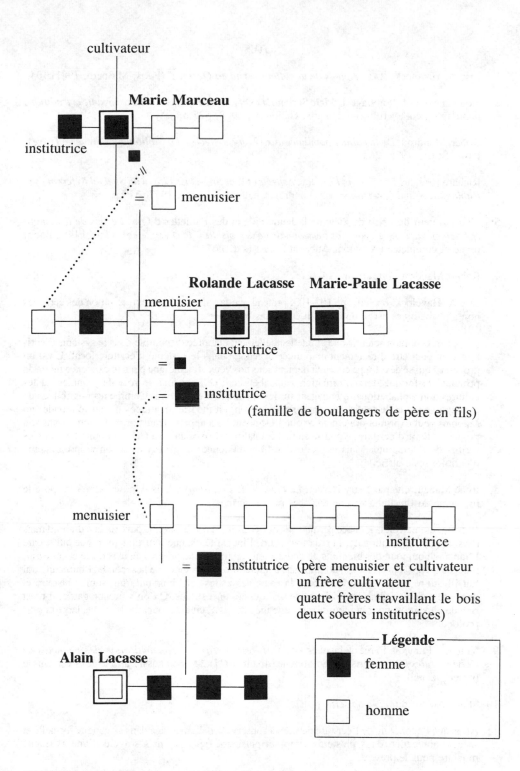

FIGURE 1: Descendance de Marie Marceau

NOTES

1. Eric A. Havelock, *Aux origines de la culture écrite en Occident* (Paris, Maspero, 1981):104.

2. Voir par exemple l'ouvrage de Marc Soriano, *Les contes de Perrault; culture savante et traditions populaires*, coll. «Tel», no 2, Paris, Gallimard, 1968, 525 p.

3. Robert Mandrou, *De la culture populaire aux 17ᵉ et 18ᵉ siècles. La Bibliothèque bleue de Troyes*, Paris, Stock, 1975, 262 p.

4. Richard Hoggar, *The Uses of Literacy; Aspects of Working-class Life, with Special References to Publications and Entertainments*, Londres, Chatto & Windus, 1957, 319 p.

5. «Par l'Auteur du Livre de Piété de la Jeune Fille et des Paillettes d'Or», *Leçons de littérature spécialement rédigées pour les pensionnats de demoiselles: I. Du style épistolaire.* 14ᵉ édition, revue et complétée (Avignon, Aubanel frères, [s.d.]):67.

6. Robert Mandrou, *op. cit.*, p. 14-16.

7. Eric A. Havelock, *op. cit.*, p. 102-103, prétend que la valeur de conceptualisation des écritures non alphabétiques est moindre, et il écrit sans broncher:

    [...] l'information scientifique et intellectuellement élaborée disponible dans le système d'écriture grec peut être directement empruntée et rendue dans le système d'écriture local. C'est un processus qui se développe continuellement sous nos yeux. Il témoigne par son existence même la primauté historique de l'information «alphabétisée»: celle-ci joue le rôle de pionnier, et les cultures non alphabétiques s'engagent sur les chemins qu'elle ouvre. Comme les possibilités de conceptualisation de toutes les langues parlées sont en théorie identiques de par le monde, un Japonais peut exprimer oralement ce que l'Occident lui a appris. Transposant l'énoncé dans son propre système d'écriture, il pourra alors reconnaître et lire ce qu'il sait déjà, comme faisaient les scribes de l'Antiquité. Mais la production libre d'énoncés originaux dans son propre système d'écriture reste difficile.

8. René Maheu, cité par Mary Burnet, *La bataille de l'alphabet* (Paris, Unesco, 1965):6, pose le problème de l'analphabétisme dans ces mêmes termes:

    Et enfin, qui ne voit la menace permanente que constitue pour la paix, la paix sociale d'abord mais aussi la paix internationale, la paix tout court, l'inégalité chaque jour plus profonde qui sépare l'humanité qui jouit des bienfaits de l'éducation et participe au progrès de la science et celle qui, n'accédant pas à la première, admire sans comprendre les prodiges de la seconde; l'humanité qui fait l'histoire et qui ouvre à l'espèce la route des astres, et l'humanité qui subit l'histoire et demeure enfermée dans les horizons de ses routines ancestrales. Qu'on y prenne garde, il n'est rien de plus grave pour la sécurité que cette inégalité qui, chaque jour, devient plus large et plus profonde.

9. Voir ici, François Furet et Jacques Ozouf, *Lire et Écrire. L'alphabétisation des Français de Calvin à Jules Ferry* (Paris, les Éditions de Minuit, 1977):24. Voir aussi l'article de Greer dans le présent recueil.

10. «Par l'Auteur du...», *op. cit.*, p. 87.

11. Alors que l'économie de l'écriture permet la conservation du message dans sa gangue formelle et sa communication dans plusieurs temps et plusieurs espaces, mais s'avère d'une efficacité moindre pour le présent.

12. Dans ses travaux, Walter Ong discute même la part de traditions orales formelles enchâssées dans les textes écrits. Voir Walter Ong, *Retrouver la parole*, Paris, Mame, 1971, 318 p. [Paru d'abord en anglais, en 1967, sous le titre *The Presence of the Word*].

13. Je prends ici «parole» dans le sens de «moyen d'expression de la pensée par le langage», et lui sous-entends aussi bien la dimension écrite qu'orale.

14. J'ai touché cette question de plus près dans un autre article, «La culture écrite dans la société de tradition orale: le cas de Tracadie, N.-B.», qui doit paraître dans un ouvrage collectif en hommage au Père Anselme Chiasson. On peut se demander d'ailleurs dans quelle mesure la lutte que des folkloristes comme Marius Barbeau et Luc Lacourcière ont eu à mener pour imposer la culture orale comme sujet de préoccupation universitaire n'a pas contribué au vide que l'on constate aujourd'hui au niveau de l'ethnographie de faits de culture métissée d'oral et d'écrit: devant la disponibilité de savoirs oraux de «pur lignage» et vu la menace d'extinction qui pesait sur eux, on aura d'abord assuré leur préservation, puis leur identification et leur classification, d'autant plus que, étant situés à l'extrémité opposée de la polarité écrit-oral, il était plus facile de les décrire dans leur originalité propre.

15. Cette arrivée de l'ethnographie à la ville constitue une contribution majeure de l'école folkloristique américaine des vingt dernières années, qui s'est vue acculée à l'étude du melting-pot. La recherche de Roger D. Abrahams, publiée en 1964, sur le ghetto noir de Philadelphie est devenue un classique du genre et, depuis, toutes sortes de travaux, du folklore des prisons au folklore des ordinateurs en passant par les légendes d'auto-stoppeurs, sont venus explorer ce nouveau territoire qu'on appelle parfois l'ethnographie de la «société complexe». Pour un complément d'information, on consultera avec profit *The Urban Experience and Folk Tradition*, édité par Américo Paredes et Ellen J. Stekert, Austin, University of Texas Press, 1971.

16. Je me réfère ici aux connaissances intuitives acquises au cours de plusieurs entrevues effectuées avec des lecteurs au cours de la dernière année.

17. Plusieurs de ces dimensions ont déjà été abordées par les historiens. Par exemple, il se fait des travaux solides en histoire scolaire ou en histoire de l'alphabétisation, mais je pense ici plus particulièrement à l'étude ethnographique de ces phénomènes, qui nous permettrait de mieux les relier aux expériences humaines qui les composent.

18. Et plus encore lorsqu'on voit celui-ci insister avec beaucoup de prudence sur l'impossibilité d'enfermer son travail de géographie culturelle dans une conclusion:

Le rapprochement auquel nous venons de procéder, tout limité qu'il soit, engage à plus de réserves. Au plan des méthodes il montre les difficultés d'une comparaison, qui pour être sérieusement conduite devrait disposer d'une information à la fois très étendue et très fine, prendre en compte une appréciation tour à tour globale et analytique de la distribution des faits, avoir souci de ses modifications dans le temps. Au plan des résultats il remet en question jusqu'à cette coïncidence des limites qu'au départ on tenait pour assurée. Il incline à penser que les divers aspects de la culture ont pu occuper différemment l'espace, en conséquence d'histoires partiellement indépendantes les unes des autres. Il conduit à s'interroger sur les causes de leur extension, peut-être plus diverses qu'on ne l'avait d'abord imaginé.

Gardons-nous pourtant de conclure; l'état présent de nos connaissances ne l'autorise pas. Pour que des conclusions assurées deviennent possibles, la recherche devrait réunir, avec les exigences que nous avons dites, une information sur la géographie des parlers, des techniques, de l'habitat, de l'équipement domestique, des usages de toute espèce, de l'alimentation, des croyances. Sans oublier, bien entendu, l'activité économique, les réseaux d'alliance et le régime de propriété des sols, qui dans la perspective ouverte par Creston prendraient une importance singulière. Il y aurait imprudence à prédire le résultat d'études qui restent à faire. Quand elles ne confirmeraient pas toujours le rôle directeur joué dans l'ordre culturel par des structures de peuplement supposées sous-jacentes, elles nous apprendraient en tout cas beaucoup sur l'histoire et les ressorts d'une culture populaire traditionnelle, dont les folkloristes ont trop souvent sous-estimé le dynamisme.

«Régions et Pays de danse en Basse-Bretagne», *Le Monde Alpin et Rhodanien*, premier trimestre 1981, p. 47.

19. Cette sous-section condense et adapte une communication donnée à Halifax, le 23 mai 1981, lors de la rencontre annuelle de l'Association canadienne pour les études de folklore, et qui est intitulée: «Les habitudes de lecture des personnages du conte populaire: le héros est-il analphabète?»

20. Hilaire Benoit, collection Bouthillier-Labrie, n° 3474, Archives de Folklore de l'Université Laval.

21. Je prends ici le terme au sens où les folkloristes le prendraient dans l'opposition *etic — emic*.

Les imprimés au Québec (1760-1820)

John Hare
Département des lettres françaises, Université d'Ottawa, Ottawa

Jean-Pierre Wallot
Département d'histoire, Université de Montréal, Montréal

Le dit et le non-dit tissent le palimpseste mouvant, jamais achevé, des visions et des représentations du monde qui ordonnent et humanisent les fatalités des hommes vivant en société: le dit des paroles et des écrits, des sentiments et des concepts, des prescriptions et des habitudes, parfois des gestes de rupture; le non-dit du quotidien secret et des *pré*conceptions, des interdits et de l'inavoué, de l'inconscient collectif et du diffus. Représentations dont l'articulation plus ou moins cohérente par un ou des groupes sociaux et la pénétration dans de larges couches de la population encadrent une socio-économie donnée, en reflètent les rationalisations et les contradictions, les remises en question et les dépassements, bref en expriment la culture.

L'étude des imprimés aborde tout un champ de la culture: le conscient, le dit, le voulu, le prescrit, conjugué sur le mode des élites et consommé, à travers de nombreux filtres, par l'ensemble de la société. Même dans un pays où prédomine l'analphabétisme, comme dans le Québec/Bas-Canada des années 1760-1820[1], les imprimés braquent un éclairage révélateur, réfracté cependant par le prisme des élites, sur l'économique, le social, le politique, sur les interactions entre les définisseurs et les «définis», bref, sur les contraintes du monde matériel, sur les plans et les préférences des hommes et sur les relations entre ces derniers ainsi qu'entre eux et le monde via toute une cascade d'institutions[2]. Véhicule idéologique inséré dans le réseau de la reproduction sociale (n'est-il pas un instrument indispensable à l'école, à l'Église, à l'État...?), au service des pouvoirs et des contre-pouvoirs comme de la création littéraire, l'imprimé est aussi un *artifact* matériel lié aux mécanismes de la production (technique, finance, organisation sociale du travail) et de la diffusion, aux réseaux de communication dans la société. Il réfère donc à l'histoire sociale au sens plein du mot.

De là l'intérêt croissant d'un nombre encore restreint de chercheurs pour l'histoire des imprimés comme phénomène social. Trop longtemps a-t-on compulsé ceux-ci comme s'ils s'assimilaient, hormis par leur forme, aux sources manuscrites dont on extrait le témoignage jugé significatif, l'oeuvre littéraire méconnue, la vérification de la trame chronologique. Plus récemment, c'est l'imprimé comme phénomène et comme révélateur sociaux qui retient l'attention, qui appelle une méthodologie davantage sérielle et systématique. Pour notre part, après un premier tome sur les imprimés des années 1801-1810[3], à la suite de l'oeuvre monumentale de Marie Tremaine pour les années 1764-1800[4], nous travaillons au tome II (1811-1820) et avons formé un groupe de recherche avec Claude Galarneau pour l'étude systématique des papiers Neilson, Gray-Ermatinger, etc., concernant le livre et l'imprimerie dans le Bas-Canada entre 1760 et 1840.

La présente communication vise quelques objectifs modestes: d'abord, établir un bilan sommaire des recherches antérieures et des études en cours; ensuite, faire état de quelques résultats provisoires de notre propre enquête sur les imprimés au Québec jusqu'en 1820; enfin, identifier quelques pistes prometteuses pour baliser les recherches ultérieures.

TABLEAU 1 — **Imprimés au Québec, 1764-1820: nombre de pages***

Pagination	1764	1765	1766	1767	1768	1769	1770	1771	1772	1773	1774	1775	1776	1777	1778	1779	1780	1781	1782
1 feuillet		5	3		2	2	4	2	2	2	2	9	9	7	9	5	4	5	3
2-4	3	3												2	1	5	1		
5-20				1			2					1		2	1	3	1		
21-99		1	1	3							1	2	3	2	6		3	2	2
100-199			1						1			2		1	1			1	
200 +													1	3	1		1		2
Total	**3**	**9**	**5**	**4**	**2**	**2**	**6**	**2**	**3**	**2**	**3**	**14**	**13**	**17**	**19**	**13**	**10**	**8**	**7**

Pagination	1783	1784	1785	1786	1787	1788	1789	1790	1791	1792	1793	1794	1795	1796	1797	1798	1799	1800	1801
1 feuillet	5	6	3	4	7	5	10	6	8	31	8	12	5	7	5	4	3	5	4
2-4	1	4	2	2	5	1	10	7	5	4	1				1	1	3	3	3
5-20			2	2	4	3	1	6	5	2	4	2	2	2	2	2	2	3	2
21-99	4	2	1	1	4	2	2	9	5	3	3	7	2	11	6	7	8	8	2
100-199				1					3	1	1	2	3	3	3	1	3	5	1
200 +		1	1				1		1		1	1	5		2	3	2	1	1
Total	**10**	**13**	**9**	**10**	**20**	**11**	**24**	**28**	**27**	**41**	**18**	**24**	**17**	**23**	**19**	**18**	**21**	**25**	**13**

Pagination	1802	1803	1804	1805	1806	1807	1808	1809	1810	1811	1812	1813	1814	1815	1816	1817	1818	1819	1820
1 feuillet	3	3	1	4	3	5	7	6	14	14	9	15	11	11	8	7	11	8	9
2-4	1	2	2	1	2	2	2	2	4	4	10	6	10	11	7	7	15	26	5
5-20	1	2	4	3	4	2	3	2	6	1	2	2	10	6	7	11	8	10	10
21-99	2	4	5		6	4	7	8	10	14	8	3	2	15	14	10	10	10	14
100-199	1	3	2	2	2	3	2	3	7	4	4	3	5	6	7	14	7	8	6
200 +	5	4	2	1	4	3	1	7	3	3	5	4	3	5	7	5	7	6	4
Total	**13**	**18**	**16**	**11**	**21**	**19**	**22**	**28**	**44**	**40**	**38**	**33**	**41**	**54**	**50**	**54**	**58**	**68**	**48**

* Imprimés *localisés* seulement

TABLEAU 2 — Imprimés à Montréal, 1776-1820: Nombre de pages*

Pagination	1764	1765	1766	1767	1768	1769	1770	1771	1772	1773	1774	1775	1776	1777	1778	1779	1780	1781	1782
1 feuillet													3	2	4			1	1
2-4												3		1	1			1	
5-20						2								2	1				
21-99													3	2	4	2	2		
100-199										1			1		1			1	1
200 +														3					
Total												**3**	**7**	**10**	**12**	**2**	**2**	**4**	**3**

Pagination	1783	1784	1785	1786	1787	1788	1789	1790	1791	1792	1793	1794	1795	1796	1797	1798	1799	1800	1801
1 feuillet	1	2								3	1							2	
2-4	1	4	1			2			1										
5-20		1		2	1	1		2	2				1	2		1			
21-99	3	1			2	1					1						1		
100-199							1	1											
200 +																			
Total	**5**	**8**	**1**	**2**	**3**	**4**	**2**	**2**	**3**	**3**	**2**	**3**	**1**	**2**	**0**	**1**	**0**	**3**	**0**

Pagination	1802	1803	1804	1805	1806	1807	1808	1809	1810	1811	1812	1813	1814	1815	1816	1817	1818	1819	1820
1 feuillet	1	1		1	1	1	1			6		9		2	1	2	1	1	2
2-4			1						1		1		1	2	1				1
5-20							1	2	5	9	1		4	4	4	4	3	3	5
21-99						1		2	3		6				9	3	1	4	6
100-199												1				8	2	3	4
200 +														1	3	1	5	3	1
Total	**1**	**1**	**1**	**1**	**1**	**2**	**2**	**4**	**10**	**17**	**9**	**10**	**10**	**16**	**22**	**18**	**12**	**14**	**19**

* Imprimés *localisés* seulement

Bilan des recherches

Un bilan même sommaire des recherches en cours ne saurait ignorer les nombreux travaux des devanciers. On ne peut fixer avec certitude la date exacte à partir de laquelle des Québécois commencent à s'intéresser aux imprimés de la colonie. Mais, dès 1830, Georges Barthélemi Faribault, avocat et responsable des archives parlementaires, conçoit le projet d'établissement d'un catalogue d'ouvrages sur le Canada. À partir de 1832, il correspond régulièrement avec Jacques Viger qui rassemble lui-même des manuscrits et des imprimés depuis plusieurs années, ensemble qui formera sa «Saberdache». Cette collaboration de deux hommes passionnés de l'histoire conduit à la publication, en 1837, à Québec, du *Catalogue d'ouvrages sur l'histoire de l'Amérique [. . .]*[5]. Mais, parmi les 975 titres de cette bibliographie, on ne relève que 11 imprimés québécois de la période 1764-1820, un nombre beaucoup plus considérable, des années 1821-1837. Faribault s'occupe également d'enrichir la Bibliothèque de la Législature. Malheureusement, à deux reprises, en 1849 et en 1854, cette collection importante d'ouvrages sur le Québec est la proie des flammes.

L'incendie de ces collections et le déménagement, en 1865, de la Bibliothèque du Parlement à Ottawa, siège permanent de la toute prochaine fédération, ne laissent pas indifférents les Québécois passionnés d'histoire. Certains profitent des ventes publiques organisées régulièrement à Québec pour amasser des collections importantes: par exemple, Pierre-Joseph-Olivier Chauveau (1820-1890) et Philéas Gagnon (1854-1915). Un catalogue préparé par Narcisse-Eutrope Dionne, bibliothécaire de la Législature, révèle que la collection Chauveau, vendue au gouvernement du Québec, comprend au moins 76 imprimés des années 1764-1820[6]. Philéas Gagnon, pour sa part, finance la constitution de sa magnifique collection par des ventes et prépare régulièrement des catalogues entre 1885 et 1909[7]. En 1895, il publie son *Essai de bibliographie canadienne; inventaire d'une bibliothèque [. . .]*. En 1910, la ville de Montréal acquiert sa collection et, trois ans plus tard, fait imprimer le deuxième tome de son *Essai de bibliographie canadienne [. . .]*[8].

TABLEAU 3 — **Imprimés localisés ou annoncés de 1764 à 1820**

	Tremaine 1764-1800	Hare-Wallot* 1801-1810	Localisés par Hare-Wallot 1811-1820	Total 1764-1820
Québec	415 (83,0)	182 (88,8)	335 (69,2)	932 (78,4)
Montréal	85 (17,0)	23 (11,2)	147 (30,4)	255 (21,4)
Trois-Rivières	—	—	2 (0,4)	2 (0,2)
Total	**500**	**205**	**484**	**1189**

* Comprenant les imprimés localisés depuis la parution de cette bibliographie.

Gagnon a réussi à rassembler plus de 350 imprimés québécois de la période 1764-1820; on les identifiera comme les «incunables canadiens». Ce serait Chauveau qui aurait pris l'initiative de cette désignation. En effet, en 1880, Dionne affirme qu'il «est maintenant reconnu que les incunables canadiens ne s'étendent pas au-delà de l'année 1820. Cette date a été fixée, il y a peu d'années, par un certain nombre de littérateurs et de bibliophiles parmi lesquels se trouvait l'honorable M. Chauveau...»[9]. Gagnon, pour sa part, reconnaît les difficultés de dénicher des copies des premiers imprimés du Québec:

> Un livre imprimé au Canada dans les commencements de notre siècle est souvent plus difficile à trouver qu'un livre imprimé en Europe par ceux qui y introduisirent l'imprimerie... Nos ouvrages canadiens ont presque toujours été tirés à peu d'exemplaires; ajoutons à cela le petit nombre de bibliothèques et de bibliophiles qu'il y avait ici pour travailler à leur conservation. Viennent ensuite les nombreux incendies par lesquels le Canada s'est acquis une espèce de célébrité, et qui ont contribué pour une large part à la perte de choses si précieuses.[10]

Au XXe siècle, d'autres collectionneurs poursuivent l'oeuvre de leurs devanciers. Si on ne retient que ceux qui ont dressé des catalogues de leurs collections, il faut mentionner, entre autres, l'abbé Nazaire Dubois, de l'École normale Jacques-Cartier de Montréal[11], Victor Morin[12] et Lawrence Lande[13]. Il y aurait aussi beaucoup à dire sur tous les bibliophiles qui ont réussi à identifier et à débusquer les premiers imprimés québécois et les ont légués ou vendus à des bibliothèques: entre autres, Amable Berthelot, Louis-Joseph Papineau, Édouard-Gabriel Plante, Louis Édouard Bois, Gerald Hart, Louis Rodrigue Masson, George M. Fairchild, George Ahern, Charles Gordensmith, W. P. Witton, Fred Ketcheson et Louis Melzack.

Quelques grandes bibliothèques éditent également des catalogues de leurs collections de «Canadiana» et de «Laurentiana». D'abord, en 1911, les Archives publiques du Canada font paraître le *Catalogue des brochures [...]*, longtemps indispensable, qui connaîtra une réédition en 1931[14]. En 1934, la Bibliothèque publique de Toronto finance la publication de la bibliographie de tous ses imprimés sur le Canada avant 1867, compilée par Frances M. Staton et Marie Tremaine, puis celle d'un supplément en 1959[15]. Signalons enfin la publication par la Bibliothèque nationale du Québec du catalogue des imprimés sur le Québec (ce qu'on appelle le «Laurentiana») parus avant 1821, sous la direction de Milada Vlach et avec la collaboration de Yolande Buono[16].

Ces catalogues fournissent des références utiles aux recherches sur les imprimés du Québec. Toutefois, seules les bibliographies aussi complètes et générales que possible peuvent nourrir une vue d'ensemble. Aussi, dès 1858, Maximilien Bibaud a publié un inventaire ou des «Annales bibliographiques» des

TABLEAU 4 — **Classification des imprimés par sujet, 1801-1820***

	1801	1802	1803	1804	1805	1806	1807	1808	1809	1810	1811	1812	1813	1814	1815	1816	1817	1818	1819	1820
Politique:																				
Élections				29	3		1	11	13	23	21			11		9	4	7		6
Propagande et autres brochures politiques			1						4	3	4	2	6	6	6	4		5		2
Gouvernement:																				
Proclamations	2		3	1	1	3	3	4	3	4	4	11	7	4	6	4	6	2	4	1
Statuts courants	1	1	1	1	1	1	1	1	1	1	1	1	1	1	1	1	1	1	1	1
Actes & bills publiés seuls		3	1			1	2	3			2				3	3	5			
Anciennes lois			2			1									1	2				
Milice	1			1		1	2	1	1	1	1	9	14	7	7	1	1	1	1	1
JCABC & extraits	1	1	1	1	1	1	1	1	1			1	1	2	4	1	2	3	2	1
JCLBC & extraits													1			1	1	1	1	1
Documents de la législature			1						1						1		4	2	4	2
Police, règlements des villes, du port		1		2	1		1	1	1	1	6			2	3	1	6	7	6	
Religion:																				
Livres de prières	3	3		4	1	3	1	1	3	3	5	4	4	2	4	7	4	1	1	2
Catéchismes				1		1	3	1	1	1	1	1	1	2	1	1	3	2	2	
Sermons (anglais)	2			2						1	2	3		5	5	4	3		2	2
Sermons (français)										1										
Mandements		1		1	1	3	1			2		3	4	2	3	3	1	1	2	2
Autres				1		1	1	1		1	2		1		2	3	1	4	5	4

Social:
- Almanacs
- Calendriers
- Associations, catalogues de bibliothèques

Vie commerciale:
- Catalogues de ventes
- Annonces
- Annuaires
- Selkirk
- Sociétés (banques, assurances, etc.)

Littérature:
- Étrennes
- Poésies
- Pièces
- Autres (ang.)
- Autres (fr.)
- Textes anciens

Éducation:
- Livres de classe
- Autres

Droit:
- Procès
- Textes

Scientifique:
- Agriculture
- Médecine
- Autres

* Imprimés *localisés* ou annoncés dans les journaux et les livres de comptes.
Trois imprimés sont *comptés deux fois*, notamment dans les associations.

85

ouvrages sur le Canada parus depuis 1658. Cette liste n'est guère connue[17]. Au début du XXe siècle, Narcisse-Eutrope Dionne entreprend la préparation d'une bibliographie compréhensive des imprimés du Québec. Le premier tome, paru en 1905 grâce à la Société royale du Canada, s'intitule *Inventaire chronologique des livres, brochures, journaux et revues publiés dans la province de Québec de 1764 à 1904*. À cet inventaire des publications en français vient s'ajouter, en 1907, l'inventaire des publications en anglais[18]. Dionne dénombre 140 titres en français et 126, en anglais, publiés au Québec entre 1764 et 1820. Toutefois, son travail comporte les lacunes importantes: il n'indique qu'une partie des livres en langues amérindiennes, des livres de piété, des livres d'école, des règlements d'associations, des almanachs, des brochures électorales et des rapports des législatures. Il s'agit essentiellement d'un catalogue de la Bibliothèque de la Législature de la province, auquel s'additionnent les titres relevés dans le premier tome de l'*Essai de bibliographie canadienne [. . .]* de Gagnon. Quoi qu'il en soit, ces inventaires chronologiques de Dionne constituent la seule bibliographie générale, compréhensive, des premiers imprimés québécois avant la parution, en 1952, de la bibliographie devenue classique de Marie Tremaine.

Aegidius Fauteux, conservateur de la Bibliothèque Saint-Sulpice de 1921 à 1931, puis de la Bibliothèque municipale de Montréal jusqu'à sa mort en 1941, aurait colligé une liste de tous les «incunables canadiens» dans les bibliothèques canadiennes. D'après le libraire Ducharme, celle-ci répertorierait 1 400 titres[19]. Cet inventaire, dont on annonçait la parution prochaine en 1950, n'a jamais été publié. Il faudra toutefois élucider le problème du nombre d'imprimés apparemment repérés par Fauteux, puisque les recherches de Marie Tremaine et les nôtres n'ont permis d'identifier qu'environ 1 200 imprimés québécois pour les années 1764-1820.

La parution en 1952 de la bibliographie de Marie Tremaine marque le véritable départ de l'étude scientifique des imprimés canadiens[20]. Cet auteur a déjà collaboré à la préparation de la bibliographie de la collection de la Bibliothèque publique de Toronto (1934). Elle effectue un premier séjour à l'Université de Londres, où elle s'initie aux techniques bibliographiques[21]. Puis, à compter de 1935, elle entreprend une véritable chasse aux imprimés canadiens d'avant 1801 dans toutes les bibliothèques et collections connues. Interrompue par la guerre, cette enquête longue et minutieuse ne se termine qu'en 1947. Les résultats paraissent en 1952 et ouvrent une nouvelle ère dans la bibliographie canadienne. Notre propre bibliographie des imprimés du Bas-Canada, dont le premier tome (1801-1810) remonte à 1967, ne fait que poursuivre dans la voie tracée par Marie Tremaine.

Il n'est pas inutile de rappeler les principes de la bibliographie matérielle et leur importance pour l'étude des imprimés du Québec. L'examen d'un imprimé se fait ouvrage en main. Les descriptions physiques des exemplaires différents localisés sont comparées afin d'en dégager une description idéale et d'établir, le cas échéant, les différences entre les exemplaires. La description comporte les éléments suivants:

1. page de titre — une transcription exacte, avec indication des changements de ligne, de caractères (majuscules, minuscules et italiques), des réglets et des ornements;

2. registre — la collation par signature;

3. pagination — toutes les pages de l'imprimé;

4. page imprimée — les dimensions d'une page-type en centimètres (éventuellement, l'identification du genre de caractères);

5. sommaire — un sommaire détaillé avec indication des pages, des sections différentes ainsi que des pages blanches, des illustrations et des hors-textes;

6. exemplaires — liste aussi complète que possible des exemplaires localisés.

On ajoute habituellement des notes sur l'ouvrage: annonces, documents d'archives, commentaires contemporains, études parues subséquemment. Enfin, on peut commenter l'importance de l'imprimé, le contexte socio-historique, les raisons qui en ont motivé la publication, voire en résumer le contenu ou en dégager les grands thèmes. C'est là l'approche que nous avons adoptée pour le premier tome des *Imprimés* et celle que nous retenons dans la préparation du second volume, encore qu'il faille recourir à un protocole d'analyse (longueur des commentaires selon le type d'ouvrage, grille thématique pour le contenu des journaux, etc.) plus rigoureux que dans le tome I, compte tenu de l'accroissement considérable du nombre d'imprimés, y compris des périodiques.

On sous-estime souvent l'importance de la bibliographie matérielle. Pourtant, c'est grâce à elle que Marie Tremaine, par exemple, a pu régler définitivement le problème posé par l'existence de mandements prétendûment imprimés à la demande de Monseigneur de Pontbriand, l'un daté du 28 octobre 1759 et l'autre non daté. En 1895, Philéas Gagnon décrit longuement ces deux imprimés dans son *Essai de bibliographie canadienne [...]* (p. 381-385). À son avis, ils démontreraient l'existence de l'imprimerie en Nouvelle-France. Par la suite, d'autres auteurs — Pierre-Georges Roy, Raoul Renault et Douglas C. McMurtrie — se penchent sur cette documentation et concluent en faveur de l'hypothèse de Gagnon[22]. En fait, ils ne se sont jamais avisés de scruter attentivement les deux imprimés en question. Seul Aegidius Fauteux remet sérieusement en question l'existence d'une imprimerie à Québec en 1759 puisqu'il ne décèle aucune autre trace ou mention d'une presse[23]. Marie Tremaine réfutera l'hypothèse de l'impression des deux mandements en 1759 en se basant sur la nature du papier vélin, guère utilisé au Canada avant 1790, et sur la typographie qu'elle estime postérieure à 1810[24]. Et, en 1980, Jean Gagnon apportera d'autres précisions étayant les arguments de Tremaine[25]. Pour notre part, en comparant la typographie de la série de mandements imprimés et celle des deux mandements de 1759, nous croyons devoir reporter la date d'impression des deux mandements après 1818 (voir la *Lettre circulaire à Mes-*

sieurs les prêtres du Diocèse de Québec [. . .], le 8 février 1819, dont la typographie est pratiquement identique à celle des mandements de 1759).

Mais ce n'est aborder là qu'un seul aspect. Il est évident que les contraintes techniques et économiques jouent également un rôle crucial dans l'apparition de tel ou tel type d'imprimés, à tel ou tel moment, à tel ou tel coût, selon telle ou telle technique. Les Québécois de 1770 n'ignorent pas la musique, et ceux de 1800, la gravure. Mais où et comment s'équiper (presse, papier, caractères, etc.), à quel coût? Où trouver et comment former de bons imprimeurs et typographes, à quel coût? Voilà des questions également essentielles pour la compréhension du phénomène de l'imprimé, tout comme celles portant sur le circuit de distribution.

À cet égard, l'absence d'études sur la typographie et les caractères d'imprimerie en usage au Québec rend difficile l'identification d'imprimés non datés. On connaît bien quelques études sur certains imprimeurs, surtout l'atelier Brown-Neilson et Fleury Mesplet, sans oublier Nahum Mower de Montréal (voir le catalogue des imprimeries du Québec, 1764-1820, en appendice I). Mais à part la monographie de Peter E. Greig sur Mesplet, toutes les autres datent d'avant la publication de la bibliographie de Tremaine. Il faudrait sans doute reprendre ces travaux, les compléter et les élargir, multiplier les comparaisons avec les imprimeries dans les autres colonies et aux États-Unis, le cas échéant. D'autres imprimeurs et imprimeries du Québec attendent leur monographie. On pourrait en dire autant des grandes fresques ou histoires de l'imprimerie au Canada et au Québec parues depuis 1930, notamment celles de Fauteux, Oswald, Tremaine, Gundy, Haworth, etc.[26]. Quelques travaux pointent à l'horizon: la thèse de Yolande Buono sur l'imprimerie à Montréal, entre 1776 et 1820[27]; le projet d'équipe de Claude Galarneau et nous-mêmes sur l'imprimerie à Québec et à Montréal de 1764 à 1840, projet prometteur surtout en ce qui a trait à l'imprimerie Brown-Gilmore-Neilson, compte tenu de l'extrême richesse de la diversité de la documentation.

Les sources pour la recherche sur les premiers imprimés québécois sont variées et souvent difficiles d'accès. Manon Brunet a élaboré un excellent guide bibliographique sur l'histoire de l'imprimerie et de l'édition au Québec, guide encore trop peu connu[28]. À partir de son travail et de nos propres fichiers, un certain nombre de constatations se dégagent concernant les études sur les types d'ouvrages parus avant 1900. Ainsi, à côté de secteurs assez bien représentés, tels les almanachs[29], les catalogues de bibliothèques, l'édition musicale[30], la presse périodique[31], d'autres n'ont guère été touchés ou nécessiteraient des travaux supplémentaires: le livre religieux, domaine à propos duquel Michel Thériault a préparé un guide de recherche utile[32], le manuel scolaire[33], les publications officielles (journaux de la Législature, statuts, rapports, proclamations, etc.), la propagande politique dans son ensemble[34], la législation[35], la vie économique (banques, compagnies d'assurance, sociétés, traite des fourrures, etc.)[36], les associations volontaires (hormis pour les bibliothèques étudiées par Yvan Lamonde)[37] . . . En outre, diverses initiatives ont rendu plus accessibles un certain nombre d'imprimés de la période: microfilm des imprimés localisés par Tremaine (réalisé par l'Association canadienne des bibliothèques), microfilms préparés par la Bibliothèque Nationale du Québec, réimpressions de la maison Rééditions-Québec qui comportent parfois des introductions sommaires, celles parues dans *Les écrits du Canada français*, généralement accompagnées d'introductions substantielles et de notes, réimpression d'une brochure de propagande parue en 1794, que Tremaine a notée sans pouvoir en trouver un exemplaire[38]. Enfin, nous avons regroupé des textes de la période 1806-1810 dans un volume intitulé *Confrontations / Ideas in Conflict*[39].

Plusieurs de ces travaux sur différents secteurs confinent à la sociologie de l'imprimé. Ainsi le livre de Claude Galarneau, *La France devant l'opinion canadienne, 1760-1815*, sonde les échanges culturels entre le Québec et la France en

TABLEAU 5 — **Imprimés à Montréal, 1776-1820***

Période	Nombre d'imprimés	Moins de 4 p. (%)	Nombre moyen d'imprimés par année
1776-1784	53	21 (39,6)	5,9
1785-1793	22	9 (40,9)	2,4
1794-1809	23	11 (47,8)	1,4
1810-1820	157	31 (19,7)	14,3
Total	**255**	**72 (28,2)**	**5,7**

* Imprimés *localisés* seulement.

TABLEAU 6 — **Classification des imprimés* par sujet, 1801-1820**

Sujet	Québec (%)	Montréal (%)	Total (%)
Religion	114 (17,7)	47 (25,8)	161 (19,4)
Politique	142 (22,0)	15 (8,2)	158 (19,1)
Vie commerciale	76 (11,8)	32 (17,5)	109 (13,2)
Gouvernement	77 (11,9)	19 (10,4)	96 (11,6)
Droit	78 (12,1)	15 (8,2)	93 (11,2)
Vie sociale	68 (10,5)	24 (13,1)	92 (11,1)
Littérature	44 (6,6)	9 (4,9)	53 (6,4)
Éducation	24 (3,7)	15 (8,2)	39 (4,7)
Science	21 (3,2)	6 (3,2)	27 (3,3)
Total	**644 (77,7)**	**182 (22,3)**	**828 (100)**

* Il s'agit des imprimés *localisés ou annoncés*.

TABLEAU 7 — Répartition de l'espace en pourcentage dans les journaux francophones et anglophones à Montréal, Québec et Trois-Rivières

		Montréal	Québec	Trois-Rivières	Total journaux français/ anglais
Économie	F	4,39	3,25	1,18	3,56
	A	3,85	2,87		3,37
Publicité	F	33,89	14,61	40,27	31,62
	A	51,71	55,67		53,66
Politique	F	11,23	29,89	12,32	14,83
	A	7,02	6,85		6,93
Militaire	F	1,44	0,51	0,07	1,01
	A	7,79	7,36		7,58
Social	F	8,09	14,32	6,53	8,92
	A	5,40	5,37		5,38
Culturel	F	17,47	13,09	21,46	17,45
	A	1,72	1,66		1,70
Religion	F	0,50	2,27	0,36	0,80
	A	0,24	0,19		0,22
International	F	22,99	22,06	17,81	21,81
	A	22,27	20,03		21,16

F = Journal français
A = Journal anglais

Source: Appendice II.

mettant l'accent sur la propagande par l'imprimé[40]. Nos propres études, notamment le chap. VIII («La pensée révolutionnaire et réformiste dans le Bas-Canada (1773-1815)» d'*Un Québec qui bougeait*[41], et le livre sur le vocabulaire politique et social véhiculé par les imprimés de l'époque[42], exploitent abondamment ces sources. Il faudrait également inventorier systématiquement les innombrables thèses anciennes et récentes sur les journaux d'avant 1820, tant aux départements d'histoire qu'à ceux de sociologie des universités de Montréal et Laval, et divers projets de recherche en cours[43]. Mais en général, l'analyse des imprimés a surtout procédé sur le mode descriptif, voire impressionniste, à de rares exceptions près.

TABLEAU 8 — **Abonnements à «la Gazette de Québec» (1764-1812)***

	C.F.	%	Brit.	%	Autres**	Total
1764	75	23,15	225	69,44	24	324
1765	78	51,65	69	45,69	4	151
1767	112	43,24	135	52,12	12	259
1768	107	44,39	130	53,94	4	241
1769	110	48,88	111	49,33	4	225
1770	116	59,79	75	38,65	3	194
+(1771	87	59,58	57	39,04	2	146)+
(1772	84	56,75	63	42,56	1	148)
(1773	78	59,09	53	40,15	1	132)
1784	171	37,5	267	58,55	18	456
1788	184	47,3	186	47,81	19	389
1789	148	52,85	120	42,85	12	280
1790	288	50,43	254	44,48	29	571
1791	235	57,45	154	37,65	18	409
1792	324	51,51	292	46,42	13	629
1793	393	53,90	321	44,03	15	729
1794	275	51,88	250	47,16	5	530
1795	126	43,69	135	46,71	28	289
1796	128	46,37	140	50,72	8	276
(1801	38	34,23	71	63,96	2	111)
(1802	34	27,41	87	70,16	3	124)
1803	236	44,52	254	48,49	40	530
1804	238	42,96	273	49,27	43	554
1805	249	43,81	292	51,59	26	567
1806	254	46,86	245	45,20	43	542
1807	263	45,03	261	44,69	60	584
1808	270	42,12	276	43,05	95	641
1809	227	44,42	283	55,38	1 (?)++	+511
1810	263	45,65	312	54,16	1 (?)	576
1811	317	46,68	361	53,16	1 (?)	679
1812	385	45,24	447	52,52	19	851

* Sources: APC, M.G.24, B.1, vol. 46, 49, 52, 53, 54, 64, 69, 70, 76, 80, 82, 84, 146 à 150. ANQ, AP-N-2, vol. 11, 13, 20, 41 et 44.

** Autres: gouvernement, institutions diverses, abonnés d'autres pays, etc.

+ Les parenthèses indiquent que les chiffres disponibles pour ces années sont beaucoup trop faibles, à cause de lacunes dans les sources.

++ Les livres de comptes ne distinguent pas toujours clairement l'abonnement individuel (v.g. d'un fonctionnaire) et l'abonnement institutionnel. D'où les variations incohérentes de cette colonne.

TABLEAU 9 — Nombre d'employés et salaires mensuels à l'imprimerie Neilson, 1792-1812*

| Année | Travailleurs qualifiés | | | | Apprentis | |
| | Nombre | Salaire mensuel en shillings | | | Nombre | Salaire mensuel moyen |
		minimum	maximum	moyenne		
1792	1	45/-			1	37/6
1793	1			166/8	2	38/3
1794	1			166/8		
1795	1			166/8		
1796	5	40/-	90/-	70/10		
1797	1			108/4		
1798	4	40/-	125/-	83/9		
1799	1			80/-		
1800	3	50/-	125/-	83/4	2	27/6
1801					1	13/4
1802	2	80/-	100/-	90/-	1	55/-
					1	25/-[1]
1803	1			100/-	2	43/6
1804	6	74/-	102/-	91/-	2	32/6
					1	35/1[1]
1805	3	90/-	100/-	96/7	1	38/4[1]
1806	4	80/-	120/-	102/6	2	35/9
					1	41/7[1]
1807	6	76/-	140/-	99/4	4	40/1
	1			90/-[1]		
1808	8	76/-	140/-	104/6	9	42/11
1809	8	76/-	125/-	107/-	7	39/-
1810	8	66/7	166/7	117/11	6	41/-
1811	3	110/-	166/7	143/4	7	43/-
1812	3	110/-	150/-	126/7	5	43/8

· Source: Livres de comptes de Neilson aux APC et aux ANQ. Les salaires annuels et quotidiens (rares et ramenés au taux mensuel en comptant 24 jours ouvrables par mois) ont été ajustés au taux le plus fréquent, le salaire mensuel. Il s'agit de shillings cours d'Halifax.

(1) Cas où il est spécifié que l'employé est nourri et logé.

Résultats provisoires de notre enquête sur les imprimés de 1764 à 1820

La présente section soumet quelques résultats partiels de nos recherches sur les imprimés entre 1764 et 1820. Elle retrace l'évolution globale des imprimés durant la période, analyse d'un peu plus près les périodiques publiés de 1811 à 1820, identifie les principaux imprimeurs et conclut par une brève illustration des difficultés techniques de l'édition.

Évolution des imprimés au Québec, 1764-1820

Après de longues années de chasse aux imprimés, il est maintenant possible d'esquisser l'évolution de l'édition au Québec de 1764 jusqu'en 1820 tant à partir des imprimés trouvés, c'est-à-dire localisés de fait dans des bibliothèques et fonds d'archives (tableaux 1, 2 et 3), qu'à partir des imprimés *trouvés ou annoncés*, c'est-à-dire soit localisés, soit mentionnés dans les livres de comptes Brown-Gilmore-Neilson ou annoncés comme parus dans les journaux (tableau 4). L'année 1820 elle-même ne revêt pas de signification particulière. Mais un examen sommaire du tableau 1 («Imprimés au Québec, 1764-1820: nombre de pages»)[44], permet de cerner certaines sous-périodes ou certains seuils de croissance.

1) 1764-1774:
le nombre d'imprimés oscille autour de 4 par année (3,7), dont les deux tiers (66%) ont moins de 4 pages;

2) 1775-1786:
le nombre atteint 11 par année en moyenne (11,2), dont les deux tiers comptent moins de 4 pages;

3) 1787-1809:
le nombre se hisse cette fois à 20 par année (19,9), dont une proportion beaucoup moindre (45%) se situe dans la catégorie des moins de 4 pages;

4) 1810-1820:
le nombre d'imprimés a bondi à 48 par année (reflet sans doute du développement de la société et de la multiplication des imprimeries), dont 42% demeurent en deçà de 4 pages.

Comme les séries économiques, les séries annuelles d'imprimés reflètent l'évolution de la conjoncture socio-économique, politique et culturelle, tant par les soubresauts des quantités elles-mêmes que par les variations des proportions d'une catégorie à une autre. Elles constituent donc en quelque sorte des radiographies des problèmes et des questions qui agitent une partie de la société: celle qui dit et qui agit, qui veut convaincre et renseigner. Ainsi, des sous-périodes se dégagent: par exemple, les années 1789 à 1792 (110 imprimés) qui tranchent sur les années antérieures et postérieures, mais s'expliquent par l'effervescence politique dans la colonie au moment où celle-ci débat et obtient de nouvelles institutions politiques

93

(voir tableau 1). De même, l'excroissance des imprimés politiques (tableau 4), de 1808 à 1811, résulte de la crise politique sous Craig et de l'impact des scrutins à répétition. La guerre de 1812 déclenche évidemment une poussée spectaculaire des imprimés à caractère militaire. Par contre, la multiplication des procès en 1815 signifie-t-elle un intérêt accru dans la justice ou résulte-t-elle d'une simple modification des pratiques? Un peu comme des sismographes, ces séries peuvent être lues à la lumière de la conjoncture dont elles enregistrent les ruptures et les accélérations.

Une analyse exhaustive, qui dépasse de beaucoup le cadre de la présente communication, permettrait sans doute de percevoir non seulement les différences entre Montréal et Québec en matière d'édition, mais aussi la complémentarité entre des deux villes. Par exemple, Montréal dépend de Québec pour l'impression de livres scolaires jusque vers 1810. Par la suite, on assiste à une expansion de l'édition scolaire tant à Montréal qu'à Québec (où il s'agit d'une continuité plutôt que d'une nouveauté). Les imprimeurs des deux villes s'échangent des hommes de métier, des caractères, du papier, etc., comme le démontrent les fonds Neilson et Ermatinger-Gray.

Si l'on se penche sur la situation de l'édition à Montréal (tableau 5) pendant les mêmes années, il en émerge une image moins claire que dans le tableau d'ensemble (tableau 1). En fait, l'absence de commandes fermes de la part des institutions gouvernementales et ecclésiastiques, commandes surtout concentrées dans la ville de Québec, freine le développement de l'imprimerie à Montréal avant la deuxième décennie du XIXe siècle. Comme pour les journaux, le patronage gouvernemental et ecclésiastique s'avère un élément capital de succès en matière d'édition. Fleury Mesplet éprouve une première faillite en 1785; par la suite, il concentre ses activités dans la production de son nouveau journal, *La Gazette de Montréal*. Les imprimeurs qui lui succèdent, en particulier Edward Edwards, suivent son exemple. De sorte que durant les années 1785-1809, les almanachs, calendriers, livres de prières et livres scolaires, bref, l'essentiel de l'édition non-subventionnée, proviennent des presses de la ville de Québec, soit de l'atelier Brown-Neilson ou de la Nouvelle imprimerie, financée elle aussi, en partie, par John Neilson.

Les presses de la vieille capitale produisent un pourcentage élevé de feuillets et d'imprimés de moins de quatre pages, les formats habituels des proclamations et des mandements, ainsi que des calendriers. Toutefois, le nombre de publications de plus de 100 pages s'accroît notablement au XIXe siècle: pour l'ensemble de la province, il passe de 13%, entre 1764 et 1800, à 23% pour la décennie 1811-1820; pour Montréal, de 14% à 29%, hausse spectaculaire. Il semble bien que l'imprimerie prenne vraiment son essor durant la deuxième décennie du XIXe siècle. Ce phénomène se retrouve également dans le cas de la presse périodique: à Québec, on dénombre au moins deux journaux à partir de 1805, mais quatre en 1807-1808, 1810, 1816-1820; à Montréal, deux journaux à compter de 1807, trois, à partir de 1811, et quatre, à partir de 1813, mais six en 1818-1819.

De façon globale (voir tableaux 4 et 6), c'est l'édition religieuse qui domine légèrement sur le domaine politique (19,4 contre 19,1%), encore qu'à Québec, les publications politiques dépassent nettement celles à caractère religieux (22% par rapport à 17,7%). Suivent ensuite la vie commerciale (13,2%) et le gouvernement (11,6%), bien qu'à nouveau, la ville de Québec produise un peu plus dans la seconde catégorie que dans la première, et plus encore dans le droit, qui se classe pourtant cinquième dans l'ensemble, avec 11,2%. En fait, si l'on compare les colonnes pour Québec et Montréal, on constate qu'elles ne correspondent à peu près qu'en ce qui a trait au secteur scientifique (3,2%). Il faut nuancer ces conclusions, cependant, car à Québec, on publie beaucoup plus qu'à Montréal (644 imprimés contre 182). En ce cas-ci, il s'agit d'imprimés localisés ou annoncés[45].

Périodiques

L'analyse de quatorze périodiques pour les années 1811-1820 (il manque le *Canadian Courant and Montreal Advertiser*, *The Commercial List*, *The Mercantile Journal* et *The Sun* dans la présente liste) pose des problèmes fort différents que pour celle des quelques journaux des années 1801-1810[46]. La presse se diversifie davantage et devient plus commerciale, à quelques exceptions près. Nous avons donc résolu de recourir à une approche plus quantitative (analyse des espaces consacrés à chaque thème, par page et par numéro) et par procédé d'échantillonnage (un numéro par mois pour un journal paraissant régulièrement pendant plus d'un an, tous les numéros disponibles pour les journaux éphémères ou largement disparus). Les grandes catégories retenues sont les suivantes:

1) Économie:
agriculture, commerce, industrie, finances publiques, monnaie et banques, transport et communications, colonisation, artisanat, main-d'oeuvre, prix, proclamations du gouverneur en matière économique, tenure des terres sous le même aspect, etc.

2) Publicité:

3) Politique:
administration publique (justice, police, règlements locaux, fonction publique, patronage, etc.), parlementarisme, sessions et débats en Chambre, élections, partis politiques, censure et liberté de presse, etc.

4) Militaire:
organisation de la milice et de l'armée à l'intérieur de la colonie, tout ce qui concerne la guerre de 1812 par rapport à la colonie, ordres du jour de la milice et proclamations.

5) Social:
vie sociale en général, moeurs, us et coutumes, carnet mondain, émeutes et frictions sociales, lois civiles, épidémies, groupes sociaux, médecine, mendicité, proclamations et ordonnances, tenures des terres du point de vue social, loisirs, etc.

6) Culture:
«classiques», beaux-arts, lettres, philosophie, sciences, éducation, théâtre, poésie, etc.

7) Religion:
sermons, mandements, rôle du clergé, etc.

8) International, explorations et voyages:
tous les événements et commentaires concernant la politique internationale: France, Grande-Bretagne, États-Unis, etc. et relations avec ces pays (à l'exception de ce qui a trait à la guerre de 1812 et du danger de guerre avec les États-Unis, sujets qui sont classés dans le Militaire), traités, moeurs des autres pays, géographie, voyages, etc.

Bien entendu, certains commentaires ou débats débordent sur plusieurs thèmes: dans la mesure du possible, la proportion exacte de l'article afférant à chaque catégorie a été versée dans les catégories concernées; en cas d'impossible répartition (mariage trop étroit de deux thèmes, par exemple), la répartition s'est faite selon une proportion égale entre ces catégories. Bien qu'on mesure habituellement les périodiques en lignes agates ou en centimètres, pour des raisons de commodité, nous avons utilisé les pouces. Il nous a fallu écarter une catégorie trop poreuse pour être utile: le «nationalisme». En effet, qu'ils traitent d'économie, de culture, de politique, voire de religion, trop d'articles ont recours à la fierté ou à la conscience nationale, soit directement, soit par allusions. Il faudrait une étude particulière de ce seul thème, avec une grille souple mais systématique d'analyse du phénomène national. De même, les diverses catégories sont loin de l'étanchéité souhaitée: par exemple, entre le Militaire et l'International, ou le problème des proclamations, réparties entre les thèmes plutôt que versées dans la publicité. Mais les grandes tendances ne sont pas affectées par ces choix.

Chaque journal comporte ses caractéristiques propres. *L'Ami de la religion et du roi* (1820), conformément à son nom, se consacre essentiellement à la culture, à la religion et aux explorations, voyages et nouvelles internationales, tout comme *L'Abeille canadienne* (1818-1819), hormis pour la religion que ce dernier journal ignore presque entièrement. *Le Canadien* (1817-1820) et *Le Vrai-Canadien* (1811) livrent un grand nombre de combats politiques, sans délaisser pour autant les questions internationales, très importantes pour le second, le culturel et le social. *L'Aurore* (1817-1819). *Le Courrier du Bas-Canada* (1819), *La Gazette des Trois-Rivières* (1817-1820) et *Le Spectateur canadien* (1813-1820) se rapprochent davantage du journal nord-américain courant: importance plus grande de la publicité (de 17 à 42% selon les journaux) et répartition plus équilibrée, hormis pour la grande oubliée, la religion, entre le politique, le culturel, l'international, enfin le social, l'économique et le militaire. Les journaux bilingues (en fait, surtout anglophones et comptés comme tels dans les tableaux), soit *La Gazette de Québec* et *La Gazette de Montréal* (tous deux, de 1811 à 1820), consacrent respectivement 60% et 49% de leur espace à la publicité, puis, par ordre décroissant, à l'international, aux questions politiques, militaires, sociales, économiques, à la culture et à la religion. Les autres journaux anglophones, soit *The Quebec Telegraph* (1817), *The Quebec Mercury* (1811-1820) et *The Montreal Herald* (1811-1820) respectent à peu près les mêmes proportions, sauf que les problèmes économiques y occupent une place plutôt faible, de même d'ailleurs que les débats politiques. C'est *The Western Star* (1819) qui réserve le plus d'espace aux aspects économiques, pour privilégier ensuite les affaires internationales, la publicité, la politique, la culture et le domaine social. *The Canadian Courant and Montreal Advertiser* n'a pas encore fait l'objet d'une analyse. L'appendice II fournit la liste des journaux, regroupés par lieux de publication et par langue, et la répartition des espaces entre les différents thèmes.

Globalement, le tableau 7 et le graphique démarquent les différences régionales et linguistiques dans la presse des années 1811-1820. La presse anglophone, à Québec ou à Montréal, se ressemble énormément quant aux proportions consacrées aux différents thèmes. Par contre les journaux francophones de Québec s'intéressent davantage aux affaires politiques (c'est la capitale) et sociales que ceux de Montréal et de Trois-Rivières, qui, eux, tablent sur une base publicitaire beaucoup plus importante et valorisent davantage le secteur culturel. Bien que dans des proportions différentes, en particulier en ce qui a trait à la publicité (31% par rapport à 53%), les périodiques francophones et anglophones dans leur ensemble suivent le même ordre de priorité entre les thèmes, sauf pour deux qui sont interchangeables dans le rang des priorités des premiers et des seconds: le militaire, au 7e rang chez les journaux francophones et au 3e rang chez les anglophones, fait la symétrie avec le culturel, au 3e rang chez les francophones et au 7e rang chez les anglophones.

Quelques constatations s'imposent, les unes plus prévisibles, les autres, plutôt surprenantes. D'abord, les deux extrêmes: Mammon et Dieu, la publicité au tout premier rang — et de loin —, et la religion, presque inexistante dans la presse des deux langues (moins le 1%). Les journaux anglophones sont généralement plus stables et durent plus longtemps, sans doute à cause de leur forte assise publicitaire, tributaire du gouvernement et des commerçants. Quelques journaux francophones suivent aussi ce mouvement, de sorte que le journal «typique» des années 1811-1820 consacre plus de 48% de son espace à la publicité. Le secteur international, y compris les explorations et les voyages, arrive bon deuxième avec 21%. Alors que les journaux anglophones semblent davantage obsédés par la guerre de 1812 et ses circonstances, au point de peu s'occuper de culture, les journaux francophones privilégient nettement ce dernier secteur et ensuite la politique, beaucoup moins importants dans la presse anglophone. Le social, dans l'ensemble de la presse, dépasse largement la proportion plutôt faible octroyée aux questions économiques dans les journaux des deux langues.

Mais ces thèmes s'adressent à une clientèle ou plutôt à des clientèles: certaines, plus tournées vers tout ce qui touche la culture, l'exotisme, voire les problèmes politiques, d'où un certain nombre de petits journaux éphémères à caractère franchement culturel, dont *L'Abeille canadienne*; certaines, préoccupées elles aussi d'exotisme et d'événements internationaux, mais davantage tournées vers la publicité, le concret, le quotidien, qu'il soit d'ordre politique ou social, d'ordre militaire durant la guerre de 1812, etc. Malheureusement, on ne connaît pas l'étendue de ces clientèles qui devaient être restreintes. On sait par ailleurs l'importance des journaux dans la propagande politique, même auprès de la masse illettrée[47]. Un même journal passe de main à main, suscite des commentaires et des répétitions orales, de sorte que le tirage n'en révèle que bien imparfaitement le rayonnement et l'influence.

On ne peut estimer le tirage que d'un seul journal, le plus important il est vrai, *La Gazette de Québec*, grâce aux livres de comptes de la collection Brown-Gilmore-Neilson à Ottawa et à Québec. Le tableau 8 fournit des estimations minimales annuelles tirées de ces sources: ces données sommaires sont analysées plus en détail, tant en ce qui a trait à la composition des groupes de lecteurs qu'en ce qui concerne la critique des sources, dans une autre communication[48]. Les trous et les variations importantes de ce tableau, dues aux lacunes des sources, révèlent malgré tout une montée graduelle des abonnements dans les années 1790 et 1800 jusqu'à 851 abonnements en 1812. À compter de 1796, le nombre de lecteurs anglophones surpasse presque toujours celui des lecteurs francophones, d'autant plus qu'un nombre élevé d'officiers militaires de passage (46 en 1808 et 86 en 1812) gonfle le total des Britanniques. Il n'en demeure pas moins que les lecteurs francophones sont peu nombreux, compte tenu de leur proportion dans l'ensemble de la population. Des données sur le tirage du *Canadien*, par exemple, nuanceraient peut-être ce constat.

Les imprimeries

L'appendice I, auquel nous renvoyons le lecteur, est une deuxième version d'un catalogue des imprimeries au Québec de 1764 à 1820. Même si l'inventaire des imprimés de chacun de ces ateliers n'est pas complet, on peut déjà inférer un certain nombre de conclusions préliminaires:

1) L'atelier Brown-Neilson domine l'édition au Québec et imprime plus de 60% des publications connues depuis 1764 jusque vers 1810. La Nouvelle Imprimerie, fondée en 1794, prend un essor considérable sous la direction de Pierre-Édouard Desbarats (grâce en partie au patronage du gouvernement) et semble concurrencer l'atelier de John Neilson entre 1800 et 1820. En réalité, ce dernier est l'un des actionnaires de la Nouvelle Imprimerie et touche sa part des bénéfices[49]. Cet imprimeur-libraire contrôle donc une bonne partie de l'édition au Québec, participe à la quasi-totalité sinon à tous les contrats d'impression des institutions gouvernementales et s'impose fortement dans la vente des livres importés au Québec — ce qui pourrait être l'objet d'une autre communication. D'où l'intérêt de compulser systématiquement tous ses livres de comptes et d'en extraire des renseignements précieux sur les divers aspects de la production, de l'importation et de la distribution des imprimés dans la colonie: projet auquel Claude Galarneau et nous-mêmes nous sommes déjà associés.

2) La ville de Montréal compte plusieurs ateliers à partir de 1807. Aucun, cependant, n'en impose aux autres dans la production des imprimés. Les quatre plus importants d'entre eux appartiennent à des Britanniques, soit James Brown (qui importe et vend aussi des livres), William Gray, James Lane et Nahum Mower. On rencontre aussi des libraires, tel Ariel Bowman, qui financent des publications et même des périodiques sans pour autant établir des ateliers d'impression.

3) Le rôle des francophones dans le domaine de l'édition reste très limité. Seul Pierre-Édouard Desbarats dirige une entreprise florissante. Les autres Canadiens français oeuvrent surtout comme pressiers, typographes, apprentis, etc., à l'emploi de Britanniques: même là, leur nombre demeure limité, compte tenu de la tendance naturelle des éditeurs britanniques à importer leur main-d'oeuvre qualifiée, voire leurs apprentis, soit de Grande-Bretange, soit des États-Unis[50].

Illustration par le cas de l'imprimerie Neilson

On ne peut comprendre les problèmes de l'édition au Québec qu'en démontrant le fonctionnement d'un atelier concret, par exemple en scrutant le calendrier d'impression de quelques ouvrages de l'atelier Neilson en 1801.

Journal de la Chambre d'Assemblée du Bas-Canada. 1801. (H. & W. # 3) $(A)^2$, B-3K^4, 3L^1; 441 p.

Calendrier de l'impression: janv. 31-Sig [nature] B, outer form C; *fév.* 1-inner form C, 7- sig D, 11- sig E, 20- sig F, 21- sig G, 24- sig H; *mars* 3- sig I & K, 6- sig L, 13- sig M, 14- sig N, 24- sig O, 30- sig P; *avr.* 7- sig Q, 17- sig R, 18- sig S, 27- sig T, 28- sig U, 29- sig X; *mai* 2- sig Y, 4- sig Z, 6- sig Aa & Bb, 10- sig Cc, 11- sig Dd, 14- sig Ee, 21- sig Ff, 24- sig Gg; *Jn* 4- sig Hh, 5- sig Ii, 9- sig Kk, 15- sig Ll, 23- sig Mm, 30- sig Nn; *Jl* 1- sig Oo, 4- sig Pp, 8- sig Qq, 11- sig Rr, 18- sig Ss, 20- sig Tt, 24- sig Uu & sig Xx, 25- sig Zz, 29- sig Aaa, 31- sig Bbb; *août* 1- sig Ccc & Ddd, 4- sig Eee & Fff, 5- sig Ggg, 6- sig Hhh, 7- sig Iii, title page, single page (Lll).

Pendant que Neilson imprime ainsi le *Journal* par tranches (du 31 janvier au 7 août 1801), il édite l'hebdomadaire le plus important de la province, *La Gazette de Québec* (55 numéros en 1801), achève la composition et l'impression du *Processional romain*, commencées en 1800, démarre la composition du *Vespéral romain* en janvier — il ne la terminera qu'au printemps de 1802 —, imprime une *Neuvaine à Saint-François* (du 15 août au 14 octobre), une *Journée du Chrétien* (du 23 juillet au 24 novembre), son *Almanach* pour 1802 (du 1er au 18 décembre, pour une centaine de pages), un sermon de Bentom Clarke (du 14 au 18 mars). En outre, il exécute 86 commandes d'impression, depuis des cartes gravées, des lettres circulaires et des formulaires jusqu'à des catalogues de vente et des proclamations.

Comme Neilson doit consentir à des investissements importants en outillage, en matériaux et en salaires, qu'il ne peut compter en général sur des avances, même dans un grand nombre de contrats gouvernementaux, il étale la publication des imprimés non subventionnés sur une longue période. Il peut ainsi combler les temps morts ou moins actifs, donc rationaliser sa production. C'est ainsi qu'il concentre la production de son journal hebdomadaire sur une seule journée par semaine, au lieu d'y travailler un peu tous les jours. Cette organisation du travail est également liée à la pénurie de caractères qui empêche de composer un grand nombre d'ouvrages simultanément.

En fait, le problème principal en semble un de composition plutôt que d'impression. Et aussi, il ne faudrait pas l'oublier, un problème de main-d'oeuvre. La correspondance de Neilson contient d'innombrables références à l'instabilité des imprimeurs et des typographes expérimentés (instabilité due à la forte demande pour leur spécialité sur le marché du travail en Amérique du Nord, aux bons salaires qu'ils obtiennent durant toute l'année, à leur mobilité et, souvent, à l'ivrognerie). Les livres d'engagements témoignent également d'un fort roulement de personnel tant chez les hommes de métier que chez les apprentis, situation que ne traduit pas clairement le tableau synthèse 9 qui ne piste pas les individus eux-mêmes (ce serait l'objet d'une autre étude). On constate que l'accroissement du nombre d'imprimeurs, typographes et relieurs d'expérience au service de Neilson, dans les années 1800-1810, s'accompagne d'un bond important dans le nombre d'apprentis qui deviennent de plus en plus, à compter de 1803, de la main-d'oeuvre non qualifiée à bon marché qui reste généralement peu de temps à l'emploi de Neilson: «bon marché» relatif puisque les salaires ne cessent de s'accroître notablement, malgré ces changements continuels dans la main-d'oeuvre, donc le grand nombre d'individus qui commencent au bas de l'échelle à chaque année. Les minima et maxima s'élèvent notablement (par près de trois fois dans le cas de la main-d'oeuvre spécialisée, de deux dans l'autre cas). Encore ne s'agit-il vraisemblablement que de données minimales et incomplètes, mais qui permettent de risquer une approximat4ion raisonnable du nombre d'employés de l'imprimerie Neilson, soit entre 10 et 15 personnes vers 1807-1811.

Quelques pistes de recherche

Sans prétendre esquisser un plan de recherche sur les imprimés et le livre en général — chaque communication suggère d'ailleurs des explorations ultérieures dans ce vaste champ d'étude —, il n'est pas inutile de formuler quelques suggestions en ce qui a trait aux imprimés québécois / bas-canadiens de 1760 à 1850. D'abord, il faut identifier, localiser et décrire le plus grand nombre possible d'imprimés à compter de 1811. Nous comptons publier le second tome des *Imprimés* d'ici un an ou deux. La Bibliothèque Nationale élabore une bibliographie plus succincte pour tous les imprimés localisés à compter de 1820. L'approche doit être systématique et assurer une continuité dans l'information. De même convient-il d'encourager tout effort destiné à rendre ces imprimés rares accessibles aux chercheurs, par exemple sur un support comme le microfilm ou sur un support informatique. Les lacunes transparaissent encore davantage après 1800, hormis pour quelques rééditions et le microfilmage d'une partie des journaux.

Nous attendons toujours une monographie fouillée de l'imprimerie en général et surtout d'un atelier en particulier, par exemple celui de John Neilson (tâche à laquelle une équipe s'est déjà attaquée depuis quelque temps): examen et évaluation de l'outillage et des techniques de composition et d'impression, de la main-d'oeuvre et de sa formation, du financement de l'entreprise, etc. En ce cas, il conviendrait de ne pas délaisser des imprimés moins nobles, mais non moins importants dans la vie quotidienne d'alors: les formulaires, les cartes, les tickets.

Parler d'imprimeries, c'est englober nécessairement les journaux. D'abord, les thèmes ou idéologies qu'ils véhiculent. Ces recherches dites traditionnelles, mais peu systématiques par le passé, peuvent nous apprendre encore beaucoup de choses sur les idéologies, les groupes sociaux, la conjoncture économique, politique et sociale, le bouillonnement culturel, surtout si l'on exploite systématiquement chaque thème ou sous-thème (par exemple, les élections, la législation, la publicité commerciale). Ensuite, il faut se pencher sur les tirages, les abonnements et les annonceurs, c'est-à-dire la clientèle dans tous les sens du mot: son origine socio-professionnelle, géographique, ethnique, etc. La concurrence accrue, par suite de la multiplication des périodiques, affecte-t-elle sérieusement la santé économique des journaux bien implantés? Peut-on développer une typologie congrue pour rendre compte des différences importantes au sein des périodiques en ce qui concerne le contenu, mais aussi le contenant (dimensions, périodicité, typographie, etc.)?

La clientèle des journaux se confond-elle avec celle des livres et imprimés en général? En d'autres mots, des études s'imposent pour mieux cerner les acheteurs de livres, voire de telle ou telle catégorie de livres. Quels sont par ailleurs les réseaux d'importation, de production et de distribution des imprimés à travers la colonie? Qui publie des ouvrages, hormis les publications «obligées» du gouvernement, du clergé et des marchands? Quelles sont les relations entre les auteurs et les éditeurs? Comment les premiers financent-ils la publication parfois coûteuse de leurs oeuvres ou, alors, comment incitent-ils les éditeurs à prendre des risques?

Voilà autant de questions, parmi bien d'autres, qui permettraient de mieux insérer la vie intellectuelle en général dans son contexte socio-matériel. Bien entendu, les modes intellectuelles venues d'ailleurs et la circulation des idées échappent en partie à la conjoncture purement locale. Celle-ci pèse plus lourdement, en revanche, dans le cas de l'édition sur place, dans la colonie, d'ouvrages divers qui répondent à des besoins généralement précis: besoins en éducation, en matière de droit civil, en politique et en une multitude de domaines, voire en plaisirs intellectuels. Ce qu'il faut donc, c'est tenter de saisir l'imprimé et l'imprimerie dans sa totalité, en ne dissociant pas les contenus des conditions de production et de distribution, du public lecteur et des «circonstances» qui enserrent la socio-économie québécoise à tel moment précis.

* * *

Le présent colloque prolonge une série déjà bien établie de rencontres annuelles plus ou moins formelles des chercheurs intéressés à l'histoire de l'imprimé au Québec. Il témoigne de l'intérêt toujours vivace et légitime pour ce vaste champ de recherche. Plus encore, il manifeste le souci relativement récent des historiens de sortir ce type d'enquête de l'ornière de «l'histoire des idées» au sens étroit pour l'intégrer aux chantiers nombreux et féconds de l'histoire sociale: par les préoccupations nouvelles, d'une part, en particulier en ce qui a trait aux aspects techniques, financiers et sociaux; d'autre part, par les méthodes, plus systématiques, plus sérielles, plus comparatives, plus vérifiables. Rien ne frustre plus un chercheur, en effet, qu'une histoire qui échappe à toute réfutation, faute d'explicitation des grilles d'analyse. Nous sortons donc des anecdotes culturelles et des bonnes citations pour nous rapprocher d'histoires des imprimés et de l'imprimerie au Québec en tant que phénomène social intégré à une société coloniale plus globale, elle-même aux prises avec ses tensions internes et les avatars des pressions externes.

La présente communication visait à livrer quelques résultats préliminaires d'une dizaine d'années de travaux tant sur les imprimés bas-canadiens en général que sur les périodiques, ainsi qu'à illustrer la richesse de certaines sources comme la collection Brown-Gilmore-Neilson. Les données et les hypothèses qu'elle présente stimuleront peut-être un peu la recherche dans ce secteur trop négligé. En tout cas, d'autres historiens et nous-mêmes nous sommes engagés à ne pas lâcher le morceau et à faire accéder au niveau du dit un grand nombre de renseignements qui dorment dans les poussières des fonds d'archives. C'est déjà un premier pas qui se conjugue à toute une cohorte d'autres pas venus d'ailleurs et qui, ensemble, font espérer des progrès décisifs dans un proche avenir.

NOTES

Ce texte n'aurait pas été possible sans la précieuse collaboration de Rita Girard-Wallot, qui a participé à la cueillette et à la compilation des données, ainsi que de nos assistants de recherche France Galarneau, Sylvie Labelle et Jennifer Stoddart. Monsieur Guy Frumignac, du Département de géographie, a conçu gracieusement la maquette du graphique.

1. Allan Greer, «The Pattern of Literacy in Quebec, 1745-1899», *Histoire sociale / Social history*, 11(1978).

2. Gilles Paquet et Jean-Pierre Wallot, «Pour une méso-histoire du XIXe siècle canadien», *Revue d'histoire de l'Amérique française*, 33(1979-1980):389-393.

3. John Hare et Jean-Pierre Wallot, *Les imprimés dans le Bas-Canada, 1801-1840. Bibliographie analytique. I. 1801-1810*, Montréal, Presses de l'Université de Montréal, 1967, xxiii, 383 p.

4. *A Bibliography of Canadian Imprints, 1751-1800*, Toronto, University of Toronto Press, 1952, xxvii, 705 p.

5. Georges-Barthélemi Faribault, *Catalogue d'ouvrages sur l'histoire de l'Amérique et en particulier sur celle du Canada, de la Louisiane, de l'Acadie, et autres lieux, ci-devant connus sous le nom de Nouvelle-France; avec des notes bibliographiques, critiques et littéraires. En trois parties, Rédigé par G.B. Faribault*, Québec, W. Cowan, 1837, 207 p.

6. *Le Courrier du livre* (oct. 1897):164-177.

7. John Hare possède une série de ces catalogues depuis le n° 1 en 1885 jusqu'au n° 25 en 1900, avec les noms des acquéreurs. André Beaulieu et Jean Hamelin, *La presse québécoise des origines à nos jours, tome 3* (Québec, Presses de l'Université Laval, 1977):137, mentionnent *L'Amateur de livres canadiens* comme un périodique de parution irrégulière entre 1885 et 1909; il s'agit effectivement des catalogues de vente de Gagnon qui prennent parfois ce titre.

8. Philéas Gagnon, *Essai de bibliographie canadienne: inventaire d'une bibliothèque comprenant imprimés, manuscrits, estampes, etc. relatifs à l'histoire du Canada et des pays adjacents avec des notes bibliographiques, Tome 1*, Québec, «Chez l'auteur», 1895, x, 711 p.; *Tome 2*, Montréal, Cité de Montréal, 1913, xi, 462 p.

9. *Le Courrier du Canada*, 22 mai 1880.

10. *Essai de bibliographie canadienne* [...], 1895.

11. *Catalogue No 1. Autographes, lettres, manuscrits et livres canadiens rares et importants* [...], Montréal, 1912, [s.p.]. Il énumère 60 «incunables canadiens» et des séries complètes des statuts et des journaux des deux chambres.

12. *Catalogue de la Bibliothèque de Victor Morin*, Montréal, Librairie Ducharme, n°s 1-3, 1950-1951. Ce catalogue comprend 140 «incunables canadiens».

13. *Lawrence Lande Collection of Canadiana* [...], Montréal, McGill University, 1965, xxxv, 301 p.; *Rare and Unusual Canadiana: first supplement to the Lande Bibliography*, Montréal, Lande, 1971, xx, 779 p.

14. *Catalogue des brochures, journaux et rapports déposés aux Archives canadiennes, 1611-1867, suivi d'un index*, Ottawa, Imprimerie nationale, 1911, 230 p.; 2e édition augmentée dans *Rapport concernant les travaux des Archives publiques pour les années 1914 et 1915*, annexe D, 471 p.;

Catalogue des brochures aux Archives publiques du Canada, 1493-1877, avec index, préparé par Magdalen Casey, Ottawa, F.A. Acland, Imprimeur de Sa Très Excellente Majesté le Roi, 1931, 7, 553 p. Ce dernier catalogue comprend 86 imprimés québécois de 1764 à 1820.

15. *A Bibliography of Canadiana, being items in the Public Library of Toronto, Canada, relating to the Early History and Development of Canada*, colligée par Frances M. Staton et Marie Tremaine, Toronto, The Public Library, 1934, 14, 828 p.; *A Bibliography of Canadiana, First Supplement [. . .]*, colligée par Gertrude M. Boyle, avec l'aide de Marjorie Colbeck, Toronto, The Public Library, 1959, 14, 335 p. On y retrouve une description de 221 imprimés québécois de 1764 à 1820.

16. *Catalogue de la Bibliothèque nationale du Québec. Laurentiana parus avant 1821*, préparé par Milada Vlach, avec la collaboration de Yolande Buono, Montréal, Gouvernement du Québec, ministère des Affaires culturelles, Bibliothèque nationale du Québec, 1976, xxvii, 416, 122 p. On y décrit 541 imprimés québécois de 1764 à 1820.

17. François-Marie-Uncas-Maximilien Bibaud, *Bibliothèque canadienne ou Annales bibliographiques*, Montréal, imprimé par Cérat et Bourguignon, [1858], 52 p.

18. *Inventaire chronologique des livres, brochures, journaux et revues publiés dans la province de Québec de 1764 à 1904* par N.-E. Dionne, *Transactions de la Société Royale du Canada [TSRC]*, série 2, 10(1904), volume supplémentaire (Ottawa, 1905), 8, 175 p. (volume en français). *Inventaire chronologique des livres, brochures, journaux et revues publiés en langue anglaise dans la Province de Québec de 1764 à 1906*, par N.-E. Dionne, *TSRC*, série 2, 12(1906), volume supplémentaire (Ottawa, 1907), 4, 288 p.

19. Gonzalve Ducharme, «Les Incunables canadiens», *Bulletin des recherches historiques*, 56(1950):211-212.

20. *A Bibliography of Canadian Imprints, 1751-1800*.

21. Voir Marie Tremaine, *Early Printing in Canada*, Toronto, The Golden Dog Press, 1934, 14 p.

22. Pierre-Georges Roy, «Réponses: l'imprimerie dans la Nouvelle-France», *Bulletin des recherches historiques*, 10, 7(1904):190-191; Raoul Rénault, *Débuts de l'imprimerie*, Québec, l'auteur, 1905, 72 p.; *Id.*, «Réponses: les débuts de l'imprimerie au Canada», *Bulletin des recherches historiques*, 12, 3(1906):86-88; Douglas C. McMurtrie, *The First Printing in the Province of Quebec*, Chicago, Ludlow Typograph Co., 1928, 12 p.

23. Aegidius Fauteux, *The Introduction of Printing into Canada: a brief history* (Montreal, Rolland Paper Co., 1930):67-71.

24. Marie Tremaine, *A Bibliography of Canadian Imprints*, p. 12-14.

25. «Notes sur un mandement de Monseigneur de Pontbriand daté du 28 octobre 1759», *Cahiers de bibliologie*, 1(1980):25-28.

26. Aegidius Fauteux, *The Introduction of Printing into Canada [. . .]* (1930); *id.*, *L'introduction de l'imprimerie au Canada*, Montréal, Compagnie de papier Rolland, 1957, chap. III, 20 p., chap. IV, 19 p. (version française du précédent); John Clyde Oswald, *Printing in the Americas*, New York, The Gregg Publishing Co., 1937, xvi, 565, xli p.; Marie Tremaine, *Canadian Book of Printing: How Printing Came to Canada and the Story of Graphic Arts, Told mainly in Pictures*, Toronto, Public Libraries [. . .], 1940, xiv, 130 p.; H. Pearson Gundy, *Book Publishing and Publishers in Canada before 1900*, Toronto, Bibliographical Society of Canada, 1965, iv, 63 p.; Eric Haworth, *Imprint of a Nation*, Toronto, Baxter Publishing Toronto, 1969, 220 p;

H. Pearson Gundy, *The Spread of Printing. Western Hemisphere*, Amsterdam, Vangendt & Co., 1972, 86 p.

27. Yolande Buono, *Imprimerie et diffusion de l'imprimé à Montréal, 1776-1820*, thèse de M.A. (bibliothéconomie), Université de Montréal, 1980.

28. Manon Brunet, *Documents pour une histoire de l'édition au Québec avant 1900: bibliographie analytique*, thèse de M.A. (études françaises), Université de Montréal, 1979, ix, 278 p.

29. Eugène Rouillard, *Les premiers almanachs canadiens*, Lévis, P.-G. Roy, 1898, 80 p.; Lucie Benoît-Ladouceur et Michel Biron, *Les Almanachs québécois, des origines à nos jours*, thèse de M.A. (bibliothéconomie), Université de Montréal, 1975, 40 p.

30. Maria Calderisi, *L'édition musicale au Canada, 1800-1867*, Ottawa, Bibliothèque nationale du Canada, 1981, x, 124 p.

31. André Beaulieu et Jean Hamelin, *La presse québécoise des origines à nos jours, Tome I (1764-1859)*, Québec, Les Presses de l'Université Laval, 1973, xl, 268 p.

32. Michel Thériault, *Le livre religieux au Québec depuis les débuts de l'imprimerie au Québec jusqu'à la Confédération, 1764-1867: relevé statistique et essai d'interprétation*, Montréal, McGill University, Graduate School of Library Science, 1977, 55 p.; F. Porter fait une analyse détaillée des catéchismes dans son livres sur *L'institution catéchistique au Canada [. . .]*, Montréal, les Éditions Franciscaines, 1949, xxxv, 332 p.; R.P. Hugolin, *Bibliographie antonienne ou nomenclature des ouvrages: livres, brochures, feuilles, etc. sur la dévotion à S. Antoine de Padoue, publiés dans la province de Québec de 1777 à 1909*, Québec, Imprimerie de l'Événement, 1910, 76 p. (aussi dans *Bulletin des recherches historiques*, 16, 1-5(1910):18-31, 47-64, 75-88, 109-122, 141-157); id., *Bibliographie des ouvrages concernant la tempérance [. . .] imprimés à Québec et à Lévis depuis l'établissement de l'imprimerie (1764) jusqu'en 1910*, Québec, Imprimerie de l'Événement, 1910 (1911), 165 p. (aussi dans *Bulletin des recherches historiques*, 16, 7-12(1910):207-224, 241-256, 275-288, 303-317, 331-341, 365-374; 17, 1-8(1911):23-30, 48-53, 78-86, 111-118, 153-158, 179-192, 211-224, 247-256).

33. Pierre-Georges Roy, «Les premiers manuels scolaires canadiens», *Bulletin des recherches historiques*, 52, 10-11(1946):231-303, 323-341; Bernard Amtmann, *Early Canadian Children's Books, 1763-1840 [. . .]*, Montréal, Bernard Amtmann Inc., 1976, xv, 150 p.

34. Voir Pierre Tousignant, «La première campagne électorale des Canadiens en 1792», *Histoire sociale / Social history*, 8, 15(1975):120-148; John Hare, «Le Canadien et sa femme: une brochure de propagande politique (1794)», *Cahiers de la Société bibliographique du Canada*, 2(1963):57-73.

35. Charles Raynor Brown, *Bibliography of Quebec or Lower Canadian Laws, 1764-1841*, Toronto, Carswell Co., 1927, 22 p.

36. V.g. W. S. Wallace, «Litterature relating to the Selkirk Controversy», *The Canadian Historical Review*, 13, 1(1932):45-50.

37. Yvan Lamonde, *Les bibliothèques de collectivités à Montréal (17e-19e siècles)*, Montréal, ministère des Affaires cultuelles du Québec, Bibliothèque nationale du Québec, 1979, 139 p.

38. John Hare, *Le Canadien et sa femme [. . .]*.

39. John Hare et Jean-Pierre Wallot, *Confrontations, Ideas in Conflit [. . .] (1806-1810)*, Trois-Rivières, Boréal Express, 1970, 323 p.

40. Claude Galarneau, *La France devant l'opinion canadienne, (1760-1815)*, Québec, Presses de l'Université Laval, Paris, Armand Collin, 1970, xi, 401 p.

41. Jean-Pierre Wallot, *Un Québec qui bougeait, trame socio-politique du Québec au tournant du XIXe siècle*, Montréal, Boréal Express, 1973, 345 p.; id., «Le Bas-Canada et les imprimés, 1809-1810», *Revue d'histoire de l'Amérique française*, 20, 4(1967):556-565; 21, 1(1967):81-98; 21, 2(1967):268-280; 22, 1(1968):47-64.

42. John Hare, *La pensée socio-politique au Québec, 1784-1812. Analyse sémantique*, Ottawa, Éditions de l'Université d'Ottawa, 1977, 103 p.

43. Yvan Lamonde, «La recherche sur l'histoire de l'imprimé et du livre québécois», *Revue d'histoire de l'Amérique française*, 28, 3(1974):405-414; Claude Galarneau, «Le Livre ancien au Québec: état présent des recherches», *Revue française d'histoire du livre*, 46, 16(1977):335-348. Comme exemples de thèses, voir P. Tousignant, *La Gazette de Montréal (1791-1796)*, thèse de M.A., Université de Montréal, 1960; L. Nourry, *La pensée politique d'Étienne Parent (1831-1852), thèse de Ph.D., Université de Montréal, 1971*.

44. *Dans le tableau II, trois imprimés sont comptés deux fois, i.e. dans deux classifications. Il s'agit essentiellement d'imprimés produits par des associations pieuses, charitables ou culturelles.*

45. *C'est-à-dire d'imprimés mentionnés soit dans les journaux, soit dans les livres de comptes de l'atelier Brown-Neilson.*

46. *Voir John Hare et Jean-Pierre Wallot, Les imprimés dans le Bas-Canada [...], p. 293-350.*

47. De nombreux témoignages dans la correspondance des gouverneurs et des évêques avalisent cette hypothèse. Par exemple voir J.-P. Wallot, *Un Québec qui bougeait [...]*, chap. VIII.

48. Jean-Pierre Wallot, «Les imprimés dans le Bas-Canada au tournant du XIXe siècle: *La Gazette de Québec* et la librairie Neilson» (à paraître).

49. Voir l'entente intervenue le 19 mai 1800, APC, M.G.24, B.1, 1:182-187.

50. Voir, par exemple, la correspondance de William, Samuel et John Neilson, en 1793, aux ANQ, AP-N-1, b.1.

Appendice I
Catalogue des imprimeries du Québec, 1764-1820

Cet inventaire veut identifier les imprimeries en opération au Québec entre 1764 et 1820, quoique nous indiquons les dates limites connues de ces imprimeurs[1]. Parfois des libraires font imprimer des ouvrages portant leur propre nom: nous les incluons. Habituellement, les libraires et d'autres éditeurs indiquent le nom de l'imprimeur des ouvrages ainsi patronnés[2]. Or, le *Catalogue de la Bibliothèque nationale du Québec. Laurentiana parus avant 1821* (Montréal, 1976), énumère tous ces éditeurs dans la liste des imprimeurs en appendice (p. I-97 à I-104): Joseph Bargeas, Michel Clouet, Louis Germain, François Huot, Alexander MacDonald, Merrifield & Co. Nous les avons exclus de notre catalogue.

Afin de mesurer le travail d'édition de ces imprimeurs, nous donnons le nombre d'imprimés différents identifiés et localisés dans les bibliographies suivantes: 1764-1800, dans Tremaine; 1801-1810, dans H. & W.; 1811-1820, dans BNQ (voir la liste d'abréviations). Nous ajoutons les titres des périodiques imprimés par les imprimeries différentes à partir de la bibliographie d'André Beaulieu et Jean Hamelin, *La presse québécoise des origines à nos jours, t. I, 1764-1859* (Québec, 1973).

Abréviations:

BNQ   *Catalogue de la Bibliothèque nationale du Québec. Laurentiana parus avant 1821* (Montréal, 1976);

BRH   *Bulletin des recherches historiques;*

DBC   *Dictionnaire biographique du Canada;*

Dionne   Narcisse-E. Dionne, *Inventaire chronologique [. . .]* (1905-1907);

H. & W. John Hare et Jean-Pierre Wallot, *Les imprimés dans le Bas-Canada, 1801-1810* (Montréal, 1967);

RAPQ   *Rapport de l'archiviste de la province de Québec;*

RHAF   *Revue d'histoire de l'Amérique française;*

Tremaine *Marie Tremaine, Bibliography of Canadian Imprints, 1751-1800* (Toronto, 1952);

TRSC   *Transactions de la Société royale du Canada.*

NOTES

1. Nous avons préparé une première version de ce catalogue en 1965, document distribué lors des séances de l'ACFAS. Parmi les études qui ont été utiles, signalons celle de Manon Brunet, *Documents pour une histoire de l'édition au Québec avant 1900; bibliographie analytique*, thèse de M.A. (études françaises), Université de Montréal, 1979, ix, 278 p.; surtout la «liste d'artisans du livre en activité au Québec avant 1900» (p. 113-148) et les études sur les artisans du livre (p. 188-215).

2. Sur les activités d'édition des libraires dans la première moitié du 19e siècle, voir les remarques de Jean-Louis Roy, *Édouard Fabre, libraire et patriote canadien (1799-1854) [. . .]* (Montréal, Hurtubise HMH, 1974):83-86.

I. Imprimeries de la ville de Québec

Brown — Neilson, 1764 — 19e

Propriétaires:
William Brown et Thomas Gilmore, 1764-1773
William Brown, 1773-1789
Samuel Neilson, 1789-1793
John Neilson, 1793-avril 1822
(Rev. Alexander Sparks, tuteur de John Neilson, 1793-1796).

Adresses:
rue Saint-Louis, 1764-30 mai 1765
rue du Parloir, 1765-fév. 1774
«En arrière de la cathédrale» (?rue Buade), 1774-mai 1780
rue de la Montagne, 1780-(1822)

Imprimés:
Tremaine: 327 (plus une centaine non localisés); H. & W.: 80; BNQ: 38.

Périodiques:
The Quebec Gazette / La Gazette de Québec, 21 juin 1764-1822.
The Quebec Magazine / Le Magasin de Québec, 1792-1794.
The British-American Register, 1803.
The Canadian Visitor, or cheap repository of useful and entertaining pieces, mai-nov. 1815 (six numéros rédigés par Thaddeus Osgood).

Études:
William Brown: Francis J. Audet, «William Brown (1737-1789); premier imprimeur, journaliste et libraire de Québec. Sa vie et ses oeuvres», *TSRC*, sér. 3, 26(1932):97-112.

Victor Morin, «Propos de bibliophile», *Cahiers des Dix*, 18(1953):39-42.

Samuel Neilson: Francis J. Audet, «Samuel Neilson (1771-1793)», *BRH*, 41, 3(1935):187-188.

John Hare, *DBC*, IV:628-629.

John Neilson: Francis J. Audet, «John Neilson, 1776-1848», *TRSC*, sér. 3, 22(1928):81-97.

James Tomlinson, *L'Imprimerie Neilson*, thèse de M.A. (bibliothéconomie), Université de Montréal, 1972, ii, 23 p.

Béatrice Chassé, «Collection Neilson», *RAPQ*, 52(1974):25-37.

Adresses:
  rue Buade, 1788-mai 1790
  rue de la Montagne, 1790-1793

Imprimés:
  Tremaine: 18 (plus 8 non localisés #547, 548, 578B, 582, 631, 634, 643, 742)

Périodiques:
  Courrier de Québec ou Héraut François, 1788
  The Quebec Herald and Universal Miscellany, 1788-1793

Études:
  Léo-Paul Desrosiers, «Le Quebec Herald», *Cahiers des Dix*, 16(1951):83-94.

  Victor Morin, «Propos de bibliophile», *Cahiers des Dix*, 18(1953):42-44.

  Dorothy E. Ryder, *DBC*, IV:601-603.

New Printing office / La nouvelle Imprimerie, 1794-1823?

Propriétaires
  William Vondenvelden et John Jones, 1794-14 mai 1795
  note: H. Pearson Gundy soutient que Jones fait l'acquisition de La Nouvelle Imprimerie, celle de William Moore, en juin 1793, lors d'une vente par le shérif. En août 1794, Jones sort son journal *The Times. Le Cours du tems*; en mai 1795, il vend l'imprimerie à Vondenvelden, son imprimeur. (*The Spread of Printing. Western Hemisphere. Canada*, Amsterdam, Vangendt & Co., 1972, p. 43).

  William Vondenvelden, 1795-mai 1798
  note: Vondenvelden est nommé imprimeur des lois le 27 août 1795; par la suite, les impressions officielles portent l'indication: William Vondenvelden, Law Printer to the King's Most Excellent Majesty / Guillaume Vondenvelden, Imprimeur des Loix de Sa Très Excellente Majesté; les autres impressions portent simplement le nom: New Printing Office / La Nouvelle Imprimerie.

  Pierre-Édouard Desbarats et Roger Lelièvre, 1798-16 nov. 1799

  Pierre-Édouard Desbarats, 1799-1823?
  note: En mai 1800, John Neilson devient associé de Desbarats. En 1818, *Le Recensement de la ville de Québec en 1818 [. . .]* (Québec, Société historique de Québec, 1976) indique que Thomas Cary junr., imprimeur, est le locataire de l'Imprimerie Desbarats. Cette imprimerie publie sous trois noms différents:

New Printing Office / La Nouvelle Imprimerie; P. E. Desbarats, law printer to the King's Most Excellent Majesty / P. E. Desbarats, Imprimeur des loix de la Très Excellente Majesté du Roi (à partir de 1800); Thomas Cary Junr. & Co. (à partir de 1818).

Adresses:
    rue de la Montagne, 1794-1796
    rue du Palais, 1796-1798
    rue des Jardins, 1798-1802
    rue de la Montagne, 1802-1805
    Free-Masons Hall / Halle des Franc-Maçons, rue Buade, 1806-1823

Imprimés:
    Tremaine: (Vondenvelden) 39 (plus 5 non localisés # 567, 945, 947, 971, 998).
    (Desbarats) 27; H. & W.: 60; BNQ: 34.

Périodiques:
    The Times. Le cours du tems, 1794-1795
    Le Courier de Québec, 1807-1808
    The Quebec Mercury, 1805-1823
    Le Vrai-Canadien, 1810-1811
    The Commercial List, 1816-1823

Études:
    Anon., «300 ans dans l'imprimerie», *Le Maître-Imprimeur*, 12, 5(1953):11-15.

Imprimerie canadienne, 1806-1810

Propriétaires:
    Pierre Bédard et al.

Imprimeurs:
    Charles-François Roi, 1806-fév. 1807
    Charles Le François, 1807-1810

Adresses:
    rue Saint-François (rue Ferland)

Imprimés:
    H. & W.: 19.

Périodiques:
    Le Canadien, 1806-1810
    note: La presse est saisie le 19 mars 1810 par ordre du Conseil exécutif.

Robert Christie, 1816-1818?

Imprimeur:
P. Doucet, 1816-1817

Adresse:
rue de la Montagne

Périodiques:
The Quebec Telegraph, 11 mai 1816-14 juin 1817?
note: Horace Têtu nomme P. Doucet, libraire de la rue de la Montagne, comme imprimeur de ce périodique introuvable à présent. (*Journaux et Revues de Québec par ordre chronologique*, Québec, 1889). Dans *Le Recensement de la ville de Québec en 1818 [. . .]* (Québec, 1976), on lit: No 21 (rue de la Montagne). . . Christie, Robert, avocat-imprimeur (p. 224); il habite un immeuble appartenant à la veuve Doucet.

George J. Wright, 1816-1818?

Adresse:
rue Sainte-Geneviève

Périodique:
The Mercantile Journal, 4 sept. 1816 (Dionne, t. 3:170).
note: Il est dit imprimeur dans *Le Recensement de la ville de Québec en 1818 [. . .]* (Québec, 1976), p. 168.

Charles Le François, 1817-1830

Adresse:
rue Laval

Imprimés:
BNQ: 4

Imprimerie canadienne, 1817-1819

Propriétaire:
Laurent Bédard, 1817-1819

Imprimeur:
François Bélanger, 1817

Adresse:
   rue Saint-Jean

Imprimés:
   BNQ: 1

Périodique:
   Le Canadien, 4 oct. 1817-15 déc. 1819
   note: Ce journal est acheté par Flavien Vallerand en déc. 1819.

François Lemaître (Lemaistre), 1818-1830

Adresses:
   rue Saint-Vallier, 1818
   rue de la Montagne, 1819-1826
   rue Sainte-Famille, 1826
   rue Notre-Dame, 1827
   rue Saint-Joseph (rue Garneau), 1827
   rue de la Montagne, 1827-1830?

Périodiques:
   La Gazette patriotique, juill.-oct. 1823
   Le Journal de Médecine de Québec / The Quebec Medical Journal, 1826-1827
   The Quebec Commercial List, 1826
   La Sentinelle de Québec, 11 mai 1826
   The Elector / L'Electeur, juill.-août 1827
   The Star and Commercial Advertiser / L'Étoile et journal du commerce, déc. 1827-déc. 1830

Études:
   Dionne, t. 3: 171; *BRH*, 42, 3(1936):192.

Thomas Cary Junr. & Co., 1818-1855

Cary loue La Nouvelle Imprimerie de Desbarats à partir de 1818. Voir *The Mason's Manual*[. . .] Quebec, Printed at the New Printing Office, by T. Cary, Junr. & Co., 1818.

Flavien Valerand, 1818-1826

Adresses:
   rue Saint-Vallier, 1818
   rue Saint-Jean, 1820-1826?

112

note: En mars 1822, il annonce l'acquisition des fonds de l'Imprimerie Canadienne ainsi qu'un assortiment complet de caractères (*Le Canadien*, le 20 mars 1822, p. 71-72). Par ailleurs, il publie ce journal depuis janvier 1820.

Périodique:
   Le Canadien, 1820-1825

National and British Printing Office, 1820-1822?

Propriétaire:
   W. H. Shadgett

Adresse:
   Côte de Léry (rue Sainte-Famille)

Imprimés:
   BNQ: 1

Périodique:
   The Enquirer, 1821-1822 (Dionne, t. 3: 171)

II. Imprimeries de la ville de Montréal

Fleury Mesplet, 1776-1794

Propriétaires:
   Fleury Mesplet et Charles Berger, 1776-août 1778
   Fleury Mesplet, 1778-1794
   note: En novembre 1785, Edward William Gray achète le matériel d'imprimerie après la saisie des biens de Mesplet; Gray lui loue l'équipement par la suite.

Adresses:
   «Près le marché», rue Capital, 1776-?
   rue Notre-Dame, 1788-1794

Imprimés:
   Tremaine: 75

Périodiques:
   La Gazette du commerce et littéraire, 1778-1779, *La Gazette de Montréal / The Montreal Gazette*, 1785-1794

Études:

Alfred Sandham. «The First Printing Establishment in Montreal», *Canadian Antiquarian and Numismatic Journal*, 1, 2(1873):58-62.

Robert W. MacLachlan. «Fleury Mesplet, the first printer at Montreal», *TRSC*, sér. 2, 12(1906):197-309.

Idem. «Some unpublished documents relating to Fleury Mesplet», *TRSC*, sér. 3, 14(1920):85-95.

Douglas C. MacMurtrie, *A Memorial Printed by Fleury Mesplet*, Chicago, Ludlow Typograph Company, 1929, 13 p.

Aegidius Fauteux, «Fleury Mesplet: une étude sur les commencements de l'imprimerie dans la ville de Montréal», *Papers of the Bibliographical Society of America*, 28, 3(1934):164-193.

Victor Morin, *Fleury Mesplet: pionnier de l'imprimerie à Montréal*, Montréal, l'auteur, 1939, 30 p.

Michel Brunet, «Notice au sujet de Fleury Mesplet», *RHAF*, 5, 3(1951):401-403.

Peter E. Greig, *Fleury Mesplet (1734-1794), the first French printer in the Dominion of Canada: a bibliographical discussion*, thèse de M.A., Leeds (Angleterre), Institute of Bibliography and Textual Criticism, School of English, University of Leeds, 1974, iii, 214 p., (Microfilm: Toronto, McLaren Micropublishing, 1978).

Claude Galarneau, *DBC*, IV:575-578.

Thomas Turner, 1796

Note: Selon Geo. F. Wright: *La Gazette de Montréal* «passed into the hands of Thomas Turner, and there is extant a copy issued by him from an office on the corner of Notre Dame and St. Jean Baptiste St. in 1796. The next volume that we have was printed by E. Edwards from 135 St. Paul Street.» («Journalism», Wm. Wood (éd.), *The Storied Province of Quebec*, Toronto, 1931, t. 1, p. 585).

Il s'agit probablement de Thomas A. Turner qui achète le journal en mai 1822 et qui a une imprimerie rue Notre-Dame.

Edward Edwards, 1794-1808

Note: Edwards, libraire et maître de poste, fait l'acquisition du matériel d'imprimerie de Mesplet lors de la vente en février 1794. Par la suite, il loue ou achète la presse propriété d'Edward William Gray depuis 1785.

Adresse:
  rue Notre-Dame, 1794
  rue Saint-Vincent, 1795-sept. 1796
  rue Saint-Paul, 1796-1797
  rue Notre-Dame, 1797-1804
  rue Saint-Paul, 1804-1808

Imprimés:
  Tremaine: 11 (plus 3 non localisés # 1074, 1102, 1172B)

Périodique:
  The Montreal Gazette / La Gazette de Montréal, 3 août 1795-fév. 1808
  note: Il vend le journal (et son imprimerie?) à James Brown.

Roy — Bennett, 1795-1797

Propriétaires:
  Louis Roy, 1795-automne 1796
  Jean-Marie Roy, 1796-avril 1797
  Jean-Marie Roy et John Bennett, 1797-août 1797
  Jean-Marie Roy, 1797-1 janv. 1798
  note: Il est probable que John Neilson finance cette imprimerie.

Adresse:
  rue Notre-Dame

Imprimés:
  Tremaine: 3

Périodique:
  La Gazette de Montréal / The Montreal Gazette, 24 août 1795-nov. 1797?

Étude:
  John Hare, *DBC*, IV:746-748.

James Brown, 1807-1821

Note: Selon H. Pearson Gundy, Brown s'établit à Montréal en 1804. (*The Spread of Printing. Western Hemisphere. Canada*, Amsterdam, 1972, p. 52). Il est libraire et agent de John Neilson.

Imprimeur:
Charles Brown, 1807-1816
note: Lorsque Charles Brown meurt le 20 fév. 1816, à l'âge de 84 ans, il est qualifié d'imprimeur de la *Gazette de Montréal*.

Adresse:
rue Saint-François-Xavier

Imprimés:
H. & W.: 7; BNQ: 20.

Périodiques:
The Canadian Gazette / La Gazette Canadienne, juill. 1807-mars 1808.
The Montreal Gazette / La Gazette de Montréal, mars 1808-1821.

Nahum Mower, 1807-1829

Adresse:
rue Saint-Paul

Imprimés:
H. & W.: 9; BNQ: 20.

Périodiques:
The Canadian Courant, mai 1807-juin 1829
note: vendu à Bowman et Workman.
Christian Register, av.-juill. 1823.
The Canadian Magazine and Literary Repository, 1823.
The Christian Reporter, 1827.

Études:
Dionne, T. 3:170-171.

William Colgate, *Nahum Mower. An Early Printer of Montreal*, Toronto, 1964, 27 p.

Henry H. Cunningham, 1810-1833

Adresse:
 rue Saint-Paul
 note: Ce libraire, installé à Montréal vers 1800 (APC, MG.24, Neilson, B.1, v. 161), participe à la publication d'imprimés et de périodiques.

Imprimés:
 1810 — Porny, *Syllabaire françois [...]*. Montreal, «Printed by Nahum Mower for H. H. Cunningham & Co and sold retail and wholesale at their bookstore [...]», 1810, 168 p. (H. & W. # 258).

 1816 — Byron, *Poems on his domestic circumstances [...]*, Montreal, «Published by H. H. Cunningham and by Lane and Bowman», 1816, 41 p.

 1826 — *Le Calendrier de Montréal* (publication conjointe de la Librairie Fabre et la maison H. H. Cunningham).

 1831 — *Scraps and Sketches; or, the Album of a Literary Lounger [...]*, Montreal, H. H. Cunningham, no 38, St. Paul St., 1831, 246 p.

Périodiques:
 The Canadian Review and Magazine, no 1, juill. 1824.
 note: No 2 et suivants au Herald Office.
 The Christian Sentinal and Anglo-Canadian Churchman's Magazine, 1827-1829 (imprimé au Herald Office).

William Gray, 1811-1822

Note: Gray meurt en 1822 et sa veuve demeure propriétaire jusqu'en 1825.

Adresse:
 rue Saint-Paul

Imprimés:
 BNQ: 14

Périodique:
 The Montreal Herald, oct. 1811-1825.

Charles Bernard Pasteur, 1813-1820

Propriétaires:
    C.-B. Pasteur
    Pasteur et Henri Mezière, fév. 1817-juill. 1818

Adresse:
    rue Saint-Jacques

Imprimés:
    BNQ: 6

Périodique:
    Le Spectateur, mai 1813-1820
    note: À cause d'une insuffisance du matériel, Pasteur confie l'impression de son journal à l'Imprimerie Canadienne de François Roy, de juin 1814 au 29 mai 1815.

Imprimerie Canadienne, 1814-1815

Propriétaire:
    François Roy

Adresse:
    ?

Imprimés:
    BNQ: 1

Périodique:
    Le Spectateur, juin 1814-mai 1815.

Ariel Bowman, 1815-1836

Adresse:
    rue Saint-François-Xavier
    note: Ce libraire, «Bookseller and Stationer» (voir T. Doige, *An Alphabetical list of merchants* [. . .], Montreal, 1819), participe à la publication d'imprimés et de périodiques.

Bowman et (James) Lane, 1816

Imprimés:
    BNQ: 4 (voir aussi H. H. Cunningham)

Périodique:
The Sun, juin 1816.
1817-1823 — 1817, un imprimé (BNQ # 392): Chez Ariel Bowman..., N. Mower, printer; 1819, un imprimé (BNQ # 250): Chez Ariel Bowman...; 1820, un imprimé (BNQ # 397): Published by Ariel Bowman; 1821, un imprimé (BNQ # 116): Imprimé par James Lane, pour A. Bowman.

Bowman et Sparach (ou Sparhawk), 1819-1820

Note: D'après Ludger Duvernay, Bowman et Sparach rédigent *The Montreal Times* de 1819 à 1820. (Voir «Liste des journaux publiés dans le Bas-Canada [...]», *La Canadienne*, 22 oct. 1840, p. 3). Il s'agit effectivement d'Edward V. Sparhawk qui édite *The Canadian Times and Weekly Literary and Political Recorder*, du 17 janv. 1822 au 9 janv. 1824, périodique financé par Bowman. Ce journal est imprimé par John Quilliam du 17 janv. 1822 au 11 juill. 1823.

D'après Lawrence Lande, un mandat d'arrêt est lancé contre Bowman et Sparhawk le 7 oct. 1822 par l'Assemblée. Dans *The Literary History of Canada [...]* (Toronto, 1965, p. 176), on lit que l'Assemblée arrête ce journal en oct. 1823. Effectivement, c'est en oct. 1823 que des mandats d'arrêt sont lancés contre Bowman et Sparhawk, mais sans succès. Leur journal continue au moins jusqu'en janv. 1824. E. V. Sparhawk imprime *The Widow of the Rock and other poems by a Lady*, Montreal, E. V. Sparhawk, printer, 1824. 192 p.

Bowman et John Campbell, 1829

The Second Annual Report of the Central Auxiliary Society for Promoting Education and Industry among the Indians and Destitute Settlers in Canada [...] Montreal, «printed at the Montreal Herald and New Montreal Gazette Office. Sold to non-subscribers by Ariel Bowman and John Campbell, St. François Xavier Street», 1829.

Bowman et (William?) Workman

Périodique:
The Canadian Courant, 9 déc. 1829-1834?

Étude:
Lawrence M. Lande, *Old Lamps Aglow. An Appreciation of Early Canadian Poetry* (Montreal, 1957):124-128.

James Lane, 1815-1830

Adresses:
  rue Saint-François-Xavier, 1815-1818
  rue Saint-Paul, 1818-1830
  note: Il s'associe à Ariel Bowman (1816), Henri Meziere (1817) et Nahum Mower (1818).

Imprimés:
  BNQ: 19.
Périodiques:
  The Sun, 1818-1819
  L'Abeille Canadienne, 1818-1819
  Western Star, mars-août 1819
  Le Spectateur, déc. 1820-1829
  The Scribbler, 1821-1822
  Christian Register, juill.-déc. 1823
  La Bibliothèque Canadienne, juin 1825-déc. 1826, déc. 1828-juin 1830.

Joseph-Victor Delorme, 1817-1819

Adresses:
  rue Saint-Paul, 1817
  note: En nov. 1816, Delorme annonce l'ouverture d'une imprimerie dans sa maison, rue Saint-Paul, à partir du 1er janv. 1817. (*The Montreal Herald*, 2 nov. 1816).
  rue Saint-Lambert, 1819

Imprimés:
  BNQ: 3.

Périodiques:
  L'Aurore, journal politique, littéraire et anecdotique, mars 1817-sept. 1819).
  note: Ce périodique, rédigé par Michel Bibaud, est vendu à C.-B. Pasteur le 4 sept. 1819 qui le fusionne avec *Le Spectateur*.
  Western Star, août-sept. 1819.
  Le Courrier du Bas-Canada, oct.-déc. 1819.

Campbell et Beckett, 1818

Adresse:
? rue Saint-Paul

Imprimés:
A Catechism: or short abridgement of Christian doctrine newly revised for the use of the Catholic Church, Montreal, Printed by Campbell and Beckett, 1818. 142 p. (Dionne, t. 3, no 100).
note: S'agit-il de Joseph Beckett, apothicaire (druggist) et de Daniel Campbell, épicier (grocer), tous les deux établis rue Saint-Paul en 1819? (Voir T. Doige. *An Alphabetical List of the Merchants [. . .]*, Montréal, 1819) ou plutôt de John Campbell qui s'associe à Ariel Bowman vers 1829? Il y a un John Campbell qui achète des livres et de la papeterie de John Neilson entre 1800 et 1823 (APC, MG.24, Neilson, B.1, v. 184), quoique son nom ne se trouve pas dans l'annuaire de Doige.

Jean-Hector Bossange, 1818-1819

Adresses:
rue Bonsecours, 1816
rue Notre-Dame, 1819
rue Saint-Vincent, 1819
note: Ce libraire, d'origine française, est établi à Montréal depuis 1814-1815 jusqu'en 1819.

Imprimés:
Étrennes intéressantes des quatre parties du monde pour l'année 1819, Montréal, Chez Jean-Hector Bossange (1818-1819), 124 p.
note: Il s'agit d'une publication française à laquelle Bossange ajoute une page de titre nouvelle imprimée à Montréal.

Étude:
Jean-Louis Roy, *Édouard-Raymond Fabre, libraire et patriote canadien (1799-1854) [. . .]* (Montréal, Hurtubise HMH, 1974):57-58.

Pierre Le Guerrier, 1820

Adresse:
rue Saint-Jacques

Périodique:
Le Spectateur Canadien, mai-déc. 1820.
note: Le Guerrier achète *Le Spectateur* et le matériel d'imprimerie de C.-B. Pasteur, en mai 1820 et les transporte dans une maison de l'autre côté de la rue

Saint-Jacques. Le 23 sept. 1820, le journal annonce que Pasteur est curateur des biens de Pierre Le Guerrier, absent de la province. À partir du 2 déc. 1820, le journal est imprimé par James Lane.

John Quilliam, 1822-1823

Adresse:
    ?

Périodiques:
    La Gazette Canadienne, 1822.
    note: D'après L. Duvernay, ce journal paraît en 1819. (Voir *La Canadienne*, 22 oct. 1840, p. 3).
    The Canadian Times and Weekly Literary and Political Recorder, janv. 1822-juill. 1823.

III. Imprimerie à Trois-Rivières

Ludger Duvernay, 1817-1827

Adresse:
    rue Royale

Périodiques:
    La Gazette des Trois-Rivières, août 1817-1821?
    L'Ami de la Religion et du Roi, journal ecclésiastique, politique et littéraire, juin 1820-1821.
    Le Constitutionnel, gazette des Trois-Rivières, journal politique et littéraire, mars 1823-1825.
    L'Argus, journal électoral, août-nov. 1826.

Étude:
    Yves Tessier. «Ludger Duvernay et les débuts de la presse périodique aux Trois-Rivières», *RHAF*, 18, 3(1964):387-404; 4(1965):566-581, 624-627.

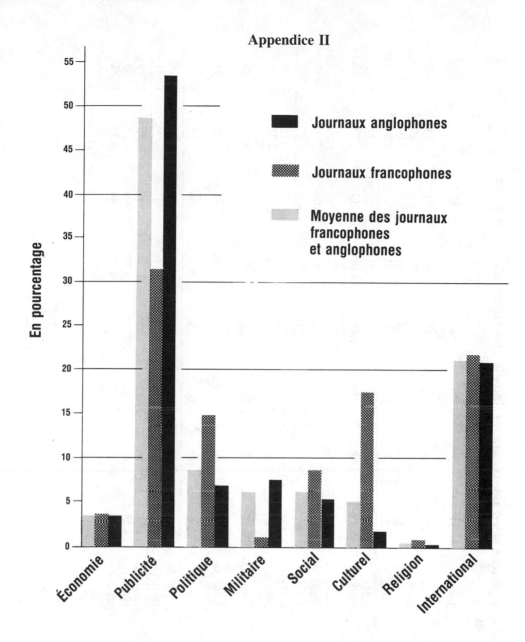

Répartition de l'espace dans les journaux du Bas-Canada, 1811-1820

Répartition de l'espace (en pouces et en pourcentage) dans les journaux du Bas-Canada, 1811-1820, par langue et par région

	Total	1*	2*	3*	4*	5*	6*	7*	8*
Français-Montréal									
L'Aurore	7 591	626	1 543	1 341	45	693	1 831	19	1 483
Le Courrier du Bas-Canada	2 736	92	483	93	0	324	862	15	867
Le Spectateur canadien	23 723	818	10 019	2 557	469	1 844	2 226	119	5 671
L'Abeille canadienne	1 495	25	0	0	0	13	1 290,50	16,25	150,25
	35 545	1 561	12 045	3 991	514	2 874	6 209,50	179,25	8 171,25
%	(100,00)	4,39	33,89	11,23	1,44	8,09	17,47	0,50	22,99
Français-Québec									
Le Vrai-Canadien	990	28	16	278	6	73	108	0	481
Le Canadien	9 373	309	1 498	2 819	47	1 411	1 249	235	1 805
	10 363	337	1 514	3 097	53	1 484	1 357	235	2 286
%	(100,00)	3,25	14,61	29,89	0,51	14,32	13,09	2,27	22,06
Français-Trois-Rivières									
L'Ami de la religion et du roi	186,50	0	0	0	0	9,25	73,75	39,50	64
La Gazette des Trois-Rivières	10 906	131	4 467	1 367	8	715	2 306	0	1 912
	11 092,50	131	4 467	1 367	8	724,25	2 379,75	39,50	1 976
%	(100,00)	1,18	40,27	12,32	0,07	6,53	21,46	0,36	17,81
Français-Montréal	(100,00)	4,39	33,89	11,23	1,44	8,09	17,47	0,50	22,99
Français-Québec	(100,00)	3,25	14,61	29,89	0,51	14,32	13,09	2,27	22,06
Français-Trois-Rivières	(100,00)	1,18	40,27	12,32	0,07	6,53	21,46	0,36	17,81

	Total	1) Économie	2) Publicité	3) Politique	4) Militaire	5) Social	6) Culturel	7) Religion	8) International
Anglais-Montréal									
The Western Star	774	181	110	66	0	60	62	0	295
The Montreal Gazette	52 337	926	25 909	4 896	3 340	2 457	947	141	13 721
The Montreal Herald	46 727	2 738	25 608	2 045	4 439	2 872	709	102	8 214
	99 838	3 845	51 627	7 007	7 779	5 389	1 718	243	22 230
%	(100,00)	3,85	51,71	7,02	7,79	5,40	1,72	0,24	22,27
Anglais-Québec									
The Quebec Telegraph	5 040	382	2 137	791	5	443	189	14	1 079
The Quebec Mercury	40 433	925	20 854	3 206	2 829	1 876	974	31	9 738
The Quebec Gazette	51 626	1 483,50	31 061	2 651	4 311,75	2 892,25	452,50	143,25	8 630,75
	97 099	2 790,50	54 052	6 648	7 145,75	5 211,25	1 615,50	188,25	19 447,75
%	(100,00)	2,87	55,67	6,85	7,36	5,37	1,66	0,19	20,03
Anglais-Montréal	(100,00)	3,85	51,71	7,02	7,79	5,40	1,72	0,24	22,27
Anglais-Québec	(100,00)	2,87	55,67	6,85	7,36	5,37	1,66	0,19	20,03
Anglais-Montréal	(100,00)	3,85	51,71	7,02	7,79	5,40	1,72	0,24	22,27
Français-Montréal	(100,00)	4,39	33,89	11,23	1,44	8,09	17,47	0,50	22,99
Anglais-Québec	(100,00)	2,87	55,67	6,85	7,36	5,37	1,66	0,19	20,03
Français-Québec	(100,00)	3,25	14,61	29,89	0,51	14,32	13,09	2,27	22,06
Total Français (Montréal, Québec et Trois-Rivières)	57 000,50	2 029	18 026	8 455	575	5 082,25	9 946,25	453,75	12 433,25
Total Anglais	(100,00)	3,56	31,62	14,83	1,01	8,92	17,45	0,80	21,81
Total Anglais (Montréal et Québec)	196 937	6 635,50	105 679	13 555	14 924,75	10 600,25	3 333,50	431,25	41 677,75
%	(100,00)	3,37	53,66	6,93	7,58	5,38	1,70	0,22	21,16
Total Français %		3,56	31,62	14,83	1,01	8,92	17,45	0,80	21,81
Total Anglais %		3,37	53,66	6,93	7,58	5,38	1,70	0,22	21,16

* Catégories

1) Économie
2) Publicité
3) Politique
4) Militaire
5) Social
6) Culturel
7) Religion
8) International, explorations et voyages

Source: Les journaux eux-mêmes dans les différentes bibliothèques et les dépôts d'archives

Livre et société à Québec (1760-1859)

État des recherches

Claude Galarneau

Département d'histoire, Université Laval, Québec

Au cours d'un congrès récent, un collègue s'informait gentiment de ce que je faisais dans mes travaux de recherches sur «Livre et Société au Québec». Après un bon quart d'heure d'entretien, il m'arrête et me dit: «Je vous prie, parlez-moi de Fleury Mesplet.» Ayant fait la biographie de ce personnage souvent évoqué, je lui brossai un court portrait du premier imprimeur de Montréal. Mais il n'était pas satisfait et il voulait en savoir davantage. Il finit par avouer que c'était le premier artisan de l'imprimerie qui l'intéressait, ce Mesplet arrivé de façon si romanesque dans les canots de la révolution américaine, l'homme de l'intelligentsia montréa-laise, qui a donné des maux de tête aux messieurs de Saint-Sulpice. Pour ce professeur, il fallait d'abord s'occuper des origines et faire avancer la connaissance biographique de cet homme fascinant. Je n'aurais pas cru qu'en 1980 on puisse encore à ce point vivre pour le mythe des origines et le goût de la singularité.

Il est vrai que l'histoire du livre avait été jusqu'à la fin des années cinquante l'apanage de deux corporations: celle des bibliographes, qui dressaient l'état civil de chaque livre et celui de ses différentes éditions, et celle des historiens de la littérature qui étudiaient l'homme et l'oeuvre. Il y avait bien eu l'article de Daniel Mornet au début du siècle, mais il était resté sans lendemain. L'histoire du livre — ou de l'imprimé — intéresse vraiment les historiens à partir de la fin des années cinquante, grâce à Henri-Jean Martin, qui publie avec Lucien Febvre *L'apparition du livre* dans la collection «l'Évolution de l'humanité». Martin travaillait d'ailleurs depuis quelques années sur le livre à Paris au XVIIe siècle. Les mémoires de maîtrise, les thèses de 3e cycle et de doctorat d'État pouvaient venir. Des directeurs de recherche de la VIe section de l'École Pratique des Hautes Études, tels que Alphonse Dupront et François Furet, allaient pousser de leur côté des étudiants dans cette voie. Sans rien enlever aux travaux érudits des bibliographes et des littéraires, une nouvelle discipline se proposait d'étudier le livre comme phéno-mène social. Les historiens américains s'y sont mis de leur côté, alors que les Britanniques continuent toujours plus loin leur quête bibliographique.

Au Canada, on connaît les travaux des Georges-Barthélemy Faribault, Philéas Gagnon, Narcisse-Eutrope Dionne, Aegidius Fauteux, Marie Tremaine, Antonio Drolet et H. Pearson Gundy, tous bibliothécaires et bibliographes émé-rites. Plus près de nous, il y a John Hare et Jean-Pierre Wallot, qui ont repris le travail où Tremaine l'avait laissé tandis qu'André Beaulieu et Jean Hamelin font le répertoire de la presse périodique. Jean-Louis Roy a étudié le commerce du livre à Montréal et à Québec à travers deux grands libraires de la première partie du XIXe siècle, Hector Fabre et Octave Crémazie. J'ai, pour ma part, découvert l'article de Daniel Mornet en 1955, de Febvre et Martin, dès sa parution, et j'ai rencontré ce dernier à Paris en 1960. À la lecture de Mornet, je m'étais promis d'ouvrir un champ de recherche en ce domaine, le signalant à maintes reprises à mes étudiants. Les circonstances ont fait que je ne m'en suis occupé que de façon ponctuelle jusqu'en 1973, alors que mes travaux ont vraiment commencé. Le Groupe de recherche en histoire du livre au Québec a vu le jour l'année suivante et nous nous retrouvons aujourd'hui à un colloque sous les auspices de l'Institut québécois de recherche sur la culture.

* * *

La première notion qu'il faut définir, c'est celle de culture, au sens anthropologique du terme. C'est tout ce qui n'est pas de l'ordre de la nature, ce qui permet à l'homme de se rendre maître de la nature et d'abord de se transformer lui-même. Culture qui s'est développée depuis les temps historiques sous la forme du dualisme culturel, avec la culture populaire fondée sur la tradition orale et artisane pour l'immense majorité, et la culture savante fondée sur l'écriture pour un infime petit nombre. L'écriture a engendré le livre qui eut successivement comme support la pierre, la brique, le papyrus, le parchemin et le papier. Au XVe siècle, les sociétés européennes eurent un tel besoin de textes et de livres que la copie manuscrite ne suffisait plus et qu'il a fallu inventer l'imprimerie. La multiplication des livres devenait théoriquement illimitée. Dès le XVe siècle d'ailleurs, H.-J. Martin a suggéré que vingt millions de livres auraient été imprimés. L'imprimé sous toutes ses formes est ainsi devenu un instrument indispensable aux lettrés, aux religieux, aux scientifiques, aux jusristes, bref à tous ceux qui se trouvaient réunir savoir et pouvoir. Et à partir du moment où l'alphabétisation s'est répandue plus largement, sous l'impulsion des groupes religieux au XVI-XVIIe siècles, l'imprimé ne pouvait que se multiplier. Avec les lois scolaires du XIXe siècle et l'obligation pour tous d'aller à l'école, le livre devenait l'instrument par excellence de l'acculturation des sociétés contemporaines de tous et de chacun, ce qu'il est toujours.

Autre notion sur laquelle il convient encore de s'expliquer rapidement, c'est celle du livre comme phénomène social total. Pour l'historien, le livre, ce n'est plus l'unité, l'oeuvre de l'écrivain de talent ou de génie, mais un objet culturel conçu, écrit, fabriqué, diffusé et utilisé par un grand nombre de corps de métiers et de personnes. Feuille, brochure, livre ou périodique, l'imprimé a eu un auteur, un éditeur, des souscripteurs, des typographes, des pressiers, des relieurs, des graveurs et des doreurs, le cas échéant. Une fois sorti de l'officine, il passe chez les vendeurs de livres, transporté par terre ou par eau, importé d'Europe ou des États-Unis et expédié un peu partout depuis Québec ou Montréal. Arrivé chez le consommateur, il peut être utilisé de bien des façons, acheté par quelques amateurs ou par des milliers de lecteurs, lu une seule fois ou consulté chaque semaine ou chaque jour, s'il s'agit d'un livre de prières, catéchisme ou bible, d'un manuel de classe, d'un code de procédure, d'un livre de métier ou d'usage. Que dire encore du périodique, journal, revue ou magazine, dont les exemplaires vont toutes les semaines chez des centaines ou des milliers d'abonnés, dont chaque exemplaire est lu par au moins cinq personnes, qui a pour ainsi dire des effets immédiats dans la vie quotidienne par ses communiqués des pouvoirs publics, ses avis, ses annonces de toutes sortes.

C'est bien dans ce cadre d'une histoire sociale du livre comme phénomène collectif et comme instrument d'acculturation que j'ai entrepris mes travaux sur le livre au Québec de 1760 à 1860. On ne sera pas surpris que j'aie choisi la ville de Québec comme lieu de recherche, puisque c'est là où l'imprimerie est d'abord arrivée, qu'elle fut longtemps le centre le plus important au point de vue politique, économique, religieux et intellectuel. Durant ce siècle encore, il n'y aura que Montréal qui, peu à peu, concurrencera Québec avant de la dépasser à la fin. Périodisation qui n'a rien non plus de gratuit. Avant 1764, il n'y a ni imprimerie ni librairie en Nouvelle-France, même s'il y a des livres importés par les institutions et les individus. À partir de la Conquête, l'imprimerie, le commerce du livre et les bibliothèques se développent. Aux environs de 1860, c'est la fin d'un cycle pour la ville de Québec. Elle est définitivement supplantée par Montréal et, au plan économique, c'est la fin de la construction des bateaux de bois et l'ouverture du fleuve aux bateaux de fort tonnage jusqu'à Montréal. La population de langue anglaise quitte Québec pour suivre les affaires et l'administration politique, qui est déjà partie une première fois en 1841.

La problématique d'ensemble a été élaborée autour des trois grands aspects de la production, de la diffusion et de la consommation de l'imprimé. Le premier comprend la fabrication du papier, l'imprimerie et ses artisans, l'édition et l'imprimé lui-même, livre, brochure, périodique et travaux de ville, sans oublier les entreprises et les techniques. La diffusion étudie le commerce du livre, la librairie, les vendeurs, l'importation et la vente en gros ou en détail. La consommation se consacre à l'étude de l'imprimé chez l'utilisateur individuel ou collectif.

Il convient de s'arrêter un moment sur chacun de ces grands aspects, pour en bien préciser la démarche. L'établissement de la bibliographie étant hors des moyens d'une seule personne et même d'une équipe, j'ai d'entrée de jeu laissé de côté l'analyse de l'imprimé fait à Québec. Sauf les périodiques, pour lesquels nous avons *Les journaux du Québec de 1764 à 1964*, de Beaulieu et Hamelin, j'ai préféré concentrer mes efforts sur la fabrication du papier dans la région de Québec, en traitant de l'entreprise, des hommes et des techniques ainsi que du produit lui-même. Je poursuis ensuite mon investigation sur les métiers de l'imprimerie, hommes et techniques, sur l'entreprise, quand il y a des archives. Dans le domaine de la diffusion, l'étude des vendeurs de livres de toutes sortes retient l'attention, point sur lequel je reviendrai plus en détail. Le troisième volet est consacré aux possesseurs d'imprimés, individus dont les inventaires après décès nous fournissent les listes ou catalogues. On entre alors chez le lecteur pour évaluer ses goûts et ses besoins. Quant aux bibliothèques collectives, leurs catalogues sont nombreux et quelques-unes ont même conservé leurs registres du prêt, ce qui ajoute une dimension de grande importance dans l'usage du livre.

On peut se demander comment ces travaux ont été conduits jusqu'à maintenant. Je m'occupe personnellement du premier domaine, tel que défini et encore une fois en laissant de côté les imprimés — feuilles, livres et brochures — mais en gardant les journaux, les revues et les magazines. Le commerce du livre est étudié par des étudiants de maîtrise dans leur mémoire et j'y consacre aussi une part de mes recherches. Le secteur des utilisateurs est entièrement dépouillé par des étudiants de maîtrise, qui font leur thèse dans les inventaires après décès. Un autre travail est actuellement poursuivi sur l'Institut canadien de Québec, toujours vivant, et dont on possède non seulement les catalogues de la bibliothèque, mais aussi la liste des membres et les énormes registres du prêt des livres. Mais ce dernier travail vaut pour la période de 1848 à 1914 et non pour le siècle précédent.

La logique de l'opération pourrait apparaître insolite à certains et d'abord à nos collègues européens. Ces derniers ont en effet consacré une partie importante de leur effort à la production de l'imprimé et ont tenté ensuite une étude dialectique entre le livre produit et le livre consommé. Ce qui ne saurait être fait à Québec pour cette période, non seulement parce que la bibliographie n'existe pas après 1820, mais encore parce que la production de l'imprimé canadien n'atteint pas cinq pour cent de sa consommation. Donc l'imprimé est une denrée d'importation. Et l'axe dialectique se déplace: il ne sera non plus question d'établir les rapports entre le produit et le consommé, mais entre le diffusé-importé et le consommé. J'irais même jusqu'à dire que, dans la perspective globale où je me situe, le secteur de la diffusion est celui qui commande en quelque sorte les deux autres. Le vendeur de livres est à l'écoute des besoins et des goûts de sa clientèle, tout en étant lui-même conditionné par la production européenne et par ses propres fournisseurs.

En somme, et sans l'avoir prévu au départ, mon projet rejoint l'approche systémique, au sens où Joël de Rosnay l'entend, c'est-à-dire que, à la différence de l'approche analytique, elle englobe la totalité des éléments du système étudié, ainsi que leurs interactions et leurs interdépendances, un système étant un ensemble d'éléments en interaction dynamique. Ce qui permet l'organisation des connaissances, et rend l'action plus efficace, et qui amène à mieux comprendre et à mieux décrire la complexité organisée[1]. L'histoire de l'imprimé dans une ville ou une région fournit l'un des terrains les plus intéressants à ce type d'approche. C'est un monde où toutes les parties sont en interaction dynamique. Non seulement les trois secteurs déjà définis, mais aussi les grandes variables sociales que sont les groupes sociaux, les groupes ethno-linguistiques et ethno-religieux. Il y a, à Québec, des Français canadiens catholiques, des Anglais, des Écossais et des Irlandais protestants, des Irlandais catholiques, un peu plus tard. Dans un cas, l'importation de l'imprimé se fait en France, dans l'autre, en Angleterre et aux États-Unis. Au seul plan religieux, on trouve des catéchismes et des neuvaines chez les uns, des prayer-books et des bibles chez les autres. Et ces groupes ethno-linguistiques et religieux baignent encore dans leurs traditions nationales, dans leurs institutions, dans leurs groupes sociaux, qui commandent en quelque sorte leurs lectures.

L'autre aspect méthodologique qui sous-tend l'ensemble de nos démarches, c'est celui de la quantification, aujourd'hui admise en histoire culturelle. L'imprimé, qu'il soit considéré comme unité matérielle — titre, volume, format, feuille, brochure, livre, périodique —, comme unité culturelle — livre de religion, de droit ou autre catégorie — ou unité sociologique — livres lus ou consultés, livres d'apprentissage scolaire ou professionnel — doit être mesuré, évalué ou estimé. Parce que le quantitatif permet de voir de quoi on parle. Il faut tout compter, les hommes, les imprimés et le volume des affaires, les vendeurs de livres et ce qu'ils échangent, les lecteurs et ce qu'ils achètent ou empruntent. Histoire sérielle avant tout, qui permettra d'établir des rapports entre les différentes catégories de livres offerts ou possédés suivant la nomenclature du XVIIIe siècle, ou des rapports entre les possesseurs de livres et les groupes sociaux qu'ils représentent, pour ne prendre que ces exemples. C'est après qu'on pourra venir à l'analyse qualitative, puisqu'on connaîtra alors les limites du champ étudié.

* * *

Il s'agit maintenant d'indiquer où en est rendu le travail, quels en sont les principales étapes et essayer de voir ce qu'il reste à faire. La première étape a consisté à dépouiller les trois grands journaux de Québec, soit *La Gazette de Québec* depuis 1764, *Le Canadien* à partir de 1831 et *Le Journal de Québec* à partir de 1842. Nous avons retenu tout ce qui concernait l'imprimé, notamment les listes de livres, revues, magazines et journaux annoncés par les vendeurs. En même temps, nous avons relevé ce qui concernait les associations volontaires. Ce travail nous a donné un corpus important, entre autres celui des annonceurs et vendeurs de livres et les listes d'imprimés qu'ils offraient.

Des almanachs et des annuaires de la ville, nous avons encore tiré le nom et l'adresse de ceux qui ont travaillé à la production et à la diffusion de l'imprimé au cours du siècle. Peu à peu, ces grandes séries ont été augmentées par d'autres types de sources, manuscrites celles-là, telles que la collection Brown-Neilson, la collection Gagnon et, bien entendu, par les archives notariales. Ces relevés ont exigé près de quatre années de travail soutenu, rendu possible par les subventions de la FCAC et de l'ISSH. C'est ainsi, par exemple, que nous avons pu établir la liste des artisans du livre à Québec de 1764 à 1859.

En plus de ce travail de relevé, des recherches ont été mises en route dans des domaines précis, tels que ceux des fabricants de papier et des métiers du livre, où l'on s'intéresse aux entrepreneurs, aux employés et aux techniques, de même qu'à un type d'imprimés, celui de la presse périodique. Le commerce du livre est certes au centre de nos préoccupations. L'étude des bibliothèques privées dans les inventaires après décès va bon train, tandis que celle des bibliothèques collectives est à peine amorcée. Au plan des résultats acquis, on peut dire brièvement que le répertoire des artisans du livre est complété, que celui des libraires et vendeurs de livres est rendu à 1839, que les travaux sur les fabricants de papier avancent et que, dans un an, ceux des inventaires après décès seront terminés jusqu'à 1829. Les catalogues de la Société littéraire et historique de Québec ont subi une première analyse, de même que ceux de la Bibliothèque de Québec. Gilles Gallichan travaille, pour sa part, à l'histoire de la bibliothèque de la Législature.

Il convient de signaler ici que toute analyse des imprimés est faite suivant la nomenclature de la Bibliothèque royale du XVIIIᵉ siècle, que François Furet a retrouvée. Si l'on veut être en mesure de comparer les catalogues des libraires et des bibliothèques dans le temps et l'espace, il faut absolument que tous les chercheurs utilisent la même nomenclature, les mêmes catégories de classification bibliographique, sinon il sera impossible de comparer et de savoir de quoi on parle. Tant d'efforts pourraient conduire à un cul-de-sac, alors que l'informatique nous offre des ressources illimitées, à la condition que tous et chacun adoptent les mêmes critères en ce qui concerne le classement des imprimés. Cela pose en même temps le problème de la confection des fiches de relevés, qui permettent la cueillette et l'analyse des données, qu'on les fasse à la main ou qu'on les confie à l'ordinateur. On peut même songer — il n'est pas interdit de rêver — à créer une banque centrale des données sur l'imprimé, à la condition d'avoir les mêmes codes.

Ces travaux se situent donc dans l'optique de l'histoire quantitative et sociale du livre, dans le collectif d'abord et avant tout. Mais je m'empresse d'ajouter que la forêt ne nous cache pas les arbres. Nous retrouvons, en plus des catégories, des hommes représentatifs de leur groupe, sur lesquels nous possédons davantage de renseignements. Il convient de noter que l'ensemble de ces travaux amène constamment à sortir de la ville et du pays, à nous rendre à Montréal et au Haut-Canada, mais encore aux États-Unis, et surtout en Angleterre et en France, d'où viennent produits et techniques. Sans oublier de tenir compte des différentes conjonctures politiques, économiques et religieuses, nationales ou étrangères qui ont des incidences directes ou indirectes sur le monde du livre.

Voilà sommairement esquissée la démarche que je poursuis dans le cadre de mes recherches, avec le concours inestimable de mes étudiants de maîtrise et de doctorat, tant par leurs mémoires et thèse que comme auxiliaires de recherche, que de modestes subventions ont permis d'embaucher jusqu'à maintenant. Projet de recherche qui se situe lui-même dans un plus vaste secteur d'histoire de la culture savante au pays, qui comprend l'alphabétisation, l'éducation et les associations volontaires, le plus gros de mon effort portant sur la ville de Québec, mais aussi, pour certains aspects, sur l'ensemble du Québec.

* * *

Après avoir consulté notre collègue Yvan Lamonde et jeté un coup d'oeil sur le sujet retenu par les autres participants, j'ai choisi de consacrer la dernière partie de ma communication à la diffusion de l'imprimé aux XVIIIᵉ-XIXᵉ siècles à Québec. Deux façons de procéder peuvent être empruntées pour ce genre de prospection. La première consiste à étudier une entreprise, quand il y a des archives. C'est le parti qu'a déjà pris Jean-Louis Roy dans ses travaux sur les libraires Édouard-Raymond Fabre et Jacques et Octave Crémazie. C'est celui de

Frédéric Barbier sur la librairie Berger-Levrault et de Robert Darnton sur la production et la diffusion de l'*Encyclopédie* au dernier quart du XVIIIᵉ siècle. «Micro-histoire où la compréhension globale n'est atteinte qu'au travers de l'irréductible singularité de l'individu», comme l'écrivait récemment Roger Chartier. La seconde façon, c'est celle de la macro-histoire, fondée sur une région et sur une longue période, que j'ai adoptée pour l'ensemble de mon projet, on le sait. Je m'empresse d'ajouter que micro et macro-histoire sont aussi valables l'une que l'autre parce que complémentaires, même si la macro-histoire peut parfois paraître démesurée.

Dans une colonie française et catholique depuis un siècle et demi, sans imprimerie et sans libraire, comment la vie de l'imprimé, le monde du livre allait-il se développer dans une colonie devenue anglaise par la vertu des traités internationaux et qui verrait s'installer de plus en plus d'Anglo-Américains de religion protestante? La ville de Québec par sa situation et sa fonction de centre administratif principal offrait un terrain de choix pour le commerce du livre.

Pour la période de 1764 à 1839, *La Gazette de Québec* (1764-1839) et *Le Canadien* (1831-1839) sont les sources les plus complètes[2]. Ces journaux publient les annonces de ceux qui ont des livres à vendre et souvent une liste plus ou moins longue d'imprimés. Au total, 140 vendeurs ont été repérés, dont 71 n'apparaissent qu'une fois. De ces 71, 21 sont des marchands et 25 des encanteurs. Il se peut que quelques-uns de ceux-ci aient été de plus gros vendeurs de livres, tel que James Ainslie, qui signale l'ouverture d'une librairie-papeterie en août 1794, mais dont on ne peut dire plus pour le moment. Ce groupe comprend les marchands qui ont reçu quelques caisses de livres parmi d'autres marchandises arrivées d'Angleterre. C'est à cette occasion d'ailleurs qu'ils passent une annonce dans le journal.

TABLEAU 1 — **Les vendeurs de livres suivant l'origine ethno-linguistique**

	Français	Anglais	Total
1764-1769	4	3	7
1770-1779	1	5	6
1780-1789	5	17	22
1790-1799	8	9	17
1800-1809	6	9	15
1810-1819	6	22	28
1820-1829	7	11	18
1830-1839	9	18	27
Total:	**46**	**94**	**140**

TABLEAU 2 — Les vendeurs de livres suivant la profession

	Total	(%)	Français	Anglais
Encanteurs	51	36	8	43
Marchands	42	30	21	21
Professions libérales	14	10	10	4
Imprimeurs-libraires	12	8	2	10
Divers	11	8	2	9
Inconnus	10	8	3	7
Total:	**140**	**100**	**46**	**94**

Au plan ethno-linguistique, on trouve 46 vendeurs de nom français et 94, de nom anglais. En soustrayant le nombre de ceux qui n'apparaissent qu'une fois, on obtient le même rapport du simple au double, soit 22 noms français et 46, anglais. Si on considère ensuite le groupe des 140 au point de vue de la profession déclarée, ce sont les encanteurs qui arrivent au premier rang, les marchands, au second, les membres des professions libérales, au troisième et les imprimeurs-libraires, au quatrième.

Les vendeurs de langue française l'emportent chez les membres des professions libérales et sont égaux en nombre chez les marchands. Quant aux vendeurs de langue anglaise, ils sont six fois plus nombreux chez les encanteurs et cinq fois plus chez les imprimeurs-libraires. Au point de vue ethnique, le nombre des vendeurs ne saurait seul rendre compte de la situation. C'est en consultant la liste des dix plus importants annonceurs qu'on aura la réponse.

TABLEAU 3 — **Liste des dix plus importants annonceurs de livres**

	Période	Nombre d'annonces
John Neilson	1763-1822	263
Neilson et Cowan	1822-1836	188
G. D. Balzaretti	1824-1845	167
William Brown	1764-1789	74
Thomas Cary Jr	1818-1849	73
J.-B. Fréchette	1831-1839	65
John Jones	1787-1816	23
Samuel Neilson	1789-1792	18
Thomas Cary	1802-1821	17
John C. Reiffenstein	1812-1836	17

Le tableau 3 montre qu'il n'y a que deux noms français, ceux de Balzaretti, au troisième rang, et de J.-B. Fréchette, au cinquième. Remarquons encore que Balzaretti est encanteur et Fréchette, imprimeur-libraire. Autre fait que la liste nous amène à souligner, c'est que les plus gros annonceurs sont les propriétaires de journaux, six sur dix en tout. Et si on regroupe les propriétaires qui ont édité le même journal, le nombre des entreprises tombe à six, puisque *La Gazette de Québec* a appartenu à la même famille Brown-Neilson durant toute la période et que les Cary père et fils ont édité *The Quebec Mercury*. De ces dix, trois seulement, Balzaretti, Jones et Reiffenstein, n'ont pas été imprimeurs-éditeurs de journal.

Les Britanniques l'emportent donc nettement durant toute la période et quant au nombre de vendeurs et quant au nombre des annonces insérées. Ce qui ne peut surprendre, étant donné les impératifs du système colonial. La province de Québec appartenant à la Grande-Bretagne, le réseau colonie-métropole ne peut s'établir autrement que dans l'axe Québec-Angleterre, par des Anglais venus de la métropole ou des États-Unis, et qui ont d'abord un correspondant à Londres. Au plan professionnel, les encanteurs sont les plus nombreux et cela pose deux ordres de réflexions. D'une part, Québec étant une ville coloniale, un centre de garnison et d'administration, il y a forcément de nombreux départs et déplacements, de rentrées en France et surtout en Angleterre, de départs pour d'autres lieux en Amérique britannique ou aux États-Unis. Sans compter bien entendu les liquidations consécutives aux décès ou aux faillites locales. Ce qui explique la présence des encanteurs dans la ville et dans le commerce du livre.

D'autre part, il faut voir si le phénomène qu'ont connu les colonies anglaises du sud à partir de 1760 ne s'est pas produit à Québec. En effet, à cause du nombre colossal de livres invendus et stokés dans les entrepôts de Londres, les commençants anglais décidèrent, vers 1760, de les expédier aux acheteurs des colonies, celles du continent et des Antilles. Les marchands des colonies continentales recevaient un peu de ce qu'ils commandaient et beaucoup de ces invendus, qu'on appelait des *rum books*, parce que certains grossistes de la City les échangeaient contre du rum de la Jamaïque. Ces livres, appelés encore *slow-moving books*, *dead books* ou *unsalable titles*, étaient acquis par des grossistes londoniens à des prix réduits, qui les écoulaient aussi à meilleur prix que ne pouvaient consentir les vrais *booksellers*. Cette pratique semble s'être encore répétée au début du XIXe siècle en Australie et en Nouvelle-Zélande, comme Wallace Kirsop le laisse entendre: «Certains commerçants vendaient des livres reçus d'Angleterre à côté de vêtements et de produits divers [. . .] Le hasard semble dicter ces arrivages, qui sont parfois annoncés dans les gazettes. Envois spéculatifs? Pacotille? c'est bien probable»[4]. Le même phénomène aurait bien pu se produire à Québec, à partir de 1764, et le grand nombre des encanteurs le suggère, encore que cela ne vaudrait que pour les livres anglais. Mais, aussi longtemps que nous n'aurons pas retrouvé les commandes des vendeurs de Québec quelque part à Londres, nous ne pourrons répondre à ce problème des envois spéculatifs ou des *rum books*, question importante et pour l'aspect commercial et pour l'aspect culturel du livre.

Autre trait à souligner, c'est le fait que les plus gros annonceurs sont les imprimeurs-libraires et éditeurs de journaux quant au nombre d'annonces. Et c'est bien là l'une des caractéristiques propres au monde du livre en Amérique du Nord. Tandis que l'Europe occidentale a été le lieu de «l'imprimeur-journaliste». Un imprimeur ayant terminé son apprentissage s'achetait un petit matériel, caractères et presse, publiait un journal qui lui rapportait de l'argent frais par les annonces et, pour le reste, imprimait des travaux de ville. Ce qui explique les milliers de journaux (2 120) qui ont vu le jour entre 1691 et 1820. Ce phénomène s'est étendu au Canada à partir de 1764, puisque les populations ressentaient les mêmes besoins, celui de vouloir des nouvelles des vieux pays d'où elles venaient et celui de connaître la vie locale où elles se trouvaient.

Ajoutons à cela que les imprimeurs-éditeurs de journaux, en plus d'avoir un penchant naturel pour le livre, possédaient le précieux avantage d'annoncer leurs propres listes de livres sans débourser. Ce que les autres vendeurs ne pouvaient faire qu'en payant un bon prix pour chaque annonce et un prix élevé pour des listes plus ou moins longues d'imprimés.

Voilà donc ce que nous donne la liste des vendeurs de livres à Québec, liste uniquement établie d'après les annonces parues dans deux grands journaux et les annuaires. S'il en manque, c'est en très petit nombre. Quant à l'importance de certains, dont on possède seulement le nom et aucune liste dans les journaux, comme c'est le cas de James Ainslie et de Augustin Germain, il faut chercher ailleurs. Sur le premier, nous n'avons rien retrouvé pour le moment. Du second nous possédons un catalogue paru en 1821 de livres «à vendre chez M. Germain à Québec et chez M. Joseph Roi à Montréal, nouvellement arrivés de France». Ils sont présentés en trois sections: religion, avec 262 titres; histoire, sciences et arts et belles-lettres, avec 256 titres; droit, avec 177 titres. Ce qui fait un total de 695 titres, à 96% de livres français.

J'ai retrouvé quelques autres catalogues de librairies, comme par exemple ceux de Burns et Woolsey, parus en 1801, de Jean Langevin, en 1822, et de Reiffenstein, en 1831. Ces derniers figurent tous sur la liste des 140 vendeurs. Les encanteurs avertissent souvent qu'un tel catalogue sera mis à la disposition du public le jour de l'encan. Il faudra là encore terminer la recherche des catalogues avant de clore le corpus.

D'après ce que nous savons actuellement, il est difficile de souscrire à l'affirmation d'Antonio Drolet, qui écrivait que les premiers libraires ne s'étaient pas établis au Canada avant 1820. Sa conception du libraire était anachronique, en ce sens qu'il assimilait la librairie à celle qu'il avait connue entre 1930 et 1960 et dont la maison de la rue Buade fournissait le type achevé. Et pourtant Garneau vendait aussi des vêtements sacerdotaux et autres objets de culte! Ceci pour dire que le commerce du livre, la librairie, a existé dès 1764 à Québec. Quant à savoir qui fut le premier libraire de langue française au sens où Drolet l'entend, c'est à mon avis Augustin Germain, dès 1815, et bien avant les Crémazie, comme le dit Jean-Louis

Roy. Il va en Europe, en Angleterre et en France, au moins à deux reprises, en 1815 et en 1826. Son père avait compté parmi les plus gros marchands de Québec après 1760, et Augustin avait hérité du commerce.

Il n'est pas inutile de signaler que les vendeurs se retrouvent à la basse-ville et à la haute-ville. Sur 92 dont on possède l'adresse, 46 sont établis à la basse-ville et 44, à la haute-ville, respectivement rue Saint-Pierre et de Lamontagne, rue

TABLEAU 4 — **Les résultats globaux**

I	Théologie et Religion		2 052 t.:	15,6%
	A.	Écriture Sainte	344 t.	
	B.	Pères de l'Église	19 t.	
	C.	Théologie et Apologétique	155 t.	
	D.	Liturgie et Dévotion	1 534 t.	
II	Droit et Jurisprudence		1 643 t.:	12,5%
	A.	Droit canon	60 t.	
	B.	Droit civil	1 222 t.	
	C.	Jurisprudence	361 t.	
III	Histoire		2 179 t.:	16,5%
	A.	Histoire ecclésiastique	68 t.	
	B.	Histoire profane	1 446 t.	
	C.	Géographie	664 t.	
IV	Sciences et Arts		2 312 t.:	17,5%
	A.	Philosophie	452 t.	
	B.	Sciences	916 t.	
	C.	Économie politique	373 t.	
	D.	Agriculture	55 t.	
	E.	Arts libéraux	407 t.	
	F.	Arts mécaniques	46 t.	
	G.	Arts spécialisés	35 t.	
	H.	Divers	8 t.	
V	Belles-Lettres		4 779 t.:	36,2%
	A.	Dictionnaire	683 t.	
	B.	Grammaire	837 t.	
	C.	Poésie	1 996 t.	
	D.	Orateurs	91 t.	
	E.	Facéties	33 t.	
	F.	Journaux	375 t.	
	G.	Almanachs	30 t.	
	H.	Mélanges et Oeuvres	732 t.	

Saint-Jean et de la Fabrique. Encanteurs et marchands sur le port, imprimeurs-libraires sur le plateau, les uns et les autres à proximité de leurs sources d'alimentation. Il n'y en a aucun dans les faubourgs, puisque, même si ces quartiers comptent déjà la moitié de la population en 1800, le centre commercial demeure à la basse et à la haute-ville.

Une fois dégagés les principaux caractères des vendeurs de livres au plan ethno-linguistique et professionnel, une telle étude serait incomplète sans qu'on ne s'enquière des produits qu'ils offraient à leur clientèle. Durant les soixante-quinze années de la période en cours d'analyse, rappelons que 1 194 annonces ont paru dans les deux journaux. De ce nombre, 255 fournissent une liste de livres dont le total des titres s'élève à 13 187. Il est actuellement impossible d'affirmer que ce nombre représente la cinquième, la dixième ou la centième partie des livres à vendre à Québec de 1764 à 1839. On peut néanmoins considérer ce corpus comme un bon indicateur des sortes de livres offerts aux acheteurs de la ville et du Bas-Canada.

Ces 13 187 titres ont pu être identifiés dans une proportion de 98,3%, et le classement a été fait suivant la nomenclature de la Bibliothèque du royaume de France au XVIIIe siècle. Le tableau 4, tel que Réjean Lemoine le donne dans sa thèse, montre que la catégorie des belles-lettres vient au premier rang, doublant très largement celles des sciences et arts, de l'histoire, de la religion, et triplant celle du droit. Un rapide coup d'oeil sur les sous-catégories des belles-lettres indique encore mieux l'offre, sinon la demande, pour la poésie (1 966 titres) et pour les mélanges et les oeuvres complètes (732 titres). Ce qui fait 2 728 titres pour les ouvrages d'imagination et ainsi plus de 50% de cette catégorie. À noter encore le nombre important des journaux et autres périodiques annoncés.

Dans la catégorie des sciences et arts, qui occupe le deuxième rang, la sous-catégorie des sciences l'emporte, suivie de celle des arts libéraux. Dans la catégorie qui vient au troisième rang, l'histoire profane double les deux autres sous-catécories ensemble. La ventilation des sous-catégories théologie et religion suggère d'entrée de jeu que la majorité de la population est catholique, avec les deux tiers des titres en liturgie et dévotion et qu'il y a une clientèle protestante pour l'Écriture sainte. Le droit explique son importance relative parce que Québec est une ville parlementaire, où se trouvent aussi les cours de justice et l'administration civile.

Si l'on suit le raisonnement de Réjean Lemoine, cette fois par l'analyse décennale des catégories, des variations apparaissent dans les pourcentages. Les belles-lettres sont la plus importante catégorie durant les huit décennies, mais le nombre des titres va en diminuant dans les dernières. Les sciences et arts ont le quart des titres dans les 3e, 4e et 6e décennies, mais tombent à 13% et à 15% dans les deux dernières. On peut établir un lien immédiatement entre les meilleures décennies des sciences et arts et les meilleures décennies des livres anglais, qui coïncident. Enfin, la catégorie des livres religieux prend le tiers et le quart des titres dans la 1re et la 2e décennies, tombe au 10e des titres durant les quatre décennies suivantes, avant de se redresser et d'atteindre 21,3% de tous les titres de la décennie 1830-1839, se situant alors au deuxième rang, après les belles-lettres.

Au plan linguistique, retenons que 48% des titres annoncés sont des livres de langue française, 47% de langue anglaise, 3% de langue latine. Le livre français est en avance dans la première décennie et le livre anglais, dans les cinq décennies suivantes. Dans les deux dernières, le livre français l'emporte par 500 titres en 1820-1829 et par 1 000, en 1830-1839, formant le rapport 58%-38% et 56%-40%. Enfin, comme on pouvait s'y attendre dans un pays comme le Canada, les livres viennent en nombre à peu près égal d'Angleterre et de France, soit 3 319 titres et 3 183 titres respectivement sur 8 000 titres dont le pays d'édition est connu. Le Canada vient tout de suite après avec 667 titres et les États-Unis, avec 351.

On pourrait suivre Lemoine encore longtemps sur ce terrain de l'analyse sérielle, ce que lui ont permis les ressources de l'informatique, et ainsi consacrer une étude attentive au contenu des livres, aux auteurs et aux genres. Mais il faut s'arrêter là.

* * *

J'ai voulu rester fidèle aux souhaits du maître d'oeuvre, présenter l'ensemble de mes recherches, les méthodes employées, les grandes articulations de la problématique, tout en illustrant sommairement l'un des domaines des travaux en cours. Je ne saurais terminer sans évaluer ce qu'il reste à faire pour atteindre le but que je me suis fixé dans le cadre du projet «Livre et Société à Québec».

En ce qui concerne la production, on peut considérer comme très avancés les travaux sur les fabricants de papier et sur les ouvriers du livre, dont un premier répertoire est constitué. L'étude des vendeurs de livres est rendue à 1839, celle des inventaires après décès à 1829. Il reste donc vingt années à couvrir dans le premier cas et trente, dans le second. Le secteur des bibliothèques collectives, dont l'histoire et la liste devraient être données bientôt par Marc Lebel, est à mettre en chantier quant au contenu. Seules la Bibliothèque de Québec et celle de la Société littéraire et historique ayant subi le classement de la Bibliothèque royale.

Il y a une entreprise, qui est au centre de la production et de la diffusion de l'imprimé à Québec, celle de la famille Brown-Neilson, dont les archives sont situées à Ottawa, Montréal et Québec. Documentation qui recouvre l'ensemble de ces deux secteurs et qui, de 1764 à 1848, offre une information précise et complète sur les métiers et les techniques de l'imprimerie, sur l'importation et la vente des imprimés, sur les fournisseurs anglais et américains, sur les clientèles de la ville de Québec, de Montréal, du Bas et du Haut-Canada et des États-Unis. C'est notre Berger-Levrault et notre Pancoucke. Mes collègues d'Ottawa et de Montréal, John

Hare et Jean-Pierre Wallot, s'y intéressent depuis longtemps et je consacre moi-même des efforts mesurés à cette entreprise.

De tout cela, je retiens un ordre de priorité dans mes besoins, comme Yvan Lamonde nous a prié de le faire. Avec des étudiants de maîtrise et de doctorat bien préparés dans ce genre de recherches et avec la collaboration de John Hare et de Jean-Pierre Wallot, j'attendrai de l'I.Q.R.C. une aide qui nous permettra de faire l'étude de l'entreprise Brown-Neilson. En second lieu, il convient de terminer les analyses sur le public lecteur par les inventaires après décès et l'étude des vendeurs de livres. Ce faisant, tout ne sera pas dit pour autant. Mais des connaissances, précises et larges sur une ville et sur un siècle, permettront d'aller beaucoup plus profondément dans certains cas et d'entreprendre l'étude d'autres aspects encore ignorés. Je formule le souhait que des travaux sur la ville de Montréal soient mis en chantier pour la même période.

NOTES

1. Joël de Rosnay, *Le macroscope: vers une vision globale* (Paris, Seuil, 1977):85-93.

2. Cette partie de ma communication est entièrement fondée sur la thèse de maîtrise de Réjean Lemoine sur le commerce du livre à Québec de 1764 à 1839.

3. Les tableaux qu'on trouvera dans ce travail ont été pris dans la thèse de maîtrise de Réjean Lemoine sur le commerce du livre à Québec, reproduits tels quels ou remaniés.

4. Wallace Kirsop, «Le livre ancien en Australie et en Nouvelle-Zélande», *Revue française d'histoire du livre*, 16(3e trimestre 1977):361.

Bibliographie

Botein, Stephen.
The Anglo-American Book Trade before 1776: Personnel and Strategies. 37 p. [Communication présentée au colloque de l'Américan Antiquarian Society, Worcester, octobre 1980].

Drolet, Antonio.
Les bibliothèques canadiennes 1604-1960. Montréal, le Cercle du livre de France, [1965]. 234 p.

Febvre, Lucien et Henri-Jean Martin.
L'apparition du livre. Coll. «L'Évolution de l'humanité» no 30. Albin Michel, 1971 [1958]. 538 p.

Kirsop, Wallace.
«Le livre ancien en Australie et en Nouvelle-Zélande», *Revue française d'histoire du livre,* 16(3ᵉ trimestre 1977):349-381.

Lemoine, Réjean.
Le marché du livre à Québec de 1764 à 1839. Thèse de M.A. (histoire), Université Laval, 1982. 250 p.

Mornet, Daniel.
«Les enseignements des bibliothèques privées (1750-1780)», *Revue d'histoire littéraire de France,* 17(1910):449-496.

Roy, Jean-Louis.
Édouard-Raymond Fabre, libraire et patriote canadien (1799-1854). Contre l'isolement et la sujétion. Montréal, Hurtubise HMH, 1974. 220 p.

Roy, Jean-Louis.
«Livre et Société bas-canadienne, croissance et expansion de la librairie Fabre (1816-1855)», *Histoire sociale / Social History,* 5, 10(nov. 1972):117-143.

Les bibliothèques privées à Québec

d'après les inventaires après décès (1800-1819)

Yvan Morin

Collège de Rimouski

Dans l'histoire quantitative de l'imprimé au Québec, l'étude de la consommation du livre est loin d'occuper la place qui lui revient. Les recherches menées dans ce domaine, jusqu'à ce jour, soulèvent encore de nombreuses interrogations. Il serait certes intéressant, par exemple, de connaître le point d'arrivée et de la production locale et du livre importé, de distinguer, au sein des possesseurs, avec toutes les nuances nécessaires, les influences relevant de la culture populaire et celles relevant de la culture dite savante, de mesurer les niveaux de culture d'une communauté, «d'explorer les rapports entre la culture et la structure sociale»[1], de montrer la hiérarchie socio-culturelle d'une ville ou d'une province, de distinguer «des clivages culturels au sein de l'élite»[2]. Dans le Québec du XIXe siècle, il faudrait, de plus, évaluer comment se traduit, au plan culturel, la domination militaire, politique et économique de la minorité anglophone. À l'étude de la consommation du livre, il conviendrait aussi d'ajouter l'analyse des habitudes de lecture[3] et la lecture réelle des volumes d'une bibliothèque. En somme, qui lit? et qui lit quoi?

Les fondements de notre méthode

Pour répondre à ces questions, les historiens du Québec, comme ceux d'ailleurs, ont principalement eu recours à deux sources: le catalogue des collections vendues publiquement et l'inventaire après décès. La source que nous privilégions est l'inventaire après décès qui est

> [. . .] une description des biens d'un défunt, délaissés
> après sa mort, laquelle se fait solennellement et par des
> officiers de justice (des notaires), pour maintenir les
> droits de tous ceux qui peuvent avoir intérêt, comme
> des créanciers, des héritiers, légataires et autres; et cet
> inventaire doit être fait à la réquisition des parties.[4]

Puisque l'inventaire tient compte de tous les biens d'un individu ou de sa communauté, il est ainsi possible de reconstituer les bibliothèques privées.

En histoire, on a eu souvent recours à l'inventaire après décès pour reconstituer des bibliothèques privées importantes. Pourtant, dès 1910, Daniel Mornet, par le biais des catalogues des collections, entreprend «l'étude rétrospective de la consommation intellectuelle en étudiant quantitativement le contenu des bibliothèques privées du XVIIIe siècle»[5]. Il faut attendre plus d'un demi-siècle pour que la réflexion de Mornet se perpétue, notamment chez Furet, dans *Livre et Société dans la France au XVIIIe siècle*[6], puisque plusieurs mettaient alors en doute «la possibilité d'appréhender objectivement et quantitativement les phénomènes psychologiques»[7].

Les auteurs français s'interrogent encore sur la valeur de l'inventaire après décès pour reconstituer les bibliothèques privées d'un milieu donné, en raison, notamment, des nombreuses limites qu'impose la source. Les relevés permettent d'estimer la valeur statistique des inventaires par rapport aux décès, à 10% ou un peu plus, à Paris au XVIIIe siècle[8] ou à un peu moins de 10% en Bretagne au début du XIXe siècle[9]. Non seulement cette proportion peut sembler faible, mais on ne s'entend pas sur la valeur sérielle du document. Adeline Daumard estime qu'à Paris, «les successions des personnes riches ou simplement aisées étaient presque toutes réglées devant notaire»[10]. Pour sa part, Maurice Garden conclut qu'à Lyon, au XVIIIe siècle, les inventaires après décès «ne nous offrent que des cas individuels à partir desquels il serait hasardeux de généraliser»[11].

Là ne réside pas l'unique difficulté que pose l'utilisation de l'inventaire après décès. Il y a aussi le temps que nécessite le dépouillement puisqu'il faut recourir au texte détaillé pour relever la présence de livres. La source est également de piètre qualité. On lui reproche, comme Maurice Garden, de ne contenir que très rarement «un catalogue complet des livres alignés sur les rayons des cabinets ou des bibliothèques»[12].

De plus, les auteurs français qui s'intéressent aux bibliothèques privées[13] sont unanimes à reconnaître que le facteur d'erreur est considérable quand on veut utiliser ces bibliothèques pour mesurer des niveaux de culture. On peut avoir hérité de livres, les considérer comme une simple décoration ou comme un trésor, ce qui traduit des préoccupations autres qu'intellectuelles. Posséder un livre ne signifie pas nécessairement que le propriétaire adhère aux idées qu'il véhicule. Bluche montre, par exemple, que la présence de livres jansénistes chez les parlementaires de Paris représente avant tout «un souci de documentation plutôt qu'un engagement»[14] et que ces titres sont entourés de catéchismes et d'ouvrages hagiographiques dans l'esprit du Concile de Trente. De plus, la présence de bibliothèques collectives permettait à l'honnête homme d'alimenter sa réflexion à d'autres sources que sa bibliothèque privée. Ainsi,

> le livre ne peut être qu'un reflet inégal du niveau de culture d'une société [...] et l'absence de livre dans un inventaire après décès n'est pas plus affirmation rigoureuse de non-lecture que la signature n'est la preuve d'une alphabétisation sociale.[15]

Pourtant, parce que «l'achat demeure, parmi les critères psychologiques de la motivation, l'un des plus sûrs»[16], l'analyse des bibliothèques privées à partir des inventaires après décès se révèle possible.

Pour reconstituer les lectures effectives, on propose l'utilisation des mémoires[17] ou encore la correspondance de famille[18]. Ces documents complémentaires sont rares. Au Québec, les études de Jean-Claude Dubé[19] et de Roger Le Moine[20] permettent de mieux évaluer la lecture réelle des volumes d'une bibliothèque. Dans notre étude sur Québec au début du XIXe siècle, cette analyse s'est révélée impossible, faute de documents pertinents.

Devant l'importante marge d'erreur révélée, que peut-on tirer de l'étude des bibliothèques privées? Là aussi, les auteurs français semblent unanimes. Trénard affirme que «le dénombrement des catégories de livres décèle les tendances dominantes des lecteurs»[21] de même que leurs goûts individuels aussi bien que les influences qu'ils subissent de leur milieu et de leur génération[22]. Dupront signale que, au prix d'un dénombrement massif d'inventaires après décès, on obtiendra «la plus précieuse analyse des tendances maîtresses des choix de la société du siècle»[23], et que les bibliothèques privées ont une «valeur d'indice»[24]. Adeline Daumard voit dans l'étude des bibliothèques privées «une indication sommaire sur le niveau de culture de leur propriétaire»[25], alors que François Furet les considère comme un «bon instrument d'analyse de la sélection des livres par les milieux sociaux»[26]. Enfin, Barrière insiste sur la nécessité d'analyser «la volonté de rassembler telle catégorie (de livres) plutôt que telle autre»[27] pour mieux connaître le possesseur de la bibliothèque, plutôt que de se préoccuper de la présence ou de l'absence d'un ouvrage dans la bibliothèque d'un individu. On peut aussi montrer des hiérarchies socio-culturelles[28] et voir le rapport du classement statistique des livres possédés aux catégories sociales des possesseurs[29]. Donc, «compter mais aussi classer [. . .] deux étapes, devenues classiques, du travail de l'historien confronté à des sources massives»[30].

En somme, il s'agit de mesurer des tendances plus que des certitudes, ce qui donne toute la valeur à l'étude de la consommation du livre par l'analyse des bibliothèques privées et, comme le signale Jean Quéniart,

> «au-delà des nuances et des divergences, la légitimité
> de la méthode se fonde, selon nous, sur le nombre»[31].

Au Québec, quelques recherches portant sur la consommation du livre ont été entreprises à partir des années soixante dans le sens proposé par les modèles français. Il faudra attendre les années soixante-dix pour que deux articles, ceux de Yvan Lamonde[32], en 1974, et de Claude Galarneau[33], en 1977, et un colloque tenu entre temps[34], appellent à une étude globale du livre et de sa consommation. Le premier propose un examen plus analytique de l'appartenance sociale et professionnelle des possesseurs de livres entrepris par Antonio Drolet[35]. Il souligne également qu'il ne nous faudra plus réduire la bibliothèque personnelle à la bibliothèque prestigieuse. Mandrou, lors du colloque d'Ottawa, insiste sur la nécessité d'un échantillon d'analyse bien construit et d'une investigation systématique. Galarneau revient également sur le besoin d'une recherche par échantillonnage exhaustif et régional pour éclairer la bibliothèque des particuliers. Il signale déjà que ce type d'étude donnera, pour les deux premières décennies du XIXe siècle, «des indications précieuses sur les lectures des groupes sociaux, religieux et ethno-linguistiques de la capitale du Canada d'alors»[36].

Les cadres de l'étude

Le cadre de notre étude est la ville de Québec ou, plutôt, la paroisse de Notre-Dame-de-Québec[37], entre 1800 et 1819. Une étude régionale et limitée dans le temps nous a semblé nécessaire, en raison de l'ampleur de la documentation, soit 519 inventaires après décès ou documents en tenant lieu, retrouvés dans les greffes de 38 notaires ayant exercé à Québec ou dans ses environs immédiats. De plus, Québec, capitale du Canada d'alors, est en pleine expansion au plan démographique, passant de 8 862 habitants en 1805 à 15 257 en 1819. Cette poussée démographique s'accompagne d'une progression de ses fonctions militaire, économique, politique. En même temps, la proportion d'anglophones passe de 20 à 27,5% de 1795 à 1819. Une immigration britannique, encore essentiellement protestante, modeste et qualitative, permet à l'élément anglophone d'être sur-représenté dans l'armée dont il a le monopole, la fonction publique, les professions libérales et le monde des affaires, et sous-représenté au sein du clergé, des artisans et des ouvriers. Parallèlement à la croissance, les fonctions des quartiers se dessinent. La Haute-Ville est le centre religieux, administratif et militaire de la ville et de la colonie. La Basse-Ville est le quartier des affaires et perd graduellement sa fonction résidentielle au profit des faubourgs. Ceux-ci se développent avec la construction navale et sont catholiques et francophones à plus de 95%. L'élément anglophone et protestant réside à 90% dans la Haute et la Basse-Ville[38].

Les deux premières décennies du XIXe siècle nous ont paru intéressantes sous plusieurs aspects. Elles peuvent être replacées dans un cadre chronologique plus vaste et laissent moins de place au doute quant à la validité de l'échantillon[39]. De plus, c'est au cours de ces années que l'on voit disparaître la première génération d'anglophones établis au pays.

Aspects méthodologiques

Nous nous sommes d'abord assurés de l'historicité de la source utilisée, en raison des désaccords soulevés par les auteurs français[40] sur la valeur sérielle de l'inventaire après décès. Notre étude vaut uniquement pour le cadre spatio-temporel retenu. Nous avons pu conclure que tous les milieux sont représentés, aussi bien la Haute-Ville, avec ses administrateurs et ses hommes des professions libérales, que la Basse-Ville, avec ses marchands ou encore les faubourgs, avec leur population de travailleurs manuels[41].

Globalement, 11,3% des décès ont été suivis d'un inventaire des biens. Une seule catégorie socio-professionnelle, les employés de l'État, constituée en très large partie par les soldats de la garnison, a une proportion inférieure à la moyenne. Ceux-ci laissent des inventaires après décès dans moins d'un cas sur cent. La sous-représentation des soldats de la garnison entraîne une sous-représentation de l'élément anglophone alors qu'il en va tout autrement si on les exclut de notre calcul. Nos données se comparent donc avantageusement avec celles disponibles pour la France. Tous les groupes d'âge des personnes majeures sont bien représentés, sauf les extrêmes, soit les moins de trente ans et les plus de soixante ans. Nous avons ainsi pu conclure que «sauf exception, l'inventaire après décès est donc un document notarié largement représentatif du milieu étudié»[42].

En plus de l'inventaire après décès proprement dit, nous avons élargi notre documentation de façon à obtenir un meilleur portrait des bibliothèques privées. Nous avons donc, parmi les 519 documents utilisés pour reconstituer les bibliothèques privées, une vingtaine de documents tenant lieu d'inventaires, soit des procès-verbaux de carence et des procès-verbaux de vente tenant lieu d'inventaires après décès... Au total, 206 inventaires fournissent des livres, soit 40% de l'ensemble, pour 190 bibliothèques privées. Le premier nombre se trouve réduit du fait qu'on trouve des «recollements portant nouvel inventaire» ou des livres dans le fond de magasin de marchands.

Ici comme en France, l'inventaire après décès ne nous donne qu'un portrait partiel des titres d'une bibliothèque. L'inventaire veut essentiellement fournir une liste exhaustive des biens d'une personne ou de sa communauté et évaluer ces biens. C'est ainsi qu'on signale le nombre de volumes plutôt que celui des titres «200 volumes de livres dépareillés»[43]. Ailleurs, l'évaluation de la reliure prend le pas sur l'identification des titres. La valeur marchande est aussi signalée en évaluant l'état matériel du livre «5 livres vieux» ou leur format «cent neuf différents volumes in-octavo et in-douze». Le peu de valeur marchande de certains livres amènera leur évaluation en bloc «a lot of books» qu'on retrouve dans 60 bibliothèques. La préoccupation mercantile rend difficile la connaissance des titres d'une bibliothèque, comme dans l'exemple suivant: «Une bible in-folio, 104 livres de différentes sortes et de peu de valeur 21. 12c.». Même dans le cas des bibliothèques qui font d'abord une description minutieuse des biens telle celle de William Grant en 188 articles, on ajoute «cent trente volumes de différents ouvrages dépareillés». Seulement trois bibliothèques importantes fournissent une description suffisamment détaillée pour qu'on puisse les reconstituer presque entièrement: celles de John Elmsley, John Purss et Michel-Amable Berthelot d'Artigny.

Afin de mieux décrire les bibliothèques privées, nous avons eu recours à 75 procès-verbaux de vente qui suivent parfois la rédaction des inventaires après décès. C'est ainsi, notamment, que les «4 livres» de l'inventaire de la communauté de Joseph Gignac deviennent «un livre de prière et d'évangile, deux cantiques».

Dans un seul cas, on ne peut connaître une bibliothèque parce qu'on reporte sa description à une vacation ultérieure qui n'aura jamais lieu. Il s'agit de la bibliothèque du révérend Spark. L'utilisation des procès-verbaux de vente permet d'estimer à cinq volumes le «lot de livres». Au total, la description partielle des bibliothèques trouvées dans les inventaires après décès limite fortement, ici comme en France, notre connaissance des bibliothèques privées.

Toutefois, nous pourrons mesurer l'importance des bibliothèques grâce au nombre de volumes retrouvés. Le genre des livres possédés sera également partiellement connu en les répartissant selon la classification de Furet[44]. L'utilisation de cette classification a notamment pour avantage d'assurer une certaine uniformité d'une étude à l'autre et rend possible les comparaisons avec les études françaises qui l'emploient systématiquement. Pour la connaissance des possesseurs, nous

nous servirons, comme les modèles français, d'une classification socio-professionnelle qui tient compte du besoin ou non de savoir lire et écrire selon le métier des individus[45].

Par ailleurs, la connaissance des titres n'est que partielle vu l'état de la documentation dont nous disposons. Pour la même raison, il est impossible, à partir des inventaires après décès, d'évaluer la place respective de la production bas-canadienne et celle du livre importé. La production locale, composée en bonne partie de titres de peu de valeur marchande, n'est pas retenue dans nos inventaires où prime le souci économique. Notre étude porte donc sur les possesseurs, les genres de livres et les titres connus.

L'étude d'un cas: les bibliothèques privées à Québec (1800-1819)

Après avoir défini les fondements de notre méthode ainsi que les cadres de l'étude, passons aux résultats obtenus dans l'analyse des bibliothèques privées de Québec pour les deux premières décennies du XIXe siècle[46].

Les possesseurs

Globalement, les 190 bibliothèques recensées comptent 11 330 volumes, non sans quelques approximations soulignées antérieurement. Les possesseurs ont entre 1 et 1 042 volumes. Les bibliothèques se répartissent en trois blocs. Les bibliothèques de 1 à 5 volumes et celles de 6 à 50 volumes représentent chacune un peu moins de 40% des possesseurs. Les bibliothèques exceptionnelles, de plus de 300 volumes, appartiennent à neuf individus qui ont plus de 42% de l'ensemble des volumes. Il s'agit de six membres de l'appareil de l'État. des «fonctionnaires», de deux négociants et d'un constructeur de navires. Tous sont protestants, à l'exception de Pierre-Amable De Bonne. La bibliothèque la plus volumineuse est celle du juge en chef de la province du Bas-Canada, John Elmsley, qui compte 1 042 volumes. Signalons que, à Paris, au milieu du XVIIIe siècle, ce que Michel Marion décrit comme étant une bibliothèque, c'est-à-dire recensée par un libraire ou un commissaire-priseur dans l'inventaire après décès, compte en moyenne 1 084 volumes[47]. Les bibliothèques exceptionnelles sont beaucoup moins fournies ici qu'à Paris, au milieu du XVIIIe siècle, notamment parce que le poids des héritages n'est pas aussi marqué dans la colonie. Nous avons donc pu conclure que «la fonction politique de Québec, [. . .] explique, en bonne partie, la présence de bibliothèques hors du commun»[48].

La répartition des possesseurs par catégories socio-professionnelles permet, à l'occasion, la comparaison avec des données françaises[49]. On rencontre le livre dans deux inventaires sur cinq à Québec. Il est aussi présent ici qu'à Lyon[50] dans la seconde moitié du XVIIIe siècle alors que plus d'un individu sur trois en possède, et davantage qu'à Châlons-sur-Marne où il n'est présent que dans un cas sur dix[51]. Dans certaines villes de la France de l'Ouest au XVIIIe siècle, quatre sondages évaluent la plus forte proportion en 1757-1758, alors que des livres sont

152

présents dans 36,7% des inventaires[52]. À Paris, pour la décennie 1750-1759, la proportion est de 22,68%[53]. Chez les ouvriers et les artisans, elle est de un sur quatre à Québec et de un sur cinq à Lyon. Les marchands et les négociants de Québec, au début du XIXe siècle, de Lyon, dans la seconde moitié du XVIIIe siècle et de Paris, entre 1815 et 1848[54], possèdent des livres dans une proportion de deux sur cinq. Parmi les membres des professions libérales et les fonctionnaires, quatre individus sur cinq possèdent des livres à Québec alors que cette proportion, pour Lyon et Paris, est respectivement de deux sur trois et de un sur deux. Ainsi le livre semble aussi largement diffusé à Québec, au début du XIXe siècle, qu'en France, au XVIIIe siècle. Nous ne disposons cependant que d'une seule donnée française comparable pour le début du XIXe siècle, qui confirme d'ailleurs ce que nous venons d'affirmer. Toutefois, il nous faut insister sur la répartition socio-professionnelle et surtout ethno-religieuse à Québec pour appréhender toute la réalité de la consommation du livre.

À ces premières constatations, on doit ajouter la comparaison de l'importance des bibliothèques privées quant au nombre de volumes. Nous ne disposons de données comparables que pour Lyon[55]. L'importance des bibliothèques se présente dans le même ordre et, comme à Châlons-sur-Marne entre 1784 et 1791, «le livre se rencontre de moins en moins proportionnellement à l'importance numérique de la catégorie»[56]. Ouvriers et artisans ont les plus petites bibliothèques, suivis des marchands, négociants et bourgeois, et, tout comme à Paris, les catégories les plus lettrées semblent correspondre aux milieux des fonctionnaires et des professions libérales[57]. Si, en revanche, à Lyon, les membres des professions libérales «n'ont pas seuls le privilège de la richesse, ils ont, toutefois incontestablement le monopole de la culture et du livre lyonnais»[58]. À Québec, cette situation est le fait des fonctionnaires et d'un certain nombre de marchands.

La répartition socio-professionnelle se double ici d'une répartition ethno-religieuse. Nous avons mentionné antérieurement que l'immigration britannique est encore «modeste», de «qualité» et essentiellement protestante. Comment se traduit, au niveau culturel, cette domination militaire, politique et économique de la minorité anglophone, qui compte pour plus du quart de la population de Québec, à la fin de la deuxième décennie du XIXe siècle? Si les catholiques francophones ont des livres dans un cas sur trois, ce nombre est deux fois plus élevé chez les anglophones protestants. Cette disproportion s'accentue si on compare le nombre moyen de volumes que contiennent les bibliothèques des deux communautés. Les anglophones possèdent, en moyenne, plus de 100 volumes et les catholiques, quatre fois moins. Cette situation est due, en partie, au fait que huit des neuf bibliothèques comptant plus de trois cents volumes appartiennent à des anglophones. Toutefois, il faut également ajouter que, si trois bibliothèques sur quatre de francophones ont vingt volumes et moins, cette proportion n'est que de deux sur cinq chez les anglophones.

La reprise de la comparaison avec Lyon pour la seconde moitié du XVIIIe siècle s'en trouve alors modifiée. Les francophones possèdent en moyenne des bibliothèques deux fois moins importantes que celles de Lyon alors que, chez les anglophones, qu'ils soient artisans, marchands, hommes des professions libérales ou fonctionnaires, la proportion est inversée. En somme, si le livre n'est pas rare à Québec, il se retrouve en plus grand nombre au sein de la communauté anglophone et, surtout, au sein de l'élite composée de marchands et de fonctionnaires accaparant 60% des volumes. À ceux-ci s'ajoutent des hommes de professions libérales, catholiques ou protestants.

L'étude de la répartition des possesseurs des bibliothèques et de l'importance moyenne de celles-ci montre aussi la spécificité des quartiers de la ville au plan culturel. La Haute-Ville est le centre culturel, en raison des établissements gouvernementaux, de ses écoles et des ateliers de journaux, mais aussi parce que c'est là que vit la quasi-totalité de ceux qui possèdent les bibliothèques les plus fournies. Le cas des banlieues étonne, puisque neuf individus se répartissent 1 280 volumes. Il s'agit là de bibliothèques appartenant à des fonctionnaires, tel James Stewart «écuyer, contrôleur de la douane à Québec», qui en possède 135 à lui seul. Puis, suivent les bibliothèques de résidents de la Basse-Ville où l'on trouve le monde du négoce et, enfin, celles des ouvriers des faubourgs.

Le contenu des bibliothèques privées

L'analyse du contenu des bibliothèques privées est une entreprise encore plus difficile que celle des possesseurs où, sauf exception, on a pu évaluer l'importance des bibliothèques selon le nombre de volumes. Comme le signale Jean-Guy Daigle, la forte marge d'incertitude contenue dans les inventaires après décès persiste, et, d'autre part, il est impensable pour un chercheur isolé de fouiller le contenu de toutes les oeuvres retenues par les contemporains. Ainsi, on doit renoncer à une précision statistique très poussée[59].

Nous avons identifié 3 011 titres répartis selon les catégories proposées par François Furet. Nous ne savons rien des titres d'une bibliothèque sur trois et de deux volumes sur cinq. Par ailleurs, l'évaluation par Furet de la production française du livre au XVIIIe siècle laissait une proportion de livres non classés d'à peine 5%[60]. Sa documentation répertoriait les titres détaillés des ouvrages, alors que, dans notre démarche, l'inventaire après décès évalue plutôt la valeur marchande de tous les biens.

D'ailleurs, nos titres comprennent un nombre important d'intitulés imprécis, comme «un livre de dévotion», qui ont été classés dans les catégories de livres. Il s'agit, dans ce cas, d'un genre de livre et nous ne pouvons connaître le titre précis. Ce manque d'information nous empêche notamment d'évaluer la part de la production bas-canadienne principalement dans les petites bibliothèques du monde du travail. Ici comme en France, il existe «une relation inverse entre l'effectif des groupes et la densité des signes à interpréter»[61].

Nous avons d'abord analysé l'ensemble de la consommation du livre. Notre objectif était de comparer la consommation du livre à Québec à l'ensemble de la production française du XVIIIᵉ siècle. Furet suggère cette approche qui «éclaire autant de données inconscientes de l'histoire intellectuelle»[62]. Par la suite, nous avons dressé un tableau global des titres recensés, comme le fait Jean-Guy Daigle pour Grenoble au XIXᵉ siècle[63]. Enfin, nous avons étudié les catégories de livres selon la classification socio-professionnelle et ethno-religieuse des possesseurs.

TABLEAU 1 — **La répartition des titres selon la classification de Furet**

Catégories	Nombre de titres	Pourcentage de l'ensemble
1. théologie et religion	401	13
2. droit et jurisprudence	428	14
3. histoire	586	20
4. sciences et arts	718	24
5. belles-lettres	878	29
Total	**3 011**	**100**

La répartition des genres de titres[64] selon les catégories de Furet permet de comparer la consommation du livre à Québec au XIXᵉ siècle avec la production française du siècle précédent. Furet a remarqué que la part du livre de religion tend à s'estomper devant la montée du livre de sciences et arts et de belles-lettres. Nous ne pouvons rien dire de la consommation du livre à Québec au XVIIIᵉ siècle, mais le point d'aboutissement est le même au début du XIXᵉ siècle. Les catégories des sciences et arts et de belles-lettres comptent ainsi pour plus de la moitié des titres. Les livres d'histoire font bonne figure avec 4un titre sur cinq. Les deux autres catégories, théologie et religion, droit et jurisprudence, représentent un peu plus d'un titre sur quatre. La faible part du livre de théologie et religion tient probablement au fait que notre recherche porte sur un milieu urbain où nous avons recensé seulement quelques habitants qui forment pourtant la très vaste majorité de la population de l'ensemble bas-canadien.

L'analyse des sous-catégories montre des résultats encore plus surprenants. L'histoire domine, comme à Lyon, toutes les catégories. Non pas l'érudition, mais «les hypothèses ambitieuses, les vastes fresques, les biographies et les mémoires»[65]. Viennent ensuite les livres de sciences avec 316 titres, suivis de la poésie avec 263. Trois autres sous-catégories regroupent plus de deux cents ouvrages, soit, dans l'ordre, liturgie et dévotion, jurisprudence et pratique, et, enfin, les dictionnaires. La présence d'hommes de professions libérales et de fonctionnaires explique sans doute la place du livre de jurisprudence et de pratique. Comme à Paris et à Lyon, nos bibliothèques privées contiennent de nombreux dictionnaires[66]. Ainsi une première vision globale des titres tend à montrer la modernité du tissu culturel urbain de Québec au début du XIXᵉ siècle.

Malgré les limites qu'impose notre documentation, nous avons réparti l'ensemble des oeuvres ou des auteurs recensés dans nos bibliothèques. Pour être inclus, un auteur ou une oeuvre devait apparaître à une reprise. Au total, 648 oeuvres ou auteurs ont été recensés, mais dans seulement 54 bibliothèques. De ce nombre, onze, toutes de protestants, à l'exception de celle de Pierre Amable De Bonne, accaparent plus de deux titres sur trois. Il s'agit de sept fonctionnaires, trois marchands et d'un constructeur de navires, ce qui correspond sensiblement aux possesseurs des bibliothèques les plus fournies.

Globalement, les auteurs célèbres de la Grande-Bretagne méritent plus de la moitié des mentions. Viennent ensuite les auteurs français avec trois titres sur dix et les Anciens, grecs ou romains, avec un ouvrage sur dix. Les autres sont marginaux. Trois auteurs sur quatre sont du XVIIIe siècle. Le XVIIe siècle et l'Antiquité sont représentés dans une proportion de un sur dix. L'élite urbaine de Québec au début du XIXe siècle appartenait donc par ses lectures au Siècle des Lumières.

Nous nous contenterons ici de citer les oeuvres et les auteurs du XVIIIe siècle, faut-il le préciser, mentionnés à plus de dix reprises. Parmi les auteurs français: Voltaire apparaît le plus souvent, soit 29 fois, avec notamment *Oeuvres* (5), *Siècle de Louis XIV* (5) et *Histoire de Charles XII* (2). Le droit français est représenté par Ferrière. Le *Royal Dictionary*, dictionnaire de langues, français et anglais d'Abel Boyer revient 15 fois. Montesquieu, particulièrement son *Esprit des lois* (9), résume l'apport politique des Français. Rollin avec son *Histoire ancienne* et son *Histoire romaine* est le principal historien français. Enfin, Rousseau apparaît à onze reprises avec, entre autres, *Julie ou la Nouvelle Héloïse* (4) et l'*Émile* (2).

L'auteur anglais le plus recherché est Samuel Johnson. Son dictionnaire de la langue anglaise apparaît 19 fois et ses poèmes, *The Rambler, The Adventurer, The Four Season* et *The Idler* sont aussi en vogue. Le poète anglais Samuel Pope revient 18 fois avec *Oeuvres* (11), *Dunciad* et *Essay on Man*. Les oeuvres de deux romanciers irlandais, soit *le Voyage de Gulliver* de Swift et *la Vie et les Passions de Tristan Shandry* de Sterne sont aussi répertoriés. Les textes de droit anglais les plus utilisés sont les *Commentaries on the Laws of England* de Blackstone et *Institutes of the Laws of England*. En médecine, l'oeuvre majeure est celle de William Buchan qu'il publie en 1769, *Domestic Medecin or the Family Physician...*, un livre à la portée de tous. En histoire, William Robertson revient à 23 reprises, notamment avec son *Histoire du règne de Charles Quint* et son *Histoire d'Écosse*. L'*Histoire d'Angleterre* de Humes est mentionnée à 10 reprises. Smollet, qui poursuit l'histoire de Humes, apparaît à 14 reprises et Guthries, à 10 reprises. On retrouve aussi les lettres de Lord Chesterfield à son fils (17 fois) et les lettres politiques et littéraires de Bolingbroke (10 fois). Le périodique littéraire le plus célèbre est sans contredit *The Spectator* de Addison, qui revient à seize reprises.

Ce survol des oeuvres que l'on retrouve le plus fréquemment dans les bibliothèques de Québec soulève quelques commentaires. L'élite culturelle de Québec au début du XIXᵉ siècle alimente sa réflexion au Siècle des Lumières et les auteurs les plus populaires sont surtout anglais. Les oeuvres littéraires viennent en première place suivies d'ouvrages historiques.

TABLEAU 2 — **La répartition des titres par groupes ethno-religieux selon la classification de Furet**

Catégories	Catholiques		Protestants		Inconnus
	nombre de titres	pourcentage des titres	nombre de titres	pourcentage des titres	nombre de titres
1. théologie et religion	238	29	152	7	11
2. droit et jurisprudence	112	14	310	15	6
3. histoire	111	14	458	22	17
4. sciences et arts	155	19	505	25	58
5. belles-lettres	193	24	645	31	40
Total	**809**	**100**	**2 070**	**100**	**132**

La répartition des ouvrages des bibliothèques de Québec, selon la classification socio-professionnelle puis ethno-religieuse, fait ressortir le genre de livres lus dans les divers milieux de Québec.

Les groupes ethno-religieux ont à la fois des lectures semblables et différentes. Le livre de droit est présent dans une proportion identique parmi les catholiques et les protestants. Ces derniers lisent davantage de livres d'histoire et, proportionnellement, un peu plus de livres de belles-lettres et de sciences et arts. La différence majeure entre les deux groupes se situe au niveau du livre de religion où il représente plus d'un ouvrage sur quatre chez les catholiques et moins d'un titre sur dix chez les protestants.

La classification des titres selon la répartition socio-professionnelle suggère d'autres commentaires. Les gens du monde du travail possèdent surtout des livres de religion (un livre sur trois), et quelques livres de belles-lettres et de sciences et arts. Les marchands possèdent tous les genres de livres mais ne gardent que quelques ouvrages de droit. Les membres des professions libérales s'intéressent aux livres de sciences et arts puis de belles-lettres et de droit. Enfin, les fonctionnaires possèdent une bonne répartition de livres mais le livre religieux est chez eux quantité négligeable.

Cette vision globale peut être affinée en mesurant l'incidence combinée des facteurs ethno-religieux et socio-professionnels dans la possession d'un type d'ouvrage plutôt que d'un autre.

On retrouve les livres religieux dans le monde du travail surtout, et plus souvent, chez les catholiques que chez les protestants. L'étude détaillée des titres révèle d'autres distinctions. Les protestants possèdent la majorité des 41 bibles répertoriées et des 27 sermons. Les catholiques possèdent des ouvrages qui s'inspirent de la bible, tels l'*Évangile méditée*, l'*Histoire du peuple de Dieu* et la plupart des livres de liturgie et de dévotion avec notamment les *Cantiques* (12 fois), surtout de Marseille et des missions, *Heures de vie* (16 fois), *Offices* (11 fois) et *Neuvaines* (8 fois).

En nombre absolu, on trouve les livres de droit chez les protestants, le plus souvent. L'avocat Michel-Amable Berthelot d'Artigny et Pierre Amable De Bonne ont respectivement 36 et 72 livres. Les deux seuls autres possesseurs catholiques sont deux marchands qui ont chacun deux ouvrages. Parmi les protestants, quatre marchands et onze fonctionnaires possèdent 458 livres de droit. De ce nombre, 175 sont dans la bibliothèque de John Elmsley, juge en chef de la province du Bas-Canada, et 69, dans celle de William Grant, seigneur de Saint-Roch et membre du Parlement. Les francophones s'intéressent davantage à la Coutume de Paris alors que les anglophones préfèrent la jurisprudence et le droit anglais. De plus, on trouve encore le livre de droit dans quelques bibliothèques où il jouit d'un caractère utilitaire.

Le livre d'histoire apparaît deux fois plus souvent du côté des possesseurs protestants dans une proportion 80% des titres répertoriés. Ce sont surtout les fonctionnaires et les marchands qui lisent ces ouvrages. L'histoire profane porte sur l'Angleterre, la Nouvelle-France et les colonies anglaises, la France puis l'Écosse. Les 39 «Vies» d'hommes illustres, les 40 «Mémoires» et les 101 titres de «Voyages» montrent la diversité des goûts personnels. Les «Voyages» appartiennent à des protestants immigrants ou fils d'immigrants de l'élite culturelle de Québec.

Les catholiques aussi bien que les protestants de toutes les catégories socio-professionnelles, à l'exception des employés de l'État pour qui nos données sont insuffisantes, lisent des ouvrages de sciences et arts. Là encore, marchands et fonctionnaires accaparent la plus grande partie des titres. Les artisans ont quelques livres de cette catégorie. Alexander Gibney, voilier, possède «un livre, modèle de voiles», le menuisier William Fraser, *The Builder's General Assistant*, *The Coactical Builder* et *A Complete Modern Joiner*. Chez les «maîtres», le livre utilitaire de cette catégorie est moins rare. Relevons *Art de naviguer*, chez le capitaine de goélette Basile Lapointe et un «lot de cahiers de musique» chez le maître de musique Frederick Glackmeyer. Les marchands, quant à eux, possèdent la plupart des livres de tenue de livres et de commerce. Médecins et apothicaires se partagent les livres de médecine, mais certains possesseurs ne dédaignent pas ce type de livres, tel Pierre-Amable De Bonne qui en possède 27. L'arpenteur général de la province, Samuel Holland, monopolise les livres d'arts libéraux avec 35 livres dont 18 concernant l'art militaire et 14, l'architecture. Il possède également la plus grande collection de livres de sciences avec 83 des 316 titres. On trouve tous les livres de philosophie de Voltaire, Rousseau, Humes ou Locke chez les protestants. Au total, le livre de sciences et arts joue un rôle utilitaire dans plusieurs bibliothèques, surtout au sein de l'élite urbaine. Ce type d'ouvrage a une fonction complémentaire dans la formation des artisans et maîtres où il n'a pas encore supplanté l'apprentissage.

Les livres de belles-lettres sont les plus nombreux, comme nous l'avons déjà mentionné. On les rencontre dans tous les milieux socio-professionnels, tant chez les catholiques que chez les protestants.

Les dictionnaires abondent. On compte 36 dictionnaires de langues. Peter Hunter, «commandant des forces de Sa Majesté dans les provinces du Haut et du Bas-Canada» et David Lynd, «protonotaire et greffier de la Cour du Banc du Roi dans le district de Québec», possèdent les deux encyclopédies britanniques. Aucune bibliothèque de notre inventaire ne conserve l'Encyclopédie de Diderot. La plupart des dictionnaires constituent une somme des connaissances humaines dans un secteur d'étude donné: dictionnaires de médecine, commerce, jardinage, poésie, mathématiques... On note le même phénomène à Lyon et à Paris au XVIIIᵉ siècle et les mêmes préoccupations universelles.

Les manuels de grammaire, tels les «alphabets» et les «spelling book», se retrouvent majoritairement dans les mains des artisans et des maîtres. Les membres de l'élite urbaine, tel Samuel Holland, possèdent quelques grammaires allemandes et françaises, et des «exemples d'écriture». Les 124 périodiques se répartissent dans tous les milieux sociaux, sauf chez les ouvriers et les employés de l'État. Il n'y a donc pas de concentration aux mains de quelques possesseurs. Il y a d'abord des journaux anglais avec, en tête de liste, *The Spectator*, *The Guardian* et *The Tatler*. La production locale est presque absente. Six fonctionnaires, deux hommes de professions libérales et deux négociants possèdent les *Journaux de la Chambre d'Assemblée*. Le marchand John Campbell a huit volumes du *Quebec Mercury* et l'avocat Michel-Amable Berthelot d'Artigny, les «gazettes de Québec de 1774 à 1815».

En somme, même si le livre de belles-lettres apparaît dans tous les milieux, l'étude des sous-catégories ne réserve pas de surprise. Les artisans et les maîtres ont quelques titres reliés à leur métier ainsi que des «alphabets» et des «spelling books». Marchands, hommes des professions libérales et fonctionnaires ont la plus grande partie des périodiques, la poésie, le roman et des grammaires. Les dictionnaires sont variés et montrent des préoccupations très larges. Ici comme à Lyon, l'analyse des ouvrages montre «que le cloisonnement des catégories sociales reste très prononcé»[67]. L'élite urbaine a non seulement la plus grande partie des ouvrages mais elle accapare aussi les auteurs et les oeuvres célèbres. Le livre utilitaire, lié d'une manière à la profession du possesseur, occupe une place de choix chez l'élite. Cette empreinte professionnelle apparaît également dans les bibliothèques des magistrats de Paris au XVIIIᵉ siècle[68] et chez les membres des professions libérales à Lyon[69]. Les milieux populaires, peu lettrés, semble-t-il, s'intéressent davantage aux livres religieux et n'ont pas accès à la culture classique, tout comme à Lyon[70].

La distribution du livre populaire au XVIIIᵉ siècle se fait, en Fance, par le colportage. À Québec, le dépouillement d'inventaires après décès de marchands permet de lever partiellement le voile sur le circuit de la diffusion du livre. Des marchands catholiques ou protestants, ayant pignon sur rue dans tous les quartiers de la ville, possèdent des livres dans leur fond de magasin. Ces collections sont peu importantes, ne dépassant jamais 50 volumes de peu de valeur marchande. Il s'agit de livres religieux, catéchismes, livres de prières et de neuvaines ou encore de «spelling books» qu'on a retrouvés dans les bibliothèques des milieux populaires. Le dépouillement d'inventaires après décès de marchands de Rimouski à la fin du XIXᵉ siècle montre également la présence de livres dans les fonds de magasin. Il faudra donc dépouiller les inventaires après décès de marchands, sinon il manquera un maillon important dans le réseau populaire de distribution du livre.

Que conclure de cette étude de la consommation du livre à partir des bibliothèques privées tirées des inventaires après décès? D'abord, qu'il existe une marge considérable entre les questions posées au début de cet article et les résultats obtenus dans l'analyse des bibliothèques privées à Québec au début du XIXᵉ siècle. Les risques d'erreur dans ce type de recherche sont importants. Les ouvrages de méthode et les études, surtout français, révèlent que l'analyse des bibliothèques privées a d'abord une valeur d'indice des niveaux de culture. De plus, le document utilisé, l'inventaire après décès, ne nous révèle que très partiellement les bibliothèques privées.

Nous avons fait un certain nombre de propositions qui veulent limiter les risques d'erreur, notamment en montrant la valeur sérielle de l'inventaire après décès dans le cadre retenu. Nous avons aussi élargi la documentation de base avec surtout l'utilisation des procès-verbaux de vente dans la reconstitution des bibliothèques privées.

L'étude spécifique des bibliothèques privées à Québec au début du XIXᵉ siècle fournit un certain nombre de réponses. Une proportion importante de la population, égale ou supérieure à celle des villes françaises, a accès à l'imprimé, ce qui n'empêche pas que partout on décèle une forte concentration du livre. La discrimination socio-professionnelle montre, ici comme à Paris au XIXᵉ siècle, une élite urbaine composée de fonctionnaires et de membres de professions libérales. Ces derniers composent l'essentiel de l'élite culturelle de Lyon dans la seconde moitié du XVIIIᵉ siècle. Le clivage selon le groupe ethno-religieux montre le poids prépondérant de l'élément protestant et anglophone et permet d'ajouter à l'élite mentionnée, des hommes du négoce du groupe protestant et anglophone. Cette élite concentrée dans la Haute-Ville illustre la vocation culturelle du coeur de la ville.

L'étude de la composition des bibliothèques montre que l'élite urbaine de Québec appartient au Siècle des Lumières par ses lectures. Contrairement aux

160

bibliothèques de protestants, le livre religieux occupe une place de choix dans les petites bibliothèques francophones du monde du travail. La présence du livre utilitaire, lié d'une façon à la profession du possesseur, est peu fréquente dans les milieux populaires où il ne s'est pas encore substitué au vécu dans l'apprentissage d'un métier. L'élite, pour sa part, fait une place importante à ce type de livres mais y associe les livres d'histoire et de belles-lettres, qui traduisent des goûts personnels et l'appartenance à la culture classique. Notre étude de la consommation du livre aboutit à la même conclusion que celle du colloque d'Ottawa qui présentait «le livre comme outil des classes dirigeantes»[71] tant par leur nombre que par leur contenu. Malgré tout, le livre se révèle beaucoup plus présent que les témoignages de contemporains ne le laisseraient croire[72] et ce, d'abord, parce que nous le trouvons concentré dans les bibliothèques des anglophones protestants.

Les pistes de recherche à explorer sont nombreuses. Notre analyse des données recueillies pourrait être plus sophistiquée et déborder

> . . . la statistique correspondant à ce qu'il est convenu d'appeler la méthode empirique: élaboration des données brutes, description de l'évolution des séries, application des méthodes de mathématiques élémentaires fondées sur l'arithmétique.[73]

De plus, à la classification socio-professionnelle il aurait fallu superposer l'étude de la richesse des individus, analyse que nous n'avons pu mener à terme, faute de ressources.

Ajoutons pour terminer que l'étude du cas de la consommation du livre à Québec au début du XIXe siècle est encore fragmentaire. Cette recherche pour Québec sera étendue dans le temps grâce aux travaux de Claude Galarneau, responsable du projet «Livre et société à Québec, 1760 1860», de façon à voir l'évolution de la consommation du livre sur un siècle. De plus, nos recherches devront déboucher sur la campagne bas-canadienne et l'habitant dont nous n'avons pas parlé, faute de données. Une telle étude nécessite des moyens que seuls des groupes bien structurés peuvent offrir.

NOTES

1. Fernand Ouellet, «Colloque d'histoire socio-culturelle», «L'histoire socio-culturelle: colloque exploratoire», *Histoire sociale / Social History*, 9, 17(mai 1976):7.

2. Roger Chartier et Daniel Roche, «Le livre. Un changement de perspective», Jacques LeGoff et Pierre Nora, *Faire de l'histoire — tome 3* (Paris, Gallimard, 1974):126.

3. Yvan Lamonde, «La recherche sur l'histoire de l'imprimé et le livre québécois», *Revue d'histoire de l'Amérique française*, 28, 3(déc. 1974):411.

4. J.-C. de Ferrière, *La science parfaite des notaires ou le parfait notaire . . .*, nouvelle édition, vol. 2:187 cité dans Gilles Paquet et Jean-Pierre Wallot, «Les inventaires après décès à Montréal au tournant du XIXe siècle: Préliminaires à une analyse», *Revue d'histoire de l'Amérique française*, 30, 2(sept. 1976):411.

5. Robert Estivals, «Création, consommation et production intellectuelles», Robert Escarpit et al., *Le littéraire et le Social. Éléments pour une sociologie de la littérature* (Paris, Flammarion, 1970):174.

6. François Furet, *Livre et Société dans la France du XVIIIe siècle*, Paris, Mouton, 1965, 2 vol.

7. Robert Estivals, *op. cit.*, p. 177.

8. Adeline Daumard, «Structures sociales et classement socio-professionnel. L'apport des archives nationales au XVIIIe et au XIXe siècle», *Revue historique*, 227, 1(janv.-mars 1962):145. Daniel Roche, *Recherches sur les structures sociales d'un quartier de Paris. Le Marais au milieu du XVIIIe siècle*, Paris, 1958, cité dans Michel Marion, *Recherche sur les bibliothèques privées à Paris au milieu du XVIIIe siècle (1750-1759)* (Paris, Bibliothèque nationale, 1978):74.

9. Jean Meyer, *La noblesse bretonne au XVIIIe siècle* (Paris, S.E.V.P.E.N., 1966):144.

10. Adeline Daumard, *op. cit.*, p. 145.

11. Maurice Garden, «Les inventaires après décès: Source globale de l'histoire lyonnaise ou juxtaposition de monographies familiales», *Cahiers d'histoire* (Grenoble), 12(1967):159.

12. Maurice Garden, *Lyon et les Lyonnais au XVIIIe siècle* (Paris, les Belles-Lettres, 1970):458.

13. Citons à titre d'exemples: Fançois Bluche, *Les magistrats du Parlement de Paris au XVIIIe siècle (1715-1771)* (Paris, les Belles-Lettres, 1960):289. Adeline Daumard, *Les bourgeois de Paris au XIXe siècle* (Paris, Flammarion, 1970):74. Alphonse Dupront, «Livre et Culture dans la société française du 18e siècle. Réflexion sur une enquête», François Furet, *op. cit.*, p. 213. François Furet, «Histoire du livre dans la société moderne: recherches, méthodes, problématiques», *Revue roumaine d'histoire* (Bucarest), 9, 3(1970):511. Maurice Garden, *Lyon et les Lyonnais . . .*, p. 458. Louis Trénard, «Sociologie du livre en Fance (1750-1789)», *Imprimerie, commerce et littérature* (Paris, les Belles-Lettres, 1965):178.

14. François Bluche, *op. cit.*, p. 292.

15. Maurice Garden, *Lyon et les Lyonnais . . .*, p. 458.

16. Alphonse Dupront, *op. cit.*, p. 75.

17. Jean-Guy Daigle, *La culture en partage. Grenoble et son élite au milieu du XIXe siècle* (Ottawa, Éditions de l'Université d'Ottawa, 1977):124.

18. Th. Pisvin, *La vie intellectuelle à Namur sous le régime autrichien* (Louvain, Publications universitaires, 1963):185.

19. Jean-Claude Dubé, *Claude-Thomas Dupuy, intendant de la Nouvelle-France*, Montréal, Fides, 1969, xv, 395 p.

20. Roger Le Moine, «Un seigneur éclairé, L.-J. Papineau», *Revue d'histoire de l'Amérique française*, 25, 3(déc. 1971):309-336.

21. Louis Trénard, *op. cit.*, p. 166.

22. *Id.*, p. 173.

23. Alphonse Dupront, *op. cit.*, p. 215.

24. Alphonse Dupront, *op. cit.*, p. 190.

25. Adeline Daumard, *op. cit.*, p. 215.

26. François Furet, *op. cit.*, p. 509.

27. Pierre Barrière, *La vie intellectuelle en France du XVIe siècle à l'époque contemporaine* (Paris, Albin Michel, 1961):6.

28. Cf. note no 2.

29. Cf. note no 1.

30. Jean Quéniart, *Culture et Société urbaine dans la France de l'Ouest au 18e siècle* (Rennes, Université de Haute-Bretagne, 1979):182.

31. *Id.*, p. 162.

32. Yvan Lamonde, *op. cit.*, p. 405-414.

33. Claude Galarneau, «Le livre ancien au Québec: état présent des recherches», *Revue française d'histoire du livre* (Bordeaux, 1977):335-348.

34. «L'histoire socio-culturelle: colloque exploratoire», p. 5-28.

35. Antonio Drolet, *Les bibliothèques canadiennes (1604-1960)*, Montréal, le Cercle du livre de France, 1965, 234 p.

36. Claude Galarneau, *op. cit.*, p. 343.

37. La paroisse de Notre-Dame-de-Québec comprend la ville même et les banlieues. Les registres des décès ont été utilisés pour évaluer la part des décès suivis d'un inventaire. Ces registres ne distinguant pas ville et banlieues, nous avons donc retenu la paroisse comme cadre spatial.

38. Yvan Morin, *Les niveaux de culture à Québec 1800-1819. Étude des bibliothèques privées dans les inventaires après décès* (thèse de M.A. (histoire), Université Laval, 1979):6-9.

39. C'est ainsi que Maurice Garden, qui utilise les inventaires après décès des années 1750, 1760, 1770 et 1780, signale que: «Nous nous sommes contentés pour cela d'un sondage assez restreint dont la valeur d'ensemble est peut-être contestable», *Lyon et les Lyonnais...*, p. 458.

40. Voir à ce propos les notes nos 10 et 11.

41. Yvan Morin, «La représentativité de l'inventaire après décès. L'étude d'un cas: Québec au début du XIXe siècle», *Revue d'histoire de l'Amérique française*, 34, 4(mars 1981):530.

42. *Id.*, p. 531.

43. Nous ne donnerons pas les références aux greffes de notaires. Ces références se trouvent dans notre mémoire de maîtrise, ch. IV et V. Voir note 38.

44. Les cinq catégories sont théologie et religion, droit et jurisprudence, histoire, sciences et arts, belles-lettres. François Furet, «La «librairie» du royaume de France au 18e siècle», *Livre et société dans la France...*, p. 14-16.

45. Les cinq catégories socio-professionnelles sont les hommes de métier, les marchands, les hommes de professions libérales, les fonctionnaires (Nous distinguons les employés de l'État et les fonctionnaires proprement dits, comme le fait Adeline Daumard, *Les bourgeois de Paris...*, p. 45) et les inconnus.

46. Nous nous contenterons de commenter les tableaux présentés dans notre mémoire de maîtrise sans les reproduire, sauf exceptions.

47. Michel Marion, *Recherche sur les bibliothèques privées...*, p. 118.

48. Yvan Morin, «Les niveaux de culture...», p. 68.

49. Cette comparaison est cependant impossible quand les auteurs se sont intéressés uniquement aux bibliothèques «dignes de ce nom». M.P. Bayaud, «Bibliothèques du XVIIIe et du début du XIXe siècle dans les Basses-Pyrennées», *Acte du 87e congrès des sociétés savantes de Paris et des départements* (Paris, Imprimerie nationale, 1963):86-123. Th. Pisvin, *op. cit.*, p. 307.

50. Maurice Garden, *Lyon et les Lyonnais...*, p. 459.

51. Daniel Roche, «La diffusion des lumières. Un exemple: l'Académie de Châlons-sur-Marne», *Annales: Économies, Sociétés, Civilisations*, 19, 5(sept.-oct. 1964):919.

52. Jean Quéniart, *op. cit.*, p. 163.

53. Michel Marion, *Recherche sur les bibliothèques privées à Paris...*, p. 93.

54. Adeline Daumard, *op. cit.*, p. 75.

55. À Lyon, selon Maurice Garden, ouvriers et artisans ont en moyenne 16 volumes, à Québec ce nombre est de 18; les marchands, négociants et bourgeois 51 là, 59 ici. Les membres des professions libérales, auxquels on ajoute les fonctionnaires pour Québec, ont respectivement 164 et 165 volumes.

56. Daniel Roche, *op. cit.*, p. 919.

57. Adeline Daumard, *op. cit.*, p. 75.

58. Maurice Garden, *op. cit.*, p. 462.

59. Jean-Guy Daigle, *op. cit.*, p. 127.

60. Alphonse Dupront, *op. cit.*, p. 199.

61. Pierre Jeannin, «Attitudes culturelles et Stratifications sociales: Réflexions sur le XVIIe siècle européen», *Niveaux de culture et groupes sociaux* (Paris, Mouton, 1971):72.

62. François Furet, *op. cit.*, p. 510.

63. Jean-Guy Daigle, *op. cit.*, p. 133.

64. Soulignons ici que des titres ont été répartis même si, en fait, nous ne connaissions que le genre du livre et non le titre exact, par exemple des «livres de dévotion» ou des «livres d'histoire».

65. Louis Trénard, *Histoire sociale des idées. Lyon de l'Encyclopédie au Préromantisme* (Paris, Presses universitaires de France, 1958):135.

66. Louis Trénard, *op. cit.*, p. 173.

67. Maurice Garden, *Lyon et les Lyonnais...*, p. 467.

68. François Bluche, *op. cit.*, p. 289.

69. Louis Trénard, *op. cit.*, p. 134.

70. Maurice Garden, *Lyon et les Lyonnais...*, p. 467.

71. Fernand Ouellet, «Colloque d'histoire socio-culturelle», p. 8.

72. Huston, *Répertoire national*, 1848, vol. 1, p. vi, cité dans Antonio Drolet, *Les bibliothèques canadiennes...*, p. 75.

73. Robert Estivals, *op. cit.*, p. 178.

Le catalogue de la bibliothèque

de Louis-Joseph Papineau (1786-1871)

Roger Le Moine

Département des lettres françaises
Université d'Ottawa, Ottawa

Louis-Joseph Papineau a constitué sa bibliothèque à partir d'une date qui nous est inconnue mais qui est sans doute antérieure à l'époque de son admission au Petit Séminaire de Québec. Son confrère Philippe Aubert de Gaspé écrit qu'il manifestait déjà un tel goût pour la lecture qu'il préférait les livres aux récréations[1]. Et Papineau note lui-même dans une lettre à Cyrille Légaré que, durant ses années de philosophie, il fut «souscripteur» à la Bibliothèque de Québec[2]. Puis, au cours des années, il profite de la moindre occasion pour l'enrichir. De Londres, il écrit à sa femme, le 22 juillet 1823:

> Je n'aurais pu me refuser si j'avais été sûr de recevoir cette somme, au plaisir d'accroître ma Bibliothèque de plusieurs grands ouvrages qui ne sont pas encore introduits au Canada. . .[3]

Il en est ainsi jusqu'à la Révolution de 1837.

C'est alors que, de crainte que la maison de la rue Bonsecours et son contenu ne soient saccagés, son fils Amédée prend sur lui, en novembre 1837, de mettre en lieu sûr les objets de valeur[4]. Obligé à son tour de s'enfuir, il demande à ses oncles Théophile Bruneau, Pierre Bruneau et Joseph Robitaille de faire enlever les volumes de la maison[5]. D'après ce qui ressort d'un inventaire de Rosalie Papineau-Dessaulles, ceux-ci sont entreposés à Saint-Hyacinthe, soit au manoir Dessaulles, soit au séminaire[6]. Puis, devant la tournure des événements et de crainte d'une saisie, Papineau recommande à sa femme de vendre tout ce qu'elle peut[7]. D'abord, il ne songe qu'au mobilier[8] puis, à partir du moment de son installation à Paris, il revient à la charge, à propos de la bibliothèque cette fois. Une lettre du 15 mai 1839 est particulièrement révélatrice:

> Si tu décides à venir il faudra mettre en vente la bibliothèque et la laisser s'écouler peu à peu avec le moins de sacrifices possible. J'en composerais ici une meilleure à moindre prix. Il en faudrait excepter les livres particulièrement relatifs au Canada. Lois provinciales et journaux, histoires et brochures canadiennes, qui me serviront à écrire l'histoire du Canada si nous en sommes bannis.[9]

On retrouve la même restriction à propos des volumes canadiens dans une lettre du 24 juin 1839[10]. En somme, le sauvetage des biens, dans le cas de la bibliothèque tout au moins, se double d'une opération financière.

Quel est l'état de la bibliothèque à cette époque? On ne le sait pas, faute de catalogue, et bien que Papineau en ait dressé un, voire deux avant 1837. Comme ils sont déjà introuvables en 1838 —, Rosalie Papineau-Dessaulles les recherche dans les papiers d'Amédée et de Lactance Papineau, et l'abbé Prince, tout aussi vainement, auprès des abbés Larocque et Raymond du Séminaire de Saint-Hyacinthe, —

le neveu Émery, un fils de Denis-Benjamin-Papineau, est chargé aux fins de la vente[11] d'en dresser un nouveau qui ne nous est pas parvenu non plus. De toute façon, les acheteurs sont peu nombreux si l'on en croit Rosalie Papineau-Dessaulles qui écrit à son neveu Amédée, le 2 février 1840:

> [. . .] il y a encore peu de livres de vendu on rencontre difficilement des acheteurs. Les curés manquent de dîmes tout est contre nous. . .[12]

Le 28 juin 1842, elle note dans une lettre à son frère:

> La bibliothèque est presqu'entière. Le peu qui s'est vendu ne va pas à 150 volumes j'en suis sûre, on me dit qu'il n'y as pas moyen de sen deffaire du reste sans de trop grands sacrifices. . .[13]

En outre, Papineau, qui projette toujours d'écrire une histoire du Canada, réclame des ouvrages à sa soeur qui les lui envoie, en juillet 1842[14]. Malheureusement, la liste s'est perdue comme celle des acquisitions faites en France. À peine peut-on signaler que celles-ci furent nombreuses, si on en juge par une lettre de Papineau à sa femme:

> J'ai en ce moment plus de mille volumes étalés sur le plancher. J'y suis couché pour étendre plus commodément les mains à droite ou à gauche.

Aux achats s'ajoutent encore les dons de l'ami Nancrède:

> J'ai acheté des livres et fait relier un nombre considérable des brochures que m'a laissées M. Nancrède.[16]

La collection est encore grossie par les ouvrages que Lactance s'est procuré au cours de ses études de médecine à Paris[17].

Avec la fin de l'exil se pose le problème du transport des livres. Des solutions sont envisagées. Madame Papineau écrit à Lactance:

> [. . .] voici ce qu'Amédée te recommande: de faire relier tes livres en France et en les pacquetant dans tes valises de mettre les vieux dessus et en débarquant à New York, de te nommer et dire que tu est [sic] étudiant en médecine et que c'est une bibliothèque àton usage et non pour le commerce.[18]

Tandis que Papineau recourt aux services d'Édouard Bossange:

> J'ai envoyé tous les effets que j'ai acquis pour vous tous par l'entremise de M. Bossange par la voie du Havre à New York. [...] Mes manuscrits qui remplissent un grand coffre et qui contiennent outre les mêmes cinq cent [*sic*] pages à peu près que j'ai fait copier depuis mon retour d'Italie par le gouvernement comme Benjamin m'en a prié, sont partis par cette voie et sept cent [*sic*] pages de plus qui n'étaient pas achevées mais qui étaient à la veille de l'être seront remises avec le globe de pendule à M. Leprohon qui devrait partir demain pour le Havre et New York.[19]

Ainsi, avant même de rentrer, alors qu'il tente de vendre la seigneurie de la Petite-Nation, Papineau s'occupe d'expédier tous ses effets dont ses «chers livres» et les notes prises en compulsant les archives nationales de France.

Les acquisitions sont-elles intégrées au vieux fonds ou à ce qu'il en reste? Pas tout de suite puisque la maison de la rue Bonsecours[20] est louée et que les Papineau n'y logent que comme pensionnaires. La bibliothèque ne sera guère reconstituée qu'à Montebello en 1856 ou en 1857. Papineau écrit à Robert Christie, le 19 mai 1856:

> Je me suis décidé à me bâtir une haute tour, détachée de la maison, mais assez rapprochée pour que, à quelque distance, elle en paraîtra comme une aile. Je la fais à l'abri du feu, pour mettre à couvert de ce risque, mes chers livres et le grand nombre de contrats & de papiers à la cnservation desquels tant de familles peuvent être intéressées dans la seigneurie.[21]

En plus des acquisitions régulières, la bibliothèque devait encore s'enrichir d'ouvrages provenant de membres de la famille comme Denis-Benjamin Papineau, Denis-Benjamin Viger, le curé Bruneau, Gustave et, surtout, Lactance Papineau. Du fait de ses études, ce dernier disposait d'un bonne collection de traités de médecine et de sciences naturelles dont une partie, soit 63 ouvrages, devait être remise le 20 août 1867 au docteur Joseph Leman, un petit neveu de Papineau par sa mère, qui était la fille de Denis-Benjamin Papineau. (Leman pratiquait la médecine dans la région de Plaisance).

À la mort de Papineau, en septembre 1871, la bibliothèque passe à son fils Amédée, qui ne cesse de l'enrichir — on le sait par les titres qu'il ajoute au catalogue — mais sans que le vieux fonds soit demeuré intact. Puis elle échoit successivement à son petit-fils Louis et à ses arrière-petits-fils Louis-Joseph, Philippe et James Randall Westcott Papineau qui, au début des années 1920, se

171

voient dans l'obligation de mettre en vente la seigneurie, le domaine, le manoir et son contenu dont la bibliothèque. Et ce, après que chacun des membres de la famille eût réservé ce qui l'intéressait. Il est même probable que ces derniers aient commencé à se départir de la bibliothèque dès 1919 puisque, le 25 avril de cette année-là, Augustine Bourassa acquiert déjà à la librairie Ducharme des ouvrages ayant appartenu à Papineau ou à des membres de sa famille sans compter des ouvrages sur Papineau et son temps.

Les immeubles passent au *Seigniory Club*, les meubles et le roulant sont dispersés aux enchères. Et la bibliothèque qui, au dire d'Olivar Asselin, compte 5 000 volumes[22] est vendue de la même façon, à Montréal, par la maison Fraser Brothers à partir du samedi 4 mars 1922. L'avant-midi, des numéros 1 à 376, au catalogue de la maison Fraser, l'après-midi, de 377 à 762, le soir, de 763 à 1130; puis le lundi suivant, dans l'avant-midi, de 1131 à 1521 et, dans l'après-midi, de 1529 à la fin, soit 1940.

À l'annonce de la vente, des intellectuels comme le professeur Jeanneret de l'Université de Toronto invitent le gouvernement du Québec à se porter acquéreur de la collection en bloc. Mais la réponse est négative. Tandis que de son côté Augustine Bourassa, une petite-fille de Papineau, qui nourrit un projet identique dans le but de faire cadeau de la collection «à la Bibliothèque Saint-Sulpice ou à quelqu'autre institution»[23], constitue un comité formé de Sir Lomer Gouin, du sénateur Laurent-Olivier David, de Me Victor Morin, président de la Société historique de Montréal, des juges Pierre-Eugène Lafontaine et Édouard Fabre-Surveyer, de Me Guy Vanier, de Me Rodolphe Lemieux, et d'Olivar Asselin. Le comité lance une souscription en adressant des lettres signées par Me Rodolphe Lemieux ou par Olivar Asselin et qui sont ainsi conçues:

> Quelques Canadiens-français qui ont conservé la mé-moire du coeur veulent sauver du naufrage la bibliothè-que de notre grand patriote *Louis-Joseph Papineau*.

> Sir Lomer Gouin et quelques autres citoyens éminents secondent leurs efforts. Faites-nous l'honneur de vous associer à nous. C'est un privilège que de collaborer à une oeuvre aussi patriotique.

> Papineau fut le fondateur du parti libéral. Il est le grand ancêtre des Canadiens-français.

> Cordialement vôtre.

Soixante-dix personnes répondent à l'appel. Et la somme recueillie, soit 3 344,00 $[24], est déposée à la succursale de la rue Saint-Denis de la Banque d'Hochelaga dans un compte spécial, *Comité Bibliothèque L.-J. Papineau*, portant le numéro 15-123. Malheureusement, elle ne permet pas un achat en bloc. De sorte que, lors de la vente, Mademoiselle Bourassa ne se porte acquéreur d'ouvrages que dans la limite des moyens dont elle dispose; et, par la suite, elle tentera de récupérer ceux qui sont tombés en d'autres mains. Lorsqu'elle essuie un refus, elle remplace l'édition par une autre. À la mort de Mademoiselle Bourassa cette collection, grossie de dons provenant d'autres membres de la famille, est remise à la Bibliothèque Saint-Sulpice par Henri Bourassa. C'est par ce don que se termine l'histoire de la bibliothèque. Mais qu'en est-il de son contenu en 1871, à la mort de Papineau?

C'est pour répondre à cette question que j'ai entrepris, il y a une quinzaine d'années, d'en compléter et d'en corriger le catalogue, mais sans soupçonner l'ampleur et la variété des problèmes auxquels je serais confronté. Il faut s'être adonné à un travail de ce genre pour en mesurer la difficulté. Ce qui n'était pas de nature à faciliter la tâche, je disposais de documents extrêmement défectueux ainsi qu'on le verra plus loin. À ces carences s'ajoutaient encore les miennes propres puisque, parvenu au moment de l'analyse, je me suis retrouvé devant nombre d'oeuvres qui, n'ayant pas survécu au temps, m'étaient tout à fait inconnues.

Le catalogue, ainsi que je l'ai établi, se fonde d'abord sur le *Catalogue de la Bibliothèque de l'Hon. Louis-Joseph Papineau (léguée à son fils et à son petit fils) L. J. A. P. par Papineau*[25]. Entrepris par Papineau lui-même après son installation à Montebello, — bien qu'il soit possible que ce fût plus tôt, — ce catalogue a été poursuivi par Papineau, sa vie durant, au gré des acquisitions et, après sa mort, par son fils Amédée. C'est ce que révèle la calligraphie de même que l'année de publication de certains volumes qui est postérieure à septembre 1871. Ce catalogue comprend les divisions qui suivent:

> a) Le catalogue proprement dit (p. 1-125) qui se divise en classes et en sections sur lesquelles on reviendra; à l'intérieur de celles-ci, les entrées ont été faites sans aucun ordre que ce soit sauf peut-être celui des acquisitions. — Bien que cette dernière remarque vaille surtout dans le cas des ouvrages québécois. — Les entrées donnent le nom de l'auteur, le titre, le lieu et l'année de la publication. — À l'occasion, l'une ou l'autre de ces précisions manque ou est inexacte. — Elles sont pourvues d'une numérotation souvent fautive; elle passe de 336 à 277 et elle s'arrête à 1 613. Les entrées ultérieures du catalogue se présentent de la même façon. Comme Papineau n'a pas dressé son catalogue sur des feuilles amovibles et que l'espace a manqué, il a souvent intercalé des entrées ici et là entre deux autres entrées ou dans les espaces libres à la fin des classes et des sections. Et ce, sans toujours tenir compte du sujet. Les additions, assez nombreuses, parfois une quarantaine à la suite, ne sont pas numérotées. Amédée Papineau qui, sur ce point, a imité son père, a même ajouté

certaines classes qui ont surtout rapport avec les États-Unis. Le catalogue se poursuit, conçu de la même façon, dans les parties *c, e, f* et *i*, qui suivent.

b) *Table ou Catalogue de ma Bibliothèque (p. 126-130) et table alphabétique à la suite (p. 132-182).* Il s'agit d'un plan de la bibliothèque par classes et sections suivi d'un index qui se conforme à l'ordre alphabétique des noms d'auteurs et renvoie à la page du catalogue où se trouve l'entrée. Cette méthode est également suivie dans les autres index en *d, g, h* et *j*.

c) *Bibliotheca Americana par ordre méthodique (p. 185-223).*

d) *Bibliotheca Americana. Table alphabétique (p. 227-242).*

e) *Bibliotheca Americana. Table alphabétique des écrivains formant les 25 premiers volumes des Mélanges & Pamphlets sur le Canada (p. 243-245).* Outre ce que fournissent les autres parties du catalogue, celle-ci précise la localisation des brochures dans l'un ou l'autre des volumes des *Mélanges & Pamphlets* ainsi que le nombre de pages de chacune.

f) *Canada Mélanges Pamphlets. Les nombres des traités et les pages est à page. Les noms des auteurs à page 229 (p. 246).*

g) *Bibiotheca Americana. Table alphabétique des auteurs de Pamphlets sur les États Unis et parties de l'Amérique autre que le Canada (p. 247).* Cet index a été ajouté par Amédée Papineau.

h) *Alphabetical list of authors of Tracks and pamphlets on United states brought from page 220. Volumes 1 to 5 inclusive. Suite at page (p. 247 bis).* Autre index dressé par Amédée Papineau.

i) *Livres acquis depuis la mort de mon Père Louis-Joseph 1er (p. 248-269).*

j) *Rapporté de pages 114-119-124. Table alphabétique des auteurs compris dans les Volumes de Pamphlets et Mélanges autres que ceux sur l'Amérique (la table de ceux-ci est à la page 243 pour le Canada et pour autres parties de l'Amérique et pages 225 à 247 (p. 270-276).* Cet index renvoie aux volumes des *Mélanges & Pamphlets.*

k) Ensuite (p. 300-360), on relève la transcription d'un journal du siège de Québec de 1759.

Voilà pour le catalogue sur lequel je me suis fondé.

Je disposais également d'autre documents; d'abord, du *Catalogue of Books beeing the complete library of late hon. L.J. Papineau, the manor house, Montebello, to be sold without reserve by order of the heirs at public auction commencing saturday 4th March 1922 at 10 a.m., 2.30 p.m. and 8 p.m. and Monday, 6 March 10 a.m. to 2.30 p.m. at 453 St-James Street, Montreal, Fraser bros, auctioners*[26]. Ce catalogue, qui compte 45 pages et 1 940 entrées est extrêmement défectueux; il ne présente aucun ordre; les titres sont reproduits de façon incomplète ou fautive quand ils ne sont pas traduits en anglais. Les différents tomes d'un même ouvrage ne sont pas toujours regroupés tandis que, parfois, plusieurs ouvrages le sont sous un titre générique comme «various authors».

J'ai aussi tiré parti de *l'Inventaire de la bibliothèque de Monsieur Napoléon Bourassa, juin 1942, par M. Florent Maynard*[27]. Ce document de 74 pages constitue un inventaire de la collection remise en 1942 par la famille Bourassa à la Bibliothèque Saint-Sulpice. Il comprend 1 343 entrées classées par ordre alphabétique d'auteurs et parmi lesquelles on retrouve plusieurs ouvrages provenant de la bibliothèque de Papineau; ils auraient été acquis pour la plupart lors de la vente de 1922. Il donne le nom de l'auteur, le titre, le nom de l'éditeur, le lieu et l'année de la publication. À cet inventaire sont annexés deux documents, soit la *Liste des livres non inventoriés par Monsieur Florent Maynard* (4 pages) *et Collection Bourassa. Livres qui sont déjà au catalogue de la bibliothèque* (13 pages). Ils comptent respectivement 95 et 355 entrées, qui fournissent uniquement le nom de l'auteur ainsi que le titre, mais sans autres précisions. Aucun ordre n'a été suivi dans la classification.

La première étape du travail a consisté à transcrire sur des fiches qui furent ultérieurement classées par ordre alphabétique d'auteur, chacune des entrées des catalogues et des listes dont il a été question. Elles furent ensuite complétées ou corrigées grâce aux renseignements fournis par les catalogues des grandes bibliothèques — lorsque je me suis mis à l'oeuvre, celui de la Bibliothèque nationale de Paris n'en était qu'à la lettre V — ainsi que par des bibliographies spécialisées. Dans le cas de la production canadienne et québécoise, ont surtout été mis à profit celles de Morgan, Gagnon, Dionne ainsi que Beaulieu et Hamelin. Quand il s'est agi de trancher entre plusieurs éditions, le catalogue de 1922 et les listes de Maynard ont été d'un précieux secours. Dois-je le dire, j'ai surtout éprouvé des problèmes dans le cas des publications officielles des gouvernements du Haut et du

Bas-Canada ainsi que du Canada-Uni. C'est ainsi que 75% des entrées, soit environ 3 050 sur 3 785 ont été complétées ou corrigées.

Ensuite, les fiches ont été replacées dans l'ordre ou le désordre du catalogue initial à l'intérieur de chacune des classes et des sections et non sans que certaines précisions aient été apportées selon que les entrées ont été complétées ou non, que les volumes ont été acquis par Papineau ou par son fils Amédée, ont été remis au docteur Leman ou se sont retrouvés dans le catalogue de 1922 ou sur les listes de Maynard, que la numération a manqué ou non. Un index des noms, complètement refondu, permet de se retrouver.

J'évoque assez rapidement cette étape du travail puisque je ne saurais en dégager de considérations générales, chacune des fiches présentant un cas particulier, ses difficultés propres, et nécessitant une recherche qui a été plus ou moins longue.

Mon travail sur le catalogue ne devait pas aller au-delà. Je n'ai voulu prendre aucune initiative qui puisse détruire l'un des instruments permettant de percevoir la pensée de Papineau. Avant tout, l'ordre des classes et des sections a été respecté. Car il m'a semblé extrêmement révélateur de Papineau lui-même que, par delà les omissions et les erreurs dont il a été question, il ait divisé son catalogue de telle ou telle manière, en classes et sections portant des titres précis — dont la graphie a été respectée — et, qu'à l'intérieur de celles-ci, il ait placé tel ou tel ouvrage. C'est ainsi que, dans la mesure où l'on sort de la bibliographie proprement dite, le catalogue devient intéressant en ce qu'il permet, à la façon de la correspondance, de saisir, un individu. Quoique, au moment d'amorcer cette seconde étape, qui est celle de l'analyse, je me suis rendu compte que je ne pouvais seul la mener à terme. Elle devra être entreprise par une équipe à moins que chacune des classes et des sections ne soit confiée à un spécialiste. Les choses se seraient présentées autrement s'il s'était agi d'une bibliothèque engagée. Ceci dit, je formulerai quand même, en guise de préambule à cette analyse du catalogue que j'ai renoncé d'entreprendre, certaines réflexions qui me sont venues en cours de travail.

Il y a dans tout collectionneur une volonté bourgeoise quoique la plupart du temps inconsciente — car chacun d'eux se croit motivé dans ses démarches par quelque sentiment de vénération — de s'approprier finalement à bon compte le labeur et les oeuvres d'autrui, de les dominer et d'en bénéficier à sa guise. Le geste d'acquérir confère un pouvoir, celui du possédant sur le possédé; bien plus, du maître sur l'esclave. Dans cet ordre d'idées, les livres constituent pour celui qui en dispose — le mot doit être pris au sens de *faire ce que l'on veut de* — une sorte d'instrument aux possibilités infinies, de réservoir où puiser au gré des besoins et des fantaisies. Cela est surtout vrai dans le cas d'une bibliothèque générale. C'est dans cet esprit que Papineau crée sa bibliothèque. Aussi, pour tenter de définir ses préoccupations, une analyse du contenu, c'est-à-dire de chacun des titres, s'impose. Mais cette approche, si elle est la plus valable et partant la plus révélatrice, n'est pas la seule. Car une bibliothèque peut être aussi perçue à partir ce qui ne s'y trouve pas. À cela pourrait servir l'index des noms. Il est sûr que certains auteurs constituent les favoris de Papineau. Par exemple, il dispose de douze oeuvres de Voltaire plus trois éditions complètes qui totalisent 237 volumes. Alors que d'autres auteurs sont étrangement absents. Qu'il n'ait acquis qu'un ouvrage d'Adam Smith montre qu'il attachait à celui-ci moins d'importance qu'on a pu le penser. Cette approche permettrait d'obtenir des résultats mais à la condition de s'en tenir aux absents qui, à cette époque, connaissaient une certaine faveur. — On ne saurait tirer les mêmes conclusions de ce qu'il ne possédait qu'une édition de Tallemant des Reaux! Autrement, elle pourrait mener à des interprétations plus ou moins fantaisistes. Bien que la possession d'un livre ne signifie pas non plus adhésion aux idées qu'il exprime.

J'ai d'abord cru qu'un catalogue constituait un merveilleux instrument permettant d'avancer dans la connaissance de son propriétaire, un peu comme une correspondance. J'en suis venu à la conclusion que cet instrument est d'un maniement extrêmement difficile et qu'il ne peut être utilisé sans le secours de cet autre instrument qu'est l'oeuvre écrite. Dans le cas de Papineau, les discours n'ont pas été regroupés et la partie de la correspondance qui a été publiée — peut-être un tiers de l'ensemble — l'a été de façon fragmentaire. Assez curieusement, ce sont les passages qui permettraient de tracer l'évolution intellectuelle de Papineau qui ont été supprimés.

Dans l'établissement des structures mêmes de son catalogue, c'est-à-dire des classes et des sections, Papineau s'est-il inspiré de modèles? Pendant un temps, j'ai cru qu'il avait suivi le *Manuel du bibliophile, ou traité du choix des livres* de Gabriel Peignot[28], ou encore la *Nouvelle Bibliothèque d'un homme de goût* de Barbier et Desessarts[29], un ouvrage auquel il renvoie. Souvent, sous les entrées, il indique que tel ouvrage s'y trouve. À condition de la vraiment vouloir, on pourrait peut-être effectuer certains rapprochements entre la *Nouvelle Bibliothèque d'un homme de goût* et le catalogue de Papineau. Mais ce serait fort hasardeux. Si Papineau y recourt, c'est que, en bibliophile, il est toujours à la recherche des éditions rares et anciennes et que, assoiffé de connaissances, il recherche les meilleures éditions, c'est-à-dire celles qui sont susceptibles de le mieux renseigner. On pourrait également soutenir que, dans les sections de littérature, il s'est souvenu de ses études et du *Lycée ou Cours de littérature ancienne et moderne* de Jean-François de La Harpe[30]. Papineau a plutôt choisi de se conformer à des divisions assez traditionnelles et qui étaient encore admises de son temps.

Le catalogue révèle également certaines idées: en plaçant le catholicisme sur le même pied que les autres religions, le naturalisme et la démonomanie, à l'intérieur de la classe de *Théologie*, Papineau lui conteste cette primauté qui lui était reconnue dans son milieu. De même, en faisant débuter l'histoire de France avec la Renaissance et non avec le Moyen-Age qui, pour lui, est européen, il fonde l'idée de nation sur l'affirmation d'une certaine collectivité, affirmation qui la rend plus cohérente et distincte. Ce qui ne l'a pas empêché d'en rechercher les origines en des temps plus anciens; en l'occurrence, à l'époque mérovingienne.

177

Le catalogue montre encore quelles sont les préoccupations premières de Papineau car, plus il s'éloigne de celles-ci, plus les classes et les sections portent sur des sujets vastes. Ainsi, dans la classe *Histoire*, s'il crée nombre de sections pour la France, il regroupe en deux sections tous les pays d'Europe, hors la France et l'Angleterre, et en une, l'Afrique et l'Asie. Il n'est pas inutile de rappeler qu'il consacre toute une section à la biographie quand on sait l'importance qu'il attachait à l'exemple des grands hommes.

Dans la classification de certains ouvrages, Papineau a sans doute éprouvé des problèmes. La section *Littérature française. Prose* constitue une sorte de fourre-tout où il a mis tout ce qui n'entre pas dans les classes et sections réservées à l'histoire, aux biographies, aux voyages, aux contes et aux nouvelles; on y trouve des essais, des manuels, des mémoires de sociétés savantes. La classe *Théologie* comprend ce qui s'y rattache de près ou de loin et même ce qui s'y oppose. La jurisprudence englobe même le droit dans sa partie théorique.

Papineau, qui éprouve pourtant un grand respect pour les livres, les classe non pas toujours en fonction des catégories traditionnelles, mais plutôt en fonction de l'usage qu'il leur prête. C'est ainsi qu'il regroupe sous *Christianisme*, Pascal, Bossuet, Lamennais, Veuillot et Bourdaloue, tandis que Spinoza, Volney, Helvétius et d'Holbach se retrouvent parmi les livres hostiles à la religion.

La liberté que prend Papineau face à certains auteurs — il place souvent les littéraires en compagnie des juristes et des théologiens —, la difficulté dans laquelle il se trouve parfois de les classer, la perception qu'il en a de même que celle que nous en avons et qui est tout aussi arbitraire que la sienne, tout cela rend difficile une analyse quantitative fondée sur les classes et les sections. Un autre problème la complique encore et risque de modifier sensiblement le rapport des chiffres. Que faut-il faire dans le cas des éditions complètes regroupées sous le titre de *Polygraphes* comme celles de Voltaire?

Ces choses étant dites, les classes et sections révèlent certaines préférences, ne serait-ce que par les écarts existant entre le nombre des volumes. Aussi, les classes cinquième, *Histoire*, sixième, *Littérature*, et vingtième, *Bibliotheca americana*, sont bien pourvues. Ainsi en est-il, si l'on tient compte de la production, la classe septième, *Biographie*. Par ailleurs, la classe première, *Théologie*, est assez pauvre et, ce qui surprend encore davantage, les classes seconde, *Gouvernement, Politique*, et troisième, *Jurisprudence. Divisée en sept sections*.

Enfin, peut-on parler d'une politique d'achat? Papineau saisit les occasions qui se présentent lorsqu'il s'agit de livres usagés. Je ne doute pas qu'il ait acquis certains fonds ou certaines parties de fonds. Il disposait de plusieurs catalogues de vente. Il s'est certainement laissé tenter par les nouveautés, quoiqu'il ait d'abord tenu à posséder les textes de base. Papineau y recourt avant de recourir aux exégèses. C'est à partir d'eux qu'il forme, sinon qu'il exerce son jugement. Mais il lui est arrivé de ne pas trop savoir ce qu'il possédait. Qu'il dispose de diverses éditions d'un même auteur, cela s'explique par le désir de les comparer. Mais non qu'il dispose de plusieurs exemplaires d'une même édition. Àmoins que, à l'occasion, il ait reçu l'un ou l'autre en cadeau.

J'ai formulé ces quelques observations sous toutes réserves. Une étude approfondie du catalogue permettra de les étayer, de les développer ou encore de les réfuter. Mais, surtout, elle permettra d'en arriver à des conclusions fondées et nuancées. Àdéfaut de les pouvoir formuler, je terminerai en posant une question que j'aurais dû poser plus tôt.

Pourquoi Papineau a-t-il choisi de collectionner les livres et non, par exemple, les oeuvres d'art? Je ne doute pas qu'il y ait eu à Montréal, outre les librairies, un marché parallèle de livres remontant à la fin du Régime français et constitué de fonds passant d'un amateur à l'autre. L'une des grandes éditions de Voltaire que possède Papineau lui vient des Viger. Mais les livres lui offrent de quoi satisfaire toutes ses aspirations. Àla fois homme d'action et hédoniste, il y trouve le plaisir et la justification de son plaisir. Ainsi rejoint-il la morale des Lumières à une époque où ses contemporains ultramontains nient jusqu'à l'idée même de plaisir. La formule «Mêler l'utile à l'agréable» lui convient tout à fait.

Curieux de toutes choses, refusant d'être «une sorte d'homme particulier», pour reprendre une expression de Musset, il éprouve pour la connaissance une passion qu'il entend bien justifier. Son attitude n'est pas différente dans le domaine des idées puisque, pour lui, les opinions se forment et se transforment à la lecture et à la comparaison de positions divergentes, voire contradictoires, selon un jeu auquel il lui plaît de s'adonner. Lorsqu'il se mesure à telle ou telle théorie, c'est avec la certitude d'y glaner quelque chose. Comme Leibnitz qu'il pratiquait, il a sans doute pensé que la vérité tire son origine de la lecture, ne serait-ce que d'oeuvres la contestant. Et encore, est-ce dans la poursuite du plaisir. Tandis que, parallèlement, il recherche les éditions rares ou anciennes mais à la condition qu'elles offrent quelque rapport avec ses préoccupations. Il s'agit surtout d'ouvrages de controverse[31], de traités[32] et de relations de voyages[33] beaucoup plus que d'albums d'art dont les sujets peuvent lui sembler gratuits.

Cette volonté, pour ne pas dire cette nécessité pour Papineau de mêler l'utile à l'agréable est à l'origine des acquisitions de la bibliothèque, voire de sa diversité. Elle est également à l'origine d'une expérience et d'une sagesse éclairée, c'est-à-dire faite de modération et d'élévation qu'il aime partager avec d'autres si l'on en juge par la correspondance.

Ainsi les livres lui apportent réconfort, soulagement, consolation au moment des épreuves, ils le détournent des passions:

> Je n'ai d'autres ressources pour ne pas être tout à fait
> misérable que de me renfermer et alternativement de
> me croire au milieu de vous — m'occupant de projets

d'utilité pour mes chers enfants, puis aussi avec mes livres, ma seconde passion dominante à laquelle j'ai dû beaucoup d'occasions d'échapper aux dangers et aux écarts d'autres passions, je les aime, mes livres, de plus en plus et j'en sens bien mieux le prix dans mon deuil que dans aucun autre moment.[34]

S'ils ont produit une philosophie de l'existence, ils constituent une sorte d'expérience en ce qu'ils permettent d'établir des comparaisons entre le passé et le présent, et de tirer des conclusions utiles dans l'orientation de sa vie et de la collectivité. Aussi apportent-ils des solutions aux grands malheurs de l'humanité, qu'ils soient d'ordre religieux ou politique. À Luther et à Calvin il oppose Érasme, De Thou, L'Hospital et Coligny:

> Érasme, de Thou, l'Hospital, Coligny voulaient donner à la réforme une direction philosophique qui aurait fait le bonheur du monde. Luther et Calvin lui ont donné une direction fanatique qui a aggravé les maux qu'ils voulaient guérir.[35]

Les livres modifient le destin des nations, triomphent du despotisme. — Ici, Papineau rejoint Garneau. — S'ils provoquent les révolutions, ils savent en modérer la fureur. Le rôle qu'il prête à Lamartine — d'abord perçu comme un écrivain — au moment de la révolution de 1848, est fort révélateur:

> M. de Lamartine y fut sublime, jamais l'éloquence probe et passionnée n'avait obtenu un aussi éclatant triomphe, que celui où sa parole convertit la plèbe furieuse, armée, criant vengeance, déployant le drapeau rouge, demandant du sang par torrents, puis abaissant le drapeau à ses pieds, votant d'acclamation amnistie à un passé coupable et flétri, et pour la première fois dans les pactes de l'Histoire, abolissant la peine de mort pour les délits politiques. Une si grande élévation donnée à votre révolution par la magie de la parole inspirée aurait dû lui assurer la profonde et durable reconnaissance de la France. Que de mécomptes.[36]

Les livres aiguisent également le sens critique. Il faudra étudier un jour le Papineau critique littéraire qui a porté des jugements souvent plus nuancés et plus perspicaces que ses contemporains. Ainsi en est-il dans les lettres qu'il consacre à Charlevoix[37] et à Garneau[38]. Et il ne s'est pas limité à ses compatriotes. C'est que les livres n'offrent «que l'excellent qui a survécu»[39].

Enfin, ils lui ont révélé que nul métier n'est plus beau que celui de l'écriture car il permet de créer et d'anéantir des empires, de leur faire subir toutes sortes de transformations, que ce soit dans la réalité, par une action directe, ou lorsqu'on en a été retranché, dans le rêve et la fabulation, c'est-à-dire d'une façon compensatoire. Si la connaissance justifie les plaisirs de la lecture, l'action justifie ceux de l'écriture; Papineau a toujours si bien joué sur les deux plans que l'on pourrait soutenir que la colonisation de la Petite-Nation rend acceptable les aménagements élaborés du domaine seigneurial. On a fait de Papineau un patriote, un bourgeois, un illuminé, un déserteur, un seigneur cupide ou que sais-je encore! N'aurait-il pas d'abord été un écrivain, à une époque où la littérature ne fonde pas encore? Durant sa carrière politique, il le fut par sa correspondance et surtout par ses discours. L'auditoire ne constitue-t-il pas le plus beau des publics en ce qu'il réagit au fur et à mesure de la formulation du texte? Au gré de ses réactions, l'auteur peut même en modifier le développement. Puis, à partir d'un exil qui ne se terminera qu'avec la mort — sauf une courte interruption au moment de sa réélection à la Chambre d'assemblée — par une justification de son action qui met un terme à son passé — ce sera l'*Histoire de l'insurrection du Canada* — et surtout par la correspondance qu'il entretient avec ses amis de France, du Canada et des États-Unis. Du début à la fin, il y exprime, non sans toujours disposer des moyens de le réaliser, cet idéal qui lui vient des livres comme sa vocation d'écrivain et, dans un style qui, tout fautif qu'il soit, laisse transparaître une délectation certaine.

NOTES

1. Aubert de Gaspé écrit: «La renommée du jeune Papineau l'avait précédé avant même son entrée au Séminaire de Québec. Tout faisait présager, dès lors, une carrière brillante à cet enfant précoce, passionné pour la lecture, et dont l'esprit était déjà plus orné que celui de la plupart des élèves qui achevaient leurs cours d'études.

    Papineau jouait rarement avec les enfants de son âge; il lisait pendant une partie des récréations, faisait une partie de dames, d'échecs, ou s'entretenait de littérature, soit avec ses maîtres, soit avec les écoliers des classes supérieures à la sienne. L'opinion générale était qu'il aurait été constamment à la tête de ses classes s'il n'eût préféré la lecture à l'étude de la langue latine». Aubert de Gaspé, *Mémoires* (Montréal, Fides, 1971):196.

2. L.-J. Papineau à l'abbé Cyrille Légaré, s.l., janvier ou février 1860, AFB.

3. L.-J. Papineau à sa femme, Londres, 22 juillet 1823, *Rapport de l'archiviste de la province de Québec*, 34-35, p. 211.

4. Amédée Papineau écrit: «Le 15 [novembre] je fus très occupé. Depuis plusieurs jours, nous fesions enlever de la maison les objets les plus précieux, & les plus portatifs. Mais ne voulant point que cela fût connu du public, nous ne le faisions que de nuit & *en détail*. Me voyant seul, je ne crus pas devoir être aussi circonspect, & je surveillai le déménagement, même en plein jour, quoiqu'avec précautions. Le 15 & le 16, aidé de Marguerite, vieille servante de confiance fort attachée à la famille, je réussis à faire enlever une grande partie du mobilier à l'exception de quelques gros meubles et d'autres de peu de valeur. J'aurais voulu commencer par la bibliothèque. Malheureusement, je n'avais pas de boîtes, & il en fallait. Je donnai des ordres pour qu'on en fit.» Amédée Papineau, *Journal d'un fils de la liberté*, 15 novembre 1837 (Montréal, Réédition-Québec, 1972):69.

5. Amédée Papineau écrit: «Je ne faisais que de rentrer à la maison, lorsque mes oncles Théophile & Philippe, Bruneau & Joseph Robitaille y arrivèrent en hâte, pour me prévenir que nombre de personnes avaient été emprisonnées, & que je le serais pareillement si je ne me hâtais de laisser la ville. Je leur donnai toutes les clés, et le soin de la maison, leur recommandant surtout de faire enlever la bibliothèque.» Amédée Papineau, *Journal d'un fils de la liberté*, 17 novembre 1837 (Montréal, Réédition-Québec, 1972):70.

6. Rosalie Papineau-Dessaulles à Julie Bruneau-Papineau, Saint4-Hyacinthe, 8 juillet 1839, APQ.

7. L.-J. Papineau à sa femme, s.l., 1er février 1838, dans *Rapport de l'archiviste de la province de Québec*, 34-35, p. 396.

    L.-J. Papineau à sa femme, Albany, 7 février 1838, dans *Rapport de l'archiviste de la province de Québec*, 34-35, p. 399.

8. L.-J. Papineau à sa femme, Paris, 15 mai, 21 juin et 24 juin 1839, dans *Rapport de l'archiviste de la province de Québec*, 34-35, p. 427.

9. *Loc. cit.*

10. L.-J. Papineau à sa femme, [s.l.], 24 juin 1839, dans *Rapport de l'archiviste de la province de Québec*, 34-35, p. 434.

11. Rosalie Papineau-Dessaulles à Julie Bruneau-Papineau, Saint-Hyacinthe, 13 septembre 1839, APQ; Rosalie Papineau-Dessaulles à L.-J. Papineau, [s.l., 1838], APQ.

12. Rosalie Papineau-Dessaulles à Amédée Papineau, [Saint-Hyacinthe], 2 février 1840, APQ.

13. Rosalie Papineau-Dessaulles à L.-J. Papineau, [Saint-Hyacinthe], 28 juin 1842, APQ.

14. Rosalie Papineau-Dessaulles précise à Emery Papineau, dans une lettre datée de Saint-Hyacinthe, le 5 juillet 1842, qu'elle a expédié à son frère« quelques livres sur le Canada qui étant imprimé ici ou en Angleterre peuvent lui être utile pour son histoire du Canada...» (APQ).

15. L.-J. Papineau à sa femme, Paris, 27 avril 1844, APQ, dans *Rapport de l'archiviste de la province de Québec*, 36-37, p. 263.

16. *Loc. cit.*

17. L.-J. Papineau à Lactance Papineau, [s.l.], 10 avril 1844, dans *Rapport de l'archiviste de la province de Québec*, 38-39, p. 142.

18. *Loc. cit.*

19. L.-J. Papineau à sa femme, Londres, 18 avril 1845, dans *Rapport de l'archiviste de la province de Québec*, 36-37, p. 309.

20. À la maison de la rue Bonsecours une pièce était affectée à la bibliothèque. Amédée Papineau, *Journal d'un fils de la liberté*, 5 novembre 1837 (Montréal, Réédition-Québec, 1972):61.

21. L.-J. Papineau à Robert Christie, [s.l.], 19 mai 1856, AFB.

22. Olivar Asselin à Sir Hormidas Laporte, Montréal, 13 février 1922, AFB.

23. *Loc. cit.*

24. Les souscripteurs sont: Victor Allard (5,00 $), Dr E. Aucoin (2,00 $) Abbé Baillargé, curé de Verchères (10,00 $), L.-G. Beaubien (100,00 $), M. Beaudry-Leman (50,00 $), Me L.-E. Beaulieu (25,00 $), A.-L. Bédard (10,00 $), Sénateur F.-L. Béique (100,00 $), Notaire L. Bélanger (10,00 $), Pharmaciens Bisaillon et Hirbour (5,00 $), Famille Bourassa (400,00 $), Hector Bourgouin (35,00 $), Me Claver Casavant (200,00 $), Arthur Cherrier (5,00 $), Philomène Cherrier (100,00 $), Sénateur Raoul Dandurand (100,00 $), J.-H. Dansereau (25,00 $), Juge Jérémie Décarie (25,00 $), Arthur Décary (25,00 $), Juge Philippe Demers (10,00 $), J.-A. Derome (24,00 $), Me Gonzalve Désaulniers (25,00 $), Sénateur G.-C. Dessaulles (200,00 $), G.-L. Ducharme (100,00 $), Oscar Dufresne (50,00 $), Librairie G.-A. Dumont (5,00 $), Faculté des sciences sociales élèves de deuxième (5,00 $), Notaire R. Faribault (10,00 $), Mme Louis Fréchette (10,00 $), Me Horace Gagné (10,00 $), Sir Lomer Gouin (100,00 $), Librairie Granger (50,00 $), Ludger Gravel (25,00 $), Me Ernest Guimond (50,00 $), Zéphyrin Hébert (100,00 $), Me C.-A. Hétu (5,00 $), Edmond Hurtubise (20,00 $), J.-J. Joubert (50,00 $), Me Joseph Lamarche (25,00 $), Maison Lamontagne Ltée (50,00 $), Pharmacien Henri Lanctôt (20,00 $), Charles Langlois (100,00 $), Sir Hormidas Laporte (100,00 $), Pharmacien A.-J. Laurence (10,00 $), Laurence et Robitaille (10,00 $), Aimé Leblanc (10,00 $), René Leclerc (25,00 $), Sherif L.-J. Lemieux (25,00 $), Me Rodolphe Lemieux (10,00 $), L.-M. Lymburner (25,00 $), Juge Louis-Théophile Maréchal (20,00 $), Dr A. Marien (1,00 $), J.-E. Morin (10,00 $), Notaire Victor Morin (25,00 $), Juge Louis-Edmond Panneton (5,00 $), L.-G. Papineau (200,00 $), Madame Papineau-Beaudry (100,00 $), J.-A. Paulhus (50,00 $), Me Maxime Raymond (10,00 $), Me Thibaudeau Rinfret (100,00 $), J.-Auguste Richard (25,00 $), Juge Joseph-Emery Robidoux (10,00 $), Me J.-A. Robillard (5,00 $), Papeterie Rolland (20,00 $), Me Paul Saint-Germain (10,00 $), G.-A. Simard (50,00 $), Arthur Terroux (25,00 $), Me Albert Théberge (10,00 $), Dr J.-R. Toupin (1,00 $), Versailles, Vidricaire et Boulais (100,00 $).

25. Fonds Louis-Joseph Papineau, boîte 41, 360 p.

26. *Catalogue of Books beeing the complete library of late Hon. L.-J. Papineau, the manor house, Montebello, to be sold without reserve by order of the heirs at public auction commencing saturday 4th March 1922 at 10 a.m., 2.30 p.m. and 8 p.m. and Monday 6 March at 10 a.m. & 2.30 p.m. at 453 St. James Street*, Montréal, Fraser Brothers, auctioners, 1922, 45 p.

27. Florent Maynard, *Inventaire de la bibliothèque de Monsieur Napoléon Bourassa, juin 1942*, Montréal, Bibliothèque nationale du Québec, 74 p.

28. Gabriel Peignot, *Manuel du bibliophile ou Traité du choix des livres*, Dijon, Lagier, 1823.

29. G. Barbier et N. L. M. Desessarts, *Nouvelle bibliothèque d'un homme de goût*, Paris, Bertrand, 1817. Papineau renvoie souvent à cet ouvrage qui, assez curieusement, n'apparaît pas au catalogue.

30. Jean-François de La Harpe, *Lycée ou Cours de littérature ancienne et moderne*, Paris, Agasse, 1813, 19 vol.

31. Exemples:

— Jean Bodin, *De la démonomanie des sorciers. De nouveau revu et corrigé outre les précédentes*, Paris, Du Puys, 1581.

— Gatien de Courtilz, *La vie de Gaspard de Coligny, seigneur de Chastillon sur Loin*, Cologne, Marteau, 1686.

—Gabriel Naudé, *Considérations politiques sur les coups d'État*, [s.l.], 1667.

— Pierre Bayle, *Dictionnaire historique et critique*, Rotterdam, Böhm, 1720, 4 vol.

32. Exemples:

— Nicolas De Bonnefons, *Le jardinier français, qui enseigne à cultiver les arbres et les herbes potagères*, Paris, Pierre des Hayes, 1654.

— Robert Morison, *Plantarum historiae universalis oxoniensis pars secunda seu a Herbarum distributio nova, per tabulas cognitionis et affinitatis*, Oxford, Théâtre de Sheldon, 1680.

33. Exemples:

— Marc Lescarbot, *Histoire de la Nouvelle-France*, Paris, Perrier, 1617.

— Samuel de Champlain, *Les voyages de la Nouvelle-France occidentale, dicte Canada*, Paris, Sevestre, 1632.

34. Louis-Joseph Papineau à sa femme, Québec, 24 mars 1830, dans *Rapport de l'archiviste de la province de Québec*, 34-35, p. 300.

35. Louis-Joseph Papineau à sa femme, Paris, 29 avril 1839, dans *Rapport de l'archiviste de la province de Québec*, 34-35, p. 419.

36. Louis-Joseph Papineau à Eugène et Elvire Guillemot, Monte-Bello, 10 janvier 1855, APC, P B 10-582.

37. Louis-Joseph Papineau au ministre de la Marine, Paris, 20 janvier 1843, APQ.

Louis-Joseph Papineau au ministre de la Marine, [Paris, 1843], APQ.

38. Louis-Joseph Papineau, *Discours de l'hon. [. . .] devant l'Institut canadien, le 17 décembre 1867*, dans *Annuaire de l'Institut canadien pour 1867* (Montréal, Le Pays, 1868):31-32.

39. Louis-Joseph Papineau à Amédée Papineau, Montréal, 5 janvier 1863, APQ.

Appendice

Plan du catalogue

Ce plan est reproduit du catalogue de Papineau, la graphie comprise.

—Classe première. Théologie 1

I. Mosaïsme 1
II. Christianisme 1
III. Histoire ecclésiastique 7
IV. Hérésies 9
V. Mahométisme 10
VI. Religions d'Asie. Brahminisme, Boudhisme 11
VII. Paganisme 12
VIII. Livres hostiles à la Révélatio 12
VIII.1 Naturalisme, philosophie religieuse 14
IX. Demonomanie, spiritisme 15

—Classe seconde. Gouvernement, politique.
Divisée en deux sections 17

I. Gouvernement politique 17
II. Économie politique, Statistiques et négoces 20

—Classe troisième. Jurisprudence.
Divisée en sept sections 24

I. Droit de la nature et des gens. Droit public 24
II. Droit civil romain 25
III. Droit français ancien et nouveau 25
IV. Droit anglais 28
V. Droit du Bas-Canada et du Canada 30
VI. Droit des États-Unis porté à Bibliotheca
Americana 33
VII. Droit d'autres pays 33

—Classes quatrième. Philosophie mentale, Métaphysique,
Logique et Morale 34

—Classe cinquième. Histoire 39

I. Prolégomènes à l'histoire, Chronologie, Géographie
et Chronologie 39
a) Prolégomènes à l'histoire 39
b) Géographie 40

186

La lecture publique au Québec au XXe siècle

L'ambivalence des solutions

Marcel Lajeunesse

École de bibliothéconomie
Université de Montréal, Montréal

La période 1900 à 1960 semble une période de transition quant à la lecture publique entre un XIXe siècle rempli d'expériences, de luttes, d'espoirs, et l'après-deuxième guerre qui fait appel à la modernité et au renouvellement des institutions. À l'aube du XXe siècle, sont terminées les expériences d'autodidaxie par le livre et l'émulation mutuelle, tels les instituts canadiens, les instituts des artisans. De plus, la lutte autour de l'Institut canadien de Montréal a servi de leçon aux promoteurs. La société québécoise avait bien changé. Rien n'était étranger à l'Église québécoise, surtout pas le livre et le monde des idées auquel il donnait accès. Ces faits constituent la trame de fond de la première moitié du XXe siècle pour les francophones. Par ailleurs, le dernier quart du XIXe siècle avait vu un extraordinaire développement des bibliothèques publiques aux États-Unis; ce «public library movement» ne pouvait laisser la population anglophone du Canada et du Québec indifférente. La petite bibliothèque paroissiale chez les francophones, la bibliothèque publique moderne chez les anglophones, voilà un autre exemple des deux solitudes.

À l'aube du XXe siècle, en décembre 1890, la Législature du Québec votait un «Acte donnant pouvoir aux corporations de cité, ville et village, d'aider au maintien de bibliothèques publiques». Par cette loi votée par le gouvernement Mercier,

> Les corporations de cité, ville et village, constituées soit en vertu d'actes spéciaux, soit en vertu des actes municipaux ou du code municipal, soit en vertu des clauses générales des corporations de ville ou autrement, peuvent, par règlements passés à cette fin, aider, conformément aux lois qui les régissent, à l'établissement et au maintien de bibliothèques publiques gratuites dans leurs municipalités ou les municipalités qui y sont adjacentes, et accorder aussi, par tels règlements, de l'aide semblable aux associations de bibliothèques et instituts d'artisans, aux conditions imposées par la corporation pour l'usage gratuit de leurs bibliothèques par le public.[1]

Le gouvernement du Québec se rendait ainsi aux demandes des anglophones du Québec qui suivaient l'action des États-Unis et de l'Ontario dans le domaine de la lecture publique. L'Ontario ne s'était-elle pas donné une loi des bibliothèques publiques en 1882?

Une des premières municipalités à se prévaloir de cette loi fut Westmount. Cette petite ville de 7 000 habitants décide, en 1897, de construire une bibliothèque publique en l'honneur de la reine Victoria dont on célèbre le jubilé. L'Université McGill est associée à cette création, par son bibliothécaire Charles Henry Gould qui conseille le Comité de la bibliothèque de Westmount et par les nombreux services professionnels que sa bibliothèque rend à la petite ville de banlieue. Deux influences américaines joueront un rôle moindre dans la mise en place du projet: le conseiller Redfern raconte au Comité de la bibliothèque sa visite à des succursales de banlieue de la Bibliothèque de Boston, et le Comité s'intéresse au rapport du Connecticut Public Library Committee de 1895-1896[2]. La Westmount Public Library est inaugurée le 20 juin 1899: le maire Evans, qui note le retard du Québec par rapport aux États-Unis et à l'Ontario dans le domaine des bibliothèques publiques, souligne que la bibliothèque de Westmount devient la sixième bibliothèque publique du Québec, après celles de Sherbrooke, de Knowlton, de Stanstead et les deux bibliothèques de Montréal (Fraser Institute et Mechanics' Institute).[3] La bibliothèque de Westmount, après avoir écarté la «tentation Carnegie» dans la décennie 1910, émargera, jusqu'en 1961, au seul budget de la ville de Westmount; elle sera aussi, pour les observateurs, la bibliothèque modèle du Québec.

Depuis 1885, le Fraser Institute, fruit du legs de Hugh Fraser en 1870, est ouvert au public, cette bibliothèque fort importante englobe les collections de la Mercantile Library, de l'Institut canadien de Montréal, du Montreal Book Club, et reçoit les dons des riches marchands anglophones de Montréal[4]. Son bibliothécaire, Pierre B. de Crèvecoeur, lui donne, au cours des trois premières décennies du XXe siècle, un éclat particulier. On a eu raison de souligner que le Fraser Institute marque, à Montréal, «le passage de la bibliothèque traditionnelle du dix-neuvième siècle à la bibliothèque moderne»[5] axée sur le service au public. Le Mechanics' Institute, de la rue Atwater, fondé par le pasteur Henry Esson en 1828, est aussi accessible à la population anglophone de Montréal.

Du côté francophone, dans les années 1890, *Canada-Revue* et *la Presse* avaient fait campagne pour une véritable bibliothèque publique à Montréal. De même, la Bibliothèque industrielle de Montréal, bibliothèque de souscription animée par Edmond-Marie Templé, avait semé des idées qui resurgiront lors du débat sur une bibliothèque publique montréalaise.

En mars 1901, Raymond Préfontaine, maire de Montréal, sollicite, à l'instar de nombreuses villes américaines et canadiennes, l'aide du philanthrope Andrew Carnegie pour l'établissement d'une bibliothèque publique à Montréal. Les journaux francophones de Montréal, *la Presse, le Canada, la Patrie* et *le Devoir* à partir de 1910, consacrèrent, depuis 1901 jusqu'à l'inauguration de la bibliothèque en 1917, de très nombreux articles à ce projet et au problème de fond qu'il soulevait, la nécessité d'une véritable bibliothèque publique, gratuite et accessible à tous les citoyens de Montréal. Il est curieux de noter que la ville se dotera, en ces années, de deux grandes bibliothèques «publiques», la Bibliothèque de Saint-Sulpice, en 1915, et le nouvel immeuble de la Bibliothèque municipale en 1917, à peu de distance l'une de l'autre. Comme si tout l'effort montréalais dans la lecture publique s'était concentré dans l'établissement de ces deux grandes institutions et en était resté là pour un demi-siècle!

Nous avons déjà raconté, ailleurs[6], les difficultés d'établissement de la Bibliothèque municipale de Montréal, de sa transformation en Bibliothèque industrielle et commerciale en 1903, des problèmes posés par l'inclusion du roman contemporain, de l'importance accordée par le clergé à la censure et à l'orientation des lectures, de l'achat de la collection Gagnon et de la tentative d'en faire une bibliothèque historique, de l'opposition des échevins anglophones satisfaits de Fraser et de Mechanics'. L'inquiétude suscitée par le désir d'établir une grande bibliothèque publique poussa les Sulpiciens, déjà impliqués dans la lecture publique par leur Cabinet de lecture paroissial, à construire, rue Saint-Denis, au coeur du Quartier latin, une bibliothèque d'étude ouverte au public; à défaut d'empêcher la Municipale d'exister, la Bibliothèque Saint-Sulpice pourrait lui faire contrepoids et freiner son développement.

À la suite de la demande de la ville de Montréal et du débat acrimonieux qui s'ensuit, il n'est pas surprenant de constater qu'aucune ville de langue française ne demandât une aide à la Carnegie Corporation[7]. Lors du début des travaux de la Municipale de Montréal, en novembre 1915, l'évêque auxiliaire de Montréal, Mgr Gauthier, ressuscitant les débats de la décennie antérieure, affirma: «Je voudrais qu'il y eût ici une bibliothèque industrielle de tout premier ordre»[8]. Le premier ministre, Sir Lomer Gouin, constatant le besoin de bibliothèques au sein de la population, termina son intervention en affirmant:

> Parce qu'il y a peu de bibliothèques publiques dans la province de Québec, il ne faut pas conclure et il ne faut pas laisser dire que sa population ne lit point ou ne lisait point.[9]

La lecture des journaux des deux premières décennies du XXe siècle sur les bibliothèques publiques à Montréal démontre bien les réserves du clergé et aussi de l'élite bien pensante envers la formule européenne de bibliothèque publique, gratuite, non confessionnelle, libre, ouverte à tout citoyen pour diffuser l'information, l'éducation et favoriser le loisir. Dans ce débat, que de querelles, que d'atermoiements, que d'intérêts! Un «manque d'esprit public», selon *la Presse*[10]. Ce que les administrateurs municipaux désiraient par-dessus tout, et ce qui les a poussés à l'action, c'était la construction d'un édifice digne de la métropole canadienne: «un palais du livre en marbre»[11]. La ville de Montréal a été gâtée de ce côté avec la construction des deux bibliothèques (Saint-Sulpice et Municipale) dans le style Beaux-Arts[12]. La bibliothèque municipale, construite pour loger 400 000 volumes, n'en comptait à l'ouverture, en 1917, que 25 000 et, en 1933, 70 000 incluant la collection Gagnon:

> With such an elaborate building and such a small collection, it is little wonder that the library was for many years called «the library without books».[13]

En 1924, le Bureau de la Statistique du Québec mentionnait quinze bibliothèques publiques (municipales ou d'association) sur le territoire québécois: six à Montréal, sept à Québec, une à Sherbrooke et une à Shawinigan Falls, avec des collections de 556 374 publications[14]. La caractéristique du Québec en matière de lecture publique est justement la bibliothèque paroissiale dont la promotion avait été constamment stimulée par l'épiscopat pendant la seconde moitié du XIXe siècle[15]. En 1925, il y avait 230 bibliothèques «paroissiales» avec des collections de 155 650 publications[16].

TABLEAU 1 — **Date de fondation des bibliothèques paroissiales existantes en 1925**

Avant 1875	25
1876-1899	54
1900-1909	43
1910-1919	56
1920-1925	28
Date non indiquée	24
Total	**230**

Comme ces chiffres l'indiquent, les bibliothèques paroissiales n'étaient pas toutes de fondation récente. Soixante-dix-neuf bibliothèques remontaient au XIXe siècle. Leur problème n'en était pas un de permanence, mais d'ampleur et de vitalité. Pourtant quatre bibliothèques, dont celles de l'Immaculée-Conception de Montréal (22 132 vol.), l'Union catholique (18 000 vol.), de l'Apostolat des Bons Livres (9 054 vol.), comptaient 31% du nombre total de volumes.

À l'été 1930, une Commission formée de trois membres (John Ridington de Vancouver, George Locke de Toronto et Mary Black de Fort William) parcoururent le Canada, avec l'appui financier de la Carnegie Corporation, pour tracer un portrait de la situation des bibliothèques dans chacune des provinces canadiennes et surtout pour améliorer le service des bibliothèques au Canada. Les trois commissaires visitèrent Montréal (et Westmount), Sherbrooke et Québec et rencontrèrent à deux reprises le premier ministre Taschereau[17]. La situation québécoise embêtait la Commission qui constata que «it will thus be evident that the library situation in Quebec has features that differ entirely from those of the other provinces of Canada»[18].

La Commission identifia, quant à la langue, un problème d'approvisionnement et une dépendance des marchés français et belges et quant à la religion, un problème de censure cléricale. Elle dénombra 175 bibliothèques paroissiales dont plusieurs étaient moribondes, qui dépensaient en moyenne 50 $ par an chacune pour l'achat de livres. La Bibliothèque de la Ville de Montréal, cas singulier, selon les commissaires, exigeait, en pleine crise économique, un dépôt de 3 $ à 6 $ pour le prêt de livres. Les commissaires étaient perplexes sur les recommandations à faire.

A survey of the facts suggests and indicates that any
wise, effective and general library advance in Quebec

must be in the direction of encouragement and development of the *bibliothèques paroissiales*. This may not be
theoretically the most desirable, but it is certainly the
most immediately practicable step.[19]

Cette description et cette recommandation, prudentes et diplomates, ne
faisaient pas l'unanimité au sein de la Commission. Mary Black écrivait à Ridington: «I do not agree with you in your findings in Quebec. I think your picture is too
optimistic and your recommendations, too obsolete. The section is tremendously
interesting, and you have told the story well, but not quite all of it»[20]. Deux
semaines plus tard, la directrice de la bibliothèque publique de Fort William
exprimait plus clairement sa pensée sur la lecture publique au Québec:

> Your story too of Quebec is good and interesting and I
> am sure correct as far as it goes. However, we all know
> that these so called «libraries» have never functioned as
> public libraries, and never can, and that nothing has
> ever been done to encouraging public libraries. Wes-
> tmount terrified at the thought of the Quebec govern-
> nment taking a hand in public libraries, for they think it
> will mean choking all thought in their own institution.
> Of course, it is a national disgrace that even Montreal
> should have no public library, and it might be that we
> can work on their pride sufficiently to stir up some
> interest in the subject in that city, and that might lead to
> further growth, but I don't think we need work much
> about anything that is likely to happen in Quebec.[21]

Après avoir noté que le problème des bibliothèques au Québec est difficile
à régler, la Commission s'intéressa particulièrement à la situation des anglo-
protestants du Québec[22] et nota, dans son rapport, que «several of the larger towns,
where English is more generally spoken, offer promising fields for library
expansion».[23] Commentant le rapport lors de sa parution, le journal *The Gazette*
conclut que «race, language and religion create special conditions in this
Province»[24].

La décennie 1930 ne fut pas une période favorable à la fondation de
bibliothèques publiques, principalement au Québec. En 1931, la Bibliothèque
Saint-Sulpice avait fermé ses portes, en dépit du manifeste des Amis de la bibliothèque qui fit, une fois de plus, le piètre bilan de la situation de la lecture
publique dans la métropole canadienne[25]. De plus, il fallut une intervention ferme
de la revue *Les Idées*, en 1937, pour empêcher une dispersion des collections de
cette institution[26]. Dans l'Amérique du Nord déjà pourvue de bibliothèques publiques, la période de la crise économique donna lieu à une fréquentation intense de
ces institutions. Au Fraser Institute, il y eut augmentation très sensible du prêt et de
la fréquentation; très souvent, la salle de lecture était remplie, on refusait des gens,

195

on fermait les portes de la bibliothèque quand toutes les places étaient occupées[27]. À la Bibliothèque de la Ville de Montréal, le dépôt obligatoire servit de repoussoir à des citoyens jouissant de loisirs forcés. Lors du Congrès de la langue française à Québec en 1937, Félix Desrochers exposa l'insuffisance de nos bibliothèques publiques. Sur 642 bibliothèques publiques au Canada, 460 sont en Ontario, 26 au Québec, dont 9 seulement sont francophones. L'Ontario dépense annuellement 1 203 062 $ pour la lecture publique et le Québec, 189 865 $ incluant les 322 bibliothèques paroissiales. L'Ontario enregistre 14 160 816 prêts à 814 329 abonnés, et le Québec, 602 900 prêts à 29 185[28]. En réalité, les dépenses per capita pour la lecture publique au Québec sont faibles: elles se situent au septième rang des neuf provinces canadiennes en 1937.

GRAPHIQUE 1. **Dépenses per capita pour les bibliothèques publiques, 1937**

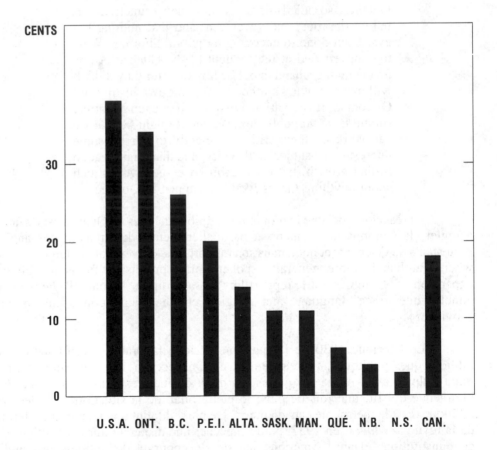

Quant au prêt des bibliothèques publiques du Québec, il se situe au dernier rang des provinces canadiennes (2 prêts par habitant, alors que la moyenne canadienne est de 18)[29].

196

GRAPHIQUE 2. Prêt des bibliothèques, 1937

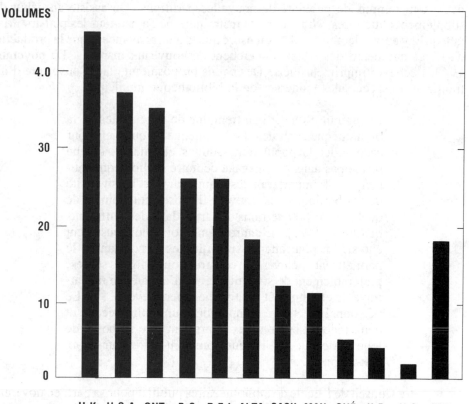

VOLUMES

4.0

30

20

10

0

U.K. U.S.A. ONT. B.C. P.E.I. ALTA. SASK. MAN. QUÉ. N.B. N.S. CAN.

Au tournant des années 1940, quelques lueurs d'espoir apparurent. À partir de 1937, une École de bibliothécaires commençait à former du personnel professionnel. En 1941, en plus d'acquérir la Bibliothèque Saint-Sulpice, la Législature du Québec votait un embryon de législation en faveur des bibliothèques publiques, qui rendait les municipalités capables, si elles le souhaitaient, de développer des services locaux de bibliothèques (*Statuts refondus*, 1941, chap. 243). On sentait que «la bibliothèque occupe donc une position stratégique dans l'organisation d'un système d'éducation post-scolaire»[30]. En 1943, la Bibliothèque de la Ville de Montréal abolit le dépôt pour le prêt; en quelques mois, la circulation a plus que doublé et le nombre d'abonnés actifs a quadruplé[31]. Fait nouveau, en 1942, la Bibliothèque de la Ville reste ouverte pendant l'été. Dans une étude comparée entre les bibliothèques publiques de l'Ontario et du Québec, Léo-Paul Desrosiers identifie le problème québécois: une carence de véritable législation et une absence de prélèvement de taxes à cet effet: «Alors est-il chimérique de vouloir fonder une bibliothèque publique sur une autre base que les impôts»[32]. Roger Duhamel voyait comme préalable à une politique québécoise en ce domaine la création d'une vigoureuse Direction provinciale des bibliothèques[33].

La guerre mit fin à la crise économique. Elle fut, pour l'éditeur québécois, une période d'activité intense: l'édition française se faisait à Montréal. Les journaux sont remplis de publicité de nouvelles parutions. On assiste au début des suppléments littéraires. «La guerre va restreindre peu à peu tous les plaisirs. Mais tant qu'il y aura la lecture...»[34] À mesure que la guerre avance et que la production de livres augmente, les éditeurs cherchent de nouveaux marchés. En novembre 1943, l'échevin-imprimeur Pierre Desmarais proposait un plan d'ouverture d'une trentaine de succursales modernes de la bibliothèque municipale.

> Il s'agirait d'ouvrir une trentaine de succursales de la bibliothèque centrale ou bibliothèque de quartier, pour accomoder la population, adultes et enfants, qui ne réside pas dans le voisinage de notre bibliothèque municipale. Il importerait dès maintenant de choisir le site de ces bibliothèques. La ville dispose actuellement de quelque 90 000 terrains répartis dans les différents quartiers. [...]. L'endroit une fois judicieusement choisi, on pourrait, aussitôt que les circonstances le permettront, y élever une construction de lignes sobres, préférablement de style moderne, d'apparence très attrayante et d'un coût relativement peu élevé. [...]. Le personnel en charge comprendrait un bibliothécaire et deux aides. Les volumes pourraient être disposés de telle sorte que les lecteurs puissent faire leur choix eux-mêmes...[35]

Le Conseil de l'École de bibliothécaires publiait pour sa part, en novembre 1944, un plan général d'organisation des bibliothèques du Québec[36] auquel *le Devoir, l'Action catholique, le Droit, Relations*, la Société Saint-Jean-Baptiste et l'Assemblée des archevêques et évêques de la province de Québec assurèrent une grande diffusion. On y prônait l'instauration d'un Office provincial des bibliothèques, avec tâches de promouvoir la législation, de faire des enquêtes, de préparer des politiques et d'en surveiller l'exécution, de répartir les subventions. De plus, on rattachait cet Office au Comité catholique du Département de l'instruction publique, avec l'évêque membre ex-officio au plan provincial et au plan local. En 1947, les Éditions Marquis mettaient en service un «bibliobus» qui desservait la Province, avec une collection de 1 400 volumes[37].

À la fin de la guerre, les éditeurs sont rappelés à l'ordre[38]. La fête est finie. D'ailleurs le retour à la concurrence internationale les ramène à leur place véritable. En mai 1946, le cardinal Villeneuve reformulait la position traditionnelle de l'épiscopat envers le livre et la bibliothèque, notamment les recommandations du Concile de Québec:

> Pourrions-nous traiter d'orientation des lectures sans parler des bibliothèques? Il ne me semble pas, et peut-

être ne l'a-t-on pas suffisamment saisi. Ce sont les bibliothèques qui assurent une efficacité perpétuelle et de la stabilité à cette oeuvre si importante des bons livres. [...] Dans la période actuelle de progrès et d'adaptation de nos bibliothèques, progrès parallèle au développement de l'édition, alors que toutes sortes de progrès s'élaborent, il est des principes essentiels qu'il ne faut pas lâcher. «Parties intégrantes», avons-nous dit, du système d'éducation, les bibliothèques, par le fait même, ne peuvent être neutres non plus que non confessionnelles.[39]

Pendant la guerre et dans l'immédiat après-guerre, on assista à l'établissement de nombreuses bibliothèques pour enfants: de Rosemont, bibliothèque bilingue fondée grâce à une subvention de 5 000 $ de la Fondation Carnegie, de Verdun, de Notre-Dame-de-Grâce, d'Outremont, de Vaudreuil, de Sainte-Anne de Bellevue, de Ville La Salle, de Pointe-Claire et la Montreal Children's Library. Ces bibliothèques comptant de nombreux abonnés eurent une circulation de livres impressionnante. La Bibliothèque de la Ville de Montréal créa une section enfantine et lui donna une impulsion considérable. Par ces bibliothèques, on voulait élargir la base des abonnés et augmenter le nombre des habitués des bibliothèques. Par ailleurs, cette nouvelle orientation reflétait aussi un aveu d'impuissance de la part des bibliothécaires vis-à-vis de la clientèle, qui boudait les services de bibliothèques existants.

Depuis le début du siècle, le Québec avait été le théâtre de grandes transformations: une industrialisation très importante et une urbanisation soutenue[40].

TABLEAU 2 — **Pourcentage de la population urbaine et rurale au Québec**

	pop. rurale	pop. urbaine
1901	60,3	39,7
1921	44	56
1941	36,7	63,3
1961	25,7	74,3

Pourtant les mentalités n'évoluent pas au rythme des réalités socio-économiques. Malgré leurs déficiences et en dépit du caractère archaïque et passéiste du discours, les bibliothèques paroissiales demeurent encore le modèle à développer. D'ailleurs, l'Association canadienne des bibliothèques catholiques n'a-t-elle pas été fondée en 1943 pour en regrouper les artisans et pour stimuler la création de ces bibliothèques? À l'exception de quelques grandes bibliothèques paroissiales de Montréal (notamment celles de l'Immaculée-Conception et de

Saint-Pierre-Apôtre) et de Québec, les conditions de ces bibliothèques sont misérables.

> Les archives des paroisses en font à peine mention.
> C'est qu'elles sont, le plus souvent, des humbles et
> timides enfants de la bonne volonté et de la pauvreté.
> Elles n'ont pas de système uniforme et presque toutes
> sont administrées sans base technique. Elles débutent
> petitement, végètent péniblement et meurent
> obscurément.[41]

Dans une étude proposant un «système cohérent de bibliothèques au Canada français», un universitaire aussi averti que Raymond Tanghe constate, en 1952, que, dans les campagnes, la paroisse est le coeur de la vie sociale. Dans les villes, l'esprit paroissial s'est affaibli. À son avis, les bibliothèques paroissiales sont susceptibles de «recréer ce sentiment de solidarité»[42]. Réaliste, il perçoit surtout que seules les bibliothèques paroissiales reçoivent l'appui de l'épiscopat et du clergé.

En 1949, on comptait douze bibliothèques publiques au Québec (Montréal, Fraser, Jewish, Bibliothèques des enfants, Montreal Children's Library, Notre-Dame-de-Grâce, Rosemount Bilingual, Rock Island, Shawinigan, Sherbrooke, Trois-Rivières et Westmount), ainsi que deux bibliothèques d'association importantes (l'Institut canadien de Québec et le Montreal Mechanics' Institute)[43]. Seulement 35% de la population urbaine et 5% de la population rurale peuvent profiter du service d'une bibliothèque publique[44]. Malgré tout, on perçoit de plus en plus que seule une municipalité peut instaurer un service de lecture publique efficace. Trois-Rivières crée une bibliothèque municipale au début de la décennie 1940. En 1951, on assiste à la fondation de bibliothèques municipales à Chicoutimi, Drummondville, Granby, Saint-Jérôme, Sorel, Témiscamingue, Val d'Or, Valleyfield et Victoriaville. En 1956, s'ajoutent les bibliothèques publiques de Mont-Royal, Richmond, Sorel et Verdun. En dépit des expériences américaines et canadiennes (Fraser Valley (B.C.), Lambton County (Ont.) et Prince Edward Library Demonstration, pendant les années 1930), il n'y a toujours aucune bibliothèque régionale au Québec, en ces années. En 1956, au moment de la parution du Rapport de la Commission Tremblay sur les problèmes constitutionnels, le tableau comparatif Ontario-Québec sur la lecture publique est le suivant:

TABLEAU 3 — **Données comparées Québec-Ontario sur les bibliothèques publiques en 1956**

	Québec	**Ontario**
Volumes	1 293 797	5 871 258
Circulation	2 010 203	20 673 609
Abonnés	141 721	1 260 988
Taxes locales	631 837 $	4 421 555 $
Subventions du gouv. provincial	99 061 $	912 180 $

Le nombre de prêts des bibliothèques publiques québécoises n'a vraiment subi un «décollage» qu'aux environs de 1953, avec la multiplication des institutions de lecture publique à travers le Québec[45].

GRAPHIQUE 3. Évolution du nombre de prêts dans les bibliothèques publiques du Québec (1941-1971)

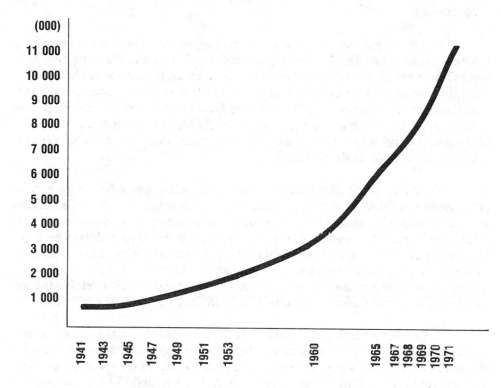

La véritable prise de conscience d'une inexistence de politique de la lecture publique au Québec et de la nécessité de s'en pourvoir coïncide avec les travaux de la Commission Tremblay sur les problèmes constitutionnels créée en février 1953. Sur les 250 mémoires présentés à cette Commission, 140 abordaient quelque aspect des problèmes d'éducation. La Commission affirma, dans son rapport, que le gouvernement du Québec devait favoriser les bibliothèques municipales pour développer la culture populaire. Bien plus, elle constata que, pour réussir une telle politique, deux points étaient essentiels.

> Pour assurer la multiplication normale des bibliothè-
> ques et assurer la diffusion du goût de la lecture, il y a
> deux moyens principaux: une législation organique sur
> les bibliothèques et des subsides.[46]

Le 18 décembre 1959, le Québec se dotait d'une première loi sur les bibliothèques publiques, qui créait deux organismes interdépendants, la Commission des bibliothèques publiques du Québec, organisme d'étude et de conseil, et le Service des bibliothèques publiques, dirigé par un directeur, organisme administratif. Par cette loi, moyennant la concertation avec les municipalités, des subsides suffisants et une volonté soutenue, une politique de lecture publique semblait être possible pour le Québec[47].

Conclusion

La lecture publique a connu un mauvais départ et une évolution curieuse au Québec tant au milieu du XIXe siècle qu'au début du XXe siècle. La promotion de la bibliothèque publique a été peu favorisée au cours de la période étudiée, 1900-1960, en raison de nombreux problèmes: opposition entre une conception nord-américaine et européenne, intérêts du clergé face à la culture, à l'éducation, à la lecture, à la circulation des idées, conception élitiste et restrictive du savoir. La bibliothèque publique se butait, chez les francophones, à des questions de concept, d'intérêt, de finalité et de moyens[48].

Pourtant, dès le début du XXe siècle, on peut circonscrire assez bien la bibliothèque publique: municipale «gratuite», ou d'association, elle est facilement accessible au public, aux citoyens, et cette accessibilité est au coeur même de son rôle de service public. Au-delà de la lente alphabétisation, de la prolétarisation des francophones dans un milieu urbain où perdure souvent une mentalité rurale, de la faiblesse du sens «communautaire» — existant dans le monde anglo-saxon nord-américain —, il faut peut-être voir aussi dans le manque d'intérêt à la bibliothèque publique une conséquence d'un certain antiétatisme, l'État fût-il municipal.

Chose certaine, il existe bien peu de documentation portant sur une définition claire du service de bibliothèque publique «institution culturelle entretenue à même les fonds publics pour le bénéfice du public», ou encore «d'abord et avant tout un centre de culture, conçu pour l'éducation populaire et ensuite pour la récréation éducative du public»[49].

Il a fallu du temps pour en arriver à admettre que l'efficacité, le rayonnement et la viabilité d'une bibliothèque publique (locale ou régionale) dépendent de quatre facteurs essentiels: «son appartenance au domaine public, le chiffre de la population qu'elle dessert, le budget dont elle dispose et la qualité de son personnel professionnel»[50]. Ces conditions nécessitaient l'élaboration d'une politique avec ses implications de législation, de coordination et de contrôle.

Pour comprendre les particularités québécoises en lecture publique, il faudra reprendre l'histoire institutionnelle de Drolet et user abondamment de l'excellent guide de Lamonde[51]. Les suggestions de monographies y abondent.

NOTES

1. *Statuts de la Province de Québec*, 54 Victoria 1890, chap. XXXIV.

2. Les *Procès-verbaux du Comité de la bibliothèque de la Westmount Public Library* (1898-) sont une source maîtresse pour l'histoire de la WPL.

3. *Montreal Daily Star*, 1899.

4. E. C. Moodey, *The Fraser-Hickson Institute: An Informal History*. London, Clive Bingley, 1977, 224 p.

5. Yvan Lamonde, *Les bibliothèques de collectivités à Montréal (17ᵉ-19ᵉ siècle). Sources et problèmes* (Montréal, Bibliothèque nationale du Québec, 1979):96.

6. Marcel Lajeunesse. «Les bibliothèques québécoises: les avatars de leur rôle social à travers les âges», *L'évolution du rôle social de l'imprimé et de ses agents au Québec* (Montréal, Conférences Aegidius-Fauteux, 1980):61-67, et *Associations littéraires et bibliothèques à Montréal au 19ᵉ siècle et au début du 20ᵉ siècle: l'apport sulpicien* (thèse de Ph.D. (histoire), Université d'Ottawa, 1977):257-284.

7. De 1900 à 1917, il y eut 125 bibliothèques Carnegie au Canada. Par ailleurs, à la suite de l'Ontario en 1882, la Colombie-Britannique avait voté une loi des bibliothèques publiques en 1891, la Saskatchewan en 1906, l'Alberta en 1907. (H. C. Campbell, *Canadian Libraries* (Londres, Clive Bingley, 1971):11-13).

8. *Le Devoir*, 22 novembre 1915.

9. *Ibid.*

10. *La Presse*, 15 octobre 1913.

11. *Ibid.*

12. Jean-Claude Marsan, *Montréal en évolution. Historique du développement de l'architecture et de l'environnement montréalais* (Montréal, Fides, 1974).227.

13. Mary Duncan Carter, *A Survey of Montreal Library Facilities and A Proposed Plan for a Library System* (thèse de Ph.D., University of Chicago, 1942):29.

14. Georges-Émile Marquis, *Nos bibliothèques publiques* (Québec, Imprimerie du Soleil, 1925):12. En 1923, l'Ontario comptait 466 bibliothèques publiques, totalisant 2 208 757 publications.

15. Antonio Drolet, «L'Épiscopat canadien et les bibliothèques paroissiales de 1840 à 1900», *Rapport de la Société canadienne d'histoire de l'Église catholique* (1962):21-35.

16. *Annual Survey of Education in Canada 1925*. Ottawa, King's Printer, 1926. Il y avait 275 bibliothèques paroissiales en 1930 et 322 en 1937.

17. University of British Columbia. Special Collections, Ridington Papers, Box 21. Ridington to Premier Taschereau, Feb. 10, 1931.

18. *Libraries in Canada. A Study of Library Conditions and Needs*, by the Commission of Enquiry, John Ridington, Chairman (Toronto, Ryerson [et] Chicago/ALA, 1933):38. Ridington écrivait d'ailleurs: «On the sections of the Report about which I was most worried had to do with Quebec,

but I have had a very charming letter from Premier Taschereau.» UBC, Special Collections, John Ridington to Dr. Robert M. Lester, ass. to president Carnegie Corp, 18 avril, 1931.

19. *Ibid.*, p. 41.

20. UBC. Special Collections, Ridington Papers. Box 21, Mary Black to John Ridington, March 1, 1932.

21. *Ibid.*, 14 mars, 1932.

22. *Ibid.* George Locke to John Ridington, 17 mars, 1932.

23. *Libraries in Canada*, p. 45.

24. *The Gazette*, 15 mars, 1933.

25. *La Patrie*, 9 mars 1931: «La grande question de la bibliothèque: manifeste des Amis de Saint-Sulpice».

26. Rex Desmarchais. «Défense de la Bibliothèque Saint-Sulpice», *Les Idées*, 7, 5(nov. 1937):294-303.

27. E. C. Moodey, *The Fraser-Hickson Library*, p. 123-124.

28. *Le Canada*, 30 juin 1937.

29. Ces deux graphiques proviennent de *Survey of Libraries in Canada, 1936-38* (Ottawa, King's Printer, 1939):10.

30. Hélène Grenier, «La bibliothèque publique et l'éducation postscolaire», *Revue dominicaine*, 1(juin 1937):304.

31. Léo-Paul Desrosiers. «Expériences à la Bibliothèque de Montréal», *Revue dominicaine*, 2(oct. 1943):172-173.

32. Léo-Paul Desrosiers. «Bibliothèques, Ontario et Québec», *Relations*, 2, 20(août 1942):203.

33. Roger Duhamel. «Les bibliothèques de notre province», *Le Devoir*, 10 avril 1943.

34. «Apprenons à lire davantage», *Le Canada* (30 oct. 1942):2.

35. Pierre Desmarais, «Faisons lire les Montréalais», *Le Maître imprimeur*, 8, 4(av. 1944):4.

36. «Les Bibliothèques de la Province de Québec», *Revue trimestrielle canadienne*, 30, 120(déc. 1944):427-429; «Les bibliothèques du Québec», *Lectures*, 2, 2(av. 1947):71-72.

37. *Le Canada*, 17 novembre 1947.

38. Omer Côté. «Mission de l'éditeur», *Amérique française*, 4(mars 1945):18-21; Jacques Tremblay, «Intégrité professionnelle de l'éditeur», *Relations*, 5, 49(janv. 1945):19-21; Jacques Tremblay, «Relents... sous la roseraie», *Relations*, 6, 66(juin 1946):182-184; Marcel Marcotte, «Nos maisons d'édition», *Collège et Famille*, 1(janv. 1945).

39. Jean-Marie-Rodrigue Villeneuve. *Le problème des lectures. Allocution prononcée le 28 mai 1946 à l'occasion de la bénédiction de l'immeuble Fides* (Montréal, Fides, 1946):23-25.

40. *Recensements du Canada* (1901-1961).

41. Cécile Lagacé, «Les bibliothèques paroissiales», *Revue des bibliothèques*, 2, 4(nov. 1946):61.

42. Raymond Tanghe, *Pour un système cohérent de bibliothèques au Canada français* (Montréal, Fides, 1952):14.

43. Canada, Bureau fédéral de la statistique, *Statistiques 1948-1950*.

44. Commission royale d'enquête sur les problèmes constitutionnels. *Rapport*. Québec, 1956, III, t. I, p. 241.

45. Yvan Lamonde est l'auteur de ce graphique établi à partir de l'*Annuaire du Québec* (1956-57):192; (1971):537; (1972):371; (1973):404; (1974):533. Nous l'en remercions.

46. Commission royale d'enquête sur les problèmes constitutionnels. *Rapport*. Québec, 1956, III, t. I, p. 242.

47. En 1959-1960, les statistiques du Service des bibliothèques publiques font état de 140 bibliothèques paroissiales qui consacrent en moyenne 133 $ par an pour l'achat des volumes, de 37 bibliothèques municipales qui dépensent en moyenne 4 270 $ à cet effet et de 57 bibliothèques d'association qui affectent 1 814 $ à ce poste.

48. Voir la discussion de ce problème dans Marcel Lajeunesse. *Les bibliothèques québécoises...*, p. 46-78.

49. Pierre Matte, «Rôle de la bibliothèque publique dans l'éducation», *Bulletin de l'Association canadienne des bibliothécaires de langue française*, 7(déc. 1961):129-130.

50. Gérard Martin, «La direction des bibliothèques publiques du Québec», Georges-A. Chartrand, *Livre, bibliothèque et culture québécoise* (Montréal, ASTED, 1977):655.

51. Antonio Drolet. *Les bibliothèques canadiennes, 1604-1960*, Montréal, Cercle du livre de France, 1965, 234 p., et Yvan Lamonde, *Les bibliothèques de collectivités à Montréal (17ᵉ-19ᵉ siècle). Sources et problèmes*, Montréal, Bibliothèque nationale du Québec, 1979, 139 p.

Les relations entre écrivains et éditeurs au Québec

au XIXe siècle

Maurice Lemire

Institut québécois de recherche sur la culture
Directeur du DOLQ, Université Laval, Québec

Les pages frontispices des ouvrages publiés au XIXe siècle laissent voir un certain flottement autour de la notion d'éditeur. Parfois nous lisons «imprimeur», parfois «imprimeur-typographe», quelquefois «imprimeur-éditeur» et moins souvent «libraire-éditeur». La simple ambiguïté sémantique laisse facilement deviner l'imprécision que recouvraient ces différents termes. D'une façon un peu cynique on pourrait toutefois affirmer qu'ils désignaient à peu de chose près toujours la même réalité: notre XIXe siècle ne connut guère que des imprimeurs, comme va nous le montrer une revue rapide d'une production littéraire que nous faisons défiler sous les yeux du lecteur dans l'espoir d'y trouver une évolution, sinon une amélioration, dans les relations entre «éditeurs» et écrivains. Cette revue, il va sans dire, n'est pas exhaustive. Nous nous attachons surtout aux cas pour lesquels nous avons retrouvé des chiffres, car nous prétendons, dans la présente étude, donner un net avantage au quantitatif sur le qualitatif. Nous nous excusons de n'avoir pu traduire en dollars d'aujourd'hui, les shillings, livres, francs et piastres que comportent nos exemples.

La publication en 1830 des *Épîtres, Satires, Chansons, Épigrammes et Autres Pièces de vers* de Michel Bibaud marque le début des relations imprimeur-écrivain au Canada. On peut se demander comment le poète parvint à convaincre un imprimeur de le publier. Mais le cas de Bibaud n'est vraiment pas spécifique car cet infatigable éditeur de revues, au sens anglais du terme, est un habitué des imprimeries. Il a déjà publié tous ses poèmes dans ses propres revues et son recueil ne fait que regrouper des pièces que le public connaît déjà. Le directeur du *Magasin du Bas-Canada* pouvait compter sur ses abonnés pour écouler ses livres. Il n'en va pas de même pour le jeune Aubert de Gaspé, l'auteur du premier roman français au Canada.

C'est lui qui entame vraiment, avec son roman *L'Influence d'un livre*, un processus de négociation qui devait rester exemplaire pour une bonne partie du siècle. Après son esclandre au parlement de Québec, il se réfugie au manoir de Saint-Jean-Port-Joli où son père l'a déjà précédé en retraite forcée. Au cours de l'hiver, les deux hommes écrivent un roman, histoire de s'amuser. Une fois le manuscrit achevé, il faut trouver un imprimeur. Une lettre conservée par Luc Lacourcière nous révèle la procédure[1]. D'après cette missive adressée à Lewis Thomas Drummund à Montréal en date du 23 février 1837, l'auteur s'était d'abord rendu chez l'imprimeur avec son manuscrit pour évaluer le coût de l'impression et de la reliure. C'est à partir du prix de 64 livres que lui demande William Cowan qu'il établit le nombre d'exemplaires requis pour couvrir ses frais. À 5 shillings l'exemplaire, il compte recueillir 256 souscriptions. Comment détermine-t-il le prix unitaire? Rien ne nous permet de le deviner si ce n'est que ce genre de publication, d'après son nombre de pages, devait se vendre à ce prix. Chacune des trois livraisons, par exemple, des *Fiancés de 1812* qui comptait entre 130 et 150 pages se vendait 2 shillings et demi. Le nombre de souscripteurs requis peut nous paraître modeste, mais, aux yeux du jeune Philippe-Ignace Aubert de Gaspé, il serait trop élevé pour la seule ville de Québec, bien que, alors, la plus populeuse du Canada. C'est pourquoi il fait appel à son ami de collège, qui réside à Montréal, pour étendre sa souscription à la deuxième ville du Canada. Les listes de souscription sont affichées dans les hôtels et chez l'imprimeur. Mais Aubert de Gaspé compte bien plus sur les relations de son ami pour atteindre le nombre.

En 1844, quand le jeune Joseph Doutre publie ses *Fiancés de 1812*, les choses n'ont pas tellement évolué. Des listes de souscripteurs sont affichées dans les principaux hôtels de Montréal et de Québec. Toutefois, il faut noter avec plaisir que, cette fois-ci, c'est l'imprimeur Louis Perrault qui prend l'initiative. L'entrefilet publié dans le journal tient lieu de publicité: «Cet ouvrage contiendra 400 pages et plus en grand in-12 et sera délivré par 3 livraisons dont le prix sera de deux shillings et demi chacune. Chaque livraison contiendra de 130 à 150 pages. L'impression sera aussi belle que possible et de prompte exécution.»[2] Pourquoi trois livraisons? Il s'agit certainement d'une stratégie de vente pour ne pas détourner les éventuels lecteurs à la bourse légère.

La stratégie des livraisons multiples tend à s'imposer a fortiori quand il s'agit d'ouvrages considérables, comme c'est le cas pour *Le Répertoire national*. Les tranches augmentent à mesure que grossit le volume. Dans le prospectus qu'il fait paraître dans *l'Avenir* du 13 novembre 1847, James Huston, le maître d'oeuvre, explique que le recueil comprendra deux volumes de trois cent quatre-vingts pages et paraîtra en livraisons de trente-deux pages chacune, tous les quinze jours, dès qu'il y aura deux cent cinquante souscripteurs. Ce nombre paraît donc s'imposer pour couvrir les frais d'impression. Chacune des livraisons est annoncée dans le journal *l'Avenir* et l'on rappelle que c'est un devoir national d'y souscrire.

Dans les années 1840 et 1850, la publication en volume reste cependant exceptionnelle. La voie normale c'est le journal. Des périodiques se fondent spécialement pour diffuser les oeuvres littéraires. On peut mentionner en particulier *L'Album littéraire et musical de la Revue canadienne* de Joseph Letourneux, *L'Album littéraire et musical de la Minerve* qui lui succède, *La Ruche littéraire* d'Henri-Émile Chevalier, sans compter des journaux comme *Le Ménestrel* et *L'Aurore des Canadas* qui ouvrent largement leurs pages aux oeuvres d'imagination. Aussi de petits romans comme *La Terre paternelle*, *La Fille du brigand*, «Chistophe Bardinet» ne sont-ils publiés qu'en feuilleton, ce qui n'empêche pas des textes de plus d'envergure, comme *Charles Guérin* et *Une de perdue, deux de trouvées*, d'être d'abord destinés aux périodiques; le dernier, en particulier, soulève tellement d'intérêt qu'il oblige la direction de *La Minerve* à poursuivre la publication de *L'Album* que l'on voulait interrompre.

Dans ce contexte, le geste de Georges-Hippolyte Cherrier envers Pierre-Joseph-Olivier Chauveau paraît donc particulièrement courageux. Malgré son élection comme député en 1844, le jeune Chauveau avait quand même fait paraître son roman dans *L'Album littéraire et musical de la Revue canadienne*. Sa réélection en 1848 rendait peu probable la poursuite de sa carrière littéraire. Quand il accède au poste de Solliciteur général dans le cabinet Hincks-Morin en 1851, les dés sont jetés; la littérature vient de perdre un de ses jeunes espoirs. C'est dans ces circonstances que Cherrier offre au jeune politique de lui acheter son roman. Il explique ainsi son geste: «[...] dans l'état actuel des choses, nous croyons donc avoir fait un acte de courage et de bon exemple, en achetant les premiers une oeuvre littéraire, en offrant à un de nos écrivains une rémunération assurée, si mince qu'elle soit, pour son travail, en lui épargnant les risques et les ennuis de la publication qu'il était du reste bien décidé à ne pas s'imposer.»[3] Encore pour souligner la portée de son geste, Cherrier invoque le fait que la littérature au Canada ne fait vivre personne et que la plupart des écrivains, hommes de profession libérale, n'ont pas le temps de s'occuper de surveiller l'impression, de corriger les épreuves et de voir à la mise en marché. D'où la nécessité d'un éditeur. Un autre motif le porte à tenter l'expérience: le public semble plus réceptif: «En même temps qu'il est formé des écrivains qui n'ont pas eu honte de signer leurs écrits (chose très rare autrefois: pendant près de vingt ans toute notre littérature a été anonyme), il s'est formé un public qui commence à apprécier et à encourager leurs travaux.»[4] Cette heureuse initiative reste toutefois sans lendemain. La production littéraire probablement trop clairsemée et le public trop peu nombreux ne pouvaient suffire à faire vivre un éditeur.

C'est pourquoi les meilleurs poètes de l'époque, tout comme les auteurs de contes, ne songent même pas à se faire éditer en recueil. Leurs textes généralement courts — quelques pages de journal au maximum — sont bien accueillis dans les journaux. Point de contrat à signer, point de souscription à organiser, aucun risque à encourir. Aucun droit d'auteur non plus, mais on n'était pas pire que les clients des imprimeries qui espéraient tout juste pouvoir couvrir leurs frais. Les poètes les plus prolifiques au milieu du siècle, qu'il s'agisse de Joseph-Guillaume Barthe, de Charles Lévesque, de Joseph Lenoir et même d'Octave Crémazie, égrènent leur production au fil des diverses livraisons de périodiques sans que le public puisse jamais avoir une idée de l'envergure de leur oeuvre. Ces poètes, à l'exception de Crémazie, devront attendre le XXe siècle pour être édités. À Casgrain, qui lui proposait en 1870 de publier ses poésies complètes, l'auteur du «Drapeau de Carillon» répondait désabusé: «Je connais assez le public canadien pour savoir qu'une édition, avec ou sans luxe, de mes vers serait une opération ruineuse pour l'éditeur. Pourquoi voulez-vous que je vous expose à perdre de l'argent, vous ou l'imprimeur qui serait assez fou pour risquer une pareille spéculation».[5]

Chose assez surprenante, l'absence d'éditeur n'empêche pas les travaux d'édition savante. Dès 1843, la Société littéraire et historique de Québec fait imprimer chez William Cowan & fils le *Brief Récit et Succincte Narration de la navigation [...]* de Jacques Cartier. En 1858, Augustin Côté réédite *les Relations des Jésuites* préparées par les abbés Jean-Baptiste-Antoine Ferland et Charles-Honoré Laverdière. C'est surtout la publication en 1870 des *Oeuvres complètes* de Champlain préparées par l'abbé Laverdière qui marque l'apogée de l'édition savante au XIXe siècle. Cette oeuvre d'envergure effectuée sous le patronage de l'Université Laval avait été confiée à Georges-E. Desbarats parce qu'il avait à sa disposition «tout un matériel bien assorti de caractères antiques, avec le personnel nécessaire pour compléter l'oeuvre».[6] Laverdière n'en reste pas moins le maître d'oeuvre. Pendant tout le temps de l'impression, il se tient à l'atelier. «L'impression commença mais lentement, nous dit Faucher de Saint-Maurice, comme M. Laverdière aimait à faire toute chose. Lorsque *Champlain* sera terminé, on ne me demandera pas compte du temps consacré à son impression, mais de l'exactitude et de la fidélité de mon travail.» L'édition à peine terminée est détruite par le feu. Heureusement une revise a été sauvée et l'on peut songer à reprendre le travail à condition qu'y consente l'imprimeur. Dans les circonstances, Desbarats est admirable. Il écrit à Laverdière le 13 février 1869: «Vos raisons et la conduite du séminaire à mon égard sont trop bonnes pour que je ne cède pas. *Champlain* se réimprimera à Québec; il m'aura coûté quelque [sic] trois mille louis (60 000 frs).»[7] Pour rendre à César ce qui revient à César, il faut bien admettre que l'édition savante est plus redevable à l'Université Laval, la nouvelle institution de haut savoir qui donne une impulsion aux recherches historiques et textologiques, qu'aux éditeurs dont la compétence se limite au travail matériel.

C'est donc sur cette toile de fond que se dessine «le mouvement littéraire de 1860», qui veut doter le pays d'une littérature nationale. Il est certes révélateur que le groupe fondateur ne songe pas spontanément à lancer une collection de volumes, mais plutôt à fonder une revue: «Dans les premières semaines de l'année 1860, vraisemblablement à la fin de janvier ou au début de février, le docteur Larue suggéra de fonder une revue destinée à promouvoir la littérature canadienne»[8].

Dans un pays où le monde de l'édition n'est pas organisé, où il n'existe pas de système de distribution et où le public lecteur se limite à quelques centaines de personnes, la formule revue comporte plusieurs avantages. Une liste d'abonnés constitue une clientèle stable qui doit absorber tout ce que lui propose la rédaction. Les oeuvres faibles sont rachetées par les meilleures. D'un côté, l'abonnement soustrait aux aléas de l'édition particulière et, de l'autre, il corrige ce que le journal peut avoir d'éphémère et d'anonyme: «Jusque-là celui qui osait écrire un poème ou une légende se voyait obligé de recourir au feuilleton des journaux, perdu au milieu des nouvelles étrangères et des correspondances locales; désormais les écrivains oseraient arborer un drapeau séparé, distinct»[9]. On dresse une liste de collaborateurs qui s'engagent à fournir gratuitement au moins un article par an. Le comité de rédaction composé de Joseph-Charles Taché, Henri-Raymond Casgrain et Hubert Larue se présente donc à l'imprimerie des frères Brousseau. «L'arrangement fut vite bâclé, nous dit Robidoux, chaque partie y mettant tout l'empressement possible.»[10] Il fut entendu que *Les Soirées canadiennes* seraient publiées par livraisons mensuelles de 32 pages in-8, formant au bout de l'année un volume de pas moins de 384 pages. On lance donc une campagne d'abonnement et l'on recueille 850 souscripteurs dont on publie les noms à la fin du premier volume. Tout ce que le Québec compte de sommités y paraît. On ne faisait pas appel au sentiment national en vain. Devant ce chiffre honorable, les imprimeurs jugent satisfaisant de tirer à 1 000 exemplaires, mais l'un des membres du comité insiste pour porter ce chiffre à 1 500. Cette première négociation fait ressortir au grand jour les imprécisions du contrat oral ou de la convention qui avait été passée entre le comité de rédaction et l'imprimeur. L'ambiguïté apparaît davantage à la fin de l'année, quand il faut négocier la prime aux abonnés et la publication de la liste des souscripteurs. Déjà, à cette date, selon Robidoux, le comité songeait à trouver un autre imprimeur. On avait pressenti E.-R. Fréchette et Joseph Darveau. Mais il est déjà trop tard, car les deux parties ont des prétentions à la propriété de la revue. En situation si nouvelle, aucun droit, aucune coutume ne peut être invoqué pour départager les titres. Taché propose l'entente suivante: «Propriété matérielle aux éditeurs, propriété littéraire au comité»[11]. Les Brousseau, qui s'intitulent maintenant éditeurs, semblent d'autant moins désintéressés que la revue est rentable. Les membres du comité le croient. Aux accusations de garder tous les profits pour eux, les éditeurs rétorquent: «Imprimer avec luxe, adresser et distribuer 1 500 exemplaires des *Soirées canadiennes* et croyant l'expérience, tentée à nos risques et périls, passée à l'état de succès, il trouve bon d'en profiter à notre détriment»[13].

Quoi qu'il en soit, en 1862, le nombre d'abonnés était tombé à 514 et pour les deux années réunies les profits n'étaient plus que de cent dollars. En se fondant sur ce chiffre, les éditeurs proposent au comité de mettre à sa disposition un montant forfaitaire de 100 $ par année[14].

À l'occasion de cette querelle se développe chez les Brousseau une conscience d'éditeur autour de la notion de risque. Le rôle de l'éditeur est d'investir les sommes nécessaires à l'impression, à la correction, à la distribution et d'accorder des redevances aux collaborateurs, soit, en l'occurence, un exemplaire relié de la revue et un forfaitaire de 100 $. Mais les membres de la rédaction ne l'entendent pas ainsi. Pour eux, les Brousseau demeurent toujours des imprimeurs qui exécutent des commandes sans autre responsabilité. Certains voient même dans leurs prétentions au profit une trahison:

> Il me semble que ces messieurs n'ont pas pris très à coeur cette oeuvre nationale. Vouloir satisfaire le public par temps perdu, c'est faire peu de cas de l'encouragement qu'ils ont reçu et se jouer, pour ainsi dire, des écrivains remarquables, qui leur procurent, à des conditions peu onéreuses, des avantages qui ne sont pas à dédaigner.[15]

La mise en demeure qu'envoie Hubert Larue à Léger Brousseau le 2 octobre 1862 ne laisse pas de doute à ce sujet. L'imprimeur doit s'engager à imprimer et à publier *Les Soirées canadiennes* pour une somme n'excédant pas 600 $. Il remet de temps à autre au secrétaire-trésorier les sommes perçues pour le compte des propriétaires après avoir retenu ses frais. Les propriétaires ne s'engagent pas à combler les déficits, s'il y en a[16]. Les membres du comité ne veulent donc pour eux que les avantages. Notons qu'ils fournissent les textes gratuitement.

Comme ces propositions ne sont pas agréées par les frères Brousseau, le groupe des collaborateurs se scinde: Joseph-Charles Taché, ami personnel des Brousseau, continue *Les Soirées canadiennes* tandis que la majorité des autres fonde une nouvelle revue intitulée *Le Foyer canadien*. Les Brousseau se rendent bien compte de la position délicate dans laquelle ils sont placés: «Dans un petit pays où les hommes instruits ont peu de loisirs, ce n'est pas une petite affaire, pour une revue exclusivement littéraire, de perdre huit collaborateurs de talent»[17]. Malgré cette situation précaire, *Les Soirées canadiennes* vont continuer jusqu'en 1865, grâce aux efforts surhumains de Taché en particulier. *Le Foyer canadien*, malgré une récupération plus que totale de son public-lecteur — il compte 2 413 abonnés en 1863 — n'aura guère plus de longévité. Il cesse de paraître à la fin de 1866 surtout parce que la majorité de ses collaborateurs partent pour Ottawa. Mais ce n'est pas la seule cause de la disparition des revues. La formule même laisse à désirer.

Dans le prospectus de 1866, on prend en considération le reproche suivant:

> Votre *Foyer canadien*, nous disent-ils, n'est pas une publication périodique proprement dite, c'est un recueil d'ouvrages publiés par livraisons. Une oeuvre de longue haleine, imprimée mensuellement par feuillets de trente-deux pages, doit nécessairement perdre de son intérêt.[18]

Crémazie, bien au courant du commerce du livre, avait lui aussi découvert l'ambiguïté qu'entretenait la revue:

> Dès la naissance du *Foyer canadien*, j'ai regretté de voir, comme dans *Les Soirées canadiennes*, chacun de ses numéros rempli par une seule oeuvre. Avec ce système, *Le Foyer* n'est plus une revue; c'est tout simplement une série d'ouvrages publiés par livraisons.[19]

Ainsi cette sorte de supercherie dont on s'était servi pour diffuser la littérature nationale était découverte. Elle avait eu l'avantage d'assurer un public lecteur stable à plusieurs écrivains, mais elle ne répondait point à leur attente. Une revue est autre chose qu'un certain nombre de livres découpés en tranches. La contrainte de parutions périodiques avait forcé des collaborateurs à rédiger des oeuvres uniquement pour tenir leur engagement. C'est ainsi que nous avons eu *Jean Rivard*, *Forestiers et Voyageurs*, *Les Anciens Canadiens*, «Voyage autour de l'île d'Orléans». Napoléon Bourassa, qui travaillait dans le même esprit àMontréal dans le cadre de *la Revue canadienne*, s'était senti obligé de composer *Jacques et Marie* pour sa revue. En 1866, au moment où le mouvement visiblement bat de l'aile, l'abbé Casgrain croit bon de rédiger un bilan positif des revues éditrices sous le titre «le Mouvement littéraire au Canada».

> Si les grandes revues ont réussi à faire la preuve qu'il existe un certain public pour la littérature canadienne, les éditeurs n'en demeurent pas moins

prudents. Dans les années 1870, on reprend en volume certaines des oeuvres qui ont été publiées en feuilleton dans les journaux ou les revues. Paraissent ainsi *La Terre paternelle* (Beauchemin & Valois, 1871), *Les Anciens Canadiens* (Augustin Côté et cie, 1877), *Une de perdue, deux de trouvées* (Eusèbe Senécal, 1874), *Jean Rivard* (J.-B. Rolland, 1874). La plupart de ces éditions portent la mention «édition revue et corrigée». On se demande bien par qui. Dans le cas de *Jean Rivard*, il s'agit évidemment de l'auteur qui décide de faire des coupures importantes dans son texte et de lui donner une nouvelle allure. Mais Patrice Lacombe et Aubert de Gaspé sont morts depuis quelques années. On en déduit que des imprimeurs prennent sur eux de modifier le texte à leur guise, la propriété littéraire étant encore mal définie.

Quant aux auteurs vivants, ils continuent à s'adresser aux imprimeurs. Joseph Marmette, qui publie toute son oeuvre dans la décennie 1870, fait affaire avec Léger Brousseau, Georges Desbarats et C. Darveau, des imprimeurs qui s'intitulent éditeurs sans rien apporter de plus. Faucher de Saint-Maurice, qui décide de mettre sur le marché ses oeuvres complètes en 1872, passe un contrat d'édition avec Duvernay frères & Dansereau de Montréal, probablement parce qu'aucun éditeur de Québec n'a voulu courir le risque d'une telle entreprise. Mais les Montréalais se sont assurés une large marge de sécurité. Ils exigent une souscription d'au moins 500 noms dont on peut retrouver la liste à la fin de *Choses et Autres*. Ce qui ne signifie pas pour autant que l'imprimeur fasse son métier d'éditeur. Écoutons plutôt les doléances de l'auteur:

> Ne fait pas imprimer qui veut quatre volumes, à soixante lieues de chez soi, sans qu'il en coûte. Les coquilles, les erreurs de mise en pages, la mauvaise distribution, les caractères tombés, tous ces mille et un riens qui font la vie si dure à l'homme de lettres; pleuvent alors sur le malheureux qui n'a plus d'autres ressources que de se plonger dans une correspondance longue, méticuleuse, pleine d'ennui.[20]

Faucher ajoute en note cette remarque fort significative: «En France, la position de correcteur d'épreuves n'est certes pas une sinécure: demandez plutôt au malheureux qui revoyait celles de Balzac. — Ici, ce n'est plus même une position et *l'auteur est obligé de tout faire*, de tout imaginer, de veiller à tout»[21].

Malgré les titres dont ils s'affublent, les éditeurs continuent à n'être que de simples imprimeurs pour deux bonnes raisons: les auteurs ne sont pas assez nombreux et le public lecteur reste trop restreint. Crémazie, le libraire cette fois, en appelle à son expérience de commerçant: «Pendant plus de quinze ans, j'ai vendu des livres et je sais à quoi m'en tenir sur ce que nous appelons, chez nous, un homme instruit. Qui nous achetait des oeuvres d'une valeur réelle? Quelques étudiants, quelques jeunes prêtres, qui consacraient aux chefs-d'oeuvre de la littérature moderne les petites économies qu'ils pouvaient réaliser.»[22] Un public se forme, évolue lentement et il est nécessaire pour l'éveiller qu'apparaisse quelque homme au talent supérieur«, note avec justesse Réjean Robidoux.[23] Dans le dessein d'assurer une clientèle à la littérature canadienne, un certain nombre d'écrivains se réunissent à Québec pour lancer une collection d'oeuvres pour le grand public[24]. Mais là encore qui prendra le risque d'investir dans des collections populaires alors même que le public semble rester indifférent? C'est l'abbé Casgrain, cet infatigable animateur, qui trouve la formule la plus satisfaisante. La littérature n'est vraiment devenue populaire en Europe qu'avec l'avènement de l'enseignement public au XIXe siècle. Elle a depuis partie liée avec l'école et au Canada pas, plus qu'ailleurs, elle ne peut se développer sans elle. On a coutume de distribuer des livres en prix dans les diverses commissions scolaires relevant du Département de l'Instruction publique. Pourquoi n'opterait-on pas pour des livres canadiens plutôt que français? En plus de créer un public à la littérature canadienne, on formerait les jeunes à une certaine vision canadienne de leur pays. De plus, on assurerait un débouché aux auteurs et on stimulerait la production de nouvelles oeuvres. Ce fut donc l'abbé Casgrain qui entra en contact avec Gédéon Ouimet, surintendant du Département de l'Instruction publique, et qui lui proposa l'affaire. Sur une réponse affirmative, Casgrain s'engagea par contrat, pour une durée de dix ans, à livrer chaque année la quantité de livres canadiens que commanderait le Département. Réjean Robidoux a suffisamment bien étudié le rôle de l'abbé dans ce marché pour qu'il ne soit pas nécessaire d'y revenir. Qu'il suffise de dire pour notre propos que pour la première fois quelqu'un jouait vraiment le rôle d'éditeur au Canada. Il sélectionnait des textes, il les corrigeait et, très souvent, les modifiait; il assurait, avec l'aide de Joseph Marmette, la révision des épreuves. Et, chose nouvelle mais non négligeable, il touchait des redevances.

C'est de cette première intervention de l'autorité publique que l'on devrait normalement dater l'origine de la littérature canadienne. Pour que l'on puisse en évaluer l'ampleur je cite des chiffres tels qu'établis par Robidoux:

> En dix ans, de 1876 à 1886, le nombre de volumes tirés et distribués peut être 175 000 et davantage. Ce chiffre que nous avançons exigerait d'être calculé sur les rapports officiels publiés dans l'état des comptes publics de la Province de Québec des années 1876-1886. Chaque année, sauf en 1880, une somme d'argent est inscrite pour défrayer le coût de «livres pour donner en prix». L'addition des dix années donne la modeste somme de $62,500.00. Si ces chiffres officiels sont exacts et si l'on établit le prix de revient pour chaque volume à $0.35, tous frais comptés, les $62,500.00 du Département de l'Instruction publique ont servi à acheter plus de 178 500 volumes. L'imprimeur touchait $65.00 ou $75.00 (selon le format) par mille volumes et le relieur $75.00. Fabrication matérielle, donc $140.00 ou $150.00 le mille, c'est-à-dire $0.14 ou $0.15 l'u-

nité. Or on chargeait au département $0.34 l'unité [...] ou bien $0.30 l'unité [...] Ce qui laisse croire que Casgrain disposait de bénéfices de l'ordre d'au moins 50%.[25]

Pour évaluer ces montants en dollars de 1981, il faut presque multiplier par dix, ce qui ferait 625 000 $ pendant dix ans, montants qui semblent peu impressionnants aujourd'hui, mais qui étaient élevés relativement au budget de la Province et à la rareté des interventions de l'État. D'ailleurs qu'on juge de leur proportion par rapport au salaire d'un fonctionnaire comme le personnage autobiographique de Marmette («À travers la vie») qui se trouve bien nanti avec six cents dollars par année d'émoulements au ministère des Terres et Forêts.

Toutefois, cette injection massive de capitaux dans l'industrie du livre ne produit pas tous les effets escomptés. Certes, le livre canadien se répand enfin et prend une place considérable dans les bibliothèques de collèges, d'écoles et de paroisses, car la majorité des récipiendaires, trop souvent peu intéressés par la lecture, donnent leurs livres aux institutions. Mais les écrivains ne reçoivent pas la part qui leur revient. Habitué qu'il était depuis la fondation des *Soirées canadiennes* à obtenir gratuitement la collaboration des écrivains, Casgrain se garde bien d'informer ses collègues des conditions que lui faisait le Département. Au contraire, il leur présente le seul fait d'être choisi comme un honneur qui doit suffire à les récompenser. Les écrivains sollicités acquiescent donc avec le plus vif empressement sans aborder la question du vil métal. Seul Joseph Marmette reçoit un montant de 120 $ par année à titre de correcteur d'épreuves et non pour la publication de ses *Macchabées de la Nouvelle-France* qui ont été retenus pour le Département. Mais Casgrain n'est pas toujours fidèle à s'acquitter de ses obligations, comme nous le montre Roger Le Moine dans *Joseph Marmette, sa vie, son oeuvre*[26]. Toutefois la crise n'éclate qu'au moment où Joseph-Charles Taché découvre le pot-aux-roses.

En mai 1884, Taché apprend une partie de la vérité. Pour en savoir plus long, il écrit à l'abbé qui répond évasivement. Gédéon Ouimet est plutôt porté à prendre le partie du prêtre depuis que ce dernier lui a affirmé avoir versé les sommes perçues à des institutions de charité. En fait, Casgrain faisait à des communautés religieuses des prêts à fonds perdus qui lui rapportaient de gros intérêts pour l'époque. Dans un monde où l'Église tient plus que jamais le haut du pavé, un laïc ne peut risquer de traduire en justice un clerc sans encourir l'excommunication. C'est pourquoi Taché demande l'arbitrage de l'Officialité de Québec. Débouté en première instance, il en appelle à Rome. Mais le père de la littérature canadienne a également ses entrées au Vatican où l'abbé Benjamin Pâquet intervient en sa faveur. Sortant de nouveau vainqueur, Casgrain peut toujours marcher la tête haute, même s'il mène aux yeux de tous un train de vie qui dépasse largement ses moyens. Il se rend presque tous les ans en Europe, il passe les hivers en Floride, visite la Californie... Enfin la littérature fait vivre son homme au Canada!

C'était l'exception évidemment, car les deux jugements rendus dans le cas de Casgrain nous obligent à conclure que les droits d'auteur n'étaient pas reconnus. Napoléon Bourassa en fait la triste expérience. Il avait publié en 1866 une seconde édition «revue et corrigée» de *Jacques et Marie* chez Eusèbe Senécal à Montréal. Cette édition avait eu assez peu de succès. Vingt ans plus tard, Bourassa propose à Beauchemin & Valois de rééditer son roman, mais il apprend qu'une nouvelle édition préparée par Cadieux et Derôme est sur le point de sortir sans même qu'il en ait été averti: «En outre, écrit Roger Le Moine, les éditeurs avaient modifié le texte à leur guise et demandé à un artiste inconnu, L. Mouchot, d'illustrer l'ouvrage, alors que l'auteur aurait pu s'acquitter brillamment de ce travail»[27]. Bourassa pourrait intenter des poursuites, mais en homme pacifique, il préfère régler à l'amiable. Il l4aisse donc tomber son projet d'édition revisée avec Beauchemin. En 1904, l'artiste, qui séjourne alors à Fall River, apprend que Granger & frères de Montréal ont fait l'acquisition des clichés préparés par Beauchemin en 1886 et qu'ils s'apprêtent à publier son roman sans même qu'il puisse en revoir le texte. Bourassa veut alors faire annoncer dans *La Gazette officielle* l'enregistrement de ses droits d'auteur pour mettre fin à la piraterie. Il offre à Granger 100 $ pour racheter les clichés de Beauchemin et ainsi acquérir sans contestation possible la propriété de son oeuvre.

Ces moeurs pour le moins surprenantes n'étaient pas particulières au Canada. Elles prévalaient également aux États-Unis. C'est du moins l'expérience qu'a pu en faire William Kirby. Donnons la parole à David M. Hayne qui a reconstitué les vissicitudes du *Chien d'or*:

> En 1878 la maison Lovell, Adam, Wesson et cie fit banqueroute; la propriété littéraire du *Golden Dog* n'ayant pas été enregistrée au Canada, la maison R. Worthington de New York en acheta les clichés et publia immédiatement une nouvelle édition (1878), sans même se donner la peine de corriger les fautes de l'édition originale. Dépossédé de ses droits d'auteur et privé de la satisfaction de voir paraître son ouvrage dans un texte correct, Kirby protesta mais en vain. Quand les clichés passèrent quelques années plus tard à la maison Joseph Knigth et cie de Boston, le propriétaire L.C. Page publia d'abord pour son propre compte une édition (1896) non corrigée et écrivit ensuite à Kirby (5 décembre 1896) pour lui proposer de modestes droits d'auteur en échange d'un texte autorisé mais abrégé de son roman. Kirby, quoique méfiant, accepta la proposition et commença la révision de son ouvrage; sans attendre qu'il l'eût terminée, la maison Page, forte de l'autorisation de Kirby, publia à son insu une nouvelle édition tronquée (1897). Depuis l'année 1897 jusqu'à sa mort, Kirby ne reçut qu'une centaine de

dollars pour toutes les réimpressions américaines de son ouvrage, lequel d'ailleurs ne parut jamais dans un texte approuvé par son auteur.[28]

De ces mésaventures il faut retenir que l'enregistrement des droits d'auteur n'était pas monnaie courante au pays. Les écrivains étaient si peu habitués à recevoir des redevances qu'ils ne songeaient pas à se protéger si jamais telle bonne fortune leur arrivait. De leur côté, les imprimeurs-éditeurs pratiquaient sans vergogne la piraterie littéraire, en particulier à l'égard des auteurs européens qui étaient incapables de surveiller leurs intérêts. En fait, les difficultés de quelques écrivains ne font que signaler la pointe de l'iceberg que constituait le problème de la propriété littéraire au Canada. Comme la circulation des livres étrangers, français en particulier, était incomparablement plus considérable que celle des livres canadiens, c'est surtout à leur endroit que se pratiquaient les contrefaçons. Charles Ab der Halden note avec une pointe d'humour: «Comme il était de notoriété publique que jamais la Convention de Berne n'avait été appliquée aux livres étrangers par les Canadiens, et que la contrefaçon littéraire faisait partie des industries nationales de votre pays, au même titre que la pulpe ou le nickel, nous nous débattions dans la situation la plus difficile»[29]. Et le critique de continuer: «On pouvait impunément jusqu'ici reproduire les oeuvres de nos écrivains au Canada, sans leur verser un sou, sans même citer leurs noms»[30]. Certes, cette situation est dommageable pour les écrivains français mais elle l'est encore bien davantage pour les auteurs canadiens: «Comment payer un auteur local à peu près inconnu, quand on peut reproduire gratuitement quelques jours après leur publication à Paris, Loti, Bourget, Courteline, Rostand, et même Georges Ohnet et Pierre Decourcelles?»[31] Louvigny de Montigny, qui n'a pas à ménager la susceptibilité de ses concitoyens, décrit la même situation sans circonvolutions:

> On ne respecte rien, les meilleurs romans de France sont le plus souvent défigurés en passant dans nos journaux; les pièces des plus célèbres dramaturges sont raccourcies ou épurées dans nos théâtres; la musique est réimprimée sur du papier d'emballage; les plus luxueuses éditions de Paris sont refondues ici en brochures de camelots; les dessins des maîtres sont refaits à la grosse. [...] Toutes les images religieuses sont reproduites en masse; en particulier les cachets de première communion.[32]

Le Canada avait bien une loi de protection des droits d'auteurs canadiens, mais sans avoir jamais adhéré à la Convention de Berne et la loi du *copyright* était ici tout à fait illogique. Si un auteur étranger ne faisait pas réimprimer son ouvrage au Canada dans les trente jours qui suivaient sa publication, non seulement il n'était pas protégé au pays, mais il était passible d'une amende de 300 $ dont la moitié allait au dénonciateur. Ainsi les libraires canadiens ne pouvaient importer des livres de quelque prix sans s'exposer aux contrefaçons bon marché: «Cette perspective nous rend prudents et nous n'importons pas le quart des éditions que nous voudrions importer de France, parce que nous sommes d'avance assurés qu'un roman français honnête et intéressant sera refabriqué en éditions à 10 cents avant même que nous ayons eu le temps de l'annoncer à 3.50 ou 2 fr»[33].

Cet article de Louvigny de Montigny auquel fait écho la préface des *Nouvelles études de littérature canadienne-française* surprend par l'ampleur du problème qu'il soulève. On s'étonne que, pendant un siècle entier, la propriété littéraire ait été ignorée souvent sciemment sans que jamais personne n'en parle. Serait-ce que la conscience ne se soit formée sur cette question qu'à la fin du siècle? Pourtant, depuis 1830, les journaux publient en feuilleton Balzac, Dumas et autres en changeant les titres et en forgeant des noms d'auteur. À ce prix, la littérature ne coûte pas cher. Comment nos écrivains auraient-ils pu faire concurrence à un tel dumping?

C'est pour toutes ces raisons que le succès de librairie est quasi impossible au Québec à la fin du XIXe siècle. Dans un marché trop restreint, aux prises avec une concurrence déloyale et s'adressant à un public peu intéressé, un écrivain comme Louis Fréchette, condamné à rester homme de lettres après ses échecs répétés aux élections, est particulièrement affecté par cette situation. Certes, il exerce sa profession d'avocat, et ses allégeances libérales lui valent un traitement de faveur. Mais, plus souvent qu'autrement, son parti siégeant dans l'opposition, il doit compter sur sa plume pour arrondir ses honoraires. Ses poésies lui apportent la renommée, mais ne l'enrichissent pas. Toutefois l'ex-député libéral sait contrer la mévente de ses ouvrages par ses relations politiques. Certaines bribes de correspondance nous permettent de reconstituer sa façon de procéder. Dans une lettre adressée au poète le 25 juin 1891, «le gouvernement reconnaît avoir acheté 1 500 exemplaires livrés de votre ouvrage intitulé *Feuilles volantes* au prix de $1.00 l'exemplaire faisant en tout $1,500.00»[34]. Une autre lettre en date du 3 juillet 1897 annonce à Fréchette: «Le Secrétaire de la Province me charge de vous informer qu'il achète sept cents exemplaires de *la Légende d'un peuple* et trois cents exemplaires de [*Coups d'oeil et Coups de plume* d'] Alphonse Lusignan «au prix d'une piastre l'exemplaire»[35]. Ces arrangements, qui finissent *in extremis* par payer le poète de son labeur, n'ont rien d'honorable puisque le «lauréat» se trouve réduit à faire antichambre pour obtenir par faveur ce qui aurait dû lui revenir normalement. Aussi songe-t-il aux moyens d'obtenir un jour ou l'autre un grand succès de librairie. Pour une telle opération, les contes valent mieux que les poèmes. Déjà, Fréchette avait su assez bien monnayer sa production en revendant le même conte après quelques retouches à plusieurs journaux différents. On peut croire que *Masques et Fantômes* ne fut pas publié par Beauchemin vers 1892 parce que Fréchette, qui avait dû se lier par un contrat d'exclusivité, faisait en même temps paraître ses contes dans *la Presse*[36].

Pour toutes ces raisons, Fréchette en venait à la conclusion de l'impossibilité d'un succès de librairie au Québec. Lui qui avait déjà séjourné aux États-Unis, il savait quel atout constituait le public anglophone. En 1899, il regroupe donc un certain nombre de contes déjà parus dans les journaux qui ont trait à la fête de Noël. Il s'assure du concours d'un traducteur et pressent un éditeur de Toronto, George N. Morang & Company Limited, avec lequel il décide de publier simultanément à New York et à Londres. C'est vraiment prendre d'assaut le monde anglophone de l'édition. Charles Scribner's Sons s'en charge pour la métropole américaine et John Murray pour la capitale anglaise. Pour illustrer le volume, on requiert les services d'un artiste réputé, Frederick Simpson Coburn, qui réalise des toiles d'après les indications du conteur.

De prime abord, l'opération s'avère un succès. Fréchette peut télégraphier à son éditeur: «Every one is enthousiastic about the appearance of the book. They all say it is the finest specimen of printing ever produced in the country»[37]. Morang répond: «It is indeed a success [...]. We have now advance orders for several hundred copies; there is no doubt about it being a great success, and I congratulate you»[38].

Mais à Toronto les ventes déclinent rapidement. Pas de nouvelles des 250 exemplaires expédiés à Londres: «Unfortunately have received no further orders from England, and I am sorry that we lost money on the books that we send there»[39]. Quant aux États-Unis, la maison Scribner's, devant faire face à des frais de douane de 25%, réduit les droits d'auteur de moitié. D'après le rapport de vente de Morang au 31 décembre 1899, 500 exemplaires auraient été expédiés aux États-Unis. Le rapport total des ventes se lit comme suit: «On hand this date: 66. Editor's copies: 121. Copies sold to Scribners, N. York 500. Copies sold do Can. Trade: 1 312»[40]. Le compte est donc fort éloigné des allégations d'un journaliste de *La Presse* qui écrit que la maison Morang aurait vendu 25 000 exemplaires avant Noël 1899[41].

Par une ironie du sort assez cruelle, Fréchette se rend compte que son meilleur marché reste le Québec. C'est pourquoi il décide, l'année suivante, de lancer, pendant les Fêtes, une version française sous le titre *La Noël au Canada*. Morang, qui y voit une façon de se renflouer, accepte la proposition avec d'autant plus d'empressement que Fréchette lui promet de placer personnellement au moins 1 000 exemplaires. Non seulement l'édition française ne se vend pas, — les gens intéressés avaient acquis l'édition anglaise, — mais l'homme politique qui avait donné des assurances au poète refuse de tenir parole. Le Gouvernement du Québec a déjà acheté un certain nombre de *Christmas in French Canada*, mais il se montre réticent à faire de même pour la version française[42]. Pour avoir voulu jouer double jeu, le lauréat se retrouvait Gros-Jean comme devant.

Cette revue rapide de l'édition au XIXᵉ siècle nous montre que personne, à l'exception de l'abbé Casgrain, ne fit fortune avec des publications. On semblait donc bien loin de cet idéal qu'exprimait Crémazie: «Dans tous les pays civilisés, il est admis que si le prêtre doit vivre de l'autel, l'écrivain doit vivre de sa plume»[43]. Ceux qui voulaient consacrer une partie notable de leur carrière à l'écriture, loin de compter sur la vente de leurs livres s'orientaient vers la fonction publique. C'est là qu'à l'instar d'Étienne Parent, Antoine Gérin-Lajoie, François-Xavier Garneau, Alfred Garneau, Pamphile Lemay, Joseph Marmette, Faucher de Saint-Maurice . -. ., on pouvait taquiner la muse à l'abri de la faim. On en était particulièrement reconnaissant au nouveau premier ministre, Pierre-Joseph-Olivier Chauveau, comme en témoigne Marmette: «Chacun se souvient de la belle part qu'il sut faire alors aux jeunes auteurs, dans la distribution des fonctions dont il pouvait disposer; et il a dû avoir d'autant plus droit d'être fier, que tous les jeunes talents auxquels il ouvrit si généreusement une carrière lucrative — à part ceux qu'une fin prématurée nous a trop tôt ravis — ont depuis fait largement honneur aux lettres canadiennes»[44].

1. Luc Lacourcière, «Philippe Aubert de Gaspé fils», *Livres et Auteurs canadiens* (1964):153.

2. Louis Perrault, *Le Ménestrel*, 17 et 21 novembre 1844.

3. Georges-Hippolyte Cherrier. «Avertissement de l'éditeur», P.-J.-O. Chauveau, *Charles Guérin* (Montréal, Fides, 1978):30.

4. *Ibid.*, p. 30.

5. Octave Crémazie à Henri-Raymond Casgrain, 1er mai 1870, H.-R. Casgrain, *Oeuvres complètes*, t. II, 1884, p. 401.

6. Faucher de Saint-Maurice. *Choses et Autres* (Montréal, Duvernay frères et Dansereau, 1874):255.

7. Cité par Faucher de Saint-Maurice, *op. cit.*, p. 255.

8. Réjean Robidoux. *Les Soirées canadiennes et le Foyer canadien dans le mouvement littéraire de 1860* (Thèse de D.E.S., Université Laval, 1957):25.

9. Hector Fabre, cité par Réjean Robidoux, *op. cit.*, p. 27.

10. Réjean Robidoux, *op. cit.*, p. 25.

11. «Mémoire des propriétaires-éditeurs». *Les Soirées canadiennes*, 1862, p. 12.

12. *Ibid.*, p. 21.

13. *Loc. cit.*

14. *Ibid.*, p. 23.

15. «Lettre d'un abonné», *Journal de Québec*, 16 août 1862, citée par R. Robidoux, *op. cit.*, p. 41.

16. «Mémoire des propriétaires-éditeurs», p. 15.

17. *Ibid.*, p. 39.

18. «Nouveau Prospectus», *Le Foyer canadien*, 1866, p. III.

19. Crémazie à Casgrain, 29 janvier 1867, cité par H.-R. Casgrain, *Oeuvres complètes*, t. II, 1884, p. 364.

20. Faucher de Saint-Maurice, *op. cit.*, p. 261-262.

21. *Ibid.*, p. 262, note 1. C'est nous qui soulignons.

22. Crémazie à Casgrain, 10 août 1866, H.-R. Casgrain, *op. cit.*, p. 356.

23. Réjean Rodiboux, «Fortunes et Infortunes de l'abbé Casgrain», *Archives des lettres canadiennes* (Ottawa, Éditions de l'Université d'Ottawa, 1961):212.

24. Archives du Séminaire de Québec CL, VII, 97, cité par R. Robidoux, *op. cit.*, p. 82.

25. R. Robidoux, *op. cit.*, p. 85-86. Les chiffres cités par Yvan Lamonde dans *Les bibliothèques de collectivités à Montréal (17ᵉ-19ᵉ siècle)*, 1979, p. 121, ne concordent pas tout à fait avec ceux de Robidoux. Il s'agirait plutôt d'environ 145 000 livres.

26. Roger Le Moine, *Joseph Marmette, sa vie, son oeuvre* (Québec, les Presses de l'Université Laval, 1968):44ss.

27. Roger Le Moine, *Napoléon Bourassa, l'homme et l'artiste* (Ottawa, Éditions de l'Université d'Ottawa, 1974):125.

28. David-M. Hayne, *«le Chien d'or»*, roman de William Kirby, Maurice Lemire, dir., *Dictionnaire des oeuvres littéraires du Québec, vol. I, des origines à 1900*, (Montréal, Fides, 1978):117.

29. Charles Ab der Halden, *Nouvelles études de littérature canadienne-française* (Paris, F.-R. de Rudeval, 1907):ii.

30. *Ibid.*, p. v.

31. *Ibid.*, p. v.

32. Louvigny de Montigny. «La Contrefaçon littéraire au Canada», *La Revue canadienne*, 47(oct. 1904):423.

33. *Ibid.*, p. 424.

34. Archives nationales du Québec, Secrétariat de la Province, Corr., PQ-SP1, vol. 23, p. 609. Lettre du 25 juin 1891. Les renseignements archivistiques concernant L. Fréchette nous ont été communiqués par Jacques Roy.

35. *Ibid.*, 42, p. 639. Lettre du 3 juillet 1897.

36. Voir à ce sujet la «Préface» de *Contes II. Masques et Fantômes* de Louis Fréchette par Aurélien Boivin et Maurice Lemire (Montréal, Fides, 1976):7-14.

37. Archives publiques du Canada, Fonds Fréchette, vol. VI, brouillon de la lettre datée du 4 décembre 1899.

38. *Ibid.*, Morang à Fréchette, le 5 décembre 1899.

39. *Ibid.*, Morang à Fréchette, le 24 juillet 1904.

40. *Idem.*

41. [Anonyme]. «Contes de Noël», *La Presse*, 17, 26(1ᵉʳ déc. 1900):12.

42. Archives publiques du Canada, Fonds Fréchette, VI, Robitaille à Fréchette, 22 juillet 1902.

43. Crémazie à Casgrain, lettre datée de 1866 sans plus de précision, citée par H.-R. Casgrain, *Oeuvres complètes*, II, p. 349.

44. Joseph Marmette, «À travers la vie», cité par Roger Le Moine, *Joseph Marmette, sa vie, son oeuvre* (Québec, les Presses de l'Université Laval, 1968):208.

Prolégomènes à une étude sur les transformations du marché du livre au Québec (1900-1940)

Lucie Robert

Professionnelle de recherche au DOLQ
Département des littératures, Université Laval, Québec

Il ne s'agit pas ici d'une analyse fouillée du marché du livre au Québec, de 1900 à 1940. Trop de données manquent encore; trop de recherches, même préliminaires, restent à effectuer, notamment dans les dépôts d'archives des libraires et éditeurs de l'époque. Pourquoi alors en parler maintenant? L'intérêt de ces quelques notes vient de la convergence d'un certain nombre de recherches. Au cours de la préparation de deuxième tome du *Dictionnaire des oeuvres littéraires du Québec* (1980), j'ai dû retracer les dates et lieux d'apparition des libraires et maisons d'édition, contacter des gens comme Henri Tranquille et, en même temps, rencontrer des chercheurs comme Vincent Nadeau, Sylvie Provost et Denis Saint-Jacques du groupe LIQUEFASC qui, eux, posent des jalons à l'étude des modes d'édition et de diffusion dits «de masse». La compilation de ces quelques données — fragmentaires, je le répète — a mis en évidence non seulement l'étonnante vitalité du marché du livre au Québec, mais également la mise en place d'un marché spécifique, avec ses normes et ses lois de fonctionnement propres. À la lecture des études déjà effectuées sur le XIXe siècle et des rapports d'enquête touchant de près ou de loin le commerce de l'imprimé (rapports Massey, 1951; O'Leary, 1961; Bouchard, 1963), un certain nombre d'hypothèses me sont apparues, qui méritaient d'être discutées. C'est ce dont il est question ici.

L'orientation de mes hypothèses est donc déjà connue. Mon intérêt me portant vers la littérature, une étude sur le marché du livre m'intéresse dans la mesure où le livre constitue le support matériel d'un donné littéraire, un support-marchandise, produit par une industrie de l'édition, consommé par un public déterminé que les spécialistes de marketing nomment un «public-cible». Le marché du livre est ici supposé constituer une des conditions d'existence de la littérature, et c'est en tant que tel qu'il est étudié ici. Dans cette perspective, il est possible de considérer l'hypothèse selon laquelle une transformation dans les pratiques d'écriture peut affecter la distribution du marché de la littérature. On connaît, par exemple, les rapports entre les écoles, mouvements et cénacles, et la fondation de maisons d'édition comme le rapport entre certains mouvements politiques (féminisme, écologie) et la création de librairies spécialisées. Inversement, toute transformation subie par le marché est postulée ici comme devant avoir un effet sur les conditions de production/consommation de l'oeuvre littéraire. Mieux. Ne pourrait-on pas considérer les conditions de production/consommation d'un produit industriel (le livre) et les conditions de production/lisibilité d'un texte (littéraire, symbolique) comme indissolublement liées? Quelque chose comme le rapport entre la valeur d'échange (marchand) et la valeur d'usage (social) qui définit toute marchandise.

Bien que ce rapport entre la littérature et le livre soit généralement reconnu, les chercheurs posent le plus souvent la fonction symbolique de la littérature comme dominante. Dans le développement actuel de la sociologie de la littérature, cette conception génère deux types de travaux:

1. ce que Jacques Dubois[1] nomme l'«analyse institutionnelle», qui étudie les conditions d'écriture et de lisibilité d'un texte, les déterminations idéologiques

(scolaire, linguistique et esthétique) de la littérature, sa fonction comme instrument de domination symbolique et son «champ» comme celui de luttes politiques pour la prise de ce pouvoir;

2. l'analyse sociologique telle que la conçoit notamment Pierre Bourdieu[2], qui distingue la littérature (appartenant à un champ de production restreint, ayant une fonction de «distinction» et une détermination symbolique) de la para-littérature (appartenant au champ de production de «masse», ayant une fonction de consommation (de masse) et une détermination économique — équation entre le texte et le public-cible).

On voit que ces travaux ont pour conséquences de retirer la littérature des rapports marchands, réservés à la para-littérature, et, paradoxalement, de conserver ainsi dans le champ des études matérialistes, une perspective parfaitement idéaliste, niant à l'art à la fois son statut au sein de la communication et son inscription dans des rapports économiques. Ils fondent leur analyse sur une distinction, établie a priori, entre les moyens de communication et les moyens de production. Cette position suppose une conception du produit comme objet-unité, isolable et utilisable à une fin précise, ce à quoi la culture ne saurait se rattacher. La communication est alors considérée comme un phénomène qui apparaîtrait *après* l'établissement de rapports de production, un épiphénomène en quelque sorte, qui relève entièrement de l'analyse de la superstructure idéologique d'un mode de production donné et qui, par conséquent, possède une «autonomie relative»[3] par rapport à l'économie. C'est ainsi que les «crises» et les «vides» de la production littéraire ne sont jamais perçus comme des crises économiques, mais comme des crises idéologiques (manque de formation des écrivains en 1920, au Québec; remises en question de l'enseignement littéraire en France à partir de 1968; collaboration des écrivains après la prise du pouvoir par le Parti québécois en 1976...) de la même manière que la concentration des journaux est perçue d'abord comme une atteinte à la liberté de la presse.

Considérer que la littérature est destinée à un marché spécifique (les intellectuels — de la même façon que la dite para-littérature a ses publics spécifiques par «genres»: femmes, adolescents...) ne remet pourtant pas en question le principe énoncé par Pierre Bourdieu: à savoir que l'objet de consommation est également un «marqueur de classe». Mais il faut bien voir que les éditeurs et les libraires *vendent* la littérature et tirent un profit des choix effectués par leurs directeurs littéraires. Ce sont des gens d'affaires avant tout, on l'oublie trop souvent.

Ma première hypothèse consiste donc à poser les moyens de communication et, parmi eux, l'imprimerie, comme des moyens de production et, par conséquent, le livre, support matériel du texte, comme un produit-marchandise destiné à la consommation. Il s'agit alors de voir de quelle manière, autour de la crise économique de 1930, un élément tel que le texte littéraire fut intégré à un mode de production/consommation plus général. Cela suppose la reconnaissance d'une transformation des rapports sociaux au sein de la communication de même que dans les modes de contrôle d'un marché qui subit des mutations fondamentales.

Ce qui m'intéresse ici est alors une phase transitoire. L'on reconnaît de plus en plus le rôle de la Seconde Guerre mondiale dans l'écoulement des surplus de la production engendrant la crise économique de 1930. L'on reconnaît également maintenant[4] que la solution à long terme de cette crise fut l'extension de la consommation marchande au sein des classes populaires, là où auparavant la production industrielle n'avait pour fonction que la reproduction des moyens de production (équipement, matières premières) et de la force de travail (nourriture, vêtements). Jusqu'à la crise, la littérature appartient à un secteur de consommation de luxe: elle est destinées aux classes dominantes (bourgeoisie et professions libérales) et est produite par une organisation artisanale. L'écrivain est isolé; les processus d'impression et de distribution sont alors considérés comme secondaires, effectués au départ par souscription puis dans des revues spécialisées, fondées à cet effet: *Les Soirées canadiennes, Le Foyer canadien, La Revue canadienne* pour ne citer que celles-là. S'il existe un travail d'édition, il est l'oeuvre d'un individu particulier. C'est le cas à la fin du XIXe siècle de l'abbé Henri-Raymond Casgrain[5]. Les rapports entre l'écrivain, l'éditeur, l'imprimeur et le libraire n'existent que sur des bases individuelles, quasi accidentelles, et ne sont pas régis par une loi précise, sur les droits d'auteur. Celle-ci ne sera votée qu'en 1921.

Ce qui se produit entre 1900 et 1940 est de l'ordre de la mutation. Mutations au niveau structurel qui, loin de se limiter à des effets économiques au niveau de la production (fondation de maisons d'édition, production de l'imprimé littéraire sur les presses industrielles jusqu'alors réservées aux journaux) ou de la circulation (ouverture de librairies et établissement de réseaux de distribution), touchent tous les secteurs de la vie littéraire. Ainsi la campagne pour la «nationalisation» de la littérature canadienne, lancée en 1905 par Camille Roy, entraîne dans son sillage un débat entre les «terroiristes» et les «exotiques», et accompagne la mise en marché de nombreux ouvrages sortis de l'imprimerie des grands journaux. Le développement du débat et les violentes querelles qui s'ensuivent sur les questions du nationalisme et des normes d'écriture coïncident, à partir de 1920, avec la fondation des premières maisons d'édition véritables.

La conséquence méthodologique de cette position est une mise en cause de la distinction souvent posée entre la culture savante et la culture de masse, distinction rendue gênante sur deux plans:

1. Le rapport sur le marché capitaliste entre la production et la consommation de la culture avant la crise appartient au secteur des produits de luxe. C'est dire qu'on ne peut pas poser pour cette époque l'existence d'un rapport de classe conflictuel sur le marché, considérant que seules les classes dominantes (et certains artisans) y ont accès. S'il existe alors une culture *populaire*, constituée essentiellement de pratiques (et non d'objets symboliques), déterminée elle aussi par les rapports sociaux, elle ne trouve pas son mode de réalisation principal dans la

consommation de marchandises culturelles. Que certaines de ces pratiques, comme le cinéma, soient déjà à cette époque en voie d'industrialisation n'empêche pas que parler de la culture de «masse» avant la crise est un anachronisme.

2. Dissocier la culture savante et la culture populaire peut avoir un intérêt dans l'analyse de la période contemporaine. Ainsi on a pu étudier sur cette base les déterminations idéologiques créant la valeur d'usage du produit. On a pu distinguer les produits culturels sélectionnés pour la reproduction idéologique par l'École de ceux qu'elle dénigre et qu'elle rejette. La difficulté vient précisément de ce que la différence entre les deux tient à un élément qualitatif de reconnaissance, défini par des institutions qu'on connaît mal encore mais dont on voit bien l'effet. Toutefois, la distinction entre la culture savante et la culture de masse sert trop souvent: a) à occulter les rapports de la culture savante au marché et, par là, la division du travail (intellectuel-écrivain/manuel-typographe) qui assure sa production, de même que les effets du coûts de production (composition, papier) sur les normes d'écriture, d'édition, de diffusion; b) à poursuivre la distinction d'ordre esthétique instituée par l'École, valorisant l'une, destinée à l'élite, et méprisant l'autre, destinée à une masse réduite souvent au statut de «populace», en négligeant le fait que certaines productions destinées à l'élite soient non valorisées (l'avant-garde, les productions culturelles dites de «gauche») par les appareils de reproduction, et, à l'inverse, que certaines productions destinées à l'origine à la «masse» finissent par être sélectionnées (la bande dessinée, le roman historique et la science-fiction); c) à négliger la responsabilité des travailleurs intellectuels dans la production et parfois dans la consommation de l'une et de l'autre et, en conséquence, à évincer toute la problématique des effets de manipulation.

Il ne s'agit pas de nier une réalité par ailleurs perceptible qui tient à des différences qualitatives réelles (utilisation du matériau linguistique selon le degré de scolarisation du lecteur potentiel; degré d'autonomie de l'écrivain à l'égard de l'éditeur) et parfois à des différences quantitatives appréciables comme les chiffres de vente, mais plutôt de chercher leur lieu et leur mode d'opération. Ce qui est conçu par certains appareils, dont l'École, comme «culture» apparaît pour d'autres, les institutions financières notamment, comme «marché». Les rapports entre ces deux conceptions est ce qui fait problème précisément. Ma seconde hypothèse consiste alors à poser la distinction entre «littérature de masse» et «littérature savante» non au niveau de la consommation, comme le fait Pierre Bourdieu, mais au niveau de la production et de la diffusion des marchandises culturelles. Il s'agit donc de chercher dans les transformations du marché du livre au Québec le mode d'insertion de la littérature dans un marché en voie de «massification» et, ainsi, d'établir les conditions d'existence d'une production littéraire *québécoise* dans une industrie de plus en plus dominée par les multinationales françaises et américaines.

Le choix des dates limites de cette recherche doit être considéré comme relativement arbitraire. Elles ne sont en effet que des repères approximatifs encadrant un phénomène dont les premiers signes se manifestent un peu avant 1900 et dont les conséquences se mesurent bien après 1945.

230

L'héritage du XIXe siècle et la constitution d'un marché[6]

On a beaucoup parlé des difficultés du commerce du livre et de l'édition littéraire dans le Québec du XIXe siècle. Les contingences imposées à l'importation du livre français jusqu'en 1843 laissent aux anglophones de Montréal et de Québec la domination du marché. Des librairies comme Beauchemin, ouverte à Montréal en 1842, et Crémazie, ouvert à Québec en 1847, assurent alors la distribution du livre d'importation française. On sait par ailleurs que le commerce du livre à l'époque n'est pas un marché spécifique: les libraires garantissent une large part de leurs revenus par la vente d'ouvrages de piété, accessoires d'Église, papeterie. L'édition littéraire étant à toutes fins pratiques inexistante (même si quelques librairies font des tentatives), la production locale se concentre dans les journaux et les revues. À partir de 1876, la situation paraît débloquer. En vingt ans, Montréal voit naître au moins six nouvelles librairies: Chapleau & Labelle (1876), Cadieux & Derôme (1878), Wilson & Lafleur (1883), Granger (1885), Pony (1894), Déom (1896).

L'apparition de ces librairies coïncide avec la formation d'un marché scolaire, relativement modeste encore, mais influent. Des communautés religieuses commencent à imprimer des manuels: les Frères des Écoles chrétiennes en 1877, la Procure de la Congrégation Notre-Dame en 1881, les Clercs de Saint-Viateur en 1887... À mesure que le réseau d'enseignement — collèges classiques en particulier — se développe, d'autres maisons se lancent dans l'édition et la vente de manuels scolaires: les Frères de l'Instruction chrétienne en 1900, la Librairie du Sacré-Coeur en 1902, les Soeurs de Sainte-Anne... Liés de très près aux institutions scolaires, ces libraires-éditeurs de communautés religieuses assurent ainsi la production des manuels nécessaires à l'instruction et, en retour, la vente de ces manuels aux élèves de leurs maisons d'enseignement.

L'intrusion de Beauchemin dans le marché scolaire, surtout à partir de 1900, inaugure une période importante dans la constitution d'un marché de la littérature québécoise. Si, jusqu'en 1930, la production de manuels scolaires est peu importante (de l'ordre de 1 000 $ en 1930), concentrée dans quelques maisons de Montréal, le marché institutionnel (écoles et bibliothèques) se développe et attire la participation de librairies jusque-là indépendantes. On inclut alors, dans les prix offerts en fin d'année scolaire, des ouvrages de la production littéraire québécoise, ce qui ouvre des perspectives intéressantes pour une maison comme Beauchemin, qui crée ainsi des collections spéciales à cette fin et qui réédite un certain nombre d'oeuvres du XIXe siècle. Économiquement rentable, assurant un débouché de choix, cette initiative a toutefois pour effet de mettre sous tutelle les libraires-éditeurs qui comptent profiter de ces nouveaux avantages. Le clergé dominant alors l'École peut jouer un rôle important dans la sélection des titres qu'offre le vendeur soucieux de se ménager les bonnes grâces de son client privilégié. Ainsi le travail d'édition de textes nouveaux effectué par Beauchemin dénote une extrême prudence dans la sélection des manuscrits. Ce mouvement ira en s'accentuant, aggravant alors la dépendance de la maison Beauchemin au marché scolaire.

Pour des raisons inverses, le même phénomène favorise des maisons qui choisissent leur indépendance (Pony et Déom, en particulier) auprès d'un public individualisé, composé d'étudiants, de plus en plus nombreux, et des membres des professions libérales qui y trouvent un éventail de titres plus varié. On ignore si les librairies Pony et Déom vendaient à leur début des articles de papeterie. On peut le supposer. Dans un article paru en 1967[7], Claude-Henri Grignon raconte que, à l'époque, Jules Pony vendait des jouets pour enfants, des bonbons, et que son choix de titres incluait des romans populaires, romans d'amour, romans-feuilleton, romans de cape et d'épée. . . «Du coup l'oncle Jules s'accapara toute la clientèle de l'est de Montréal». À son décès, en 1934, il lègue le commerce à son neveu, Aristide Pony, qui le transforme en librairie «intellectuelle» de pointe. Ces données sont cependant insuffisantes: Jules Pony devait aussi conserver une clientèle d'étudiants et d'écrivains puisque Grignon s'y plaisait. D'autre part, le rapport Bouchard signale que, en 1920, Pony et Déom sont parmi les seules «vraies» librairies, qui n'ont rien à voir avec le manuel scolaire et qui font le gros de leurs affaires avec des acheteurs individuels. Elles sont spécialisées toutes deux dans la vente du livre français importé et on les soupçonne d'avoir réalisé des «commandes spéciales» pour clients réguliers. Grignon confirme ces hypothèses et cite, en outre, le cas d'une demoiselle Saint-Louis, qui tenait boutique rue Sainte-Catherine à Montréal et qui lui aurait vendu, à cette époque, un exemplaire du *Disciple* de Paul Bourget. Cela expliquerait qu'on ait retrouvé un nombre intéressant d'ouvrages autrement à l'Index dans les librairies spécialisées dans le livre d'occasion, ouvertes quelques années plus tard.

Dans ces conditions, quelle peut être la situation de l'édition? On a vu l'exemple de Beauchemin qui, régi par le marché scolaire, se contente de rééditer les textes du XIXe siècle ou de sélectionner, parmi les nouveaux manuscrits, ceux qui leur ressemblent, qui cadrent bien dans les nouveaux programmes d'enseignement littéraire, qui s'ajustent aux normes édictées par l'École. Chez les libraires-éditeurs indépendants, on trouve au contraire l'exemple de Déom; dès 1910, il entreprend l'édition de la poésie moderne qui le rendra célèbre au Québec. S'il court des risques plus grands, la distribution étant loin d'être assurée, il faut quand même concevoir son action dans la perspective de son marché et analyser ses choix en fonction de sa clientèle. Par ailleurs, il faut noter, autour de 1910, que le phénomène d'édition le plus important appartient aux journaux (*Le Devoir, Le Soleil, L'Action catholique*, et bien d'autres) qui publient un grand nombre d'ouvrages, souvent écrits par des journalistes, dont ils assurent la circulation par leurs propres réseaux de distribution. Pour brosser un tableau plus complet, bien que très rapide, de l'édition littéraire à cette époque, on peut ajouter les imprimeries et le compte d'auteur qui regroupent un grand nombre d'ouvrages souvent mal vendus, parfois pas du tout, condamnés à pourrir dans la cave de leurs auteurs, faute d'un réseau de distribution pertinent.

Que tirer de ces quelques renseignements? On voit que, sur le marché du livre au Québec, depuis la fin du XIXe siècle, la production, la distribution et la vente sont intégrées, assurées par la même institution: la librairie indépendante, le journal ou l'école. Au point où, comme le décrit Grignon, un libraire peut en arriver à former autour de lui un cénacle et à éditer le roman de son meilleur client. On connaît l'image littéraire du libraire Claude Perrin, personnage de Pierre Baillargeon, vieil érudit, connaissant ses livres comme ses clients, qui conseille et discute. Henri Tranquille reprendra lui-même ce rôle: c'est dans sa librairie que sera lancé *Refus global* en 1948.

Par ailleurs, on constate que, très tôt, le marché du livre repose sur un clivage entre a) la clientèle des institutions que choisit une maison comme Beauchemin, soumise à des restrictions idéologiques importantes mais disposant en contre-partie d'un marché puissant et b) le marché individuel dont vivent des librairies comme Pony et Déom, soumises aux strictes lois du marché de la consommation de luxe, axé surtout sur la vente du livre importé. On ne connaît pas le type d'intégration ou de clivage qui existait alors entre les marchés anglais et français. Ceux-ci ont toujours été étudiés séparément. Mais la fondation de l'agence de distribution Benjamin News, en 1917, coïncide avec la fondation des premières maisons d'édition québécoises indépendantes ou presque de la librairie.

Il n'est donc pas étonnant de remarquer l'anarchie qui régit la production littéraire locale, soumise au hasard d'une rencontre, d'un mouvement de bonne volonté de la part du libraire. De là l'importance des cénacles, mouvements, écoles, comme l'École littéraire de Montréal et la Société des Poètes canadiens-français dans la production et la diffusion des textes. De là également la situation pénible des écrivains «hors-circuit», les Paul Quintal-Dubé, Jean Aubert-Loranger..., qui auraient pu intéresser leurs contemporains et qu'on redécouvre aujourd'hui, mais qui sont demeurés inconnus. Comme quoi la censure n'est pas le seul moyen d'occulter des textes. La distribution du livre était alors le plus grave problème de l'écriture.

Il ne s'agit pas de nier ici l'importance du nationalisme dans le développement de la littérature québécoise en tombant dans l'erreur de considérer le marché comme un phénomène autonome où les innovations techniques et les changements organisationnels suffisent à expliquer les mutations. Au contraire. L'institution d'une littérature nationale, comme la rêvaient certains critiques littéraires de l'époque, passe nécessairement par la nationalisation du marché du livre, soit par la création d'un réseau autonome d'éditeurs et de libraires consacrés au livre québécois, soit par son intégration dans des réseaux existants. D'où la nécessité de dissocier les instances de production (éditeurs) des instances de vente (libraires-importateurs) et de les relier par des distributeurs qui assureraient au livre québécois une diffusion dans tout le territoire visé et non plus seulement dans les grandes villes à l'usage exclusif des groupes d'intellectuels[8].

La crise économique et la concentration du marché

Les années qui vont de la fin de la première guerre mondiale au début de la seconde voient apparaître trois phénomènes:

1. La montée d'un nationalisme, qui trouve son expression littéraire, amène la fondation des premières maisons d'édition véritables. La Bibliothèque de

l'Action française (1918), puis la Librairie d'Action française (1919) ouvrent leurs portes. Albert Lévesque prend la relève en 1926. Eugène Achard fonde la Librairie générale canadienne (1926) et les Éditions du Zodiaque (1935). En 1933, c'est au tour d'Albert Pelletier (le Totem), en 1938, de Bernard Valiquette et, en 1939, de Jean DesGranges (les Éditions de l'Étoile). Ces maisons d'édition ne sont pas vraiment indépendantes: elles s'accompagnent d'une librairie ou d'une revue. Elles ont comme caractéristiques a) d'être entièrement consacrées à la création québécoise; b) d'avoir une politique cohérente pour la sélection des manuscrits; c) d'être reliées à un mouvement (Action française) ou à un type d'écriture (Eugène Achard et la littérature de jeunesse) et, en tous les cas, d'être très près d'une revue qui assure la publicité. Tous ces éditeurs ont le sentiment très net de faire «oeuvre nationale» pour reprendre l'expression de Bernard Valiquette[9] et, en effet, ils établissent les premières politiques générales d'édition.

2. Les grandes librairies spécialisées dans la vente du livre d'occasion ouvrent leurs portes. Paul Coutlée installe la Cité des livres rue Saint-Denis à Montréal, en 1926. Il y tiendra boutique jusque vers 1960, date à laquelle il vend son commerce à la librairie Guérin qui l'opère toujours. Un peu avant, Gonzague Ducharme avait ouvert sa librairie rue Notre-Dame et se spécialisait dans le «canadiana». À sa mort, en 1950, la librairie fut vendue à Gérard Malchelosse, qui la céda par la suite à Pierre Lespérance. Il l'opérait encore en 1967. En 1937, Henri Tranquille ouvre la librairie Françoyse, rue Ontario. D'associé en associé, de faillite en faillite, il déménage tous les trois ans puis recommence jusqu'en 1960, date à laquelle il ouvre une librairie de livres neufs. Ces commerces, et plusieurs autres, semble-t-il, ne sont pour ainsi dire pas liés à l'édition (même si Ducharme et Tranquille signent quelques parutions). L'approvisionnement est assuré, comme la vente, par les clients, pour la plupart des étudiants (80% en 1940 aux dires de Paul-André Ménard, l'associé de Tranquille[10]) et des écrivains. Henri Tranquille raconte en outre[11] que la popularité du livre d'occasion tient à deux facteurs: le prix, bien sûr, et le choix des titres, ce genre de librairies n'étant pas soumis au contrôle clérical.

3. Le cas d'Édouard Garand est assez étonnant. En 1923, il lance une maison d'édition d'un caractère particulier. Ayant pour but d'éditer des oeuvres de littérature québécoise à prix modique, de les rendre accessibles au «grand public», il trouve une formule sans précédent au Québec. Ses «livres» sont des fascicules, imprimés en deux colonnes sur un papier bon marché, brochés, avec des «couvertures» attirantes et colorées. Ils sont classés en deux collections principales: le «Roman canadien» et le «Théâtre canadien», et sont distribués à la manière des journaux, dans les tabagies et les kiosques à journaux de même que par abonnements. Vincent Nadeau a précisé ce type d'édition et la fortune qu'il connut après la guerre[12]. Ce qu'il y a de particulier ici, c'est que les textes publiés relèvent d'une utilisation de la langue correspondant à un niveau de scolarisation avancé; que l'écrivain conserve une grande autonomie dans sa pratique d'écriture par rapport à l'éditeur (il signe d'ailleurs de son nom véritable); que ces ouvrages sont sanctionnés par l'instance critique dans les journaux et les revues. Selon toute vraisem-

blance, de 1923 à 1945, Édouard Garand recherche un marché littéraire spécifique, constitué peut-être par une petite-bourgeoisie non intellectuelle (employés) et certainement dissociée des grandes luttes pour la prise du pouvoir symbolique qui ont caractérisé les années 1920 et dont la querelle entre les «terroiristes» et les «exotiques» constitue le meilleur exemple. Il est, en tous cas, le seul éditeur à avoir réglé ses problèmes de distribution.

Le marché du livre dans les années qui entourent la crise économique dénote, dans sa constitution même, un malaise: si on ouvre tant de librairies de livres d'occasion, c'est que le marché du livre neuf stagne et que, par conséquent, le production du livre est en difficulté; l'édition ne produit que des textes nationalistes ou de jeunesse à destination du marché scolaire, à l'exception des Éditions du Totem, soutenues par une revue, *Les Idées*, et des Éditions Édouard Garand, qui ne survivent que grâce à un circuit de diffusion particulier. L'effet premier de la crise est de disperser le marché individuel dans tous les secteurs de la consommation de luxe, plus que jamais dépendante du pouvoir d'achat de sa clientèle. Malgré le développement de l'instruction et le nombre de plus en plus grands d'étudiants, malgré le développement d'une petite-bourgeoisie lettrée (journalistes, instituteurs...), le commerce du livre est en nette récession. Il faut attendre la fin des années quarante pour que les nouvelles conventions salariales donnent à ces groupes un accès plus facile à la consommation marchande des biens culturels.

Cette situation permet au marché scolaire de se développer aux dépens du marché littéraire. Ainsi, peu à peu, l'écart s'accroît et, après la guerre, selon les chiffres avancés par le rapport Bouchard, on atteint les proportions suivantes: 70% des ventes à des commissions scolaires, dont 43% à des bibliothèques d'écoles publiques; 30% à des consommateurs individuels. Mieux. Les grossistes déclarent effectuer 80% de leurs ventes avec les livres didactiques et de jeunesse. Beauchemin accroît son pouvoir, la librairie Granger se lance dans l'édition de manuels (1930); on fonde des éditeurs-libraires consacrés exclusivement au marché scolaire, telles les Éditions Fides (1937) et le Centre pédagogique (1940). La concentration du pouvoir d'achat est aux mains des commissions scolaires (depuis 1930) et des collèges classiques qui, voyant là une source de profit (que dénonce le rapport Bouchard en 1962), recommencent à effectuer eux-mêmes la distribution du manuel et du livre à leurs élèves, distribution qu'ils avaient réduite depuis le début du siècle. Ce mouvement a pour effet de retirer les étudiants — composante essentielle du marché — du circuit des librairies et, à partir de là, on ne compte plus les faillites.

La survie des grandes librairies (Déom et Pony) ne doit pas faire oublier la situation précaire des autres maisons et, surtout, ne pas occulter le fait que la croissance du nombre des librairies ne correspond pas à ce qu'elle aurait dû être, compte tenu de l'extension de l'enseignement. À la fin de la guerre, le Québec en entier ne compte que 40 librairies, incluant celles qui vivent du marché scolaire et du marché créé par la guerre. Seuls les libraires-éditeurs du marché scolaire ont une chance de survie et, encore, ne peut-on parler ici que des plus grands car cette évolution a aussi pour effet d'attirer des «faux-libraires», les voyageurs de commerce, qui détournent du marché local, en province, d'importantes commandes provenant des écoles et des collèges. C'est ainsi qu'à peu près seules les villes de Montréal et de Québec peuvent compter des librairies indépendantes, les autres régions du Québec voyant leurs efforts sapés à la base par des maisons comme Beauchemin et Granger. Le mouvement ira en s'accentuant jusqu'en 1962 (date à laquelle 95 librairies sur 140 dépendent du marché scolaire) alors que la crise des remises provoquée par la Commission des écoles catholiques de Montréal amènera le gouvernement à créer la commission Bouchard qui, dénonçant cet état de fait, reproche justement à Beauchemin, Granger et Fides d'avoir préféré le voyageur de commerce à la succursale et, ainsi, d'avoir privé une grande partie de la population du Québec des services d'un libraire.

Les conséquences de cette concentration du marché aux mains des institutions d'enseignement sur la littérature sont énormes. Les conditions sont telles qu'elles découragent les éditeurs. Aussi n'est-il pas étonnant de constater, à partir de 1930, le rapport étroit qui se crée entre les maisons d'édition et les revues littéraires. C'est le cas pour les Éditions du Totem et la revue *Les Idées*, d'Albert Lévesque, et *L'Action canadienne-française* puis de Bernard Valiquette et de *L'Action nationale*, des Éditions de l'Arbre (1940) et de *La Nouvelle Relève*. La revue assure une diffusion que la librairie ne permet pas, en ne gardant en stock que les ouvrages susceptibles d'intéresser les maisons d'enseignement. Par la suite, la revue prendra carrément la relève et publiera les oeuvres dans ses pages (*Amérique française, Écrits du Canada français*). Le distributeur que la littérature n'a jamais eu n'a même plus de raisons d'être.

On connaît, par ailleurs, les conséquences de la guerre sur l'édition littéraire au Québec. L'occupation de la France par les Allemands, de 1940 à 1944, a eu pour effet de favoriser l'éclosion d'un grand nombre de maisons d'édition consacrées à la publication d'ouvrages français, anciens et nouveaux, destinés au marché nord-américain. Paris occupé, Montréal prend la relève du marché littéraire, ce dont témoignent également les nombreux visiteurs de marque que reçoit le Québec à cette époque: André Breton, Jules Romains... De 1940 à 1947, 21 millions de livres sont imprimés au Québec et, en 1943, on fonde la Société des Éditeurs canadiens du livre français. Pas étonnant qu'en 1946 et 1947, on ait assisté à une formidable querelle, opposant d'une part, Robert Charbonneau et, d'autre part, des Français comme François Mauriac, Georges Duhamel, Louis Aragon, à propos de l'édition québécoise du livre français[13]. Si l'accusation portée contre l'édition d'ouvrages écrits par des collaborateurs (boycottés par l'édition française) était justifiée, l'enjeu, énorme, consistait dans le rétablissement d'un marché du livre français tel qu'il existait avant la guerre: produit à Paris, vendu de Paris, *importé* à Montréal et, autant que possible, une littérature québécoise soumise aux lois édictées par la France, autrement dit, une littérature «régionale». La France sortit victorieuse, en partie du moins, de cette querelle. Le marché du livre au Québec connaît dans l'immédiate après-guerre une épidémie de faillites telle qu'on en avait jamais vue. La situation en 1948 est pire qu'elle ne l'était en 1939.

236

C'est ainsi que, après la guerre, les grandes maisons françaises peuvent s'installer au Québec, soucieuses d'écouler leur production dans un pays qui ne demande pas mieux. Il fallait avoir les reins solides pour ouvrir — au moins à Montréal — une succursale. Aussi, quand le Cercle du livre de France inaugure son comptoir (1949), que la librairie Hachette achète le commerce d'Aristide Pony (1950), que Flammarion s'installe rue Saint-Denis (1950), c'est pour reprendre le contrôle de leurs exportations et combler un vide laissé par les librairies québécoises pour lesquelles l'importation du livre français se limitait à l'achat des livres français au programme des maisons d'enseignement.

L'édition québécoise des années 1940 et 1950 est donc prise dans un étau. D'une part, les librairies locales sont dépendantes du marché institutionnel; d'autre part, les succursales de librairies européennes se consacrent à l'importation et à l'écoulement de leur stock. Les écrivains se voient réduits à fonder leurs propres maisons d'édition — de facture artisanale — et on voit ainsi se constituer un milieu intellectuel où les éditions sont en même temps un mouvement littéraire (les Éditions Erta, 1949; les Éditions de l'Hexagone, 1953; les Éditions de Malte, 1954; les Éditions d'Orphée, 1955), où l'écrivain est souvent typographe et graphiste (Roland Giguère pour les Éditions Erta). Les tirages sont souvent faibles (75 ou 100 exemplaires), les ouvrages, non distribués. Ce n'est que lorsque les recommandations du rapport Bouchard seront mises en application (individualisation de la clientèle; ouverture de succursales ou de librairies indépendantes; contrôle sur les remises accordées aux maisons d'enseignement), que le marché du livre au Québec trouvera à s'intégrer à l'ensemble du marché de la consommation, tel qu'il se définit dans les autres secteurs depuis la Seconde Guerre mondiale.

Conclusions

Les rapports entre les discours sur la «nationalisation» de la littérature et la transformation du marché du livre ne sont pas que pure coïncidence de dates. À partir du moment où quelqu'un comme Camille Roy (entre 1905 et 1935 surtout) tente d'établir des politiques d'écriture nationalistes («terroir»), dérivant d'une conception socio-politique de la fonction de la littérature, on doit considérer les conditions matérielles dans lesquelles ces pratiques s'effectuent. On ne peut compter sur Paris pour éditer les ouvrages en question et encore moins pour les produire, d'autant moins que c'est précisément en réaction à la littérature française — laïque et bourgeoise — que Camille Roy développe ses thèses. Il faut donc constituer ici un circuit de production/diffusion autonome: créer des maisons d'édition, distribuer le livre québécois en librairie, ouvrir de nouvelles librairies si nécessaire. La querelle entre Robert Charbonneau et les écrivains français en 1946 repose sur les mêmes fondements, en cherchant d'un côté à maintenir un marché indépendant de la France (régissant même les importations) et, de l'autre côté, à rétablir un marché de type impérialiste où le Québec serait entièrement soumis. C'est le problème de la Belgique et de la Suisse de n'avoir pu, pour des raisons historiques, créer un marché autonome.

Deux événements ont eu des conséquences néfastes dans ces tentatives pour nationaliser le marché du livre au Québec. La crise économique, en stoppant la production et la diffusion, a permis la concentration du pouvoir d'achat aux mains des maisons d'enseignement et, ainsi, elle a empêché l'élargissement de la clientèle nécessaire à la survie des éditeurs et libraires. Par ailleurs, l'installation des multinationales françaises (Hachette et Flammarion, en particulier) sur le territoire québécois a privé les entreprises nationales d'une source d'approvisionnement essentielle à leur survie, sans pour autant assurer la diffusion de la production littéraire locale. Il faudra une décision politique pour que survive un marché du livre autonome au Québec, décision qui prendra la forme de subventions et de dégrèvements d'impôts.

Le marché du livre joue le rôle de sélecteur et non de censure directe, volontaire. Ainsi les éditeurs ont des politiques générales et publient des ouvrages correspondant à leur orientation. Bernard Valiquette écrivait en 1939: «Le nombre des livres qui paraissent est infime à côté des oeuvres qui ne voient jamais le jour [...]. Tel essai, qui ne manque pas d'aperçus originaux, est inopportun»[14]. Que ce soit pour des raisons politiques ou en fonction d'un chiffre de vente, la sélection a pour effet de «marginaliser» (par la nécessité de recourir à des maisons d'édition artisanales, par le silence de la critique...) tous les textes qui ne participent pas de la contradiction principale autour de laquelle s'articulent les luttes de pouvoir: la querelle des «terroiristes» et des «exotiques» au Québec, dans les années 1920, de même que celle des «nationalistes» et des «formalistes», dans les années 1970, ont eu cet effet. Les carences du marché auront notamment les incidences qu'on a vues sur les possibilités d'édition et de diffusion des textes dans les années 1950. On a pu — avec raison — avoir l'impression d'une censure cléricale puissante, stérilisant l'écriture dans ces années-là. Mais trop longtemps, on a considéré cette censure comme directe alors qu'elle s'exerçait par le contrôle d'un marché depuis les années 1930, à l'encontre des principes les plus fondamentaux du libéralisme. Ce n'est pas pour rien qu'on a formé une commission d'enquête. La marginalité de l'écriture peut alors se concevoir dans ses rapports avec la circulation marchande.

Si les notions de «marché restreint» (Bourdieu) ou de «littérature d'avant-garde» ont un sens, c'est probablement celui-là, désignant un secteur de production artisanale qui ne trouve pas de place dans un marché intégré où la littérature n'est plus un objet de consommation de luxe. La littérature, en tant que manifestation «savante» de la culture, devient alors cet objet qu'une décision politique a décrété d'«intérêt national» et dont les gouvernements assurent la survie à coups de subventions dans un marché que la multinationale tend à détruire par ce qu'on appelle la «massification». Ce n'est pas un hasard si la paralittérature n'est pas protégée par les instances gouvernementales. De là, également, la sensation aiguë que les écrivains dits d'avant-garde ont, depuis la crise, de leur condition au sein de la production du livre et leur refus de soumettre leur pratique d'écriture au jugement d'un «directeur littéraire» chargé de la sélection des titres en vue du marché.

238

NOTES

1. Jacques Dubois, *L'institution de la littérature. Introduction à une sociologie*, Bruxelles, Fernand Nathan-Éditions Labor, 1978, 188 p.

2. Pierre Bourdieu, «Le marché des biens symboliques», *L'Année sociologique*, 3ᵉ série (1971):49-126.

3. Cette question de l'autonomie relative de la superstructure est de plus en plus remise en question par les théoriciens marxistes eux-mêmes. Voir en particulier les travaux du Britannique Raymond Williams, *Marxism and Literature*, Londres, Oxford University Press, 1977, 217 p.; *Problems in Materialism and Culture. Selected Essays*, Londres, Verso Editions, 1980, 277 p.

4. Voir en particulier les travaux de Robert Boyer, «La crise actuelle: une mise en perspective historique», *Critique de l'économie politique*, nouvelle série, 7-8(av.-sept. 1979):5-113; et d'Alain Lipietz, *Crise et Inflation. Pourquoi? L'accumulation intensive*, Paris, François Maspéro, 1979, 381 p.

5. *Cf. infra.* «Les relations entre éditeurs et écrivains au XIXᵉ siècle».

6. La plupart des données qui suivent ont déjà été présentées dans l'introduction des tomes I, II, III, du *Dictionnaire des oeuvres littéraires du Québec*.

7. Claude-Henri Grignon, «Les Librairies ces bons maîtres (II)», p. 2.

8. N'est-ce pas ce qui s'est passé dans les années 1960 quand, avec la fondation des grandes maisons de distribution, on a pu assurer la diffusion du livre québécois qu'on commençait justement à utiliser dans l'enseignement secondaire?

9. Bernard Valiquette, «Le rôle de l'éditeur», p. 140.

10. Cité par Claude-Henri Grignon, «Les libraires ces bons maîtres (IV)», p. 2.

11. Au cours d'une entrevue téléphonique réalisée en 1979.

12. *Cf. infra.* «Au commencement était le fascicule: aux sources de l'édition québécoise contemporaine pour la masse».

13. La plupart des articles touchant cette querelle ont été réunis par Robert Charbonneau dans un recueil, *La France et nous*, Montréal, Éditions de l'Arbre, 1947, 73 p.

14. Bernard Valiquette, «Le rôle de l'éditeur», p. 140.

Bibliographie

[Anonyme].
«Progrès de l'industrie du livre canadien», *La Presse*, 41, 118(6 mars 1925):11.

[Anonyme].
«Bilan littéraire des Éditions Alb. Lévesque», *Le Droit*, 20, 6(10 janv. 1933):3.

[Anonyme].
«Vaste projet des Éditions Variétés», *L'Autorité*, 39, 45(4 août 1945):4, 2.

[Anonyme].
«Quelques minutes aux Éditions Variétés avec MM. André Dussault et Paul Péladeau», *La Tribune*, 36, 231(30 nov. 1945):5.

Augé, Jean.
«Propos d'éditeurs. Ce que disent de l'avenir du livre français MM. Dussault et Péladeau», *Le Devoir*, 35, 59(11 mars 1944):8.

Boiteau, Georges.
«Notre littérature, nos éditions, notre faiblesse», *L'Action catholique*, 42, 13(28 déc. 1945):8.

Boulizon, Guy.
«Un malade fiévreux, mais bien constitué: le livre canadien», *Le Devoir*, 45, 263(13 nov. 1954):22-23.

Canada.
Commission (Massey) royale d'enquête sur l'avancement des arts, lettres, sciences au Canada. *Rapport*. Ottawa, Imprimeur du Roi, 1951. 596 p.

Canada.
Commission (O'Leary) royale d'enquête sur les publications. *Rapport*. Ottawa, Imprimeur de la Reine, 1961. viii, 289 p.

Charbonneau, Robert.
«Chroniques. Littérature et édition», *La Nouvelle Relève*, 6, 4(mai 1948):348-352.

Charbonneau, Robert.
«L'édition canadienne a pour mission de révolutionner notre littérature», *Le Canada*, 45, 266(20 fév. 1948):4.

Dagenais, Gérard.
«Le livre français au Canada», *L'Ordre*, 1, 9(20 mars 1934):2.

Denis, Louis.
«Nos enquêtes. L'industrie du livre français au Canada», *Notre Temps*, 1, 14(19 janv. 1946):3.

Dorsinville, Max.
«La problématique du livre québécois», *Canadian Literature*, 57(été 1973):35-49.

Frémont, Donatien.
«La crise du livre français», *Le Canada*, 45, 173(27 oct. 1947):5.

Godin, Gérald et Jean Paré.
«Histoire de l'édition au Québec», *Le Nouveau Journal*, 1, 193(21 av. 1962):iii; 198(28 av. 1962):iii; 204(5 mai 1962):iii; 216(19 mai 1962):iii; 222(26 mai 1962):iii.

Grandmont, Éloi de.
«Entretien avec Bernard Valiquette», *Le Canada*, 43, 111(22 oct. 1945):xiii.

Grignon, Claude-Henri.
«Les libraires ces bons maîtres», *Le Journal des Pays d'en-haut*, 1(25 nov. 1967):2; 2(2 déc. 1967):2; 3(9 déc. 1967):2; 4(16 déc. 1967):2-3.

Hamel, Émile-Charles.
«L'avenir de l'édition canadienne», *Le Canada*, 49, 180(4 nov. 1946):ii-xvi.

Hamel, Émile-Charles.
«Il n'y a pas de quoi désespérer», *Le Canada*, 48, 195(25 nov. 1950):11.

Hamel, Émile-Charles.
«Livres canadiens en Europe», *Le Canada*, 44, 229(3 janv. 1947):12, 2.

Hamel, Marcel.
«Butoir et Sautoir de la presse. Les éditions canadiennes», *L'Action nationale*, 28, 2(oct. 1946):151-160.

Huot, Maurice.
«Le Canada français et le livre», *Le Canada*, 41, 42(24 mai 1943):5; 53(7 juin 1943):5; 71(28 juin 1943):5; 77(5 juill. 1943):5.

Lanctot, Gustave.
«Autour de l'imprimerie en Amérique», *Annuaire de la publicité et de l'imprimerie*, 2(1940):95-96.

Lemire, Maurice, Jacques Blais, Jean Du Berger et Nive Voisine.
Dictionnaire des oeuvres littéraires du Québec, t. I: Des origines à 1900. Montréal, Fides, 1978. lxvi, 918 p.

Lemire, Maurice, Gilles Dorion, André Gaulin et Alonzo Le Blanc.
Dictionnaire des oeuvres littéraires du Québec, t. II: 1900 à 1939. Montréal, Fides, 1980. xcvi, 1 363 p.; *t. III: 1940 à 1959*, 1982. xcii, 1 252 p.

Lévesque, Albert.
«Lettre ouverte à M. P. Dumas. Autour de notre littérature», *Le Quartier latin*, 12, 9(5 déc. 1929):3.

Lombard, Bertrand [pseudonyme d'Émile Bégin].
«Le livre, instrument de civilisation», *Le Canada français*, 33, 5(janv. 1946):366-370.

Marcotte, Gilles.
«Les libraires veulent l'entrée en franchise du livre français», *Le Devoir*, 42, 245(20 oct. 1951):9.

Montigny, Louvigny de.
«La contrefaçon littéraire au Canada», *La Revue canadienne*, 47(oct. 1904):422-443.

Pilon, Jean-Guy.
«Le livre canadien. Situation de l'édition au Canada français», *Revue de l'université Laval*, 13, 6(fév. 1959):503-507.

Québec. Conseil supérieur du livre.
Mémoire sur la crise de la librairie au Canada français au début de 1963. Québec, Éditeur officiel, 1963. 11 p. Annexes i-v.

Québec.
Commission (Bouchard) d'enquête sur le commerce du livre dans la province de Québec. *Rapport.* Québec, Éditeur officiel, 1963. 250 p.

Québec.
Ministère des Affaires culturelles. *Rapport sur la distribution des périodiques et du livre de poche au Québec.* Québec, Éditeur officiel, 1973. 85 p.

Robert, Lucie.
(Entrevue téléphonique avec Henri Tranquille, réalisée en 1979). Québec, archives personnelles de l'auteur, notes manuscrites.

Robillard, Jean-Paul.
«Nos entreprises littéraires fleurissent dans les caves!», *Le Petit Journal*, 30, 23(1er av. 1956):57.

Société des éditeurs canadiens du livre français.
«Les difficultés de l'édition canadienne-française», *Le Devoir*, 45, 263(13 nov. 1954):13, 23.

Valiquette, Bernard.
«Plaidoyer pour l'éditeur canadien-français», *L'Action nationale*, 15, 5(mai 1940):336-343.

Valiquette, Bernard.
«Propos de l'éditeur. L'oeuvre d'hier, d'aujourd'hui et de demain», *Notre Temps*, 1, 6(22 nov. 1945):5.

Valiquette, Bernard.
«Le rôle de l'éditeur», *Annuaire de la publicité et de l'imprimerie*, 1(1939):140-141.

Viatte, Auguste.
«Édition canadienne et livre français», *Le Devoir*, 39, 83(10 av. 1948):10.

Au commencement était le fascicule

Aux sources de l'édition québécoise contemporaine pour la masse

Vincent Nadeau

Département des littératures, Université Laval, Québec

Il n'y a pas si longtemps, j'avais entrepris, avec beaucoup de passion documentaire, de préparer une étude sur les «ratés» de la littérature, les invendus. Or que trouvai-je à côté des soldés, des bradés, des quasi-pilonnés? — Des livres qui au contraire s'étaient vendus, se vendaient toujours, même écornés, dépourvus de couverture ou un peu déchirés, et se vendraient sans doute plusieurs fois encore. Bob Morane, OSS 117, San-Antonio, sans compter la science-fiction, le roman-photo et la bande dessinée, étaient en route pour une certaine éternité, à quoi des littérateurs plus éthérés avaient pu continuer de rêver en vain dans la solitude de leur insuccès.

D'une part, des livres dont personne n'a voulu, d'autre part des livres qui volent de main en main, qu'on échange, troque, achète, rachète à qui mieux mieux. L'édition québécoise était-elle condamnée à produire de pieux invendus jusqu'à la fin des temps? Car on ne s'arrachait guère les productions du cru.

La découverte d'un carton de petits romans québécois en fascicules me tira de mes sombres cogitations, et je m'assurai que Diane la belle aventurière, Albert Brien le détective national des Canadiens-français et surtout l'as des espions canadiens, Jean Thibault, alias IXE-13, avaient déjà été admirés, choyés, acclamés par des amateurs enthousiastes et fidèles, qui achetaient, lisaient, échangeaient, etc. *Les Aventures étranges de l'agent IXE-13* avaient, semblait-il, galvanisé des foules de lecteurs. Il fallait voir cela de plus près. Un best-seller québécois au Québec!

* * *

Les littéraires ont le culte du document, les historiens aussi, rien de plus compréhensible. Or, au plan matériel, *IXE-13* n'existait pas, ou guère. Comment décrire et mesurer l'ampleur du phénomène si l'on ne disposait même pas des textes? Il a fallu commencer modestement, empiriquement; bientôt, au fil des découvertes, une équipe d'une quinzaine de personnes sera constituée autour d'un phénomène de culture de masse autrement plus ample que le seul *IXE-13*.

La recherche matérielle a été menée en parallèle auprès des bibliothèques et autres lieux classiques de documentation écrite, des producteurs depuis l'auteur jusqu'aux distributeurs et revendeurs, des lecteurs et des amateurs. La loi canadienne du dépôt légal qui seule existait à cette époque n'avait bien entendu pas assuré, la survie officielle d'*IXE-13*. Le héros éponyme avait pourtant fait allégeance à Ottawa et au général Smiley, chef du Service secret canadien... Pas de traces non plus dans les bibliothèques municipales; peut-être en subsistait-il dans quelque échoppe de barbier-coiffeur assoupie dans sa décoration d'après-guerre?

Heureuse coïncidence, nos travaux ont commencé au moment ou Pierre Lespérance venait de faire cadeau à la Bibliothèque nationale du Québec de ce qu'il lui restait de petits romans de l'époque de Police-journal: excellente façon de servir la recherche, et aussi de rompre définitivement avec le passé, les Éditions de l'Homme, puis la société SOGIDES ayant repris le flambeau, différemment. La donation Lespérance comprenait naturellement des *IXE-13*, mais pas tous, tant s'en fallait. Nous avons donc rendu d'insistantes visites à l'auteur, Pierre Daignault alias Pierre Saurel, qui avec une insigne bonne volonté a consenti à ratisser plus d'une fois ses papiers personnels, interrogé l'illustrateur, l'héritier des éditeurs, certains distributeurs, etc. Nulle part il ne semblait avoir subsisté de collection complète d'*IXE-13*. Nombre de libraires ordinaires, anciens, d'occasion, de boutiques d'échanges, de regrattiers, de marchands de vieux journaux à recycler ont été quadrillés, une fois, deux fois, trois fois. De temps à autres, quelque nouveau fascicule refaisait surface. Ce n'était pas suffisant. Mais nous avions également eu recours à la publicité dans les journaux, accordé des entrevues à la radio et à la télévision. Un beau jour, surprise, une lettre de Longueuil écrite en réponse à l'une de nos annonces dans *Allô-police*, nous apprend l'existence d'une série «complète». Au comble de l'enthousiasme, nous nous rendons en faire l'examen chez le collectionneur, qui affectionne également les souvenirs de Maurice Richard, autre héros populaire. Bien qu'en infime partie constituée de photocopies et lacunaire à un petit nombre d'endroits, la collection s'avère en excellent état, précieuse en ce qu'elle est la plus complète que nous puissions alors espérer trouver. Aussitôt nous en proposons l'acquisition à la B.N.Q., au titre du patrimoine national. La vénérable institution ne pouvait toutefois se permettre en l'occurrence que d'accepter gracieusement un don. C'est ainsi qu'aujourd'hui, le service des Archives et livres rares de la Bibliothèque générale de l'Université Laval est le seul endroit où soit conservée une collection presque à cent pour cent constituée d'originaux des *Aventures d'IXE-13*. Grâce à notre collaboration, la B.N.Q. a pu ensuite proposer à la vente un microfilm de la série entière. Aurions-nus commencé deux ou trois ans plus tôt, nous aurions pu également conserver les dessins originaux des illustrations de page de couverture.

Poursuivant notre chasse aux documents écrits, nous avons voulu nous procurer des copies de contrats, d'inventaires, de livres comptables, de publicité, etc. Plus délicate, la récolte serait plus maigre, mais extrêmement significative. Le Greffe de la cour supérieure de Montréal, le coffre-fort de la société SOGIDES et les archives comptables de Jean L'Archevêque nous ont renseigné chacun à sa façon.

Comme on pouvait s'y attendre, les journaux et revues ont été un peu plus diserts que les documents à caractère économique. Encore fallait-il dépouiller de préférence des publications comme *Photo-vedettes*, *La Patrie* et d'abord et avant tout *Le Bavard*. Un curriculum vitae imparfait mais utile de Pierre Daignault, établi par le Service des relations publiques de la société Radio-Canada, a étoffé un peu les coupures de journaux.

Outre telle ou telle préface à des recueils de chansons ou d'historiettes et quelque fragment isolé dans une monographie, c'était la somme des sources écrites. Nous n'allions pas nous en contenter. Systématiquement, nous avons identifié les principaux maillons de la chaîne de production, et nous avons écrit pour établir un premier contact: accepteraient-ils de répondre à des questions, sous quelle forme, quand, où, etc.

On nous répondait ou non, nous avons persévéré, et selon la nature des réponses finalement obtenues et l'identité des différents interlocuteurs, nous avons administré à chacun des questionnaires faits sur mesure, par téléphone (habituellement sur bande magnétique) ou par écrit. Les questions étant nombreuses et remontant loin dans le passé, nous rendons hommage à la patience de ceux qui ont bien voulu collaborer.

Un peu avant ou en même temps, nous menions des entrevues serrées avec auteur, comptable, éditeur-imprimeur, distributeur, etc.: sur cassettes lorsque c'était possible.

Au fur et à mesure que ces témoins privilégiés nous parlaient, nous ouvrions des dossiers au sujet des protagonistes moins importants, que nous recherchions afin de confronter à leurs souvenirs, à leurs impressions ou à leurs critiques l'information émanant de nos dossiers principaux.

Ensuite, sur les faits ou articulations marquants ou sur les points encore obscurs, nous soumettions nos premiers informateurs à de nouvelles questions, comparions les différentes réponses et procédions à la critique de l'ensemble des sources.

Enfin, nous avons compilé nos résultats dans un fichier dont la structure reproduisait celle de l'ensemble des instances, de la production jusqu'à la consommation, et recoupait la chronologie de la période envisagée.

Ces opérations ont été accompagnées de travaux bibliographiques et critiques et de consultations scientifiques sur la para ou infra-littérature, sur les écrits destinés à la masse, sur le roman d'espionnage, etc.; sur l'histoire du Québec, sur les idéologies, etc.; et sur les méthodes, histoire littéraire, bibliographie, enquête, analyse de contenu, narratologie, analyse des idéologies, sociologie de la littérature, etc.

* * *

Afin d'établir la première description scientifique de la série entière des *Aventures étranges de l'agent IXE-13*, nous avons constitué une grille bibliographique et documentaire divisée en zones et répartie selon les pages: on y trouve les rubriques titre de la série, prix, sous-titre de la série, auteur, numéro, titre du fascicule, sous-titre du fascicule, lieu d'édition, éditeur, adresse, copyright, année, illustrateur, couleur, format, nombre de pages du fascicule, nombre de pages de l'histoire, principaux personnages, résumé, renseignements sur Pierre Saurel et remarques. À raison d'une fiche par fascicule et à l'aide d'un index numérique et d'un index alphabétique de titres de fascicules, la collection a été décrite dans la plupart de ses particularités, entre autres, l'identité ou la quasi identité de certains titres de fascicules, la constance du format, la nature du papier, le mode d'assemblage, la variation du nombre des pages du texte, l'évolution du prix de vente au détail, les ruptures de numérotation, la présence de résumés-réclames en quatrième, puis en troisième page de couverture, certaines anomalies de mise en pages, une rupture d'incognito (différence de nom d'auteur sur la page de couverture et sur la page de titre), des stratégies publicitaires, l'utilisation d'une liste des personnages avec leurs caractéristiques, la périodicité, etc.

C'est ainsi que nous avons été en mesure d'affirmer[1] l'existence de 934 fascicules, dont 11 non numérotés, 227 numérotés de 1 à 277, et 696 numérotés de 275 à 970. Au total, la série comprend presque trente mille pages.

Grâce à ce type de dépouillement et au calendrier perpétuel, la datation a pu être reconstituée avec quelque certitude. Deux premières parutions les vendredis 28 novembre et 5 décembre 1947, suivies toutes les deux semaines, et ce jusqu'au 21 octobre 1949, de quarante-neuf numéros, puis d'un numéro par semaine du 28 octobre 1949 au 29 décembre 1950. À compter du numéro 103, publié le 10 janvier 1951, parution hebdomadaire le mercredi. Le 934e fascicule et dernier numéro (970) date du 28 septembre 1966.

Plus que jamais notre objectif était de faire la lumière sur ce que nous étions désormais davantage en droit de considérer comme le phénomène *IXE-13*, ne fût-ce qu'à cause de sa remarquable durée.

Facteur de production (et donc d'explication) au premier chef, la personne de l'auteur nous a longuement retenus. Si le détail de nos résultats de recherche est donné dans l'ouvrage pour paraître bientôt aux Presses de l'Université Laval[2], n'en retenons pas moins deux faits saillants. À ne remonter qu'au grand-père paternel médecin et directeur d'hôpital, l'origine sociale de Pierre Daignault n'était pas exactement «populaire»; on pourrait parler de *upper middle class* au moins. Par grands-parents et parents interposés, sa culture familiale lui a inculqué des expériences, des affinités et des valeurs propres au continuum ethnique transnational Canada français-Nouvelle-Angleterre en voie d'américanisation partielle ou totale: solidarité familiale, mobilité géographique et sociale, recherche du succès, de la célébrité, connaissance du «folk» et du burlesque, valorisation de la langue anglaise, attirance pour les industries culturelles comme les journaux, la radio, la télévision, le disque et la littérature pour la masse, et recherche du *know-how* aux États-Unis plutôt qu'au Canada anglais ou en Europe, d'où la France rayonne moins directement, moins concrètement. La tradition reformulée, modulée par l'innovation.

Second facteur de production, le cas du directeur littéraire Alexandre Huot nous aura permis entre autres de confirmer l'hypothèse *middle class* et d'établir une filiation entre les Éditions Édouard Garand, les Éditions du Bavard et les Éditions Police-journal quant à l'origine des petits romans au Québec dans le troisième quart du vingtième siècle. Alexandre Huot était notamment bachelier ès arts de l'Université Laval, ex-étudiant en droit, journaliste, écrivain, polémiste, éditeur, nationaliste et fêtard (confirmé par plusieurs témoignages).

Comme troisième facteur de production, nous avons retenu l'illustrateur et maquettiste des pages de couverture d'*IXE-13*, André L'Archevêque, fils du propriétaire des Éditions du Bavard, et frère d'un des distributeurs des Éditions Police-journal. Comme pour Pierre Daignault, héritier du folkloriste et comédien Eugène Daignault, comme nous le verrons à l'instant pour les Lespérance, la constellation familiale a été ici déterminante. Responsable de «l'emballage» du produit du début à la fin, André L'Archevêque, même s'il est passé par l'École des Beaux-Arts de Montréal, par la Sir George Williams School of Art et par les Famous Artists Schools de New York, se sera adonné à l'illustration publicitaire jusqu'en 1973, après quoi il se consacrera à la peinture. Ce qui n'est pas sans rapport avec les tentatives de Pierre Daignault pour percer en tant qu'auteur de téléromans à la «prestigieuse» Société Radio-Canada. Ce qui rappelle aussi l'axe nord-sud Québec-U.S.A.

Alors que l'illustrateur était fils d'un Montréalais de naissance, Edgard Lespérance, notre quatrième facteur de production en tant qu'éditeur, était lui le fils d'un Beauceron d'adoption passé maître dans le commerce de détail. On connaît le dynamisme et l'entrepreneurship des Beaucerons, de même que la polarisation de leur activité économique par les états du Nord-Est américain. C'est fort des conseils et de l'expérience d'un ami, Eugène L'Archevêque, qu'Edgar Lespérance (après avoir été employé de banque, comptable dans une imprimerie, propriétaire de journal et imprimeur) devint l'heureux éditeur d'*IXE-13*. Dans une étude particulière consacrée au problème du tirage[3], nous avons en effet cru pouvoir étayer l'hypothèse d'un tirage moyen de 30 000 exemplaires (estimation prudente) pendant plusieurs années, et donner un ordre de grandeur à la production totale (du seul *IXE-13*): plus d'une vingtaine de millions d'exemplaires. Une manne pour les Éditions Police-journal.

Mais les quatrième et cinquième facteurs de production s'identifient à une même personne, Edgar Lespérance, car il était aussi l'imprimeur d'*IXE-13*, sous la raison sociale de l'Imprimerie judiciaire. Financée au départ par le père d'Edgar, l'entreprise réunit des années durant les frères Edgar, Antonio, Noël et Alfred: ici encore, la première solidarité est familiale, bien qu'Edgar ait assez vite racheté la part d'Antonio, son frère et associé.

Sixième et dernier facteur de production, les distributeurs qui ont porté le succès d'*IXE-13* dans tout le Québec, au Nouveau-Brunswick, en Ontario, en Nouvelle-Angleterre et jusqu'au Manitoba. Les pionniers semblent bien avoir été les L'Archevêque, et d'abord Jean, fils d'Eugène et frère d'André. Et puis la relève est prise par les Lespérance, avec l'Agence de distribution populaire. Donc, intégration verticale, participation familiale et centralisation des pouvoirs aux mains d'un seul propriétaire-patron.

* * *

Si représentatif qu'ait été *IXE-13*, il est vite apparu que ce n'avait pas été un phénomène isolé. Au fil de la recherche, nous avions remarqué par exemple qu'Eugène L'Archevêque, aux Éditions du Bavard, avait publié au moins cinq séries de petits romans, policiers avec le personnage de Luc Berville, de détective avec Jean Lecoq, de cow-boys, également des «histoires vécues» et des romans d'amour.

Les Éditions Police-journal elles-mêmes ont fait paraître 15 séries (et sans doute bon nombre de titres hors-collection): *Aventures de cow-boys, Les Aventures étranges de l'agent IXE-13 l'as des espions canadiens, Les Aventures extraordinaires de Guy Verchères l'Arsène Lupin canadien-français, Les Aventures futuristes de deux savants canadiens-français, Les Aventures policières d'Albert Brien détective national des Canadiens français, Diane la belle aventurière, Les Exploits policiers du Domino noir, Histoires vraies, Mon roman d'amour, Les Plus Belles Histoires d'amour, Roman d'amour, Roman d'amour mensuel, Roman d'amour populaire, Roman d'amour spécial, Série Police-mystère.*

Le succès des L'Archevêque et des Lespérance ne pouvait manquer d'attirer l'attention, il y eut de la concurrence. Nous avons repéré 46 éditeurs, dont les Éditions: Bigalle, Irène, Georges Couture, Populaires, du Berthelais, Simonnel, Fleur de Lys, Votre vie, Vécues, Maurice Goulet et Jean-Paul Deguise; et 12 imprimeurs, parmi lesquels l'Imprimerie Bernard ltée, l'Imprimerie de Berthier ltée, l'Imprimerie Provinciale enr., l'Imprimerie du Progrès de Villeray et l'Imprimerie l'Éclaireur ltée.

Pour étudier l'ensemble de cette production comptant plus d'une centaine de séries ou assimilées, par exemple: *Les Aventures palpitantes de la belle Françoise AC-12 l'incomparable espionne canadienne-française, Contrebande internationale, Espion n° 13 l'infaillible espion canadien, Fameux Détective. Exploits du merveilleux détective Jean Lecoq, L'Agent K-7 célèbre espion international, Les Aventures palpitantes de Lulu la chercheuse d'amour, Les Exploits fantastiques de Max Beaumont l'insaisissable aventurier, Les Exploits fantastiques de Monsieur Mystère l'homme au cerveau diabolique, Les Aventures extraordinaires de Phantasma détective privé, Les Aventures extraordinaires de Rapace, Les Souvenirs amoureux de Rita «la petite servante», Me Roger Saint-Yves avocat criminaliste, Les Dangereux Exploits du sergent Colette UZ-16 l'as femme détective canadienne-française, Les Exploits captivants de Texas Bill, Le Génial Espion X-14 agent secret canadien, Z-13 Zara la téméraire, Les Aventures fantastiques de l'agent ZED-29 l'as des as canadiens,* après l'équipe IXE-13 a été constituée l'équipe Littérature québécoise en fascicules (LIQUEFASC), au Département des littératures de l'Université Laval.

À revenir sur le destin exemplaire de Pierre Daignault, notons qu'à titre d'auteur d'*IXE-13*, il touchait un forfait de 20 $, 40 $, puis 60 $ le manuscrit. À supposer une rémunération moyenne de 40 $ l'un, multipliée par 934: 37 360 $ le tout. En tout cas, au minimum 30 000 $ et au maximum 50 000 $, à peu près. Au mieux...

De la 1re parution (28 novembre 1947) au n° 570 (28 janvier 1959) le prix de vente au détail a été maintenu à 0,10 $. Du 4 février 1959 (n° 571) au 17 août 1960 (n° 651), il a été porté à 0,12 $, puis à 0,15 $ du 24 août 1960 (n° 652) au 27 avril 1966 (n° 948). Enfin, des numéros 949 (4 mai 1966) à 970 (28 septembre 1966), il a été de 0,20 $. Si l'on retient le témoignage de Noël Lespérance quant au taux de profit moyen par exemplaire, c'est-à-dire 0,035 $ pour un prix fort de 0,10 $ et qu'on l'applique proportionnellement aux autres prix forts, l'on obtient 0,042 $/0,12 $, 0,0525 $/0,15 $, et 0,07 $/0,20 $. Mais supposons le taux de profit constant, au plus bas, à 0,035 $ l'exemplaire: en reprenant l'estimation prudente d'une production totale de 20 425 000 exemplaires, l'on atteint un profit total dont l'ordre de grandeur serait de 714 875 $. Supposons même toutefois que 35% désignait le taux de profit moyen mais en partie *brut*, par exemplaire. De 714 875 $, soustrayons les dépenses d'achat des textes, au plus 50 000 $; des illustrations, au plus 11 208 $; de fabrication des plaques de photogravure, un maximum d'environ 28 020 $. En tout 89 228 $ de dépenses; profit net avant impôts: 625 647 $. Supposons encore un taux d'imposition de 50%, le profit net après impôt est alors de 312 823,50 $. Soustrayons l'encre, le papier, les agrafes, les invendus même (dont plusieurs témoins affirment qu'il y en eut fort peu): arbitrairement 50 000 $. Restent 262 823,50 $, au plus mal. Plus probablement, il s'agissait de profit net et donc de 714 875 $, chiffre prudent. Par rapport à une valeur totale, le 31 mai 1948, du double du prix payé par Edgar Lespérance pour racheter la part de son frère et associé Antonio, 64 000 $, on entrevoit, au moins dans les grandes lignes, la marge de manoeuvre des entreprises pour les immobilisations et l'équipement, l'expansion, la recherche de nouveaux produits et de nouveaux marchés, etc. Les possibilités de capitalisation n'ont pas dû manquer.

Bien qu'une source évalue à 3 000 le nombre de «petits romans» écrits par Pierre Daignault, contentons-nous d'avancer le chiffre approximatif de plus de 2 000, au strict minimum[4]. La très grande majorité pour les Éditions Police-journal. Leur production totale de «petits romans» en nombre de titres étant de l'ordre de 8 000, on peut formuler l'hypothèse selon laquelle Pierre Daignault serait à l'origine d'au moins 25% de cette activité économique rayonnant autour d'Edgar Lespérance et de l'Imprimerie judiciaire. Pierre Lespérance chiffrant par 60% la part du chiffre d'affaires réalisée par l'imprimerie grâce aux romans en fascicules, il s'ensuit que des entreprises comme les Éditions Police-journal, par voie de conséquence les Éditions de l'Homme au début, l'Imprimerie judiciaire et l'Agence de distribution populaire ont fondé à peu près certainement 15% de leur prospérité, de leur croissance, de leur capitalisation et de leur plus-value sur la production romanesque de Pierre Saurel.

En bonne partie grâce aux petits romans en fascicules, l'édition contemporaine québécoise pour la masse pouvait démarrer. Si l'on en croit un article de l'*Almanach moderne «Éclair»* de 1963 (p. 488), en 1955, Edgar Lespérance a «l'idée de fonder une maison d'édition qui produirait des volumes à bon marché». Et en 1959, il adopte l'appellation les Éditions de l'Homme pour la publication de livres d'intérêt général ou d'actualité. Jacques Hébert, qui utilise l'appellation dès 1958 pour la publication à titre d'éditeur (ou à compte d'auteur?) de son livre *Coffin était innocent*, devient le directeur littéraire de la nouvelle maison, et finit par essaimer en fondant sa propre entreprise en 1961: les Éditions du Jour. Alain Stanké fera plus tard un peu la même chose. Autant d'étapes vers la réalisation du grand rêve d'Edgar Lespérance: conquérir de nouveaux marchés, et réussir à exporter en Europe. Nationalisme économique dont la variante littéraire et idéologique avait été abondamment soulignée non seulement dans les titres de séries publiées chez Police-journal, mais aussi dans ceux de la concurrence. Après la conquête du marché national, ouverture sur le marché international.

Aujourd'hui, sous la houlette de Pierre Lespérance, fils et héritier d'Edgar, la société SOGIDES, de charte fédérale, contrôle les Éditions de l'Homme, l'Imprimerie Électra (qui a succédé à l'Imprimerie judiciaire), l'Agence de distribution populaire, les Quinze, les Éditions de l'Actuelle, les Presses libres, les Éditions du Jour (!), etc., et réalise une belle proportion de son chiffre d'affaires dans l'importation et la distribution de livres français ou belges (Robert Laffont, Seghers, Trévisse, Draeger, Marabout, etc.) au Québec et au Canada français, ne parvenant à faire diffuser que quelques titres québécois en Europe.

NOTES

1. Vincent Nadeau, «Les Aventures étranges de l'agent IXE-13», *Cahiers de l'Institut supérieur des sciences humaines*, coll. «Études sur le Québec», n° 5 (Québec, Université Laval, 1976):199-213.

2. Dans la collection «Vie des lettres québécoises».

3. Vincent Nadeau et Michel René, «Vingt ans de commerce et d'industrie culturelle: jalons pour situer l'importance du tirage des *Aventures étranges de l'agent IXE-13*», *Études littéraires*, 12, 2(août 1979):269-284.

4. *Cf. Nouvelles illustrées*, 15 décembre 1962; *Journal de Montréal*, 8 mars 1973 et 21 février 1974; *Télé-Presse*, 23 mars 1974.

À propos d'enquêtes sur la consommation littéraire

Sylvie Provost

Département des littératures, Université Laval, Québec

Jean-Paul Sartre décrit la littérature comme «une étrange toupie qui n'existe qu'en mouvement. Pour la faire surgir, il faut, selon lui, un acte concret qui s'appelle la lecture et elle ne dure qu'autant que cette lecture peut durer. Hors de là il n'y a que des tracés noirs sur le papier»[1].

Tous n'accordent cependant pas une telle valeur à la consommation du livre. Un regard attentif sur l'orientation de la recherche littéraire au Québec indique, en effet, une préoccupation presque exclusivement centrée sur la production et la circulation du livre. On sourit lorsqu'on parle de recherche sur les comportements de lecture de la population. On affirme tantôt que la majorité des gens ne lisent pas, tantôt que la lecture pratiquée par la masse se rapporte à un produit mineur qui ne vaut pas la moindre attention. À quoi attribuer cet espèce de consensus opéré dans l'opinion publique sur les habitudes littéraires des Québécois sinon, peut-être, à une certaine tradition élitiste qui veut que l'on ne considère la littérature qu'au niveau de ceux qui la font ou de ceux qui ont pour mission d'éclairer le public sur la valeur des oeuvres. N'est littéraire que ce qui est reconnu comme tel dans les milieux intellectuels. Et l'on doit avouer que les intellectuels québécois n'ont jamais fait grand cas des goûts du public lecteur. Heureusement que ce manque d'intérêt n'a pas affecté tous les chercheurs! Au moins deux sociologues, ainsi que les gouvernements provincial et fédéral se sont penchés sinon exclusivement sur les habitudes de lecture de la population québécoise, du moins sur ses comportements culturels. Il existe en fait deux enquêtes importantes sur la lecture des adultes: *Habitudes de lecture des Québécois* d'Alain Bergeron[2] et *Habitudes et comportements des lecteurs. Région de la Mauricie* de Gilbert Gagnon[3]. Le sondage de Jacques Godbout ne se révèle qu'un bref aperçu des préférences littéraires d'un certain nombre de Montréalais[4]. Quant aux recherches commandées par les gouvernements fédéral et provincial, elles tendent à circonscrire les comportements culturels des populations respectives. Il est possible de consulter un compte rendu de la première dans un numéro de la revue *Antennes*[5]. Quant à la deuxième[6], effectuée à la demande du gouvernement québécois par la maison de sondage CROP, on peut en obtenir les résultats en s'adressant au ministère des Affaires culturelles.

Bien que la consommation de livres par un public adulte soit celle qui nous intéresse, nous ne pouvons ignorer les études menées au Québec sur la lecture des adolescents. Une recherche bibliographique fouillée révèle que, si l'on ne se préoccupe guère de la lecture des adultes, celle des enfants et des adolescents a piqué la curiosité d'un plus grand nombre de chercheurs québécois, dont Janina-Klara Spakowska[7], sur laquelle nous nous attardons.

Nous nous limiterons donc aux résultats des enquêtes menées au Québec sur la consommation littéraire et plus particulièrement à ceux d'une recherche en cours sur le public lecteur de littérature québécoise en fascicules. Il a fallu opérer un choix parmi les enquêtes existantes puisqu'il serait fastidieux de fournir un aperçu détaillé de chacune. Deux critères ont joué: l'accessibilité des résultats et la concentration des enquêtes sur la lecture de livres. Seulement trois enquêtes ont donc été retenues: celles d'Alain Bergeron, de Janina-Klara Spakowska[8] et de Gilbert Gagnon.

Une étude comparative de ces trois recherches révèle une attitude commune à l'égard du phénomène de la consommation littéraire. Bien que les buts qui sous-tendent ces enquêtes soient différents, la structure de chaque questionnaire rend compte d'hypothèses presque identiques. Disposées en entonnoir, les questions visent d'abord à recueillir des informations générales sur les loisirs et le milieu social, pour en arriver à cerner davantage les habitudes de lecture. Cette façon de procéder permet une étude englobante de la pratique de lecture, pratique que l'on découvre dans le milieu socioculturel du répondant. On peut donc affirmer que Gagnon, Spakowska et Bergeron posent comme hypothèse que la lecture est un élément intimement lié au réseau des déterminations sociales agissant sur les répondants, et qu'ils considèrent cette activité de même que les choix et les préférences qu'elle suppose comme les résultantes d'une action directe du milieu social.

Les questions portant sur l'exercice de différents loisirs et sur le temps alloué à chacun témoignent aussi d'une volonté commune d'évaluer le rapport de concurrence probable entre ces activités. Par exemple, les trois enquêteurs insistent sur le temps que les répondants consacrent à l'écoute de la télévision. On se rend facilement compte qu'ils désirent vérifier les prédictions de la *Galaxie Gutenberg* selon laquelle l'écrit est en train de se substituer à l'image. Toutefois, loin de satisfaire les appréhensions de certains théoriciens des loisirs, les résultats démontrent un processus inverse. Mis à part quelques cas isolés, ces enquêtes indiquent une relation complémentaire entre la lecture et la télévision. On remarque, en effet, que loin de nuire à la fréquentation des livres, la télévision et le cinéma la stimulent. L'écoute de la télévision détermine plus, en fait, le type de lecture que sa fréquence. Spakowska a observé que ce médium suscitait plus la lecture de livres portant sur la science et sur la sexualité que sur la philosophie et la religion.

Quand aux préférences littéraires, les trois enquêteurs tentent de les cerner d'une façon plus ou moins élaborée. Gagnon et Spakowska ont imaginé plusieurs questions portant sur les choix des répondants de même que sur les critères de choix. Ils leur demandent par exemple de donner les noms des auteurs et les titres d'ouvrages qu'ils ont récemment lus et qui leur ont davantage plu, les genres qu'ils préfèrent, ce qu'ils recherchent dans une oeuvre littéraire. . .

«Habitudes et comportements des lecteurs. Région de la Mauricie» (1970), par Gilbert Gagnon

Le principal objectif de la recherche de Gagnon est d'évaluer les habitudes de lecture des gens de la Mauricie issus de deux milieux distincts: la campagne et la ville. Du même coup, Gagnon veut mesurer l'adéquation entre les services offerts par les différentes bibliothèques de la région et les besoins du public lecteur. Son étude de consommation des livres contient deux portées. La première fournit un

258

relevé des auteurs, des oeuvres et des genres littéraires préférés des répondants tandis que la seconde met en lumière les motivations suscitant le choix des livres et de la lecture.

Selon Gagnon, les jeunes âgés entre 15 et 24 ans constituent le groupe d'individus qui lit le plus. Ce résultat correspond à la situation qui prévaut en Europe et en Amérique du Nord. Cette enquête révèle encore que les femmes lisent plus que les hommes. Autre constatation: le nombre de livres lus est proportionnel au degré de scolarité et au salaire de l'individu sauf pour ceux dont le revenu annuel est inférieur à 4 000 $. L'enquêteur explique ce phénomène par le grand nombre d'étudiants et de lecteurs ruraux dans cette catégorie. De plus, s'il en arrive à la conclusion que «le nombre de lecteurs est inversement proportionnel à l'augmentation du nombre d'heures de travail»[9], il précise qu'il faut considérer ce résultat avec prudence puisque l'on observe un très faible taux de lecture chez plusieurs individus disposant d'un grand nombre d'heures de loisir. Même prudence vis-à-vis de la relation lecture/degré de scolarité. Bien que les résultats de l'enquête démontrent une certaine correspondance entre un niveau de scolarité supérieur et une lecture fréquente, 46,7% des sujets interrogés sont des lecteurs assidus dont le taux de scolarité est faible. Il faut toutefois préciser que ce rapport entre lecture fréquente et faible taux de scolarité est surtout évident en milieu rural où, selon l'enquête, 42% des répondants ont sept ans ou moins de scolarité. Ce résultat amène donc l'auteur à conclure que des facteurs autres que celui du niveau d'étude déterminent la propension à la lecture.

Quant à la fréquence de lecture, l'enquête révèle que le lecteur de la région de la Mauricie lit en moyenne 2,33 livres par année. De plus, 78,7% de ruraux et 92,8% de citadins avouent choisir la lecture d'abord par goût et par plaisir, puis, pour le divertissement et la détente. Mais une question portant sur les résultats escomptés de la lecture modifie quelque peu ces pourcentes. Ainsi 42,1% des personnes interrogées espèrent améliorer leurs connaissances, ce qui se traduira par une «augmentation du revenu, [un] changement d'occupation et [un] besoin plus grand de lecture»[10]. Seulement 36,6% souhaitent des résultats de type ludique. Les réponses obtenues révèlent donc une motivation utilitaire plus ou moins consciente.

«Profils culturels des jeunes montréalais. Livres, lectures et loisirs» (1970), par Janina-Klara Spakowska

En collaboration avec le sociologue Marc Laplante, Janina-Klara Spakowska a mené une enquête sur les habitudes de lecture des adolescents de la région de Montréal âgés entre 15 et 17 ans. Le questionnaire ayant servi à cette recherche révèle une approche de l'étude de la consommation littéraire qui rejoint celle des enquêtes de Bergeron et de Gagnon. Partant d'une première hypothèse qui définit la lecture comme une activité intimement liée aux facteurs socio-culturels ambiants, Spakowska tente de tracer les profils culturels des jeunes Montréalais en s'interrogeant sur leurs goûts et en dégageant les influences qui modèlent leurs comportements culturels tels l'école, les professeurs, les bibliothécaires, le milieu familial et les mass-médias.

La place qu'occupe la lecture au sein des différentes activités de loisir fournit un bon aperçu de son indice de popularité. Les résultats recueillis par Spakowska révèlent que la lecture est, parmi toutes les activités des jeunes, la cinquième plus populaire, après l'audition de disques, l'écoute de la télévision, la discussion entre amis(es) et la pratique d'un ou de plusieurs sports. La question portant sur les genres de livres préférés ne révèle rien d'étonnant puisque les romans policiers, les romans d'aventures et les romans d'espionnage arrivent bons premiers. Quant au roman contemporain, il ne récolte que 14% d'adeptes. La liste des livres qu'il faut avoir lus pour «être dans le vent», ainsi que celle des lectures qui les ont le plus impressionnés lui redonnent cependant ses lettres de noblesse. Si le relevé comporte une grande variété d'écrivains, il montre un intérêt certain pour les auteurs qui ont marqué la littérature moderne, tels Boris Vian, André Gide, Jean-Paul Sartre, Albert Camus... Ce résultat combiné à une très faible consommation de littérature de jeunesse peut laisser croire à une nouvelle orientation de la lecture chez les adolescents.

Les critères qu'ils invoquent pour évaluer les oeuvres littéraires témoignent bien de l'esprit de l'époque dans laquelle ils vivent. En effet, suspense et action retiennent l'attention de 16% des jeunes interrogés, la psychologie des personnages en intéresse 13% (surtout des filles), enfin, le héros et le réalisme touchent 9% de la population étudiée. Les auteurs de l'enquête ont d'ailleurs noté que, si le réalisme n'intéresse que 9% des lecteurs, des réponses fournies à d'autres questions révèlent qu'il est une préoccupation majeure.

C'est le moment de parler de ce souci, communiqué par plusieurs lecteurs, pour le réalisme littéraire. Toutes les enquêtes dépouillées, effectuées non seulement au Québec, mais aussi en Europe[11] et aux États-Unis[12], révèlent un intérêt, soit directement avoué, soit sous-entendu, pour ce critère. Il semble important, de ce fait, qu'un livre, même fictif comme le roman, ait son prolongement dans le réel. Le manque presque constant d'informations sur la nature de ce réalisme infirme cependant la qualité du renseignement. Le réalisme d'une oeuvre peut, en effet, avoir diverses significations. Certains le considèrent comme un événement réel et ne le conçoivent que si la narration ou le récit qui le transmet est tout à fait fidèle. D'autres voient le réalisme au niveau de la «vérité psychologique des personnages». Enfin, plusieurs lecteurs aiment qu'un livre ait un contenu plausible, vraisemblable. Il serait certes intéressant que des chercheurs cernent davantage cette notion de réalisme.

Spakowska s'est encore préoccupée de l'attitude des jeunes à l'égard du livre québécois. Deux élèves sur dix se déclarent très intéressés par les oeuvres québécoises tandis que quatre sur dix s'en désintéressent complètement. L'auteur observe cependant que les adeptes de la littérature québécoise se recrutent sinon essentiellement dans les milieux familiers avec les livres, du moins dans ceux qui jouissent d'un certain niveau de culture. Spakowska conclut que l'origine socioculturelle, c'est-à-dire la scolarité du père et son occupation, constitue la variable déterminant davantage la pratique de lecture des adolescents. Rappelons que Gagnon considère le taux de consommation littéraire. Il faut cependant préciser que s'il est moins convaincu que Spakowska, c'est que l'influence du niveau de scolarité semble moins percutante en milieu rural qu'en milieu urbain.

«Habitudes de lecture des québécois» (1973), par Alain Bergeron

Le rapport d'enquête d'Alain Bergeron fournit une description des points saillants des comportements de lecture des résidents de la ville de Québec, un bref aperçu de leur position par rapport aux autres activités de loisir ainsi qu'une tentative d'évaluation des facteurs qui favorisent ou défavorisent ces habitudes de lecture. En raison d'un manque de temps et de ressources, Bergeron a dû limiter sa recherche au roman. Cette restriction, selon l'auteur, ne réduit en rien la valeur de l'enquête puisque les résultats de plusieurs recherches identifient le genre romanesque comme le genre privilégié de la majorité des lecteurs.

L'âge, le statut matrimonial, le sexe et, surtout, le niveau de scolarité sont les variables influençant plus ou moins, selon le cas, la pratique de lecture. L'âge semble déterminer non pas le nombre de lecteurs mais la quantité de livres lus. Le nombre est plus important chez les moins de 25 ans et les plus de 60 ans. L'analyse de l'influence du statut matrimonial des répondants sur leurs comportements de lecture révèle qu'une proportion beaucoup plus grande de célibataires que de gens mariés s'adonnent à la lecture. Bergeron interprète ce résultat par le fait que le mariage implique une réorganisation des loisirs qui engage les conjoints dans des activités moins individuelles que celles des célibataires.

Enfin, comme Gagnon, Bergeron en arrive à la conclusion que les femmes lisent plus que les hommes. L'enquêteur explique ce phénomène par le nombre de ménagères interrogées et croit que leur travail, aussi accaparant qu'il puisse être, comporte plus de moments creux que celui de leur conjoint.

On a abordé, dans le compte rendu de l'enquête précédente, l'influence du taux de scolarité qui représente, selon les résultats recueillis par Bergeron, la variable qui détermine le plus intensément les habitudes de lecture. Même lorsque le sociologue enquêteur fait intervenir la variable profession, on retrouve plus de lecteurs parmi les champs d'occupation qui requièrent un certain niveau de scolarité. Les résultats de cette enquête permettent donc de conclure que, si la lecture exige un minimum d'instruction, un niveau élevé de scolarité n'entraîne pas nécessairement une consommation accrue de livres: «[. . .] la lecture est devenue une activité aussi populaire qu'élitiste. On ne lit pas la même chose d'une strate à l'autre»[13].

La recherche de Bergeron indique que, selon les préférences littéraires, le roman occupe la première place en étant choisi par 65% des individus interrogés.

Viennent ensuite les biographies et les livres d'histoire, puis les livres de psychologie et d'éducation. Parmi les romans, les romans d'amour et les romans policiers, suivis de près par les romans de moeurs, réunissent le plus d'adeptes. En considérant le sexe des répondants, on remarque que les femmes préfèrent les romans d'amour et les romans poétiques, ces derniers représentant, selon l'auteur, une sorte d'extension des romans sentimentaux pour les femmes qui possèdent un niveau plus élevé d'instruction.

Bergeron et Gagnon considèrent que leur recherche respective prouve que le taux de lecture des Québécois se compare, en moyenne, à celui de la plupart des habitants des autres grands pays industrialisés. Notons aussi que les études faites à l'étranger indiquent, en ce qui concerne l'influence de différentes variables sur la pratique littéraire, à peu près les mêmes résultats, soit l'incidence déterminante du niveau de scolarité et de l'âge.

Même si leur intérêt ne résidait que dans l'assurance qu'elles nous donnent d'une pratique réelle de lecture au Québec, ces trois enquêtes se révéleraient d'une grande importance. Mais que dire de la spécificité de nos habitudes littéraires? Il faut avouer que la consommation de livres et tout ce qu'elle implique, c'est-à-dire les goûts, les motivations et les attentes qui président non seulement au choix des oeuvres mais aussi à celui de la lecture, comportent encore beaucoup de zones inexplorées. Comme les deux principales recherches sur la lecture des adultes au Québec ont été menées par des enquêteurs sociologues, elles privilégient des façons de voir qui relèvent de la sociologie de l'enquête. On a ainsi tenté de mesurer le degré d'influence de certaines variables sur d'autres, de voir les facteurs qui déterminent les attitudes et ce, dans une perspective visant généralement la quantification. Mais les enquêteurs n'ont qu'esquissé les raisons qui incitent à choisir telle oeuvre et, surtout, les facteurs qui génèrent les sympathies et les antipathies littéraires. Le taux de lecture, les genres littéraires, les écrivains et les livres les plus lus ne représentent qu'une faible partie du phénomène de la réception littéraire. Il faut aussi chercher à savoir pourquoi et comment on lit. Sans cet effort, toute analyse de la consommation de livres demeure partielle car elle ne fournit qu'une description superficielle d'un ensemble complexe d'attitudes et ne dévoile guère les mécanismes qui le régissent.

Enquête sur les lecteurs de littérature québécoise en fascicules

Dans le cadre d'un projet de recherche sur la littérature québécoise en fascicules publiée entre 1940 et 1970, nous avons mené une enquête afin de connaître le public qui s'intéressait à ce genre de production. Nous avons dû surmonter de nombreux obstacles dont le plus difficile demeure incontestablement le moment précis où s'est effectuée la lecture.

Le temps écoulé depuis la lecture a sensiblement réduit le nombre de répondants potentiels, ce qui nous a forcé à interroger un nombre plus élevé d'individus.

Nous avons dû adopter la méthode empirique. Nous ne disposions guère d'éléments susceptibles de nous aider à opérer notre échantillonnage; nous avons donc dû procéder à un sondage dans la population. Toutefois une recherche antérieure portant sur la consommation de la série *IXE-13* avait révélé que le public lecteur de ces romans en fascicules représentait 15% de la population. Cette information nous a aidé à préciser le nombre total de gens qu'il nous faudrait interroger.

Le processus de la recherche comportait deux étapes: le sondage téléphonique, qui visait essentiellement à inciter les gens ayant lu une telle littérature québécoise en fascicules à répondre à un questionnaire qu'ils recevaient par la poste, et le traitement des questionnaires. Comme les chercheurs du projet LIQUE-FASC cherchaient à obtenir des informations sur la répartition géographique des lecteurs de ce genre de littérature, nous avons sélectionné nos répondants dans les principales régions de la province. Des contraintes budgétaires nous ont toutefois forcés à renoncer aux endroits éloignés de Québec. La validation statistique imposant un objectif d'une centaine d'informateurs à tout le moins, nombre minimum de cas requis pour l'universalisation des résultats, quatre sondeurs ont effectué 2 800 appels. Notre évaluation portait sur un taux de réponses potentiel d'environ 15%, en tenant compte des refus de répondre et des questionnaires non retournés. Les appels téléphoniques effectués se partagent ainsi selon la répartition démographique: Montréal, 928; Québec, 700; Saguenay-Lac-Saint-Jean, 450; Mauricie, 250; Cantons de l'Est, 150; Nord Ouest (Abitibi), 100; Côte-Nord, 100; Bas-Saint-Laurent (Rimouski), 100. Il faut avouer que si la région montréalaise est celle où il y a eu le plus grand nombre d'appels, elle demeure tout de même sous-représentée par rapport à celle du Saguenay-Lac-Saint-Jean, par exemple. L'écart s'explique par des contraintes de temps et de budget. Point n'est besoin de préciser que les citoyens de Montréal et des environs forment la population la plus sondée, enquêtée et étudiée. La méfiance et l'exaspération des gens à l'égard de cette continuelle sollicitation favorisent donc un pourcentage élevé de refus de répondre, ce qui occasionne une perte de temps considérable et une augmentation sensible des frais d'interurbains. Comme l'objectif premier du sondage était de trouver une centaine d'individus prêts à répondre à un questionnaire écrit, nous avons décidé de placer moins d'appels à Montréal et davantage dans la région du Saguenay-Lac-Saint-Jean où une première tentative avait laissé entrevoir un taux élevé de participation. Il est facile de tenir compte par la suite de cette distorsion quantitative dans l'analyse des données.

Quant au questionnaire écrit, il vise à tracer le profil sociologique du lecteur de littérature québécoise en fascicules. Il faut préciser que cette enquête souffre de son isolement car on ne peut en comparer les résultats avec ceux d'autres recherches de ce type. Bien qu'elle fournisse un bon aperçu des caractéristiques du consommateur de romans en fascicules, il est impossible de voir dans quelle mesure il se distingue des amateurs de productions littéraires différentes de celle dont il est ici question. L'interprétation des données est commencée. Nous ne fournirons donc qu'un résumé des tableaux de fréquences les plus intéressants de même que des résultats fragmentaires concernant la corrélation observée entre certaines variables.

Premiers résultats de l'enquête «LIQUEFASC»

Situation des répondants à l'époque de leur lecture

La période où on regroupe le taux le plus élevé de lecteurs de littérature québécoise en fascicules est celle qui s'échelonne depuis 1950 jusqu'à 1960. Des sujets interrogés, 36% ont lu *IXE-13* et d'autres séries du même genre. Un pourcentage identique de répondants déclarent en avoir lu entre 1926 et 1949, tandis que 27% l'ont fait entre 1961 et 1981. L'âge moyen du lecteur est d'environ 15 ans.

La répartition géographique des répondants lors de la lecture réserve quelques surprises. On lisait de la littérature en fascicules dans toutes les régions du Québec. La Côte-Nord constitue l'endroit où l'on enregistre le taux le plus faible de lecteurs, soit 3%, tandis que l'on recueille le plus fort pourcentage en Mauricie, soit 23%. Viennent ensuite les régions de l'Abitibi-Témiscamingue et du Bas-Saint-Laurent, avec 18% et 14,5% de lecteurs, respectivement. Montréal et Québec représentaient les lieux de résidence de 10% et de 11% des sujets interrogés. On ne peut cependant pas se fier aux résultats concernant le taux de lecture à Montréal car le taux élevé de refus de répondre a provoqué une distorsion de la relation établie entre le nombre d'appels effectués et le taux de lecture. Il faut préciser, de plus, que les chiffres précédents tiennent compte d'une pondération visant à annuler l'effet du nombre inégal d'appels téléphoniques placés dans chaque zone. Le tableau reproduit en annexe donne un bon aperçu des résultats commentés ci-haut.

On peut donc conclure que des facteurs autres que le lieu de résidence ont joué dans la consommation de romans en fascicules, car les pourcentages les plus élevés et les moins élevés de lecteurs sont à peu près également répartis entre les secteurs faiblement et fortement urbanisés. Des résidents de Rouyn-Noranda à qui l'on a fait part de notre étonnement quant à la quantité importante d'individus ayant lu des romans en fascicules ont expliqué ce phénomène par le fait que ce genre de littérature est facilement accessible et que les bibliothèque scolaires offraient toutes, alors, un nombre important de séries. Ainsi la variation du taux de lecture de ce genre de romans dans les différentes régions semble dépendre plus d'une conjoncture de l'offre que de l'évolution rurale ou urbaine des municipalités. Cette remarque ne vaut toutefois que pour les territoires suffisamment développés et offrant un minimum d'activités culturelles.

L'origine socio-économique d'une faible majorité de répondants (51%) les situe dans la dernière moitié de l'échelle Rocher. Notons, toutefois, que les classes regroupant le plus d'individus sont celles des ouvriers spécialisés (22%) et des petits administrateurs (18%). Les parents de 17% des sujets de notre échantillon sont cultivateurs. On peut consulter à cet effet, en annexe, le tableau de l'origine socio-économique des informateurs. Quant à la situation des répondants, à l'époque de leur lecture, les résultats révèlent que 55% d'entre eux étaient étudiants et 31%, sur le marché du travail. Les autres demeuraient à la maison soit parce qu'ils avaient charge du foyer, — c'est le cas des femmes surtout — soit parce qu'ils étaient en chômage.

Activité socioculturelle

En plus de la littérature en fascicules, on lisait en moyenne trois livres par mois, livres qui, pour 60% des répondants, se classent parmi les romans policiers, les romans d'aventures et les romans d'espionnage. On peut déjà affirmer qu'une grande homogénéité caractérise la pratique littéraire et même culturelle des sujets interrogés. En effet, à la question qui demandait d'inscrire le livre qui, à l'époque de leur consommation de romans en fascicules, les a le plus impressionnés, 40% des répondants ont indiqué une oeuvre qui renvoie à la production de Pierre Saurel, tandis que le choix de la presque totalité des autres s'est arrêté sur un livre qui se rapporte aux genres cités précédemment.

Les réponses aux questions concernant le type d'activités pratiquées à l'époque de la lecture indiquent que l'écoute de la télévision et de la radio s'avérait le loisir favori de 46% des répondants. La lecture occupe les première et deuxième positions des deuxième et troisième choix des activités préférées. Quant aux types d'émissions de télévision les plus populaires, ce sont, encore, les séries policières, d'aventures et d'espionnage, qui réunissent 44% d'adeptes, tandis que les feuilletons et les émissions de variété en comptent 33% et 35% respectivement.

Lecture de la littérature québécoise en fascicules

Les amateurs de littérature québécoise en fascicules choisissaient ce genre d'oeuvres pour se distraire ou se désennuyer (67%). Toutefois, 15% ont déclaré qu'ils en lisaient pour s'instruire. On peut s'étonner qu'une quantité tout de même appréciable de répondants aient inscrit une telle motivation. Nous avons donc décidé d'isoler ce groupe afin d'en découvrir les caractéristiques. Une étude de corrélation de la variable motivation du choix de LIQUEFASC avec des variables indépendantes indique que le sexe représente celle qui détermine davantage ce résultat.

Des sujets interrogés ayant inscrit ce choix, 38% sont des femmes. Si on considère la série la plus populaire, *IXE-13*, on peut facilement constater qu'elle offre un contenu qui s'inspire des événements de l'actualité. Plusieurs ont donc dû croire, surtout parmi ceux qui n'avaient pas accès à une bonne information, que les histoires qu'ils lisaient reposaient sur des faits réels.

Révélons d'autres résultats. Le lecteur moyen a consommé 314 romans en fascicules, la plupart étant des *IXE-13* (86%), *Albert Brien* (55%) et *Domino Noir* (47%). Le suspense des différentes intrigues est l'élément qui suscite le plus d'intérêt. Une faible majorité, 54%, apprécie ces romans parce qu'ils sont courts. La personnalité du héros contribue aussi à expliquer l'intérêt que l'on portait à ce genre de littérature, puisque 81% des répondants déclarent avoir apprécié cette production romanesque pour l'habilité et l'intelligence dont fait preuve le héros pour triompher de ses adversaires. *IXE-13* s'est d'ailleurs avéré le personnage favori de 58% des sujets de l'enquête, tandis qu'Albert Brien, Guy Verchères, Domino Noir ainsi que quelques autres se partageaient les préférences de 25% des lecteurs. On peut constater que le culte du héros a encore été un critère justifiant le choix des répondants: 49% affirment avoir préféré un personnage en particulier pour ses qualités d'espion. Dans ce groupe, 9% insistent sur le fait que ces héros sont canadiens. Quant aux éléments qui ont déplu, on identifie les intrigues mal construites (39%), les invraisemblances (33%), le manque d'originalité des histoires (30%) et la violence de certains romans (28%).

Ce bref exposé des premiers résultats de l'enquête menée auprès des lecteurs de littérature québécoise en fascicules est très sommaire. On peut toutefois y découvrir certains renseignements intéressants. D'abord, la répartition quasiment égale — 45% de femmes, 55% d'hommes — remet en question une certaine croyance populaire qui veut que les romans d'espionnage ou d'aventures n'intéressent que les hommes. De plus, on a souvent relié la consommation de littérature en fascicules aux individus appartenant aux classes plus ou moins défavorisées. Rien dans notre enquête ne nous autorise à le croire. Il est, de plus, incontestable que la lecture de ce type de romans est pratiquée par des jeunes gens dont les choix et les comportements littéraires dépendent de leur âge. Disons enfin qu'il nous apparaît nécessaire pour l'analyse des motivations, de compléter cette enquête par une série d'entrevues qui dépassent les contraintes de l'enquête quantitative.

TABLEAU 1 — **Répartition géographique du milieu de résidence pendant la lecture de romans en fascicules**

Lieux de résidence	%
Bas-Saint-Laurent	14
Saguenay — Lac-Saint-Jean	13
Québec	11
Mauricie	23
Cantons de l'Est	8
Montréal	10
Abitibi-Témiscamingue	18
Côte-Nord	3
	100

TABLEAU 2 — **Origine socio-économique des répondants**

Profession du père	%	
Professionnels	1%	
Administrateurs	3%	
Petits administrateurs	18%	49%
Collets blancs	5%	
Ouvriers spécialisés	22%	
Ouvriers semi-spécialisés	5%	
Ouvriers non spécialisés	15%	
Cultivateurs	17%	51%
Ménagères	2%	
Autres	12%	
	100	

NOTES

1. Jean-Paul Sartre, *Qu'est-ce que la littérature?*, coll. «Idées» (Paris, Gallimard, 1946):52.

2. Alain Bergeron, *Les habitudes de lecture des Québécois. Rapport de recherche*, Québec, Université Laval, 1973, 84 p.

3. G. Gagnon, *Habitudes et Comportements des lecteurs. Région de la Mauricie*, Québec, Ministère des Affaires culturelles, Service des bibliothèques publiques, 1970, 119 p.

4. Jacques Godbout, «Introduction aux travaux de la VIIIᵉ rencontre des évrivains», *Liberté*, 12(mai-juin 1970):5-21.

5. Michel Vastel, «On demande des lecteurs», *Antennes*, 7(3ᵉ trimestre 1977):6-14.

6. *Les Comportements culturels des Québécois. Premières conclusions*, Québec, Ministère des Affaires culturelles, 1979.

7. Voir à cet effet l'enquête de Janina-Klara Spakowska, *Profils culturels des jeunes Montréalais. Livres, lectures et loisirs. Une enquête sociologique auprès des filles et garçons de quinze, seize et dix-sept ans de la région de Montréal (1969-1970)*, Montréal, École de bibliothéconomie, Université de Montréal, 1970, 314 p.

8. Bien que cette enquête vise un public lecteur adolescent, j'ai tout de même choisi d'en parler, d'une part, parce qu'on a cru bon de fournir un aperçu du volet le plus important de la consommation littéraire au Québec et, d'autre part, parce que le travail de J.-K. Spakowska est d'une grande qualité.

9. G. Gagnon, *op. cit.*, p. 21.

10. *Ibid.*, p. 54.

11. Robert Escarpit et Nicole Robine, *Études sur la lecture et le livre en France*, Paris, Cercle de la librairie, 1960.

12. W.-S. Gray et R. Munroe, *Reading, Interests and Habits of Adults*, New York, McMillan, 1929.

13. A. Bergeron, *op. cit.*, p. 12.

L'édition gouvernementale au Québec
depuis le XVIIIe siècle

Gilles Gallichan

Bibliothèque de l'Assemblée nationale du Québec, Québec

Liée à l'histoire de l'imprimerie québécoise dès ses origines, l'édition officielle ou gouvernementale a été peu étudiée dans son évolution et dans son organisation. Elle apparaît néanmoins comme un reflet du développement organique et institutionnel de l'État québécois et comme un témoignage des orientations politiques majeures des gouvernements.

Depuis l'apparition de l'imprimerie au Québec en 1764, le gouvernement a toujours été ici l'un des principaux éditeurs, ainsi qu'un très important client des imprimeurs québécois.

Habitués à ce mode de communication qu'est l'imprimerie, les nouveaux administrateurs et les hommes politiques ont rapidement compris l'importance et la valeur de ce canal d'information. Aussi n'ont-ils pas tardé à le mettre au service de l'État dans cette colonie nouvellement conquise. C'est ainsi qu'est née, dès le XVIIIe siècle, l'édition gouvernementale québécoise.

Il n'est pas superflu de préciser dans quel sens nous entendons, ici, ce concept d'édition. Le gouvernement, grâce à ses sources de revenus, était, avec l'Église, un des rares pouvoirs au Québec capables de financer l'édition de textes soit en tout, soit en partie. Cet État québécois du XIXe siècle se rapproche donc de la notion moderne d'éditeur intellectuel, c'est-à-dire celui qui prépare un texte dont il confie l'impression à un imprimeur qu'il finance. Il assure en outre la vente et la distribution de son imprimé. Ce financement peut être total ou se faire sous la forme d'une subvention à un auteur. Ainsi, par exemple, au début du XIXe siècle, Joseph-François Perrault peut faire imprimer sa traduction du *Lex Parliamentaria* et son *Dictionnaire des lois et règles du Parlement provincial du Bas-Canada*, grâce à une somme votée par la Chambre d'assemblée.

Plus tard, au cours du XIXe siècle, le développement des institutions politiques, telles le parlementarisme et la responsabilité ministérielle, ainsi que des changements constitutionnels majeurs se sont conjugués avec les progrès techniques de l'imprimerie pour accorder une place de plus en plus importante à ce secteur de l'édition locale. Plus près de nous, depuis un quart de siècle, le gouvernement québécois, en redéfinissant son rôle et en élargissant ses bases, s'est révélé un partenaire actif dans le monde de l'édition. Le nombre et le profil des publications officielles en ont été grandement transformés.

Il n'est pas toujours aisé de s'entendre sur ce qu'est exactement une publication officielle ou gouvernementale. En 1963, le Congrès international des sciences administratives proposait la définition suivante:

> Toute publication imprimée ou polycopiée dont les pouvoirs publics (quel qu'en soit le niveau) ou les personnes morales de droit public prennent la responsabilité, soit à titre d'auteurs, soit à titre d'éditeurs.[1]

Dans notre aperçu sommaire des grandes étapes de l'édition gouvernementale, nous considérerons, en fonction de cette définition, l'ensemble de la production imprimée, commandée ou commanditée par les gouvernements du Québec, c'est-à-dire les séries officielles, les rapports mais aussi toute publication imprimée à la demande soit du pouvoir exécutif, soit du pouvoir législatif, et dont les frais d'impression sont principalement assumés par l'État.

De plus, nous n'avons retenu pour notre étude que les publications issues du gouvernement québécois; ainsi nous n'avons pas inclu les publications de gouvernements municipaux ou locaux, ou celles publiées par le gouvernement fédéral depuis 1867.

Cette librairie gouvernementale, active depuis plus de deux siècles, nous est apparue non seulement comme un important aspect de la vie du livre au Québec, mais aussi comme l'image de la vie politique et du dynamisme de l'État. Dans un premier temps, nous avons examiné l'état de la bibliographie des publications officielles, avant d'aborder la façon dont a fonctionné le système de l'édition gouvernementale depuis ses origines et comment celle-ci s'insère dans l'histoire de l'imprimé québécois.

1. Études, répertoires et inventaires

Tout en reconnaissant d'emblée l'importance de ce secteur d'activités qu'est l'édition gouvernementale, peu de chercheurs se sont penchés sur ce sujet. Les historiens, pourtant très familiers avec les ressources documentaires des séries législatives par exemple, se sont peu ou pas arrêtés à l'évolution de cet aspect de l'édition québécoise[2].

Le fait, d'ailleurs, ne doit pas surprendre puisque l'historiographie du livre et de l'imprimé est relativement jeune au Québec et, dans ce domaine, la recension bibliographique est pratiquement l'étape de base à toute étude cohérente. Il est en effet difficile d'étudier un secteur de l'édition sans en reconnaître d'abord la production. Aussi, malgré la rareté des recherches spécialisées, doit-on considérer en premier lieu l'état du travail d'inventaire bibliographique des publications officielles. Ce travail entrepris depuis plusieurs années déjà nous permet d'ores et déjà d'évaluer dans son ensemble la production gouvernementale d'imprimés.

On ne saurait suffisamment apprécier la valeur et l'importance de ces répertoires sans lesquels toute étude sectorielle demeurerait aléatoire. Ils permettent non seulement une connaissance bibliographique, mais aussi de situer une production par rapport à l'ensemble.

Pour la période postérieure à 1867, le *Répertoire des publications gouvernementales du Québec de 1867 à 1964* de MM. Beaulieu, Hamelin et Bonenfant demeure l'instrument de base[3]. Un supplément est venu le compléter jusqu'en 1968[4]. Cependant, depuis la parution de ce répertoire, l'inventaire de certains fonds de bibliothèque a permis de constater qu'une proportion d'environ 10% des publications gouvernementales avait échappé aux bibliographes.

En 1968, c'est la *Bibliographie du Québec*[5] qui devient responsable du signalement des publications gouvernementales courantes. Mais ces problèmes de réseaux administratif liés à la pléthore d'imprimés divers parus au cours de ces dernières années ont fait grimper à 40 et même à 50% la proportion de publications officielles échappant à tout contrôle bibliographique. Depuis mars 1981, cependant, une liste mensuelle des publications officielles publiée par la Bibliothèque administrative du ministère des Communications est venue atténuer cette carence de la bibliographie nationale.

Même si on constate quelques lacunes dans les répertoires contemporains, il faut admettre que, pour la période qui précède la Confédération, soit de 1764 à 1867, l'inventaire est encore moins exhaustif. Pour la période du Canada uni (1841-1867), le répertoire de Mme Olga B. Bishop reste la bibliographie la plus complète[7]. Cependant, l'auteur a éliminé de sa liste toutes les publications en français, du fait qu'étant en français, elles perdaient, à cette époque, leur caractère officiel[8]. De plus certains documents d'ordre politique ou législatif, tels des décrets d'élections ou des impressions de lois, n'ont pas été retenus. Ces omissions limitent, bien entendu, le potentiel documentaire du répertoire surtout dans une perspective québécoise de recherche.

Pour cette même période, on cite aussi le manuel de Marion V. Higgins, qui recense les principales séries parlementaires et législatives du XIXe siècle. Cependant, les références antérieures à 1840 y sont très rares et parfois incomplètes. D'ailleurs, pour l'inventaire des publications officielles du Bas-Canada, on constate que les sources sont très dispersées.

Pour la période allant de 1764 à 1810, les grands répertoires d'imprimés offrent un accès à ce type de documents. Les bibliographies de Marie Tremaine[10], de John Hare et Jean-Pierre Wallot[11] couvrent l'essentiel de toute la production imprimée de cette époque, y compris les publications officielles et les index en assurent une approche aisée. Cependant, seules des bibliographies générales et moins exhaustives permettent d'évaluer la production des années 1811 à 1841[12]. Ces carences, dans l'inventaire des premiers âges de l'édition gouvernementale, entravent la connaissance et sont sources de difficultés dans l'évaluation de ce secteur de l'imprimé québécois. Heureusement quelques bibliographies sélectives des principales séries parlementaires et législatives répertorient au moins les documents majeurs de cette époque.[13]

Outre le contrôle bibliographique des publications gouvernementales, se pose aussi le problème de l'organisation et du fonctionnement de l'édition gouvernementale. C'est, du reste, l'évolution même de «l'État-éditeur» qui permet d'évaluer la physionomie de la production imprimée du gouvernement.

2. Le fonctionnement de l'édition gouvernementale au Québec: favoritisme et luttes de pouvoirs

A. Avant 1867

L'absence d'imprimerie en Nouvelle-France fut ressentie comme un handicap sérieux dans l'administration de la colonie. Cette situation obligeait les dirigeants à faire recopier les lois royales et les ordonnances en plusieurs exemplaires avant de les expédier dans tout le pays. Le travail des secrétaires était lent et fastidieux, et il représentait une dépense accrue pour l'État[14].

Après la Conquête, l'imprimeur William Brown, d'origine écossaise, et son associé Thomas Gilmore, un Britannique établi à Philadelphie, furent tentés de s'établir dans ce pays où la concurrence était encore nulle et où le rétablissement du gouvernement civil (1763) laissait espérer l'éventuel patronage du pouvoir politique. Leur calcul était juste.

Dès l'été 1764, le gouverneur James Murray commandait aux nouveaux imprimeurs de Québec l'édition de proclamations relatives à l'administration de la justice sous le nouveau régime[15]. De plus, avec la parution de *la Gazette de Québec* en juin 1764, le gouverneur disposait désormais d'un instrument commode et régulier pour la diffuion des avis et des ordonnances.

Dans le numéro du 5 juillet 1764, il publiait un premier avis gouvernemental au sujet de la restauration du Château Saint-Louis endommagé lors du siège de 1759[16]. Cette première publication inaugurait l'usage de plus en plus fréquent de *la Gazette* pour la publication des avis gouvernementaux.

Le 3 octobre, Murray officialisait les textes juridiques publiés désormais par *la Gazette de Québec* dans un règlement intitulé: «Ordonnance pour déclarer ce qui sera estimé une publication légitime des ordonnances de la province de Québec»[17]. Les imprimeurs-éditeurs de *la Gazette* avaient raison de se réjouir puisque ce règlement fut complété l'année suivante par un autre qui, pour assurer une publicité suffisante aux lois de la colonie, obligeait les curés à s'abonner à *la Gazette de Québec* et à communiquer les textes officiels à leurs ouailles lors du prône dominical[18]. Cette proximité du gouvernement était vraiment une bonne fortune pour des imprimeurs.

En outre, des changements constitutionnels survinrent. En 1774, par l'Acte de Québec, fut créé le Conseil législatif, puis, surtout, en 1792, on institua une Chambre d'assemblée. L'apparition de ces nouvelles institutions législatives allait transformer la politique de l'édition gouvernementale. En effet, l'établissement d'un Parlement créait une autorité nouvelle qui, comme le gouverneur et les hauts fonctionnaires du Conseil exécutif, avait le droit d'accorder des contrats d'impressions nécessaires à ses travaux. L'édition gouvernementale était donc appelée à se développer. Mais si le nombre de contrats augmentait, de nouveaux

274

ateliers d'imprimerie ouvraient aussi leurs portes et se disputaient les faveurs des branches de la législature.

Comme il n'existait pas de règles dans les relations entre les imprimeurs et le gouvernement, tout s'appuyait sur des bases empiriques et très discrétionnaires[19]. Cette absence de politique d'impression devait inévitablement placer les imprimeurs dans de délicates situations, en raison des conflits endémiques qui opposaient la Chambre au pouvoir exécutif et à son prolongement parlementaire: le Conseil législatif. Cette situation engendra une rapide politisation des imprimeurs et une indépendance jalouse des octrois des contrats d'impression dans chaque branche de la législature.

L'exécutif, c'est-à-dire le gouverneur en Conseil, gardait la responsabilité de l'impression des lois et des statuts, des ordonnances, des proclamations et des avis publiés dans *la Gazette de Québec*. Ceux-ci devinrent d'ailleurs si nombreux que, en 1822, on décida de publier une *Gazette de Québec publiée par autorité* distincte de la première et ancêtre direct de l'actuelle *Gazette officielle*. Mais cette tentative ne se fit pas sans heurt[20].

De son côté, la Chambre d'assemblée ordonnait l'impression de ses *Journaux* et de leurs «appendices», des bills, des rapports de comités, des lois anciennes et de plusieurs autres documents parlementaires. L'édition de ces documents était sous la responsabilité de l'Orateur assisté du greffier et d'un comité ad hoc nommé pour examiner les impressions de la Chambre. Finalement, le Conseil législatif publiait, sous l'autorité de son Orateur et de son greffier, ses *Journaux* et divers rapports.

Ce fut John Neilson, éditeur de *la Gazette de Québec*, qui obtint les premières commandes gouvernementales après 1792. Sur la page-titre de la première édition des lois du Parlement du Bas-Canada, Neilson s'intitula de droit: «Imprimeur du Roi pour la province du Bas-Canada»[21]. Ce titre passa ensuite à Guillaume Vondenvelden qui, après Neilson, reçut les faveurs du gouverneur, alors que Neilson, de son côté, continua à publier les journaux et documents de la Chambre d'assemblée. Ainsi, l'appellation d'Imprimeur du Roi, ou parfois Imprimeur en loi de Sa Majesté, fut réservée aux bénéficiaires des contrats de l'exécutif et ce titre était confié sous la foi d'une commission ou décrèt du gouverneur.

Ce fut néanmoins la Chambre d'assemblée qui, faisant imprimer le plus grand nombre de documents, devint le principal éditeur du gouvernement. Elle défendait toujours farouchement ses prérogatives face à un pouvoir exécutif de plus en plus discrédité au cours des années. L'esprit de parti aiguisé par le contexte bi-ethnique de la colonie était très vivace au début du XIXe siècle. La méfiance était grande envers les imprimeurs et, surtout, envers une presse de plus en plus engagée dans les débats publics. Aussi les Chambres tenaient-elles à s'assurer chacune des coudées franches dans l'octroi de leurs contrats et à ne pas encourager des adversaires politiques[22].

Dans ce contexte, et pour obtenir ou conserver leur part du gâteau, les imprimeurs devaient se ménager des accointances et des relations dans le milieu gouvernemental. Plusieurs même entrèrent en politique. Ainsi, Neilson et Vondenvelden devinrent députés, et Pierre-Édouard Desbarats avait été traducteur français de la Chambre avant d'amorcer sa carrière d'imprimeur.

Ce patronage de l'État, qui accordait des contrats d'impression selon ses convenances et qui se servait de la presse comme unique canal de l'information officielle, assurait aux imprimeurs et à leurs gazettes une audience et une certaine autorité auprès de la population, tout en leur permettant souvent de survivre. Mais, par contre, l'imprimeur sacrifiait à ces prébendes une partie de sa liberté d'expression[23]. Par exemple, John Neilson, éditeur de *la Gazette de Québec* et grand bénéficiaire des largesses gouvernementales, se garda pendant longtemps de toute critique ouverte envers le gouvernement. En 1808, il publia un éditorial dans lequel il professait son grand respect pour le gouvernement et ses institutions, et justifiait le laconisme de son journal en le couvrant du manteau de l'objectivité[24].

Même si ces propos n'étaient pas tenus par tous les imprimeurs, ils assuraient à l'État la collaboration respectueuse, voire obséquieuse de quelques-uns. Ce canevas où pouvaient se tisser toutes sortes d'intrigues demeura très longtemps la toile de fond de tout le fonctionnement de l'édition officielle au Québec.

Dans les années 1820, une plus grande tolérance et, surtout, la nécessité de limiter les dépenses de l'État conduisirent la Chambre à modifier et à assouplir sa politique d'impression en procédant désormais à des appels d'offres.

Cette mesure libérale et progressiste, du moins dans son principe, visait surtout, semble-t-il, à protéger les privilèges de la Chambre. En effet, depuis 1792, l'Assemblée confiait ses ordres d'impression à son greffier; toutefois, celui-ci n'était pas tenu de suivre les directives de la Chambre sur le choix de l'imprimeur et il pouvait obéir à des suggestions venues du bureau du gouverneur[25]. Dans le climat de rivalité constante entre les deux pouvoirs, la résolution visait simplement à retirer au gouverneur la possibilité d'intervenir dans les choix de l'Assemblée relatifs à sa politique d'impression en contraignant le greffier à se soumettre à la loi de la concurrence.

La résolution, adoptée le 4 mars 1824, se lisait ainsi:

> Que c'est l'opinion de ce comité qu'après cette année,
> les impressions nécessaires pour cette Chambre doivent
> être données au rabais (*cheapest rate*), après avis public
> aux imprimeurs et examen par le greffier des conditions
> les plus avantageuses offertes de leur part[26].

Après 1840, le comité des impressions, devenu comité permanent de la Chambre, élargit l'appel d'offres aux imprimeurs de Montréal, ce qui augmenta la concurrence. Les soumissions passèrent de deux ou trois à douze en 1845. Le comité évalua à £500 l'économie réalisée par ce système[27].

De plus, à partir de 1842, une plus grande coopération s'établit entre l'Assemblée et le Conseil législatif. Ce dernier consentit à ce que les deux Chambres collaborent pour certaines publications d'intérêt commun, tels les comptes publics, pour que, à l'avenir, une seule branche de la législature les fasse imprimer[28]. Cette nouvelle collaboration parlementaire aboutit, en 1859, à la création d'un comité conjoint des deux Chambres pour l'étude des impressions. Ce comité devait survivre jusqu'en 1968[29].

Beaucoup de changements survinrent au milieu de ce XIXe siècle. Avec la responsabilité ministérielle (1848), le Parlement du Canada uni augmenta ses compétences législatives et réclama de plus en plus de documents imprimés: rapports, règlements, dépêches, messages du gouverneur, pétitions... À la même époque, les techniques d'imprimerie se développaient; le papier, de pâte de bois, coûtait moins cher et les délais de commande étaient relativement moins longs[30]. Ainsi l'édition gouvernementale connut-elle un grand essor. L'activité du comité parlementaire augmenta elle aussi en proportion: de 5 en 1841, le comité passa à 19 membres en 1858. Il se fixa à 10 lors du jumelage avec le Conseil législatif. Quant au nombre de rapports déposés par le comité au cours d'une session, il passa de 5 en 1841 à 25 en 1856.

Le travail et les interventions de ce comité n'étaient d'ailleurs pas inutiles. Ils étaient même salutaires pour les finances publiques. Une révision de format de pliage ou de reliure pouvait amener une réduction des dépenses d'imprimerie de 50%, comme ce fut le cas en 1853[31]. Parfois, une enquête sur les tarifs en vigueur dans des ateliers d'imprimerie non soumissionnaires permettait de constater les taux exorbitants demandés au gouvernement. Lorsque, en 1854, à la suite d'une telle enquête, la Chambre insista pour obtenir un rabais de 50% sur l'offre faite au contrat, l'imprimeur accepta de l'accorder[32]. De plus, sous prétexte d'économie et devant l'augmentation du nombre de commandes, le comité n'hésitait pas, comme cela se faisait à l'époque de la Chambre du Bas-Canada, à faire appel à plusieurs imprimeurs au cours d'une même session; ce qui laissait encore beaucoup de possibilités au favoritisme. Du reste, aux contrats d'impression s'ajoutaient ceux de reliure, de papeteries diverses, etc. Il faudrait sans doute des années de patience pour reconstituer l'écheveau de ces réseaux d'influences qui prévalaient dès cette époque dans le secteur de l'édition gouvernementale et qui se sont perpétués jusqu'à une époque très récente.

Une longue lutte parlementaire s'est aussi déroulée sous l'Union pour forcer le gouverneur en conseil à abolir le poste d'Imprimeur de la Reine et à adopter, comme l'Assemblée, le principe de l'appel d'offres pour l'impression des lois et de la *Gazette officielle*. Entre 1844 et 1863 plusieurs projets de loi, motions ou simples voeux de l'Assemblée législative ou de son comité des impressions reprirent ce thème. Jaloux de son pouvoir discrétionnaire en la matière, l'exécutif repoussa à chaque fois cette demande et continua à nommer un imprimeur des lois «avec les droits, privilèges, profits et émoluments de la dite [sic] charge [. . .] durant Notre Royal plaisir»[33].

Ce système fut enfin modifié en 1867 mais, même sous le nouveau régime confédératif, les pouvoirs législatif et exécutif conservèrent leur indépendance juridique dans le domaine de l'édition gouvernementale.

B. Depuis 1867

Avec la nouvelle constitution, un changement formel survenait dans l'organisation de l'édition officielle au Québec. Le pouvoir législatif conservait un comité conjoint de l'Assemblée et du Conseil chargé de gérer les impressions parlementaires, mais à l'exécutif on vit apparaître, en 1868, une fonction nouvelle sous un vocable ancien: l'Imprimeur de la Reine. Désormais, ce titre était réservé non à un imprimeur mais à un fonctionnaire chargé de veiller à l'édition de la *Gazette officielle*, des statuts et lois de la province. Il administrait aussi la vente et la distribution de ces documents[34]. Il avait de plus la responsabilité de remettre annuellement un rapport de ses activités au secrétaire de la province[35].

Comme la loi ne donnait aucune précision quant au mode d'octroi de contrats, la nouvelle institution laissait toujours la porte ouverte à l'intervention discrète des hommes politiques dans ce secteur des dépenses publiques.

À l'Assemblée, où le budget des impressions était supérieur à celui de l'Imprimeur de la Reine, on appliquait, officiellement du moins, le principe des appels d'offres «au moyen d'annonces publiques pour les impressions, l'approvisionnement du papier et la reliure pour l'Assemblée législative»[36]. Ces contrats étaient octroyés séparément et avaient une durée de cinq ans environ.

Si l'indépendance des pouvoirs demeurait, en principe, bien établie dans l'organisation de l'édition officielle, on faisait néanmoins appel au même personnel. Ainsi Charles Langlois, premier titulaire du poste d'Imprimeur de la Reine, était également greffier du comité conjoint des impressions de la législature, responsable de la distribution de la papeterie et surintendant des écrivains surnuméraires de l'Assemblée législative. Toutes ces fonctions étaient rémunérées séparément. Il s'agissait bien de postes différents et on expliquait ce cumul par les faibles revenus attachés à chacune de ces responsabilités.

En réalité, le premier ministre Chauveau choisit Charles Langlois, un fonctionnaire de l'Assemblée, pour faire taire les ambitions rivales de nombreux imprimeurs de Québec, candidats éventuels à ce poste. Il désirait aussi, semble-t-il, étendre les pouvoirs de l'exécutif sur l'Assemblée par l'assurance des services dévoués de l'assistant-greffier. Ce nouvel Imprimeur de la Reine s'avérait, en outre, un précieux canal pour distribuer à bon escient les générosités gouvernementales. Il conserva d'ailleurs son poste pendant près de trente ans, non sans quelques tribulations avec les différentes administrations[37].

Le bureau de l'Imprimeur de la Reine n'employait à la fin du XIXe siècle que cinq personnes dont deux traducteurs. Jusqu'à la fin des années 1960, le nombre d'employés ne dépassa guère une quinzaine. Comme pour les autres fonctionnaires, ces gens n'étaient pas à l'abri de purges accompagnant parfois les changements de régimes politiques. Par exemple, en 1940, J.-B. Turbide, assistant-imprimeur, dut quitter son poste pour avoir manifesté trop de sympathie envers l'ancien gouvernement unioniste[38].

En fait, la politique fut toujours éminemment présente dans le fonctionnement de l'édition gouvernementale. Par la publication d'avis divers dans les journaux et par le système discrétionnaire d'octroi des contrats d'édition, le gouvernement possédait un puissant moyen pour contrôler la presse et du moins, l'influencer. En effet, une entreprise de presse désireuse de décrocher un éventuel contrat gouvernemental pouvait difficilement s'opposer impunément au parti ministériel dans les pages de son journal.

Ce système empêchait ainsi l'éclosion d'une véritable liberté de presse et muselait les dissidences sans même avoir à y mettre les doigts. À la fin du régime libéral d'Alexandre Taschereau, Omer Héroux déplorait dans le Devoir que les électeurs ignoraient à peu près tout de l'activité gouvernementale «parce que, écrivait-il, le régime libéral, grâce à un habile emploi des fonds publics, s'est bâti une presse qui approuve tout ce qu'il fait, combat tous ses adversaires ou du moins étend sur ses actes le voile du silence»[39]. Selon Jean et Marcel Hamelin, les progrès de la presse radiophonique à partir des années 1930 sont venus briser cette emprise occulte des gouvernements sur l'information[40]. Nos chroniques politiques abondent de cas où de généreux contrats étaient offerts à des amis du parti ministériel. Pendant longtemps, le favoritisme a marqué les rouages de l'administration publique et l'édition officielle était un secteur particulièrement propice au patronage.

Après 1960, l'édition gouvernementale a connu une croissance géométrique. De quelques rapports ou documents divers on est passé à plus de 500 titres, annuellement, à la fin des années 1960; une réforme s'imposait. Cette réforme qui s'est opérée entre 1969 et 1972 s'inspirait des modèles américain et canadien, et visait une plus grande centralisation et plus de cohérence dans l'organisation.

Le mandat de l'Imprimeur, devenu Éditeur officiel, fut élargi, et son personnel atteignit 400 personnes en 1973-1974. Mais la véritable explosion documentaire de ces années provoqua un engorgement des services d'édition, ce qui amena une désaffection de plusieurs ministères et organismes. Ceux-ci, pour des raisons d'efficacité, préférèrent engager leurs propres spécialistes en édition sans recourir aux services de l'Éditeur officiel. Ces pratiques étaient d'ailleurs anciennes puisque, depuis longtemps, les ministères disposaient de crédits pour administrer leurs propres publications. Finalement, seule la centralisation de la commercialisation a effectivement été assumée par l'Éditeur.

De fait, cette réforme a posé de nombreux problèmes administratifs. La mission de diffuseur et de vulgarisateur que s'est donnée l'Éditeur officiel a été compliquée par l'arrivée massive des documents audio-visuels. Les questions des ventes et des distributions de publications gratuites, la responsabilité des échanges intergouvernementaux, par exemple, sont demeurées confuses au plan administratif. Tous ces problèmes, aiguisés par la masse toujours croissante de l'édition officielle — elle atteint aujourd'hui plus de 3 000 titres par an, — ont contribué à limiter les résultats espérés de la réorganisation des années 1970.

Quant au pouvoir législatif, il a conservé au cours de ces années son autonomie en matière d'édition. Le séculaire comité conjoint des impressions, aboli en 1968, était depuis longtemps déjà tombé en caducité. Le dossier de l'édition fut repris par la Commission parlementaire de l'Assemblée nationale et la responsabilité en fut confiée au Président et à quelques fonctionnaires. Depuis 1979, une Direction de l'édition emploie plus de 80 personnes. À l'instar des autres services gouvernementaux, l'Assemblée nationale a étendu ses préoccupations vers la communication de ses activités et l'information au public. Plusieurs documents sur le travail parlementaire ont ainsi été publiés.

3. Information officielle et discours officiel

Pour bien comprendre le sens de cette édition gouvernementale, il ne suffit pas seulement de tracer les grandes lignes de son organisation et de son évolution à travers les régimes politiques. Image des moeurs et des structures de l'État par son fonctionnement, l'édition officielle est aussi, par son contenu, un témoin du discours officiel émis par le pouvoir politique.

On sait que le premier acte de l'exécution d'une loi est sa publication. Le texte de loi destiné à l'édition est d'abord un énoncé de droit, mais il est aussi l'image d'un ordre social. Par la diffusion de l'imprimé, la loi, le règlement, l'ordonnance ou l'avis légal viennent définir le cadre juridique dans lequel les dirigeants veulent voir évoluer la société.

Mais si l'État est tenu par une loi organique, ou par la constitution elle-même, de publier les documents les plus liés à sa fonction administrative, les gouvernants ont tôt fait de se servir de l'imprimerie pour diffuser des informations plus ponctuelles reflétant leurs volontés politiques. Ainsi, dès la fin du XVIIIᵉ siècle, le gouverneur Dorchester finançait l'impression et la diffusion de brochures de propagande contre la France révolutionnaire[41].

Également, au fil des travaux parlementaires, lorsque le gouverneur ordonnait la publication de tel rapport ou l'Assemblée, l'impression de telle pétition, ils exerçaient un choix, signalaient leurs priorités et «publicisaient» ce qu'ils jugeaient le plus important. Il faut bien se rappeler qu'une partie seulement de la documentation était confiée à l'imprimeur. La croissance et les fluctuations de l'édition officielle sont aussi révélatrices des limites budgétaires et des conditions économiques que de l'activité politique et étatique elle-même.

En effet, dès 1852, on limitait les impressions législatives en raison de restrictions budgétaires. De 1860 à 1867, un tiers seulement des rapports gouvernementaux furent imprimés. La sélection n'en est pour nous que davantage révélatrice des décisions et des priorités politiques.

On peut également suivre la ligne de crête du discours officiel par des publications ponctuelles et des monographies destinées aux citoyens et au grand public: les guides du colon, les publications diverses sur les chemins de fer, les richesses naturelles, l'hygiène, le patrimoine... L'ensemble de ces publications gouvernementales offre donc un corpus fort attrayant pour l'étude des communications et de la pensée politique et sociale au Québec. Grâce aux archives, on possède de nombreux renseignements sur la politique de distribution des documents par l'Imprimeur de la Reine. Les communautés religieuses, les municipalités, les bibliothèques ou autres services publics ont servi de pôle pour la diffusion de cette documentation. Plusieurs données sur les tirages et les nombres de titres parus permettent aussi de situer l'édition gouvernementale dans l'ensemble de la production imprimée. D'autres aspects, enfin, s'offrent à l'étude: l'évolution morphologique des publications, les emprunts étrangers dans ce type de documents sont autant d'éléments révélateurs du caractère de notre édition officielle.

Étant le reflet de la diversité des activités d'un gouvernement, les publications officielles peuvent donc révéler beaucoup, dans leur ensemble, sur la variété des préoccupations de l'État et sur les tendances majeures de la société.

NOTES

1. Cité par Alain Boucher, *Le Service des publications gouvernementales* (La Pocatière, 1970):3.

2. Il faut cependant signaler l'ouvrage de M. Yvon Thériault, *Les publications parlementaires d'hier et d'aujourd'hui*, Québec, Assemblée nationale, 1980, 39 p.

3. André Beaulieu, Jean Hamelin et Jean-Charles Bonenfant, *Répertoire des publications gouvernementales du Qu4ébec 1867 à 1964*, Québec, Imprimeur de la Reine, 1968, 554 p.

4. André Beaulieu, Jean Hamelin et G. Bernier, *Répertoire des publications gouvernementales du Québec. Supplément 1965-1968*, Québec, Éditeur officiel du Québec, 1970, 388 p.

5. *Bibliographie du Québec*, Montréal, Bibliothèque nationale du Québec, 1968.

6. *Liste des publications du gouvernement du Québec*, Québec, Bibliothèque administrative, ministère des Communications, 1981.

7. O. B. Bishop, *Publications of the Government of the Province of Canada 1841-1867*, Ottawa, Bibliothèque nationale du Canada, 1963, 351 p.

8. *Ibid.*, p. 5. L'Acte d'Union de 1840 précisait, en effet, que toute l'édition officielle devait être en anglais. Cette disposition a été abolie en 1848 (S.C. 1848, 11-12 Viet. ch. 56). Néanmoins, l'anglais est demeuré seule langue officielle jusqu'en 1867.

9. Marion V. Higgins, *Canadian Governmental Publications, A Manual for Librarians*, Chicago, American Library Association, 1935, 562 p.

10. Marie Tremaine, *A Bibliography of Canadian Imprints 1751-1800*, Toronto, University of Toronto Press, 1952, xxvii, 705 p.

11. John Hare et Jean-Pierre Wallot, *Les imprimés dans le Bas-Canada 1801-1810*, Montréal, Presses de l'Université de Montréal, 382 p.

12. On trouve ainsi des références dans Philéas Gagnon, *Essai de bibliographie canadienne*, Québec, 1895, 2 vol.; Narcisse-Eutrope Dionne, *Inventaire chronologique des livres, et brochures [. . .]*, Québec, 1905-1912, 7 vol.; Marie Tremaine, *A Bibliography of Canadiana*, Toronto, 1934, 828 p.; Henry J. Morgan, *Bibliotheca canadensis*, Ottawa, 1867, 411 p.; Magdalen Casey, *Catalogue of Pamphlets in the Public Archives of Canada 1493-1931*, Ottawa, 1932, 2 vol.

13. Voir D. Kronström, «Liste sélective de publications parlementaires québécoises», *Bulletin trimestriel de la Bibliothèque de la législature*, 6, 1(juin 1975):22-34, et C.R. Brown, «Bibliography of Quebec or Lower-Canada Laws», *Law Library Journal*, 19, 4(janv. 1927):90-109.

14. Gérard Filteau, *La naissance d'une nation* (Montréal, l'Aurore, 1978):70, et Gilles Gallichan, «Le livre dans les institutions politiques au Québec avant 1800», *Bulletin de la Bibliothèque de la Législature*, 11, 1(mars 1981):13.

15. Marie Tremaine, *Bibliography of Canadian Imprints*, p. 20-25, n° 44-45.

16. *La Gazette de Québec*, 5 juillet 1764, p. 2.

17. *Ibid.*, 4 octobre 1764, p. 2.

18. *Ibid.*, 21 février 1765, p. 4.

19. Sur l'ensemble des opérations gouvernementales à cette époque, voir Jean-Pierre Wallot et G. Paquet, *Patronage et Pouvoirs dans le Bas-Canada 1794-1812*, Montréal, Presses de l'Université du Québec, 1973. 184 p.

20. En 1822, l'engagement politique de John Neilson, alors éditeur de *la Gazette*, lui aliéna les faveurs gouvernementales. Le contrat d'impression de *la Gazette officielle* fut d'abord confié à Samuel Neilson, puis passa aux mains de John Fisher en 1823. Voir Aegidius Fauteux, *Introduction of Printing in Canada*, chap. 3, p. 23, et André Beaulieu et Jean Hamelin, *Les journaux du Québec*, 1764-1964, p. 212.

21. Marie Tremaine, *op. cit.*, p. 392.

22. On sait que, au début du XIXe siècle, cette méfiance tourna à l'affrontement entre la presse et le gouvernement. Voir Henri Brun, *La formation des institutions parlementaires* (Québec, 1970):118-121.

23. André Beaulieu et Jean Hamelin. «Le journalisme québécois d'expression française», *Recherches sociographiques*, 7, 1-2(janv.-mars 1966):309.

24. *La Gazette de Québec*, 7 janvier 1808.

25. Sur le rôle du greffier à la Chambre d'assemblée du Bas-Canada, un article de Marc-André Bédard paraîtra dans un prochain numéro du *Bulletin de la Bibliothèque de la Législature*.

26. *Journaux de la Chambre d'Assemblée du Bas-Canada*, 4e session du onzième Parlement, séance du 4 mars 1824, p. 342.

27. *Journaux de l'Assemblée législative de la province du Canada*, 2e session du deuxième Parlement, session 1846, séance du 29 avril 1846, p. 179.

28. *Ibid.*, 2e session du premier Parlement, session 1842, séance du 11 octobre 1842, p. 105.

29. Jusqu'en 1876, les deux Chambres ont chacune leur comité et elles tiennent leurs séances en commun. Après 1876, il s'agit officiellement d'un comité mixte. Voir Jean Hamelin, *Les premières années du parlementarisme . . .*, p. 333.

30. Les retards dans les commandes d'imprimerie étaient un problème endémique et, régulièrement, pendant toute la première moitié du siècle, le Parlement adressait des blâmes aux imprimeurs.

31. *Journaux de l'Assemblée législative de la province du Canada*, 1re session du quatrième Parlement, session 1852-53, séance du 18 avril 1853, p. 719.

32. *Ibid.*, 1re session du cinquième Parlement, session de 1854-55, séance du 2 novembre 1854, p. 266.

33. Lettres patentes nommant G. Desbarats et M. Cameron, Imprimeur de la Reine [. . .] pour la province du Canada. Document de session n° 92, 1re session du huitième Parlement, session de 1863.

34. *Statuts de la province de Québec*, 31 Vict. 1867-68, ch. XIII.

35. *Statuts de la province de Québec*, 49-50 Vict., 1886, ch. C, section troisième.

36. *Débats de l'Assemblée législative*, 1re législature 1867-68, séance du 22 février 1868, p. 210.

37. Marcel Hamelin, *op. cit.*, p. 333-334 et *ANQ*, Mémoire de C.-F. Langlois au premier ministre de la province de Québec, 1896.

38. La correspondance relative au renvoi de M. Turbide est conservée dans les archives de l'Imprimeur de la Reine aux Archives nationales du Québec.

39. Jean et Marcel Hamelin, *Les moeurs électorales dans le Québec de 1791 à nos jours* (Montréal, 1962):111.

40. *Ibid*.

41. Voir Claude Galarneau, *La France devant l'opinion canadienne 1760-1815*, p. 293-294.

Annexe

Liste des imprimeurs du Roi (de la Reine) depuis 1792

John Neilson — 1792
Guillaume Vondenvelden — 1794
Pierre-Édouard Desbarats et Roger Lelièvre* — 1798
Samuel Neilson — 1822
Pierre-Édouard Desbarats et Roger Lelièvre — 1823
J. C. Fisher et William Kemble — 1830
Stewart Desbshire — 1841
George P. Desbarats et Stewart Derbshire — 1844
George Édouard Desbarats et Malcolm Cameron — 1863
Malcolm Cameron — 1865
Augustin Côté et Thomas Cary — 1867

* * *

Charles-F. Langlois — 1868
Leger Brousseau et Charles Pageau — 1896
Charles Pageau — 1897
Louis-V. Filteau — 1910
Charles-J. Simard (interim) — 1913
E.-E. Cinq-Mars — 1913
Amable Proulx — 1919
Charles-J. Simard (intcrim) — 1928
J.-B. Turbide (interim) — 1929
Redempti Paradis — 1929
Roch Lefebvre — 1960**
Charles-Henri Dubé — 1972
Pierre-A. Deschênes (interim) — 1980

* Lorsque deux personnes occupaient le poste ils ne formaient au sens de la loi qu'un seul
Imprimeur du Roi.

** M. Lefebvre est devenu Éditeur officiel en 1969.

Bibliographie

Sources

Archives de l'Imprimeur de la Reine
— Fonds du Secrétariat de la province,
A.N.Q.

*Journaux de la Chambre d'Assemblée
du Bas-Canada/Journals of the House
of Assembly of Lower-Canada, 1792-
1837.*

*Journaux du Conseil législatif de la
province du Bas-Canada/Journals of
the Legislative Council of the province
of Lower Canada, 1792-1837.*

*Journaux de l'Assemblée législative
de la province du Canada, 1841-1866.*

*Journaux du Conseil législatif de la
province du Canada, 1841-1866.*

*Rapport annuel du secrétaire de la
province 1867-1968.* Documents de la
session, Assemblée législative de la
province de Québec.

Études

Beaulieu, André et Jean Hamelin.
«Aperçu du journalisme québécois
d'expression française», *Recherches
sociographiques*, 7, 1-2(janv.-mars
1966):305-348.

Beaulieu, André et Jean Hamelin.
*Les journaux du Québec de 1764 à
1964.* Québec, Presses de l'Université
Laval, 1965. xxvi, 331 p.

Beaulieu, André, Jean Hamelin et
Jean-Charles Bonenfant.
*Répertoire des publications gouverne-
mentales du Québec de 1867 à 1964.*
Québec, Imprimeur de la Reine, 1968.
554 p.

Bishop, Olga B.
*Publications of the Government of the
Province of Canada 1841-1867.* Otta-
wa, B.N.C., 1963. 351 p.

Boucher, Alain.
*Le service des publications gouverne-
mentales.* Coll. «Guides du personnel» no 1. La Pocatière, Collège
Sainte-Anne, 1970. 258 p.

Brun, Henri.
*La formation des institutions parle-
mentaires québécoises 1791-1838.*
Québec, Presses de l'Université Laval, 1970. 281 p.

Fauteux, Aegidius.
*The Introduction of Printing into Ca-
nada. A Brief History.* Montréal,
Compagnie de papier Rolland, 1930.
178 p.

Hamelin, Jean, J. Huot et Marcel Hamelin.
*Aperçu de la politique canadienne au
XIXe siècle.* Québec, Culture, 1965.
154 p.

Hamelin, Jean et Marcel Hamelin.
*Les moeurs électorales dans le Québec
de 1791 à nos jours.* Montréal, Éditions du Jour, 1962. 128 p.

Hamelin, Marcel.
*Les premières années du parlementa-
risme québécois 1867-1878.* Québec,
Presses de l'Université Laval, 1974.
xii, 387 p.

Higgins, Marion V.
Canadian Government Publications: A Manual for Librarians. Chicago, A.L.A., 1935. 562 p.

Orban, Edmond.
Le Conseil législatif de Québec 1867-1967. Coll. «Essai pour notre temps» no 1. Montréal, Bellarmin, 1967. 354 p.

Thériault, Y.
Les publications parlementaires d'hier et d'aujourd'hui. Québec, Assemblée nationale, 1980. 39 p.

Tremaine, M.
A Bibliography of Canadian Imprints 1751-1800. Toronto, University of Toronto Press, 1952. xxvii, 705 p.

Wallot, Jean-Pierre et G. Paquet.
Patronage et Pouvoirs dans le Bas-Canada: un essai d'économie historique (1794-1812). Montréal, les Presses de l'Université du Québec, 1973. xii, 183 p.

L'image imprimée

État de la question*

Raymond Vézina

Archives publiques du Canada, Ottawa

* Le travail bibliographique qui suit cette étude a été accompli avec un soin remarquable par Lucie Dorais. Elle a examiné la majorité des articles et des ouvrages dont la description apparaît en bibliographie. Son travail a été utile en plusieurs points de cette étude.

Introduction

Le Monde dimanche du 9 août 1981 faisait état de 400 millions de cartes postales produites chaque année en France. Il y aurait 2 millions de jeux de cartes vendus annuellement au Québec[1]. Près de 200 000 cartes postales sont conservées dans neuf institutions publiques de la région de Québec. Plus de 56 000 images de piété se trouvent en trois institutions dans la ville même de Québec. Ce phénomène important qu'est l'image imprimée, maintenant associé à tous les secteurs de la société, reçoit-il de la part des chercheurs une attention à la mesure de son importance historique? C'est la question à laquelle veut répondre ce bref survol.

Les spécialistes du texte (historiens, littéraires, etc.) utilisent peu l'image. Les historiens de toutes tendances ont appris par contre à trouver et à interroger les textes selon des méthodes aussi variées que précises grâce à des patrons, des grilles et avec l'aide des statistiques. Dans ce contexte, les images sont peu utilisées; elles servent en général à illustrer des phénomènes étudiés à partir de sources non figurées.

À l'opposé, se trouvent les historiens de l'art et les auteurs d'albums. Ces derniers, nombreux surtout dans le domaine de la photographie, présentent souvent l'image sans analyse. Les historiens de l'art forment par ailleurs un groupe où les orientations vont de l'inventaire des collections à la synthèse de phénomènes complexes en passant par l'analyse d'artistes, de thèmes ou d'oeuvres individuelles. Traditionnellement, l'historien de l'art s'attache à l'aquarelle, au dessin, à l'estampe, à la peinture à l'huile et aux dérivés de ces médias de base comme la miniature[2]. Par ailleurs, l'historien de l'art s'intéresse en général aux chefs-d'oeuvre et aux oeuvres de grande qualité artistique. Beaucoup craignent de suivre les sentiers ouverts par Panofski lorsque la documentation se rapproche trop des oeuvres populaires[3].

Entre le texte et l'oeuvre d'art se situe une gamme importante d'images qui constituent l'essentiel de notre environnement visuel figuratif. Il importe d'établir une distinction entre le public des musées et le public en général puisque l'environnement quotidien est de plus en plus agrémenté d'images. Les enquêtes de Statistique Canada montrent que certains groupes de la population fréquentent peu le musée et que même les habitués n'en franchissent les portes que peu de fois chaque année[4]. Par contre, des centaines d'affiches, de cartes postales, de journaux et de revues illustrées sont vues chaque jour par les citoyens. Il est donc sage d'inclure l'image imprimée parmi les sujets de discussion choisis pour un atelier portant sur l'histoire de l'imprimé au Québec aux XIXe et XXe siècles.

Parallèlement à une réflexion théorique liée au concept d'iconographie canadienne, il était nécessaire de mener des recherches visant à repérer les collections et les publications pertinentes à chaque type d'images.

1. Le concept d'iconographie canadienne

Au départ, il importe de situer l'ensemble à l'intérieur de limites physiques bien définies. Le médium nous en donne la possibilité[5]. Les schémas suivants montrent que les images fonctionnelles isolées (affiches, cartes postales, etc.) et les images qui illustrent des publications (les livres de classe, les livres d'enfants, les journaux et les revues), bien loin de s'opposer aux images créées par ceux qui se réclament des beaux-arts (images non fonctionnelles), doivent au contraire y être associées pour donner au concept d'iconographie canadienne une envergure correspondant à la réalité actuelle et ancienne.

FIGURE 1 — Médias qui véhiculent l'iconographie

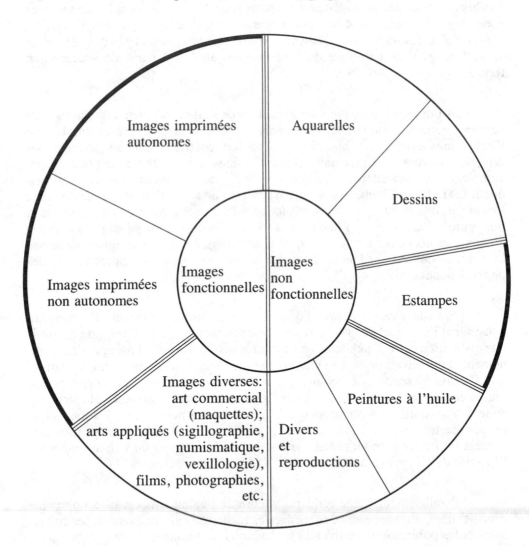

FIGURE 2 — Médias qui véhiculent l'image imprimée

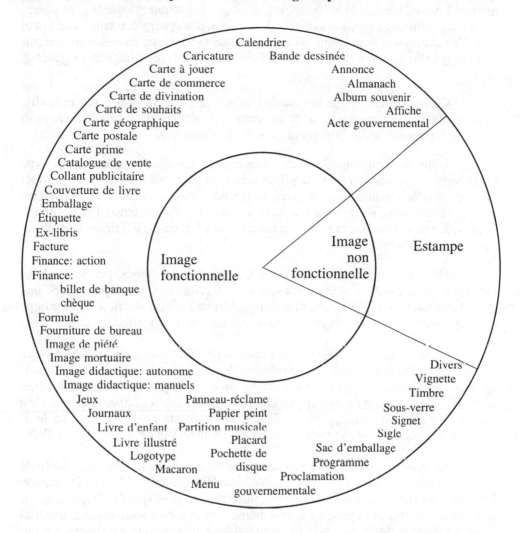

Parmi tous ces médias, il est évident que l'estampe est le mieux connu surtout à cause de l'activité des conservateurs et des historiens de l'art. L'estampe se divise en plusieurs secteurs, comme gravure sur bois, pointe sèche, eau-forte, lithographie, sérigraphie. Il existe une bibliographie abondante aussi bien sur les techniques et sur l'histoire que sur les collections elles-mêmes. La plupart des musées d'art et certaines bibliothèques ont un département des estampes. Un grand nombre de galeries commerciales se spécialisent en outre dans l'estampe, et les expositions sont nombreuses.

Bien que l'estampe soit un médium hautement apprécié au plan artistique, les recherches iconographiques ne sont qu'amorcées au Canada en général et au

293

Québec en particulier[6]. Trois thèmes particulièrement riches fournissent pourtant matière à des recherches quasi infinies: le paysage, le portrait et les scènes de genre. Il y aurait enfin une gamme abondante de phénomènes apparaissant au second plan dans les estampes et dont l'importance historique est certaine: le costume, l'architecture, le chemin de fer, la navigation à voile et à vapeur, les transports en général, la rue...

Certains sites comme la ville de Québec, la chute Montmorency et la ville de Montréal ont été représentés avec un bonheur particulier. Une galerie du portrait québécois puiserait aussi largement au sein de l'estampe.

L'image fonctionnelle étant beaucoup moins connue que l'image type beaux-arts, mes recherches des dernières années se sont concentrées sur ce premier groupe. Sur la cinquantaine de médias retenus, cinq peuvent être considérés «riches» étant donné les publications dont ils ont fait l'objet, la tenue d'expositions, la présence de collections et même de musées: affiche, bande dessinée, caricature, carte postale, timbre.

Dans le domaine de l'affiche, le Canada dépasse depuis peu le seuil des articles de vulgarisation pour se hausser à des ouvrages où l'analyse occupe une place importante. Le Québec, en plus de posséder de belles collections et un groupe de graphistes de premier ordre, commence à étudier le phénomène de l'affiche.

La bande dessinée québécoise a fait l'objet de recherches au plan historique afin de connaître la naissance et l'évolution du medium[7]. Des analyses économiques ont révélé que, en 1976, seulement 5% du marché québécois de la B.D. était entre les mains de Québécois et qu'un titre comme *Bojoual à l'Expeaux des 67* s'est vendu à 35 000 exemplaires[8]. Par ailleurs, des expositions ont eu lieu, tel le *2e Festival international de la bande dessinée* à l'Université de Montréal, en 1976.

La bande dessinée et la caricature ont un musée au Québec: le Musée de l'humour, à Montréal. Les synthèses de William Werthman (1967) et de Desbarats-Mosher (1979) ont réuni suffisamment d'informations pour que des études spécifiques puissent être entreprises sur des thèmes ou des caricaturistes. Le matériel imprimé devient également assez considérable: à mesure que paraissent des ouvrages comme *Sourire quotidien* (Ottawa, APC, 1980) où sont reproduites 80 caricatures de Duncan Macpherson. Grâce aux dépôts de journaux, les caricatures comptent parmi les médias les plus faciles à trouver.

L'émission de la première carte postale reconnue par la Poste canadienne eut lieu le 1e juin 1871, faisant du Canada le premier pays non européen à publier ce genre d'images[9]. La carte postale possède une importance documentaire indéniable, surtout entre 1871 et 1920 environ, époque où le Gouvernement et les organismes privés font peu de campagnes systématiques de photographie. Époque par ailleurs où peu de familles possèdent un appareil photographique. Dans ce contexte, les cartes postales issues de l'initiative de photographes locaux demeurent de précieux documents pour les études sociales et l'histoire en général.

En septembre 1977 était fondé le Toronto Post Card Club qui comptait déjà 223 membres en janvier 1981. Cet organisme publie une revue intitulée *Card Talk*. Les recherches en cours par les membres du groupe portent, entre autres, sur Brockville en Ontario, sur Toronto et sur la préparation d'un livre traitant de la carte postale[10]. Le Québec découvre actuellement l'importance de la carte postale en constituant des collections qui ne tarderont sans doute pas à attirer les chercheurs.

Cinquième média «riche», le timbre-poste demeure encore maintenant une source peu exploitée. La documentation de base est cependant disponible grâce au travail encyclopédique de Glen Hansen[11] ainsi qu'au livre de Douglas et Mary Patrick[12] où sont reproduits et décrits tous les timbres canadiens depuis 1851 jusqu'à 1963. En plus des aspects techniques qui intéressent l'histoire de la gravure et des aspects artistiques importants pour l'historien de l'art, il y aurait lieu d'étudier l'image du Canada que véhicule le timbre. En 1978, Yves Taschereau n'écrivait-il pas que le timbre canadien présente un pays anglophone rempli d'Indiens?[13] La façon dont la province de Québec apparaît à travers le timbre mériterait une étude, tout comme les thèmes et leur évolution au cours des générations.

Huit médias forment un secteur «moyen»: emballage, étiquette, finance, image de piété, image didactique, journaux illustrés, livre d'enfant, livre illustré. En général, les connaissances sont moins étendues et moins profondes que dans le secteur «riche», bien que des recherches à long terme soient en cours[14]. Des synthèses suggestives ont été publiées par Claude Galarneau (1977) et Yvan Lamonde (1974) en ce qui regarde notamment le livre québécois. L'image de piété intéresse de plus en plus de spécialistes au Québec comme en font foi le livre de Pierre Lessard[15] et quelques thèses en cours de rédaction.

Le secteur «pauvre» comprend trente-sept médias à propos desquels il n'y a que peu ou pas de littérature québécoise. Il s'agit pourtant de médias qui s'inscrivent de façon intime dans la vie quotidienne de chacun. L'image mortuaire par exemple n'a pas encore reçu beaucoup d'attention bien qu'elle soit un document privilégié sur l'idée que l'on se fait de la mort dans notre société. Le choix des textes bibliques, la présentation tragique, les dernières paroles du défunt, les indulgences, le type de photographie sont autant de signes qui jalonnent une évolution profonde des mentalités. Cobb, Aries, Lebrun et Vovelle ont ouvert la voie à ce type d'études historiques centrées sur la mort.

Les cartes à jouer, populaires dans toutes les couches de la population, sont un véhicule d'images important. Au XVIIIe siècle, la carte à jouer fut même utilisée comme monnaie. En 1729, Monsieur de Beauharnois parle de l'achat de 2 000 jeux de cartes et propose un second achat d'égale importance. Jean-Paul Mallette, collectionneur de Longueuil, possède environ 60 000 dos de cartes différents. D'autres, comme Marthe Beauregard de Montréal, ne collectionnent que les cartes dont les enseignes (pique, coeur, etc.) sont toutes différentes. Elle possède des jeux montrant 52 images différentes du Canada, les Alliés de la Première Guerre mondiale, les présidents de France ou la famille Kennedy. Également représentés dans sa collection des artistes montréalais qui, tel Normand Hudon (Promo-Québec, 1974), ont imprimé des jeux à faible tirage.

Le jeu de cartes didactiques a connu une vogue certaine bien que difficile à évaluer faute d'étude sur le sujet. Mentionnons le *Jeu des vertus théologales* (Soeurs de Sainte-Croix) ainsi que des jeux sur l'histoire sainte (1907), la géographie du Canada (1908, réimprimé après 1931 et 1941) tous réalisés par les Clercs de Saint-Viateur. En 1907 et 1918, cette communauté fit imprimer un jeu de cartes sur l'histoire du Canada. Le juge Joseph-Camille Pouliot (1865-1935) réalisait avec son épouse Eugénie Lemieux un jeu de cartes intitulé *Une heure d'histoire avec Jacques Cartier* où 200 questions et réponses sont proposées aux écoliers. Dans le but de mieux instruire leurs cinq enfants, le couple Pouliot avait d'ailleurs déjà réalisé divers jeux, genre parchésie, portant sur la musique, sur l'histoire et sur Jacques Cartier.

Des manifestations récentes ont utilisé le jeu de cartes au sein de leur campagne de publicité. L'exposition Largillière montrée au Musée des beaux-arts de Montréal en 1981, était assortie d'environ:

600 grandes affiches
3 000 petites affiches
1 000 macarons
5 000 cartes postales
2 500 cartes de souhait
1 500 jeux de cartes

Les jeux de cartes représentaient le portrait d'une femme en Astrée et William Macdowall of Garthland and Castlesemple. Ils furent imprimés à Sherbrooke par Graphica Litho Canada, Graphique Estrie inc. Le catalogue n'ayant été publié que plusieurs mois après l'exposition, ces images imprimées ont assumé un rôle important auprès du public.

Bien que les éditeurs canadiens de cartes à jouer soient peu connus, nous possédons quelques noms: The Union Card and Paper Company (Montréal, vers 1887); Canada Bank Note Company (Montréal, 1887); Empress Playing Cards, C.J. Mitchell Company (Toronto, 1897). Une intention politique évidente se dégage de séries comme le *Jeu de cartes québécois* (Montréal, Éditions l'Étincelle, 1975) et *Jeu de cartes-Scènes du Canada* (Arrco Saxon Product, fait à Hong-Kong, 1981).

Éminemment social, le macaron possède une force considérable émanant en partie de la personnalité même de celui qui le porte comme signe de son adhésion à une idée ou à un mouvement. La plupart des macarons portent le nom de l'imprimeur, et, parfois, l'artiste est aussi connu. Mentionnons *le Château* et *la Grande virée* dus à l'affichiste montréalais Vittorio.

The Whitehead and Hoag Co. de Newark, NJ fut la première compagnie à mettre le macaron sur le marché dès 1896. Avec Bastian Bros., cette compagnie a imprimé la plupart des macarons anciens à sujet canadien. Sir Wilfrid Laurier aurait été le premier politicien canadien à se prévaloir de ce type d'image lors de la campagne de 1896[16]. Les dignitaires ecclésiastiques ont aussi utilisé le macaron lors du sacre des évêques par exemple. Héritier de caractères propres à la médaille et à la décoration honorifique, art de la rue comme l'affiche, popularisé grâce au progrès technique lié à l'image imprimée en couleurs, le macaron joue un rôle considérable au sein de la société québécoise qui possède plusieurs compagnies productrices de macarons politiques, sociaux, culturels, décoratifs et commerciaux.

Les établissements commerciaux ont pris l'habitude d'offrir à leurs clients des sacs d'emballage de belle qualité dont l'image émane souvent de graphistes réputés. Chaque client devient ainsi un agent de publicité d'autant plus utile qu'il utilisera souvent le sac et en présence de groupes différents. Certaines personnes choisissent même le sac d'emballage destiné à transporter de menus objets afin que leur entourage voit le type de boutiques qu'elles fréquentent. Image d'une société, signe choisi par un établissement commercial, moyen de différenciation sociale pour certaines personnes, le sac d'emballage dépasse le niveau de simple objet utilitaire pour devenir un document important aussi bien pour l'histoire de l'image imprimée que pour l'étude des sociétés. Au printemps 1979, La Kunsthalle de Cologne présentait une importante exposition de 759 sacs fabriqués dans les institutions allemandes. Un catalogue et des articles ont analysé ce phénomène[17].

2. Les collections

Parallèlement aux recherches visant à délimiter l'envergure de l'iconographie canadienne il fallait découvrir les collections.

Une première étape fut franchie en 1978-1979 par la visite des six grandes collections d'iconographie: Archives publiques du Canada; Metropolitan Toronto Library; Musée McCord, Montréal; Musée du Nouveau Brunswick; Royal Ontario Museum, Toronto; Glenbow Institute, Calgary[18]. Sauf le Glenbow Institute, toutes ces institutions conservent de nombreux documents figurés à sujets québécois.

La seconde étape fut une enquête pan-canadienne visant à découvrir les collections d'affiches. Plus de quarante institutions conservent ce genre de documents. Venant en second rang après l'Ontario, le Québec possède six collections d'affiches parmi lesquelles se détachent: la Bibliothèque nationale du Québec: 3 500 affiches; la Bibliothèque de l'Université de Montréal: 3 141 affiches; la Bibliothèque municipale de Montréal: 1 380 affiches; l'Université McGill: 2 000 affiches[19]. La collection de la Bibliothèque nationale possède l'un des meilleurs catalogues descriptifs du pays, et la collection de la Bibliothèque de l'Université de Montréal est la seule à être entièrement photographiée en diapositives couleurs.

La troisième étape, concernant surtout le Québec, avait pour but de connaître les principaux dépôts d'images. Ici encore, priorité a été donnée à l'image fonctionnelle étant donné que les musées possèdent évidemment des images et que la plupart ont un catalogue, si sommaire soit-il. Le chercheur n'a donc pas besoin d'être guidé vers le musée. Par contre, nous savons peu de choses sur les images conservées dans les archives québécoises. Le *Guide des sources d'archives sur le Canada français* publié en 1975 par les APC ne renferme qu'exceptionnellement des indications à propos des images[20]. Considérons à titre d'exemple les Archives de l'Hôtel-Dieu de Québec pour lesquelles il est fait mention de «200 pieds de documents originaux de 1637 à nos jours, 2 000 photographies et 150 cartes et plans». Or, j'ai trouvé dans ces Archives 312 peintures à l'huile, environ 50 dessins, près de 100 estampes, environ 500 cartes postales, près de 2 000 livres anciens illustrés et plus de 10 000 images de piété.

Au cours de l'été 1981, un questionnaire fut envoyé à 55 institutions choisies en raison de leur ancienneté et de leur importance. Le résultat se présente comme suit[21]:

Aucune réponse — 19
Réponse sans chiffre — 5
Réponse avec chiffres — 31

Les chiffres et les commentaires des archivistes mènent à une même conclusion: les institutions connaissent très peu le contenu iconographique de leur collection. Il est donc difficile de faire une synthèse par média d'autant plus que les chiffres fournis manquent souvent de précision. Les quelques exemples qui suivent montrent cependant l'intérêt d'une telle démarche.

TABLEAU 1 — **Collections de cartes postales**

Lieu	Nombre
RÉGION DU BAS-SAINT-LAURENT	
Gaspé. Centre régional d'archives (ANQ)	50
Rimouski. Séminaire.	± 8 000
RÉGION DE QUÉBEC	
La Pocatière. Collège	10 000
Archives nationales du Québec (ANQ)	185 000
Monastère des Augustines hospitalières	500
Monastère Notre-Dame-des-Anges	milliers
Pères jésuites	centaines
Séminaire de Québec	milliers
Soeurs de la Charité de Québec	100
Université Laval: Archives	centaines
Ursulines de Québec	milliers
Ville de Québec	20
RÉGION DE TROIS-RIVIÈRES — ARTHABASKA	
Centre régional d'archives (ANQ)	2 000
Nicolet. Séminaire	centaines
RÉGION DES CANTONS DE L'EST	
Sherbrooke. Archives du Séminaire	200
Société d'histoire des Cantons de l'Est	500
RÉGION DE MONTRÉAL	
Bibliothèque McLennan, Université McGill	milliers
Bibliothèque nationale du Québec	14 000
Bibliothèque publique de Westmount	50 000
Saint-Hyacinthe: Séminaire	milliers
Saint-Jérôme: Archives de la Compagnie de Jésus	milliers
OTTAWA	
Archives publiques du Canada	milliers

TABLEAU 2 — Collections d'images de piété

Lieu	Nombre
RÉGION DE MONTRÉAL	
Bibliothèque McLennan, Université McGill	265
Soeurs des Saints Noms de Jésus et de Marie	50
Rigaud: Collège.	Nombre inconnu
RÉGION DE QUÉBEC	
Archives nationales du Québec	1 104
Collection Luc Lacourcière	centaines
Monastère des Augustines hospitalières	+ 10 000
Monastère Notre-Dame-des-Anges	+ 1 000
Pères jésuites	centaines
Soeurs de la Charité de Québec	300
Université Laval: Archives de folklore	45 000
Ursulines de Québec	centaines
RÉGION DE TROIS-RIVIÈRES — ARTHABASKA	
Nicolet. Séminaire	75 — 100
Trois-Rivières. Séminaire	Nombre inconnu
RÉGION DES CANTONS DE L'EST	
Sherbrooke. Archives du Séminaire	100
Société d'histoire des Cantons de l'Est	200

Un profil par institution serait fort révélateur si une enquête systématique assortie d'une visite était entreprise pour l'ensemble du Québec. J'ai visité onze institutions dans le cadre de la présente recherche et, dans la majorité des cas, les résultats sont plus riches que dans les enquêtes postales. Voici deux exemples:

TABLEAU 3 — Ursulines de Québec

Calendrier	dizaines
Cartes postales	milliers
Estampes	1 350 env.
Images mortuaires	100 — 200
Images de piété	centaines
Livres	5 000 (1588 à 1875)
Macarons	200
Manuels scolaires	800 (avant 1875)
	800 (après 1875)
Partitions musicales	centaines (XVIIe siècle)

300

TABLEAU 4 — **Séminaire de Québec**

Cartes de commerce	centaines
Cartes postales	centaines
Estampes canadiennes	8 000 env.
Estampes européennes	14 000
Fournitures de bureau (enveloppes, papier, lettres)	centaines depuis 1877
Images de piété	dizaines
Images mortuaires	centaines
Livres illustrés	milliers
Macarons	centaines
Manuels scolaires	3 salles remplies de caisses
Partitions musicales	centaines
Programmes de spectacles	centaines

La liste de médias que je propose, bien que susceptible d'ajouts, constitue une base dont les institutions pourraient se servir pour mettre de l'ordre dans leurs fonds iconographiques. L'organisation de collections par média correspond aux habitudes archivistiques et facilite l'accès aux chercheurs venant d'horizons divers. Grâce à ces travaux de base, la bibliographie actuelle pourra s'enrichir d'études savantes et de synthèses fondées sur de vastes ensembles.

3. La bibliographie

Le Canada ne possède pas encore de bibliographie dans le domaine des beaux-arts bien que des projets importants aient réuni de nombreux titres sur des phénomènes particuliers[22]. Un premier travail national publié en 1978 par la Bibliothèque nationale du Canada adopte une approche par collection donnant l'état de la documentation en art à la fin des années 1970: *Ressources bibliographiques dans le domaine des beaux-arts au Canada* (2 vol.).

La situation qui prévaut dans le domaine déjà structuré des beaux-arts est encore plus déplorable pour l'image fonctionnelle où le manque de bibliographie générale et spécifique handicape la recherche. Il fallait réunir une première bibliographie qui couvre l'ensemble des médias et éclaire certains aspects majeurs de l'image imprimée. Une recherche menée systématiquement a permis de réunir près de 2 000 titres qui se sont ajoutés aux 2 600 que nous possédons déjà sur l'affiche et aux centaines de titres à propos de l'estampe[23].

L'approche générale a consisté à suivre les filons indiqués dans les ouvrages importants, dans les notes infra-paginales et dans les bibliographies. Par ailleurs, trois revues ont été dépouillées depuis leurs origines: *Canadian Collector,*

CanadiAntiquer, Canadian Antiques and Art Review. Le dépouillement fut systématique pour tous les descripteurs qui apparaissent en bibliographie. Trois fichiers de livres ont été parcourus: Bibliothèque nationale du Canada, Galerie nationale du Canada et Bibliothèque municipale d'Ottawa. Enfin les banques informatisées suivantes ont été interrogées: Art Bibliographies, Canadiana, RADAR.

Étant donné le manque d'espace, nous avons omis les détails non essentiels que nous possédons pour chaque titre comme les bibliothèques où les livres sont convervés, le type d'illustrations (couleur ou n/b), le résumé du contenu, etc. Il va sans dire que cette liste ne vise pas l'exhaustivité. Parmi les ouvrages non canadiens, n'ont été conservés que ceux qui présentent un intérêt certain, notamment les synthèses, les analyses de contenu et les études techniques anciennes.

Le but de cette bibliographie étant de découvrir les titres pour chacun des médias où se trouvent des images imprimées, nous avons adopté une disposition par ordre alphabétique. Le corps de la bibliographie (*Les oeuvres*) est précédé d'une section de généralités et suivi d'aspects particuliers.

Conclusion

Le concept d'iconographie canadienne partagé en deux grandes catégories (image fonctionnelle et image non fonctionnelle) se prête à un découpage plus fin. Ce découpage déjà habituel dans le domaine des beaux-arts devait être fait pour l'image fonctionnelle qui comporte maintenant plus de 50 médias auxquels se rattachent les titres donnés en bibliographie.

Les collections sont peu connues des chercheurs, et les archivistes, les conservateurs ou les bibliothécaires ne cataloguent que rarement l'image imprimée. Les collections photographiées sont encore plus rares, ce qui rend difficile la consultation d'oeuvres fragiles ou de grand format comme les affiches.

L'un des meilleurs moyens de faire avancer la recherche sur l'image imprimée québécoise serait d'entreprendre un survol minutieux des collections afin de sensibiliser les responsables à l'importance de l'image fonctionnelle. Ce projet fournirait, dans l'immédiat, un *Guide des collections d'images imprimées du Québec*, et, à long terme, serait un stimulant pour ceux qui ont la responsabilité de cataloguer les oeuvres. La recherche universitaire, dont la qualité dépend en grande partie des ressources conservées dans les archives et les musées, a besoin de tels instruments de travail.

NOTES

1. André Meury, «Les beaux jours de la carte postale», *Le Monde dimanche* (9 août 1981):iv. Roch Poisson, «Graffiti», *Nous*, 3, 7(déc. 1974):11-12.

2. Comme le présent travail porte sur l'image imprimée, ne sont pas mentionnés les historiens de l'architecture et de la sculpture, domaines où règne l'oeuvre à trois dimensions. Étant donné son ampleur, le domaine de la photographie n'est pas abordé, non plus que les maquettes (produits commerciaux: bijoux, costumes), la numismatique, la sigillographie et la vexillologie.

3. L'iconographie s'attachant d'abord au sujet, il arrive que des oeuvres importantes par leur thème n'aient que peu de valeur artistique.

4. Rolf E. Schliewen, *Les loisirs au Canada 1975*, Ottawa, Secrétariat d'État, 1977, xvi, 192 p.

5. Voir du même auteur: «Réflexion sur l'iconographie canadienne et Formation d'un groupe de travail», *Inventaire informatisé des oeuvres d'art* (Montréal, Fides, 1981):211-232. Le mot médium signifie ici le type d'image ou le support sur lequel elle se trouve: image mortuaire, livre illustré, par exemple.

   Le travail effectué par Lucie Dorais a permis d'ajouter un certain nombre de médias.

6. Mary Allodi, *Les débuts de l'estampe imprimée au Canada: vues et portraits*, Toronto, Royal Ontario Museum, 1980 et Louise Letocha, *Les origines de l'art de l'estampe au Québec*, thèse de M.A., Université de Montréal, 1975. viii, 136 p.

7. Gérard Blanchard, «Les bandes dessinées québécoises», *Communications* (Paris), 19(1973):47-62.

8. Deux articles de Pierre Gravel dans *La Presse*, 5 mars 1976.

9. Allan L. Steinbart, *The Postal History of the Post Card in Canada 1878-1911* (Ottawa, 1979):5.

10. Cette recherche est poursuivie par Wally Cutzman, 272 Vinet Avenue, Dorval, Québec, H9S 2M6: *Card Talk* (10 av. 1980):5.

11. *The Guidebook and Catalogue of Canadian Stamps*, Winnipeg, Regency Pub. Co., 1970 et 1973.

12. *Canada's Postage Stamps*, Toronto, McClelland and Stewart, 1964, 220 p.

13. «Un Canada mal léché», *Actualité*, 3, 6(juin 1978):39-42.

14. Claude Germain de l'Université de Montréal étudie l'image didactique dans le manuel d'histoire par exemple.

15. Pierre Lessard, *Les petites images dévotes. Leur utilisation traditionnelle au Québec*, Québec, Les Presses de l'Université Laval, 1981, 174 p. Denis Martin de l'Université Laval poursuit des études doctorales sur l'image de piété au Séminaire de Québec.

16. Eiran Harris, «Buttons from Soups to Nuts», *CanadiAntiquer*, 3, 11(av. 1978):17-18.

17. Peter Frank, «Sacs ou Illustrations?», *Novumgebrauchsgraphik*, 1(1980):50-56.

18. Voir note 5.

19. La liste complète sera publiée dans le *Guide de la Division de l'iconographie*.

20. Même chose pour *L'Annuaire des dépôts d'archives canadiens*, 1981.

21. Liste des 27 institutions qui ont fourni une réponse et des chiffres. *Région du Bas Saint-Laurent*: Gaspé, Centre régional d'archives (ANQ); Rimouski, Séminaire; *Région du Saguenay—Lac-Saint-Jean — Chicoutimi*: Chicoutimi, Centre régional d'archives (ANQ); *Région de Québec*: La Pocatière, Collège; Archives nationales du Québec (ANQ); Monastère des Augustines hospitalières; Monastère Notre-Dame-des-Anges; Pères jésuites; Séminaire de Québec; Soeurs de la Charité de Québec; Université Laval, Division des archives et Archives de folklore; Ursulines de Québec; Ville de Québec; *Région de Trois-Rivières — Arthabaska*: Centre régional d'archives (ANQ); Nicolet, Séminaire; Trois-Rivières, Séminaire; *Région des Cantons de l'Est*: Sherbrooke, Archives du Séminaire et Société d'histoire des Cantons de l'Est; *Région de Montréal*: Montréal, Archevêché; Archives nationales du Québec (ANQ); Bibliothèque municipale, salle Gagnon; Bibliothèque nationale du Québec; Musée du Château Ramezay; Soeurs des Saints Noms de Jésus et de Marie; Saint-Hyacinthe, Séminaire; *Région de l'Outaouais*: Hull, Centre régional d'archives (ANQ).

    L'aide de Marc Lebel a été précieuse au cours de cette enquête.

22. Au Musée des beaux-arts de Montréal, Juanita Toupin travaille à constituer une banque informatisée où seront décrites toutes les coupures de presse conservées depuis l'origine de l'institution.

23. Dans le cadre du travail réalisé par Lucie Dorais, Denis Castonguay a collaboré à la consultation des banques informatisées. Denys Seguin a, pour sa part, prêté son concours dans le domaine de l'affiche.

Plan de la bibliographie

1. Généralités

Congrès
Bibliographies
Nature des collections
Théorie de l'image

2. Les oeuvres

Général
Affiche
Almanach
Annonce
Bande dessinée
Calendrier
Caricature
Carte à jouer
Carte de commerce
Carte de divination
Carte de souhaits
Carte géographique
Carte postale
Carte prime
Catalogue de vente
Couverture de livre
Estampe
Livre d'artistes
Emballage
Étiquette
Ex-libris
Finance: billet/banque
Formule

Fournitures de bureau
Image de piété
Image didactique
Image mortuaire
Jeu
Journal illustré
Livre d'enfants
Livre illustré
Logotype
Macaron
Menu
Panneau-réclame
Papier peint
Partition musicale
Placard
Pochette de disque
Sac d'emballage
Sigle
Signet
Sous verre
Timbre
Vignette

3. Aspects particuliers

Diffusion
Histoire de l'imprimerie
Imprimeurs
Procédés techniques
Typographie
Mise en page
Thème

Bibliographie

Généralités

Congrès traitant de bibliographies

«Carlis Workshop on Bibliography and Indexing in the Fine Arts in Canada», *Canadian Art Libraries Newsletter*, 5, 2(oct. 1980).

National Conference on the State of Canadian Bibliography. Ottawa, National Library, 1977. xii, 514 p.

Bibliographies

Aubin, Paul.
Bibliographie de l'histoire du Québec et du Canada 1966-1975. Québec, Institut québécois de recherche sur la culture, 1981. 1430 p.

Bibliothèque nationale du Canada.
Ressources bibliographiques dans le domaine des beaux-arts au Canada. Ottawa, Bibliothèque nationale du Canada, 1978. 2 vols.

Davies, Raymond Arthur.
Printed Jewish Canadiana, 1685-1900; Tentative Check List of Books, Pamphlets, Pictures, Magazine and Newspaper Articles and Currency, written by or Relating to the Jews of Canada. Montreal, L. Davies, 1955. 56 p.

De Bonville, Jean.
Introduction aux ouvrages généraux de référence sur la communication et les mass-media: choix d'ouvrages de la collection de la Bibliothèque de l'Université Laval. Coll. «Guides bibliographiques» no 10. Québec, Bibliothèque générale, 1975. 148 p.

Faribault, Georges-Barthélemi.
Catalogue d'ouvrages sur l'histoire de l'Amérique et en particulier sur celle du Canada, de la Louisiane, de l'Acadie, et autres lieux, ci-devant connus sous le nom de Nouvelle-France; avec des notes bibliographiques, critiques, et littéraires. Québec, W. Cowan, 1837. 207 p.

Gagnon, Claude-Marie.
Les manuscrits et imprimés religieux au Québec, 1867-1960. Bibliographie. Coll. «Études sur le Québec» no 12. Québec, Université Laval, Institut supérieur des sciences humaines, 1981. 145 p.

Gagnon, Philéas.
Essai de bibliographie canadiennes; inventaire d'une bibliothèque comprenant imprimés, manuscrits, estampes, etc., relatifs à l'histoire du Canada et des pays adjacents, avec des notes bibliographiques. Québec, l'Auteur, 1895. 711 p.

Galerie nationale du Canada.
Canadiana in the Library of the National Gallery of Canada. Canadiana dans la bibliothèque de la Galerie nationale du Canada. Ottawa, 1967. 292 p.

Janeau, Mireille.
Bibliographie des écrits sur l'art et des ouvrages artistiques publiés au Québec. Montréal, École de bibliothéconomie, Université de Montréal, 1975. 4 ou 5 fiches.

Lande, Lawrence M.
Lawrence Lande Collection of Canadiana in the Redpath Library of

McGill University. A Bibliography. Montreal, Lawrence Lande Foundation for Canadian Historical Research, 1965. 301 p.

Lande, Lawrence M.
Rare and Unusual Canadiana. Montreal, McGill University, 1971. 779 p.

Pollay, Richard W.
Notes on Sources for the History of Marketing and Advertising in North America. Vancouver, University of British Columbia, 1976. 46 p.

Publicité-Club de Montréal.
Bibliographie du monde des communications. Montréal, Publicité-Club de Montréal Inc., 1974. 24 p.

Ryder, Dorothy E.
Canadian Reference Sources: a Selective Guide. Ottawa, Canadian Library Association, 1973. x, 185 p.

Sauvé, Élaine.
Bibliographie sur les arts visuels à deux dimensions au Québec (17ième siècle — 1930). Montréal, École de bibliothéconomie, Université de Montréal, 1978. 82 p.

Tod, Dorothea et Audrey Cordingley.
A Check List of Canadian Imprints, 1900-1925. Catalogue d'ouvrages imprimés au Canada. Ottawa, Canadian Bibliographic Centre, 1950. 370 p.

Toronto Public Library.
A Bibliography of Canadiana; Being Items in the Public Library of Toronto, Canada, Relating to the Early History and Development of Canada, ed. by Frances M. Staton and Marie Tremaine. Toronto, 1934. 828 p.

Tremaine, Marie.
A Bibliography of Canadian Imprints, 1751-1800. Toronto, University of Toronto Press, 1952. 705 p.

Union List of Canadian Newspapers Held by Canadian Libraries. Liste collective des journaux canadiens disponibles dans les bibliothèques canadiennes. Ottawa, National Library, 1977. 483 p.

Ducharme, Jacques et al.
Inventaire des brochures conservées au Service des Archives, 1771-1967. Montréal, Université du Québec, 1978. 431 p.

Université Laval. Département de journalisme.
Bibliographie: études canadiennes sur les mass médias. Bibliography: some Canadian Writings of the Mass Media. Ottawa, 1975. 99 p.

Vlach, Milada et Yolande Buono.
Laurentiana parus avant 1821. Montréal, Bibliothèque nationale du Québec, 1976. xxviii, 416, 120 p.

Williamson, Mary.
Canadian Art: A Guide to Reference Sources. Toronto, York University, 1976.

Williamson, Mary.
The Study of Art in Canada. Toronto, York University, 1976. 23 p.

Nature des collections

Général

Atcheson, Dona.
«Capturing Canada's Past», Canadian Collector (mai-juin 1975):80-82.

Bettman, Ottow.
Bettmann Portable Archive. New York, Picture House Press, 1966. 229 p.

Bibliothèque nationale du Canada.
Fine Arts Library Resources in Canada. Ottawa, Bibliothèque nationale du Canada, 1978. 2 vols.

Drolet, Antonio.
Les bibliothèques canadiennes (1604-1960). Montréal, le Cercle du Livre de France, 1965. 234 p.

Evans, Hilary et Mary et Andra Nelki.
The Picture Researcher's Handbook. An International Guide to Picture Sources — And How to Use Them. Vancouver, David & Charles, 1975. 365 p.

Feather, John.
«The Sanctuary of Printing: John Johnson and his Collection», *Art Libraries Journal*, 1, 1(été 1976):23-32.

Jackson, Holbrook.
«A Sanctuary of Printing The Record Room at the University Press, Oxford», *Signature*, 1(1935):1-23.

Landaver, Bella C.
«Collecting and Recollecting», *The New York Historical Society Quarterly*, 43(janv. 1959):334-349.

Mayor, Alphonse Hyatt.
Directory of the Burdick Collection. New York, Metropolitan Museum of Art.

Ottawa. Conférence religieuse canadienne.
Guide sommaire des archives des communautés religieuses. Ottawa, Conférence religieuse canadienne, 1974. 220 p.

The John Johnson Collection: Catalogue of an Exhibition. Oxford, Bodleian Library, 1971.

Vézina, Raymond.
«Réflexion sur l'iconographie canadienne et formation d'un groupe de travail», *Inventaire informatisé des oeuvres d'art* (Montréal, Fides, 1981):211-232.

Québec

Poloock, Lee.
Répertoire des bibliothèques du Québec. Montréal, Bibliothèque nationale du Québec, 1970. vii, 101 p.

Boisclair, Marie-Nicole.
Catalogue des oeuvres peintes conservées au Monastère des Augustines de l'Hôtel-Dieu de Québec. Québec, ministère des Affaires culturelles, 1977. 194 p.

Braide, Janet G.
«The Macdonald Stewart Library», *Canadian Collector*, 15, 4(juill.-août 1980):35-38.

Mappin, John N.
«La collection de cartes postales illustrées de la bibliothèque publique de Westmount», *Archives*, 9, 1(juin 1977):3-10.

Martin, Denis.
Les collections de gravures du Séminaire de Québec histoire et destins culturels. Thèse de M.A., Université Laval, 1980. 241 p.

Université de Montréal, Service des bibliothèques.
Collection canadiana de Louis Melzack: Petits formats. Montréal, Université de Montréal, 1975.

Université Laval, Archives.
Gérald Malchelosse. Québec, Université Laval, 1980. 21 p.

Théorie de l'image

Général

La Borderie, René.
Les images dans la société et l'éducation. Étude critique des fonctions de la ressemblance. Paris, Casterman, 1972. 155 p.

Bertrand, Roger et al.
Communication de masse et consommation de masse. Québec, Boréal Express, 1975. 365 p.

Cloutier, Jean.
La communication audio scriptovisuelle à l'heure des self-média. Montréal, Les Presses de l'Université de Montréal, 1975. 257 p.

Escarpit, Denise [éd.].
L'enfant, l'image et le récit. Coll. «Maison des sciences de l'homme d'Aquitaine» no 12. Paris, Mouton, 1977. 155 p.

Gagnon, François-Marc.
La conversion par l'image. Montréal, Bellarmin, 1975. 141 p.

Gagnon, François-Marc.
«Conversion through Pictures / La conversion par l'image», *Canadian Collector*, 9, 3(mai-juin 1974):44-48.

Gombrich, E. H.
«Imagerie and Art in the Romantic Period», *Meditations on a Hobby Horse and other Essays on the Theory of Art* (Londres, Phaidon Press, 1963):53-62, 120-126.

Iconographie et Histoire des mentalités. Paris, Éditions du CNRS, 1979. 189 p.

Moles, Abraham.
La communication et les mass media. Verviers, Gérard & Co., 1973. x, 758 p.

Simard, Jean.
Une iconographie du clergé français au XVIIe siècle. Les dévotions de l'École française et les sources de l'imagerie religieuse en France et au Québec. Québec, Presses de l'Université Laval, 1976. xxiii, 264 p.

Simard, Jean.
Ethnologie et imagerie populaire. Exposition présentée au Pavillon De Koninck, Université Laval, 1977.

Thibault-Laulan, Anne-Marie.
L'image dans la société contemporaine. Paris, Denoël, 1971. 317 p.

Publicité

Aubin, Bernard.
«Thérèse Sévigny: la publicité québécoise», *L'Actualité*, 5, 9(sept. 1980):11-12, 15.

Beaulieu, Raymond et al.
La publicité québécoise: ses succès, ses techniques, ses artisans. Montréal, Éditions Héritage, 1976. xiii, 302 p.

Bégin, Louis-Paul.
«La langue des médias: La publicité — savoir faire et faire savoir», *Antennes*, 9-10(1er — 2e trimestres 1978):33-37.

Bouchard, Jacques.
L'autre publicité: la publicité sociétale. St-Lambert, Héritage Plus, 1981. 207 p.

Bouchard, Jacques.
La publicité, toute la publicité, rien que la publicité. Montréal, Éditions de la Table ronde, 1967. 114 p.

Bouchard, Jacques.
Les 36 cordes sensibles des Québécois d'après leurs six racines vitales. Montréal, Éditions Héritage, 1978. 308 p.

Castonguay, Jacques.
La psychologie au secours du consommateur. Montréal, Fides, 1978. 156 p.

Courtney, Alice E. et Thomas W. Whipple.
Stéréotypes fondés sur le sexe dans la publicité. Ottawa, Conseil consultatif de la situation de la femme, 1978. 105 p.

Dastot, J.-C.
La publicité. Principes et méthodes. Coll. «Marabout Service» no 219. Verviers, Gérard & co., 1973. 287 p.

Dupré, Yves.
«La publicité au Québec: ou comment faire du Canada un plus bon et plus grand pays», *Antennes*, 2(2^e trimestre 1976):26-30.

Elkin, Frederick.
Rebels and Colleagues: Advertising and Social Change in French Canada.
Montréal, McGill University Press, 1973. 227 p.

Finn, Normand.
L'officiel de la publicité au Québec. Québec, Agence générale d'éditions professionnelles Inc., 1981. 748 p.

Godbout, Jacques.
«Faut-il censurer la publicité sexiste?», *L'Actualité*, 5, 7(juill. 1980):17.

«Groupe d'étude sur la femme et la publicité», *La femme et la publicité: des messages contemporains projetant une image désuète.* Toronto, Bureau consultatif de la publicité au Canada, 1977. 32 p.

Leduc, Robert.
Le pouvoir publicitaire. Montréal, Bordas, 1974. 251 p.

Lord, Catherine.
La publicité sexiste, c'est quoi? Québec, Conseil du statut de la femme, 1979. 44 p.

Marceau, Roger.
La publicité: nécessaire ou gaspillage? Montréal, Lidec, 1967. 164 p.

Motulsky, Bernard.
Consommation, publicité et législation: répertoire des lois canadiennes et québécoises. Québec, Université Laval, 1975. 60 p.

Motulsky, Bernard.
La publicité et ses normes: les forces en présence. Québec, les Presses de l'Université Laval, 1980. 165 p.

National List of Advertisers. Toronto, Maclean Hunter Ltd., 1940. Annuel.

Peninou, Georges.
Intelligence de la publicité. Étude sémiotique. Paris, Robert Laffont, 1972. 301 p.

Pelletier, Jean-François.
Une publicité en quête de la qualité. Montréal, Publicité Pelletier limitée, 1977. 359 p.

Sampson, Henry.
A History of Advertising from the Earliest Times. Détroit, Gale, 1974. 616 p.

Savignac, Pierre-H.
«Image de marque», *Communication et Information*, 2, 1(hiv. 1977):150-157.

Ulanoff, Stanley M.
Advertising in America. An Introduction to Persuasive Communication. New York, Hastings House, 1977. 492 p.

Wilson, Robert et Peter Sarry.
Advertising in Canada. Toronto, McGraw-Hill Ryerson, 1981. 450 p.

Young Women's Christian Association.
Publicité et sexisme: rapport du Comité P. et S. du YWCA de Montréal. Montréal, Com. P. et S., 1978. 37 p.

Les oeuvres

Général

Bamford, Joan.
Collecting Antiques for the Future. Angleterre, Lutterworth Press, 1976.

Byrne, Janet S.
American Ephemera. New York, The Metropolitan Museum of Art, [s.d.].

Canada's Illustrated Heritage. Toronto, Natural Science of Canada Ltd., 1977. 15 vol.

Cohen, Hal L.
Official Guide to Paper Americana. The Price to Buy and Sell.... New York, HC Publishers Inc., 1972. 320 p.

Colgate, William G.
Canadian Arts; its Origin and Development. Toronto, Ryerson Press, 1943. 278 p.

Duquet, Suzanne.
«La gravure, l'imagerie religieuse et profane», *Le Congrès de la refrancisation, Québec, 21-24 juin 1957* (Québec, Les Éditions Ferland, 1959):66-71.

The Encyclopedia of Collectibles. Alexandria, Virginie, Time-Life Books, 1978. 12 vol.

Famille 2000: Les Collections. Montréal, Éditions des connaissances modernes, 1971. 191 p.

Hearn, John.
Nostalgia. A Guide to Collecting in Canada. Toronto, Greey de Pencier Books, 1975. 192 p.

Hornung, Clarence P. et Johnson, Fridolf.
200 years of American Graphic Art. A Retrospective Survey of the Printing Arts and Advertising since the Colonial Period. New York, George Braziller, 1976. 211 p.

Lerch, Dominique.
«Un cas de dépendance culturelle: l'imagerie au Québec», *Le Vieux Papier*, (juill. 1980).

Lessard, Michel.
Encyclopédie des antiquités du Québec; trois siècles de production artisanale. Montréal, Éditions de l'Homme, 1971. 526 p.

Lewis, John.
Collecting Printed Ephemera: A Background to Social Habits and Social History, to Eating and Drinking, to Travel and Heritage, and Just for Fun. London, Studio Vista, 1976. 160 p.

Maillard, Léon.
Les menus et programmes illustrés, invitations, billets de faire-part cartes d'adresse, petites estampes, du XVIIe siècle jusqu'à nos jours. Paris, G. Boudet, 1898. viii, 402 p.

MacKeeman, Karl.
«Print Talk», *CanadiAntiquer*, 5, 10(mars 1980):8.

Mayor, A. Hyatt.
Prints and People; A Social History of Printed Pictures. New York, Metropolitan Museum of Art, 1971. 752 p.

Nye, Russell.
The Unembarrassed Muse: The Popular Arts in America. New York, Dial Press, 1970. 497 p.

Pacey, Philip.
«Ephemera and Art Libraries: Archive or Lucky Dip?», *Art Libraries Journal*, 5, 3(aut. 1980):26-39.

Pollard, Nik.
«Printed Ephemera», *Art Library Manual* (New York, Bowker, 1977):316-336.

Rissover, Fredric et David C. Birch.
Mass Media and the Popular Arts.

New York, McGraw Hill, 1977. 494 p.

Shepard, Leslie.
The History of Street Literature... Detroit, Singing Tree press, 1973. 238 p.

Webster, Donald Blake.
The Book of Canadian Antiques. Toronto, McGraw Hill, Ryerson, 1974. 352 p.

Wyckham, Robert G., William Lazer et W. J. E. Crissy.
Images and Marketing. Chicago, American Marketing Association, 1971. 58 p.

Affiche

La Division de l'iconographie des Archives publiques du Canada possède un fichier bibliographique d'environ 2 600 cartes sur l'affiche. Ne sont donnés ici que quelques titres en guise d'exemple.

Advertisements Victory Loan 1917. S.l., Dominion Publicity Committee Victory Loan Campain, 1919. Environ 40 p.

«Affiches de sports», *Architecture Concept* (janv.-fév. 1976):19.

«Affiche des Archives primée [Vittorio]», *L'Archiviste*, 7, 6(nov.-déc. 1980):10-11.

Mines accident prevention association. Poster Directory 1981. North Bay, [s.é.], 1981.

«The Poster Hang-up», *Heritage Canada* (mai 1979):18.

«Vittorio», *Prélude*, 2, 4(mars-av. 1980):13.

Amiel, Barbara.
«Designs on the future of design», *Maclean's* (31 mars 1980):8-11.

Anderson, Will.
The Beer Poster Book. Don Mills (Ont.), Thomas Nelson, 1977. 4 p. et 22 p.

Barnicoat, John.
A Concise History of Posters 1870-1970. New York, Harry N. Abrams Inc., 1972. 288 p.

Béguin, Louis-Paul.
«Ne pas arracher l'affiche», *Antennes*, 21(1981):62-64.

Boudreault, Jean-Claude et Henriette Major.
Exposition d'affiches. Vidéo, 15 min. Université de Montréal, 1973.

Cossette, Claude.
«La bonne publicité: originale ou informative», *L'Auberge*, 1(oct. 1978):12.

Crespi, Elie.
«L'affiche mémoire de la rue», *Galerie-Jardin des Arts*, 183(sept. 1978):50.

Demers, Pierre.
«L'humoriste Vittorio s'affiche», *Progrès-Dimanche* (17 mars 1974):54.

Dimson, Theo et Raymond Vézina.
Great Canadian Posters. Toronto, Oxford University Press, 1979. 92 p.

Duval, Monique.
«Archives d'Ottawa: présence proéminente de Québec», *Le Soleil*, 83(24 oct. 1979):F-1.

Enel, Françoise.
L'affiche: fonctions, langage, rhétorique. Montréal, HMH, 1971. 136 p.

Gallo, Max.
L'affiche miroir de l'histoire. Paris, Robert Laffont, 1977. 232 p.

Granatstein, J. L.
«Ontario and The First World War 1914-1918: A Collection of Documents», *Histoire sociale / Social History*, 11, 22(nov. 1978):524-527.

Haeffely, Claude.
Fortier. Montréal, Les Éditions WatchaWatcha, 1981. 90 p.

Ibbotson, Anthony.
Exposition du 10e anniversaire du Centre National des arts. Ottawa, [s.é.], 1979. 22 p.

Jongué, Serge.
«Vittorio, fer de lance de l'affiche», *Vie des arts*, 25, 101(hiv. 1980-1981):36-38.

Kienast, D.
«Fiorucci wins Best of Show in Chicago '78», *Creative Communicator*, 9, 6(1978):8-9.

Lambert, Jean-Marc.
«Affiche, enseigne, étiquette, pancarte, panneau ou plaque?», *Meta: journal des traducteurs*, 24, 4(déc. 1979):464.

Lamontagne, Christian.
«Un afficheur s'affiche: Vittorio», *Décormag*, 59(nov. 1977):38-41.

Lamy, Laurent.
«Affiche», *Le Devoir*, 58, 173(29 juill. 1967):9.

Lo Duca, Gueseppe.
L'Affiche. Coll. «Que sais-je?» no 158. Paris, Presses universitaires de France, 1958. 127 p.

Moles, Abraham.
L'affiche dans la société urbaine. Paris, Dunod, 1970. iv, 153 p.

Mothersill, Daniel.
«The Fine Art of Illustration», *The Review'Tis The Season*, 6(1981):10-17.

Oxorn, Pearl.
«Posters: collecting the art of the streets», *Ottawa Journal* (4 nov. 1978).

Plain, Denis.
«Défense d'afficher», *Perspectives*, 23, 6(7 fév. 1981):10-11.

Reid, Malcolm.
«Les affiches de Fiorucci exaltent l'essor économique et culturel de la métropole», *La Presse*, 82, 50(1er mars 1966):47.

Richmond, Leonard.
The Technique of the Poster. London, Sir Isaac Pitman & Sons Ltd., 1933. 207 p.

Roussan, Jacques de.
«L'art public de Vittorio», *Perspectives*, 18, 33(14 août 1976):10-11.

Shaw, Phil.
«Postbeards, yea (clutter nay)», *Ottawa Review* (31 juill.- 13 août 1980):5.

Société des graphistes du Québec. *Répertoire des membres*. Montréal, Société des graphistes du Québec. Trois éditions parues depuis 1975.

Stacey, Robert.
The Canadian Poster Book: 100 Years of the Poster in Canada. Toronto, Methuen, 1979. 86 p.

Stacey, Robert et Mela Constantinidi.
«The Poster in Canada», *Canadian Collector* (janv.-fév. 1979):11-15.

Toupin, Gilles.
«Affiches récentes de Vittorio», *La Presse* (26 juin 1976).

Vachon, Auguste.
«The Glorious Red Ensign», *Canadian Collector*, 16, 4(????):41-44.

Vézina, Raymond.
«La collection nationale d'affiches», *L'Archiviste*, 5, 5(sept.-oct. 1978):5-7.

Vézina, Raymond.
«Affiches», *Guide de la Division de l'iconographie*. En attente de publication.

Almanach

Benoit-Ladouceur, Lucie et Michel Biron.
Les Almanachs québécois, des origines à nos jours. Montréal, Bibliothèque nationale du Québec, 1975. vi, 41 p.

Carrier, Nicole.
Almanachs et annuaires de la ville de Québec de 1780 à 1900: bibliographie. Québec, Université Laval, 1964. viii, 91, xiii p.

Des Ruisseaux, Pierre.
Le p'tit almanach illustré de l'habitant. Montréal, l'Aurore, 1974. 137 p.

Pettigrew, Eileen.
«Farmers Best Friend», *Reader's Digest* (Can.), 117(juill. 1980):93-96.

Rouillard, Eugène.
Les premiers almanachs canadiens. Lévis, P.-G. Roy, 1898. 80 p.

Annonce

Bachand, Denis et Claude Cossette.
Paroles d'images: éco-sémiologie de l'image fonctionnelle statique. Québec, Université Laval, École des arts visuels, 1976. 46 p.

Batten, Jack.
«Hey! That's me in the Anaconda ad: Personal Notes on Advertising as it mirrors our history», *Saturday Night*, 92(déc. 1977):63-64, 66-67.

Clymer, Floyd.
Historical Scrapbook of Early Advertising. New York, Bonanza Books, 1955. 224 p.

Cossette, Claude.
Approche scientifique de l'image communicationnelle. Québec, École des arts visuels, Université Laval, 1974. 94 p.

Cossette, Claude et al.
Du mot à l'image: guide de lectures pour une approche systématique de l'image fonctionnelle. Québec, Université Laval, 1974. 50 p.

Desrosiers, Gilles.
La publicité dans les magazines populaires au Canada. Thèse, Université de Montréal, 1961.

Elkin, Frederick.
«A Study of Advertisements in Montreal Newspapers», *Canadian Communications*, 1(été 1961):15-22.

Giraud, Marguerite.
«Notre petite histoire des années 1850 à travers les annonces de *La Minerve*», *Perspectives* (27 av. 1974):18-21.

«Judging from our Advertisers, Women Appreciated Grooming and a Whiter Wash, and Men in the Know drove to Recruiting Centres to Join the Armed Forces», *Weekend Magazine* (10 sept. 1977):20-21.

Mika, Nick et Helma Mika.
Friendly Persuasion: Canadian Advertising of Yesteryear. Belleville, Mika Publishing, 1974. 104 p.

Porcher, Louis.
Introduction à une sémiotique des images. Sur quelques exemples d'images publicitaires. Paris, Didier, 1976. 261 p.

Proulx, Serge.
L'image de la femme dans la publicité. Une analyse de contenu des annonces publicitaires de certaines publications québécoises et canadiennes (1954 et 1967). Thèse de M.A. (sociologie), Université de Montréal, 1969. 397 p.

Rainville, S.
La vie sociale à Québec de 1764 à 1815 à partir des annonces de La Gazette de Québec. Mémoire de licence (études canadiennes), Université Laval, 1971. iii, 91 p.

Sicotte, A.
Les hebdomadaires du Québec comme moyen de publicité. Thèse, Université de Montréal, 1965.

Bande dessinée

Général

Alessandrini, Marjorie.
Encyclopédie de la bande dessinée.
Paris, Albin Michel, 1978. 257 p.

André, Jean-Claude.
«Esthétique des bandes dessinées»,
Revue d'Esthétique (Paris), 18(1965).

Arrouye, J.
«La bande dessinée en position critique [colloque, La Roque d'Anthéron],
Vie des Arts, 24(print. 1980):17-18.

Base, Ron.
«Heroes of our Time», *Maclean's*,
91(15 mai 1978):30-32, 34s.

Bastin, Jean-François.
«La bande dessinée au microscope, *La
Revue nouvelle*, 66, 12(déc.
1977):561-564.

Blackbeard, Will et Martin Williams.
The Smithsonian Collection of Newspaper Comics. 336 p.

Blanchard, Gérard.
*La bande dessinée. Histoire des histoires en images de la préhistoire à nos
jours.* Nouvelle édition revue et mise à
jour. Coll. «Marabout Université»
no 179. Verviers, Gérard & Co.,
1974. 303 p.

Brind'amour, Serge.
«Les héros se vendent bien et font bien
vendre...», *Perspectives*, 21, 46(17
nov. 1979):18-20.

Carpentier, André.
«L'Image imaginaire. L'Image
parle», *La Barre du jour* (aut.
1972):159-165.

*Catalogue du festival international de
la bande dessinée de Montréal.* Quatre
catalogues publiés en 1975, 1976,
1977 et 1978.

Covin, Michel.
«L'image dérobée ou comment le désir en (re)vient à la bande dessinée»,
Communications, 24(1976):197-242.

Daniel, Les.
*Comix. A History of Comic Books in
America.* New York, Outerbridge et
Dientsfrey, 1971. 198 p.

Falardeau, Mira.
«Mesdames, entrez dans la bande!»,
Châtelaine, 18, 1(janv. 1977):12.

Falardeau, Mira.
«Pour une certaine morphologie du
sourire», *Aspects*, 3-4(janv. 1976):57-68.

Fresnault-Deruelle, Pierre.
La bande dessinée: essai d'analyse sémiotique. Paris, Hachette, 1972.
188 p.

Fresnault-Deruelle, Pierre.
«Du linéaire au tabulaire», *Communications*, 24(1976):7-23.

Holtz-Bonneau, Françoise.
«Des Indiens sur le sentier des
images», *Téléciné*, 221(oct. 1977):29-34.

Horn, Maurice.
The World Encyclopedia of Comics.
New York, Chelsea House, 1976.
790 p.

Kunzle, David.
*The Early Comic Strip: Narrative
Strips and Picture Stories in the Euro-*

pean Broadsheet from c. 1450 to 1825. Berkeley, University of California Press, 1973. 471 p.

Lacassin, Francis.
Pour un neuvième art; la bande dessinées. Paris, Union générale d'éditions, 1971. 510 p.

La Rochelle, Réal.
La bande dessinée en situations d'apprentissage. Montréal, Éditions Hurtubise, 1972. 38 p.

Moliterni, C., dir.
Histoire de la bande dessinée d'expression française. Ivry, Ed. S.E.R.G., 1972. 135 p.

Overstreet, Robert M.
The Comic Book Price Guide (1981-1982). Cleveland, Overstreet Publications Inc., 1981. 358 p.

Phenix; revue internationale de la bande dessinée. Neuilly-sur-Seine, Dargaud-Éditeur, 1968-, mensuel.

Racette, Gilles.
Chronique sur la bande dessinée dans La Presse édition du samedi, cahier «Arts et Lettres», 1980.

Renard, Jean-Bruno.
Clefs pour la bande dessinée. Paris, Seghers, 1978. 254 p.

Rio, Michel.
«Cadre, plan, lecture», Communications, 24(1976):94-107.

Sadoul, Jacques.
Panorama de la bande dessinée. Coll. «J'ai lu: Documents» no 75. Paris, Éditions J'ai lu, 1976. 221 p.

Saint-Hilaire, Raynald.
«La bande dessinée: un neuvième art? — de la distraction anodine à l'outil de développement», Antennes, 15-16(3e-4e trimestres 1979):8-13.

Seeley, M. J.
«True market» Price Guide to Comic Book Retail Values. Montreal, M.J. Seeley, 1973-74.

Toussaint, Bernard.
«Idéographie et Bande dessinée», Communications, 24(1976):81-93.

Verbruggen, Pierre.
La bande dessinée; bibliographie. Bruxelles, Éditions «Le Bibliothécaire», 1972. 63 p.

Vovelle, Michel.
«La mort et l'Au-delà dans la bande dessinée», L'Histoire, 3(juill.-août 1978):34-42.

Waisglass, Elaine.
«In a class of their own», Canadian (Magazine) (28 août 1976):12-14.

Canada

Balgé, John.
«The Artist and Alienation», Comic Art News and Reviews, 1, 9(mai 1973):7; 10(juin 1973):4-5; 11(juill. 1973):7.

Balgé, John.
«Fraser's Fantarama Falls Short. A Critique», Now and Then Times, 1, 1(été 1972):[n.p.].

Balgé, John.
Comic Art News and Reviews. Périodique publié à Kitchener, Ontario: trente

deux numéros de sept. 1972 à mars-avril 1975.

Balgé, John.
«Yankee Go Home ... and Take your Comics with You!», *Now and Then Times* (fanzine), 1, 1(été 1972):[n.p.].

Bates, Catherine.
«Comic Books and Real Life», *Le Beaver*, 17(déc. 1972):[n.p.].

Le Beaver. Périodique publié à Hampstead, Montréal. Vingt-sept numéros en 1972 et 1973.

The Best of the Underground Comics. Ontario, Charasee Press. Vol. 1: 1973, 24 p.; vol. 2: 1974, 48 p.

Borgwardt, Bill.
«The Days of Canadian Black & White Comics», *CanadiAntiquer*, 6, 11:13-14.

Carr, Ian, Ed.
The 1980 Comics Annual. Hamilton, Potlatch Publischers, 1980.

The Canadian Whites. Microfiches, 181 feuilles. Les oeuvres originales sont aux Archives publiques à Ottawa.

«Cartoon Syndicate Aims at Community Newspapers», *Marketing*, 81(sept. 1976):4.

«Clean-Cut Canuck Attracts U.S. Ads», *Marketing*, 80(26 mai 1975):1.

«Color Canadian Comics! In Halifax, of All Places!», *Le Beaver*, 23-25(juin-août 1973):5.

Davidson, Jane.
«Comic Books With Less Zonk! Pow! But a Lot of Canadian History and Drama for Children», *Le Beaver*, 15(sept. 1972):[s.p.].

Hirsh, Michael et Patrick Loubert.
The Great Canadian Comic-Books. Toronto, Peter Martin, 1971. 264 p.

Hirsh, Michael et Patrick Loubert.
Film sur les «Canadian Whites» (ca. 1941-1945) pour la série *Telescope* de CBC.

Kalbfleisch, J.
«Zap, You're Canuckanized!», *Weekend Magazine* (25 sept. 1976):3.

National Gallery of Canada.
Comic Art Traditions in Canada 1941-45/Les grands courants de la bande illustrée au Canada, 1941-45. Ottawa, 1972. Exposition, 1 portfolio (15 pièces).

Nixon, Virginia.
«Gazette Looks at Canadian Comics», *Le Beaver*, 17(déc. 1972):[n.p.].

Now and Then Times. Périodique publié à Kitchener, Ontario, 1972 et 1973.

Parlez-moi: Adapted from the TV Ontario Series Starring Marc Favreau. Toronto, Copp Clark Pitman, 1979. 57 p.

«Publishing: Canuck to the Rescue», *Time Canada*, 105(9 juin 1975):10.

Ruddy, Jon.
«Be Grateful We've Got the Mounties, Friends...» et «Never Mind Trying to Name Canada's Only Daily

Comic Strip...», *Maclean Magazine*, 82(nov. 1969):62, 64.

Sim, Dave.
«Comely's Comic Reviewed», *Comic Art News and Reviews*, 3, 6(30 du début), (fév. 1975, publié nov. 1975):2.

Québec

Alfonso, Ralph.
«A Chronological History of the Quebecois Comic Strip», *Le Beaver*, 23-25(juin-août 1973):94-97.

Alfonso, Ralph.
«The First Québécois Daily Strip Syndicate», *Le Beaver*, 23-25(juin-août 1973):98-100.

Arcand, Bernard et Sylvie Vincent.
«Il y a un dessein dans Le Boréal Express», *Recherches amérindiennes au Québec*, 8, 3(1979):203-212.

BDK. Bulletin d'information sur la bande dessinée québécoise, 1-4(1976): devenu par la suite *Québécomix*.

BD; magazine québécois de bandes dessinées, 1(nov. 1970). Sainte-Thérèse, Un groupe d'artistes indépendants.

Béguin, Louis-Paul.
«Langage silencieux — langage vivant», *Antennes*, 15-16(3^e-4e trimestres 1979):59-61.

Blanchard, Gérard.
«Les bandes dessinées québécoises», *Communication et langages*, (Paris), 19(1973):47-62.

Brind'Amour, Serge.
«Zap! Pow! Stie! La nationalisation de la bande dessinée», *Le Maclean*, 14, 7(juill. 1974):17-21; 45-46.

Carpentier, André.
La bande dessinée Kébécoise. Bois-des-Filion, La Barre du Jour, 1975. 272 p.

Carpentier, André.
«La bande dessinée québécoise passe au salon...», *Perspectives*, 18, 4(24 janv. 1976):10-12.

Chartier, Albert.
Onésime. Les aventures d'un Québécois typique. Montréal, L'Aurore, 1974. 123 p.

Côté, Louise.
«Claire Bretécher A.B.D. Pas facile pantoute la bédé...», *Châtelaine*, 17, 8(août 1976):21-23.

Demers, Pierre.
«Il était une fois le Québec». Paris, Montréal, Éditions du Nouvel Age de Fayolle, 1979. 48 p. [*Focus*, 31(fév. 1980):50].

Demers, Pierre.
«Paulin Lessard, Pionnier oublié de la B.D. québécoise», *Antennes*, 15-16(3^e-4e trimestres 1979):14-18.

L'Écran, périodique publié à Waterloo, Québec, par les éditions de la Nébuleuse (juin-déc. 1974).

Eddie, Christine.
«Ces bonnes femmes qui font des 'p'tits bonhommes'«, *Châtelaine*, 20, 8(août 1979):37-39; 86-87.

Falardeau, Mira.
«La bédé: Bons scénaristes demandés», *Châtelaine*, 17, 10(oct. 1976):16.

Falardeau, Mira.
«La bédé: au Québec, on appelle ça des comiques», *Châtelaine*, 17, 9(sept. 1976):28.

Falardeau, Mira.
L'Humour visuel. Histoire et techniques. Québec, Écoles des Arts visuels, Université Laval, 1976. 76 p.

Guay, Jacques.
«Le vieux rêve d'un poète», *Magazine Maclean*, 9, 3(mars 1969):27-30.

L'Hydrocéphale illustré. Périodique publié à Montréal (nov. 1971-mai 1972).

Lacroix, Yves.
«Sur Prisme. Un reportage», *Vie des Arts*, 91(été 1978):36-40.

Langlois, Richard.
«Bande dessinée et littérature nouveau langage, nouvelle esthétique», *L'Écran*, 2(sept. 1974):39-40.

Langlois, Richard.
«La mauvaise haleine de Bojoual», *L'Écran*, 3(oct. 1974):23-24, 35.

Langlois, Richard.
«Un toryable de bon p'tit comic: Onésime», *L'Écran*, 4(nov. 1974):33-34.

Lemieux, M., R. Brisson et F. Côté.
«Le développement vocationnel: processus qui exige l'apport de tous», *Éducation Québec*, 6, 7(av. 1976):30-31.

Letvosky, Cliff.
«Quebecois Artist's Guide Published!», *Le Beaver*, 15(sept. 1972):[s.p.].

Ma(r)de in Quebec. Périodique publié à Montréal par les Éditions Opus (5 juill. 1970-1er mai 1971).

Morgan, Jean-Louis.
«Serpinette et Tubercule: aujourd'hui l'Ouest canadien, demain le monde!», *Antennes*, 15-16(3e-4e trimestres 1979):20-21.

Musée du Québec.
Je ris, tu ris, il rit, nous rions, vous riez, ils dessinent. Québec, Musée du Québec, 1976. 32 p.

«Les Petits Dessins». *Le Guide du parfait petit dessinateur québécois de bande dessinée*. Montréal, «Les Petits Dessins», 1972.

Plante, Raymond.
«Une grande fille en effervescence», *Liberté*, 92(mars 1974):117-123.

Pizza puce. Périodique publié à Québec par les Publications Pizza Puce, 1971.

Raby, Georges.
«Le printemps de la bande dessinée québécoise», *Culture vivante*, 22(sept. 1971):12-23.

Raby, Georges.
«L'Esthétique de la bande dessinée ou les confessions d'un mangeur de bulles», *Vie des arts*, 68(août 1972):28-32.

Robert, Guy.
«Le tour du Québec en ballons!», *Le Maclean*, 13(août 1973):46.

Saint-Hilaire, Raynald.
«Un collectif «bédéiste», *Antennes*, 15-16(3^e-4e trimestres 1979):19.

Taaffe, G.
«In the Margin: *Krazy Kat* and Kin in Kébec», *Saturday Night*, 89(août 1974):38-39.

Tanguay, Bernard et Gleason Théberge.
«Je bande dessine», *La Barre du Jour*, 51(print. 1975):3-79.

Théberge, Gleason.
«La bande dessinée (qui, quoi?)», *La Barre du Jour* (aut. 1972):43-69.

Thibault, Gilles.
«La bande dessinée au Québec», *Québec Underground*, 2(Montréal, Médiart, 1973):334-344.

Dessinateurs

«About Our Cover Artist», *Comic Art News and Reviews*, 2, 6-7(18-19 du début), (fév.-mars 1974):2. [À propos de Gene Day].

«Adrian Dingle (1911-1974)», *Canadian Art News and Reviews*, 3, 2-3-4(26-27-28 du début), (oct. déc. 1974):14-17.

«An Interview with Jerry Lazare», *Now and Then Times*, 1, 2(oct. 1973):5 p.

Thomas, Bill.
«World of Canadian Whites», *Now and Then Times*, 1, 1(été 1972):[n.p.].

Janigan, Mary.
«Cartoonists Aim to Crack Market», *Le Beaver*, 12-13(juin-juill. 1972):14B. [À propos de Jacques Hurbutise].

Jongué, Serge.
«Le sombre vilain et son dessinateur Jacques Hurtubise», *BDK fanzine*, 1(1976):2-9.

Letovsky, Cliff et Alfonso, Ralph.
«Réal Godbout», *Le Beaver*, 23-25(juin-août 1973):101-109.

Sim, Dave. «A Conversation with Adrian and Pat Dingle and Bill Thomas», *Now and Then Times*, 1, 2(oct. 1973):3 p.

Sim, Dave.
«An Interview with Augustine Funnell», *Comic Art News and Reviews*, 1, 12(août 1973):4-7.

Calendrier

Aihoshi, Susan.
«Canadian Way to Flip Through 1980», *Books in Canada*, 8(déc. 1979):18-19.

Aihoshi, Susan.
«Sixty Ways to Keep Your Dates», *Books in Canada*, 7(déc. 1978):22-24.

Gabor, Mark.
Art of the Calendar. New York, Harmony Books, 1976. 128 p.

McKeeman, Karl.
«Print Talk», *CanadiAntiquer*, 1, 7(oct. 1975):13.

Schreiner, John.
«Advertisers Say Calendars Aren't Outdated, After All», *Financial Post*, 66(janv. 1972):1, 4.

Smith, J. D.
«Canadian Indian Art Featured in Calendar», *Canada Crafts*, 4(déc. 1978-
janv. 1979):12.

Caricature

Général

Bailey, John.
*Great Cartoons of the World by the
World's Foremost Cartoonists.* New
York, Crown Publishers, 1974.
[n.p.].

Bibliothèque Nationale — Paris.
*Le Dessin d'humour du XVe siècle à
nos jours.* Paris, Bibliothèque nationale, 1971. 187 numéros.

Bonemann, Bernd.
*La caricature. Art et manifeste du 16^e
siècle à nos jours.* Genève, Skira,
1974. 280 p.

Courrier de l'Unesco, 29, 4(av.
1976):5-32.

George, Dorothy M.
*English Political Caricature: A Study
of Opinion and Propaganda.* Oxford,
Clarendon Press, 1959. 2 vol.:237 et
275 p.

Gombrich, E. H.
«The Cartoonist's Armoury», *Medita-
tions on a Hobby Horse and Other
Essays on the Theory of Art*, Londres,
Phaidon Press, 1963. 184 p.

Hoff, Syd.
*Editorial and Political Cartooning.
From Earliest Times to the Present.
With Over 700 Exemples from the
Works of the World's Greatest Cartoo-
nists.* New York, Stravon Educational
Press, 1976. 416 p.

Houfe, Simon.
*The Dictionary of British Book, Illus-
trators and Caricaturists 1800-1914:
With Introductory Chapters on the
Rise and Progress of the Art.* Wood-
bridge, Antique Collectors Club,
1978. 520 p.

Nohain, Jean.
Histoire du rire à travers le monde.
Paris, Hachette, 1965. 351 p.

Salon International de la Caricature.
*Catalogues du Salon International de
la Caricature.* Montréal, Terre des
Hommes, 1968. Publication annuelle.

Canada/Québec

Allen, Robert Thomas.
A Treasury of Canadian Humour. Toronto, McClelland and Stewart, 1967.
128 p.

Annesley, David.
The Annesley Drawings. Toronto,
Exile Editions, 1980. n.p.

Balgé, John.
«The Artist and Alienation», *Comic
Art News and Reviews*, 1, 9(mai
1973):7; 10(juin 1973):4-5; 11(juill.
1973):7.

Bengough, John W.
*A Caricature History of Canadian Po-
litics.* Toronto, Grip Printing and Publishing Co., 1886. 2 vol.

«Caricatures sous forme de carte pos-
tale du Séminaire de Saint-
Hyacinthe», *Collection Nadeau*
(Montréal, Bibliothèque nationale du
Québec, 1975):80.

Desbarats, Peter et Terry Mosher.
The Hecklers. A History of Canadian Political Cartooning and a Cartoonists' History of Canada. Toronto, McClelland and Stewart Limited, 1979. 255 p.

Dupras, Pierre.
«La bande dessinée politique», André Carpentier et al. «La bande dessinée kébécoise», *La Barre du jour*, 46-49(hiv. 1975):119-133.

Emond, Lucien.
«Vive la caricature!», *Communication et Information*, 2, 1(hiv. 1977):67-75.

Falardeau, Mira.
L'Humour visuel. Histoire et techniques. Québec, École des Arts visuels, Université Laval, 1976. 76 p.

Gladu, Paul.
«Un temple de l'humour à Terre des Hommes», *Vie des Arts*, 67(été 1972):19-21.

Hébert, Maurice.
L'Art d'apprendre la belle caricature en peu de temps. Québec, [s.l., n.d.]. 168 p.

Hudon, Normand.
La caricature. Montréal, Lidec, 1967. 96 p.

Hudon, Normand.
Le poing: magazine de bonne mine. Montréal (mars-av. 1968).

Hudon, Normand.
Le Pic: magazine de bonne mine. Montréal, Productions G.L., 1972. 64 p.

Hudon, Normand.
Le Canard, 1(1973). Saint-Lambert, Québec.

Lapalme, Robert.
«La caricature: des figurines antiques au cartoon québécois», *Vie des Arts*, 67(été 1972):11-18.

Mayer, Ian.
«Pen and the Needle: Two Centuries of Lampooning our Troubles», *Canadian Magazine* (17 janv. 1976):12-15.

Montpetit, Francine.
«Billet — Ne tirez pas sur le caricaturiste politique», *Châtelaine*, 19, 9(sept. 1978):4.

Musée du Québec.
Je ris, tu ris, il rit, nous rions, vous riez, ils dessinent. Québec, Musée du Québec, 1976. 32 p.

Office National du Film/National Film Board.
The Hecklers — Two Centuries of Canadian Political Cartooning. 16 mm film, 1 h, coul. Dir.: Ian McLaren; Recherche: Terry Mosher.

Proulx, Louise.
«En histoire, étudier l'actualité par la caricature», *Vie pédagogique*, 10(déc. 1980):28-29.

Tétreau, Thérèse et Roseline Cloutier.
«La caricature hommage ou dérision», *Antennes*, 9-10(1er-2e trimestres 1978):4-9.

Todd, D.
«Clipping the Wings of Freedom», *Maclean's*, 92(29 janv. 1979):20.

Touby, Frank.
«A Report on the Happy State of the Art of Canadian Cartooning», *Maclean's*, 89(8 mars 1976):56.

Werthman, William C.
Canada in Cartoon. A Pictorial History of the Confederation Years 1867-1967. Fredericton, Brunswick Press, 1967. 216 p.

White, C.A.
«Publish and Be Sued», *Canada and the World*, 44(av. 1979):4-5.

Caricaturistes

Alfonso, Ralph et Cliff Letovsky.
«A Conversation with Aislin», *Le Beaver*, 23-25(juin-août 1973):72-85.

Garratt, Hazel Jean.
A Bibliography of the Cartoons Drawn by Mr. John Wilson Bengough for the Toronto Daily Globe, for the Year 1896, and Also his Verses, Magazine Articles. Toronto, Toronto University Library School, 1932.

Robidoux, Léon-A.
Albéric Bourgeois, caricaturiste. Montréal, Médiabec, 1978. 290 p.

«Calman and Women», *Montrealer*, 42, 8(août 1968):34-35.

«Drôle d'année 1978», *L'Actualité*, 4, 1(janv. 1979):19-21.

Juneau, Normande.
«Arts — Voilà maintenant qu'il nous prépare des «caricatures qui bougent»!, *Châtelaine*, 20, 1(janv. 1979):10. [À propos de Serge Chapleau].

«Cartoons», *The Montrealer*, 41, 12(déc. 1967):48-49. [À propos de John Dunnett].

Vézina, Marie-Odile.
«Girerd, 20 ans de traits de crayon et de traits d'esprit», *Perspectives*, 21, 31(4 août 1979):2-3.

Roussan, Jacques de.
Normand Hudon. Montréal, Lidec, 1967. 36 p.

Demers, Pierre.
«Des caricatures internationales de Hybou», *Focus*, 34-35(mai-juin 1980):24-25.

Gagnon, Jean-Louis et al.
La Palme: Les vingt premières années du caricaturiste canadien/The First Twenty Years of the Canadian Caricaturist. Montréal, Cercle du livre de France, 1950. 189 p.

Alfonso, Ralph et Cliff Letovsky.
«La Palme, First Person Singular», *Le Beaver*, 23-25(juin-août 1973):49-63.

O.N.F.
Lapalme. Ottawa, Office national du film, 1950. Deux films fixes.

«Lighter Side of the War», *Maclean Magazine*, 31(nov. 1917):29. [À propos de Gunner McRitchie].

Bouthillette, Jean.
«Yves Paquin, imagier», *Perspectives*, 22, 27(5 juill. 1980):4-5.

Raine, Norman Reilly.
«Cartoonist Looks at Life», *Maclean's Magazine*, 38(1er oct. 1925):18-19, 63-65. [À propos de A.G. Racey].

Carte à jouer

Beal, George.
Playing-Cards in their Story. Vancouver, David and Charles, 1975. 120 p.

François, André.
Histoire de la carte à jouer. Paris, Fréal Serg. 1974. 355 p.

Hargrave, Catherine Perry.
A History of Playing Cards. New York, Dover, 1966. 462 p.

Mann, Sylvia.
Collecting Playing Cards. London, Arco, 1966. 215 p.

McLachlan, R. W.
The Canadian Card Money. Montréal, 1911. 33 p.

Paris, Bibliotheque Nationale.
Cinq siècles de cartes à jouer en France. Paris, Bulletin du Vieux Papiers, 1963. 94 p.

Poisson, Roch et al.
«Graffiti — Nos cartes pour notre hiver», *Nous*, 3, 7(déc. 1974):11-12.

Séguin, Jean-Pierre.
Le jeu de carte. Paris, Humann, 1968. 344 p.

Shortt, Adam.
Documents relatifs à La Monnaie, au Change et aux Finances du Canada sous le Régime Français. Ottawa, F.A. Acland, 1925. 2 vol.

Carte de commerce

Kaduck, John M.
Advertising Trade Cards. Iowa, Wallace-Homestead Book Co., 1976. 108 p.

Landauer, Bella C.
Early American Trade Cards from the Collection of Bella C. Landauer. New York, William Edwin Rudge, 1927. 20 p.

Landauer, Bella C.
Gilbert and Sullivan Influence on American Tradecards. New York, 1936.

Landauer, Bella C.
Upward Not Downward! New York, 1936.

Posner, Michael.
«World's Smallest Billboard», *Impetus*, 68(mai 1974):38.

Carte de divination

Bouthillette, Jean.
«Yves Paquin, imagier», *Perspectives*, 22, 27(5 juill. 1980):4-5.

Kaplan, Stuart R.
The Encyclopedia of Tarot. États-Unis, Games Systems Inc., 1978. 387 p.

Labrecque, Nathalie.
«Peinture — Images — Synthèses», *Trajectoires*, 3(sept.-oct. 1979):17-20.

Paquin, Yves.
Le Tarot idéographique du Kébèk. Boucherville, Éditions de Mortagne, 1979. 142 p.

Victor, Jean-Louis.
Tarot des grands initiés d'Égypte. Boucherville, Éditions de Mortagne, 1979. 216 p.

325

Carte de souhaits

Buday, George.
The History of the Christmas Card.
Detroit, Tower Books, 1971. xxiii,
304, 39 p. Planche [Réimpression de
l'édition de Londres, Rockliff, 1954).

Brosseau, Cécile.
«Roxane Gagnon — Une jeune Qué-
bécoise à la conquête du monde», *La
Presse* (12 juin 1981):c1.

Bunting, Jennifer.
«Collecting Greeting Cards», *Canadian Collector*, (sept.-oct. 1973):16-
19.

«Canadian Christmas Cards», *Canadian Monthly* (déc. 1881):656-657.

Chase, Ernest Dudley.
The Romance of Greeting Cards. Detroit, Tower Books, 1971. 255 p.

Collard, Elizabeth.
«Canada's Victorian Christmas
Cards», *Canadian Collector*, 9,
6(nov. déc. 1974):35-38.

Collard, Elizabeth.
«Canadian Sports on Plates», *Canadian Collector* (juill.-août 1980):26-
29.

Dearborn, Dorothy.
«Christmas Cards Through the
Years», *Atlantic Advocate*, 66(déc.
1975):21-23.

Edinborough, Arnold.
«Christmas Cards 1970: it Was the
Year the Virgin Came Back», *Finan-
cial Post*, 65(2 janv. 1971):10.

Edelstein, Fran.
«Many Traditions Surround Origin of
Valentine's Day, But they all Mean
the Same», *CanadiAntiquer*, 2, 9(fév.
1977):6, 35.

Guetta, Pauline.
«Be My Valentine», *Reader's Digest
(Canada)*, 114(fév. 1979):50-54.

Lee, Ruth Webb.
A History of Valentines. New York/
London, The Studio Publishers Inc.,
1952. 239 p.

Lennox, Gary.
«Three Wise Men Are Out This
Year», *Weekend Magazine*, 27(10
déc. 1977):8-9.

Marlowe, Christina.
«Valentines», *Antiques and Art*, 4,
3(janv.-fév. 1978):26-27.

Mitchell, Michael.
«Season's Greetings From the Group
of Seven», *Weekend*, 28(2 déc.
1978):16-19.

Philip, Pauline.
«Century of Christmas Cards», *Atlantic Advocate*, 64(déc. 1973):15, 46-
47.

Porter, Loraine.
«The Merry Reign of the Christmas
Card», *Canadian Collector* (déc.
1969):22-23.

Riopelle, Christopher.
*Une liste de cartes de Noel créées par
des artistes canadiens envoyée [sic] à
la Galerie Nationale du Canada.* Ottawa, G.N.C. Archives de la bibliothèque, 1974. 17 p.

Staff, Frank.
The Valentine and Its Origin. New York, Praeger, 1969. 144 p.

Carte géographique

Allen, D.
«Geomorphological maps of Canada: a bibliography of Canadian Federal Government maps», *Special Library Association, Geography & Map Division Bulletin*, 90(déc. 1972):25-43.

Allin, Janet.
Map Sources Directory. Toronto, Office of Library Coordination, Council of Ontario Universities, 1978. 82 p.

Armstrong, Mary.
«A General Town Plan Acquisitions Policy for University Map Collections with Special Reference to the University of Toronto Map Library», *Association of Canadian Map Libraries. Bulletin* (déc. 1978):1-9.

Armstrong, Joe C.W.
«Collecting Canadian Maps», *Canadian Collector* (janv. fév. 1980):29-35.

Artibise, Alan F.J. et Edward H. Dahl.
Winnipeg in Maps. Winnipeg par les Cartes: 1816-1972. Ottawa, National Map Collection, Public Archives of Canada, 1975. 80 p.

Association des cartothèques canadiennes.
Répertoire des collections de cartes canadiennes. Compilé par Ralph M. Daehn. Ottawa, 1975. 143 p.

Canada Archives.
Sixteenth-Century Maps Relating to Canada; A Check-list and Bibliography. Ottawa, 1956. 283 p.

Canada Department of Energy, Mines and Resources.
Departmental Map Library. A Selected List of Maps, Atlases, and Gazetteers. Périodique. Depuis 1968.

Carrington, David K. et Richard W. Stephenson.
Map Collections in the U.S. and Canada. New York, Special Libraries Association, 1978. 230 p.

Cartothèque de l'Université Laval.
Cartologica. Périodique. Depuis 1969.

Daehn, R.M.
«Maps, the Regional Approach: A System to Share $», *Special Library Association, Geography & Map Division Bulletin*, 100(janv. 1975):74-90.

Dahl, Edward H.
«Report on the Preparation of a Carto-bibliography of Quebec City Maps Dated 1800 to 1850», *Association of Canadian Map Libraries.* Proceedings of the tenth annual conference (Ottawa, ACML, 1976):30-34.

Depuis, Susan et Lise Perron-Croteau.
Répertoire d'ouvrages et d'articles traitant d'archivistique conservés à la Bibliothèque des Archives publiques. Ottawa, APC, 1980. 119 p.

Garant, Jean-Marc.
«Les problèmes de l'histoire de la cartographie», *Association des cartothèques canadiennes. Bulletin* (oct. 1977):17-20.

Garant, Jean-Marc.
«Les problèmes en histoire de la cartographie au Québec», *Cartologica* (mai 1977):8-15.

Heidenreich, Conrad E. et Edward H. Dahl.
«The two States of Champlain's Carte Géographique», *The Canadian Cartographer* (juin 1979):1-16.

Heissler, Ivar.
«The Classification and Retrieval of City Plans», *Association of Canadian Map Libraries. Bulletin* (fév. 1975):12-17.

Kidd, B.
«Recent Canadian Maps: A Selective List», *Special Library Association, Geography & Map Division Bulletin*, 95(mars 1974):73-74.

Kidd, Betty.
«Dans les coulisses de la Collection nationale de cartes et plans», *L'Archiviste* (sept.-oct. 1979):12-14.

Kidd, Betty.
«National Map Collection», *Association of Canadian Map Libraries*, Proceedings of the tenth annual conference (Ottawa, ACML, 1976):59-63.

Kidd, Betty.
«The National Map Collection: A Diversity of Holdings and Activities», *The Archivist* (sept.-oct. 1979):12-13.

Kidd, Betty.
«The National Map Collection, Public Archives of Canada: An Update», *Special Libraries Association. Geography & Map Division Bulletin* (juin 1979):7-14.

Kidd, Betty.
«The Genealogist and the Map Curator», *Association of Canadian Map Libraries. Bulletin* (sept. 1975):20-23.

Kidd, Betty.
Using Maps in Tracing Your Family History. Ottawa, Ottawa Branch, Ontario Genealogical Society, 1974. 48 p.

Langelier, Gilles.
«Microfilming of Cartographic Documents», *Association of Canadian Map Libraries. Bulletin* (mars 1979):1-8.

Layng, Theodore E.
«Highlights in the Mapping of Canada», *Canadian Library* (mai 1960):282-288.

Lister, Raymond.
How to Identify Old Maps and Globes With a List of Cartographers, Engravers, Publishers, and Printers Concerned with Printed Maps and Globes c.1500 to c.1850. Hamden (Conn.), Archon Books, 1965. 256 p.

Lister, Raymond.
«Period Ornament, Writing and Symbols on Maps 1250-1800», *Geographical Magazine* (déc. 1945):323-326.

Macdonald, R.G.
«Simon Fraser University Map Library», *WAML Inf. Bulletin* (janv. 1973):25-26.

Oppen, William A.
Le récit cartographique des affaires Riel. Toronto, University of Toronto Press, 1979. 112 p.

Ormsby, William.
«Report on Map Section. Archives of Ontario», *Association of Canadian Map Libraries. Bulletin* (oct. 1979):33-36.

Robert, Jean-Claude.
«La cartographie historique de Montréal: premiers essais», *Cartologica* (mars 1978):1-6.

Ruggles, Richard I.
«Research on the History of Cartography and Historical Cartography of Canada: Retrospect and Prospect», *Association of Canadian Map Libraries*, Proceedings of the tenth annual conference (Ottawa, ACML, 1976):15-23.

Sauer, S.A.
«University Map Collections in Ontario: New Trends and Developments», *Special Library Association, Geography & Map Division Bulletin*, 90(déc. 1972):20-24.

Tessier, Yves.
«Une grande oubliée du patrimoine Québécois. La cartographie ancienne», *Cartologica* (mai 1977):5-8.

Tessier, Yves.
«Plan d'assurance-incendie à la cartothèque», *Cartologica* (janv. 1978):1-7.

Tessier, Yves.
«De la carte à la cartothéconomie, l'émergence d'un secteur documentaire qui découvre son identité», *Documentation et bibliothèques* (juin 1979):71-80.

Thomson, Donald Walter.
Men and Meridians: The History of Surveying and Mapping in Canada. Ottawa, Queen's Printer, 1966-1969. 3 vol.

Trudel, Marcel.
«La carte de Champlain en 1632: ses sources et son originalité», *Cartologica* (juill. 1978):20 p.

Wimearls, Joan.
«Report on the Preparation of a Comprehensive Bibliography of Manuscript and Printed Maps of Upper Canada from circa 1774 to 1867», *Association of Canadian Map Libraries*, Proceedings of the tenth annual conference (Ottawa, ACML, 1976):24-29.

Carte postale

Général

Catalogue du premier festival international de la carte postale d'avant-garde. Paris, 1979.

Bouisset, Maïten.
«La carte postale», *Encyclopaedia universalis, Les événements, les hommes, les problèmes en 1980* (1981):422-425.

Byatt, Anthony.
Picture Postcards and Their Publishers. Malvern (Angleterre), Golden Age Postcard Books, 1978. 391 p.

Carline, Richard.
Pictures in the Post: The Story of the Picture Postcard and Its Place in the History of Popular Art. Londres, Gordon Fraser Gallery, 1971. 128 p.

Cavalcanti, Gilberto.
«Luxo-Lixo ou la pratique socio artistique de Regina Vater», *Vie des Arts*, 20, 78(print. 1975):36-37.

Cooper, Charles.
«Postcards as History», *Card Talk — Toronto Postcard Club*, 1980-2(10 av. 1980):9-10.

Duflos-Priot, Marie-Thérèse.
«Au mur d'un bistrot: analyse d'un corpus de cartes postales», *Ethnologie française*, 8, 1(1978):71-82.

Duval, William et Valerie Monahan. *Collecting Postcards in Color, 1894-1914*. Poole (Dorset), Blandford Press, 1978. 212 p.

Greetings from New York. Postkarten erzahlen Stadtgeschichte. Zurich, Kunstgewerbemuseum der Stadt Zurich, 14 juin au 7 sept. 1980. 71 ill.

Holt, Tonie et Valmai Holt. *Stanley Gibbons Postcard Catalog. 1981 Edition*. Londres, Stanley Gibbons, 1980.

Kaduck, John M. *Mail Memories. Pictorial Guide to Postcard Collecting*. Iowa, Wallace-Homestead, 1971.

Miller, George et Dorothy Miller. *Picture Postcards in the United States 1893-1918*. New York, C.N. Potter, 1976. 280 p.

Monahan, Valerie. *Collecting Postcards in Colour 1914-1930*. Poole (Dorset), Blandford Press, 1980. 176 p.

Range, Thomas E. *The Book of Postcard Collecting*. New York, E.P. Dutton, 1980. 171 p.

Rigal, Christian. «La carte postale, a-t-elle un avenir artistique?», *Galerie des Arts*, 196(nov. 1979):30-32.

Vollaire, Louis. «La carte postale n'est pas un gadget», *Communication et Langages*, 31(3e trimestre 1976):87-104.

Canada

Anderson, Allan et Ralph Beaumont. *Postcard Memories of Muskoka*. Cheltenham (Ont.), Boston Mills Press, 1978. 79 p.

Anderson, A. et B. Tomlinson. *Greetings from Canada*. Toronto, MacMillan of Canada, 1978. xviii, 188 p. ill: 650 cartes postales.

Anderson, A. et B. Tomlinson. «Wonderful Time, Excerpts from Greetings from Canada», *Weekend Magazine* (11 nov. 1978):23-25.

Andrews, Barbara. *A Directory of Postcards, Artists, Publishers and Trademarks*. Irving (Texas), The Little Red Caboose, 1975. 138 p.

Atkinson, Bob. *North Bay in Postcards*. Ottawa, Commoner's Publishing, 1981. 41 cartes.

Bunting, Jennifer. «Collecting Greeting Cards», *Canadian Collector* (sept.-oct. 1973):16-19.

Burdick, J.R. *Pioneer Postcards. The Story of Mailing Cards to 1898 with an Illustrated Checklist of Publishers and Titles*. N.Y., Nostalgia Press, 1964.

Card Talk. 1980-. «Newsletter» publié par le Toronto Postcard Club. Nouvelles des membres, listes de recherches en cours, listes de séries de cartes.

Confederation Art Gallery and Museum, Charlottetown, P.E.I.
Wish You Were Here — Some Island Postcards. Exposition (6-25 sept. 1977):feuillet plié en forme de suite de cartes postales.

Cooper, Charles.
Rails to the Lakes: The Story of the Hamilton and Northwestern Railway. Cheltenham (Ont.), The Boston Mills press, 1980. 158 p.

Edward, Bill.
«Grand Trunk Railway Pictorial Cards», *B.N.A. Topics*, 36(mai-juin 1979):25.

Filey, Mike.
Wish You Were Here: Great Postcards of Early Toronto. Toronto, Greey de Pencier, 1977. 8 p.

Fox, Hyla.
«Postcards — A Photographic Heritage», Circa 76, *A Journal of Antiques and Art in Canada*, 2, 4(oct. 1977):12B-13B.

Gutzman, W.L.
«The King Edward VII Coin Postcard Series», *B.N.A. Topics*, 34, 4(juill.-août 1977):19-20.

Gutzman, W.L.
«Patriotic Postcards Series», *B.N.A. Topics*, Série reprise dans chaque numéro de la revue depuis 1977. 34, 3(mai-juin 1977):14-15; 6(nov.-déc. 1977):29-32; 35, 1(janv.-fév. 1978):30-31; 2(mars-av. 1978):30; 3(mai-juin 1978):28-30; 35, 4(juill.-août 1978):10-11; 5(sept.-oct. 1978):6-10; 36, 1(janv.-fév. 1979):25-27; 2(mars-av. 1979):28-29; 3(mai-juin 1979):17-20; 4(juill.-août

1979):24-26; 5(sept.-oct. 1979):29-30; 6(nov.-déc. 1979):35-37; 37, 1(janv.-fév. 1980):38-41; 2(mars-av. 1980):24-26; 3(mai-juin 1980):40-42; 5(sept.-oct. 1980):23-24; 6(nov.-déc. 1980):3-5; 38, 1(janv.-fév. 1981):14-16.

Helmer, Marilyn.
«Spooning with Marilyn», *CanadiAntiquer*, 4, 6(nov. 1978):22.

Hessel, Peter D.K.
From Ottawa with Love/Souvenirs d'Ottawa. Ottawa, Commission de la Capitale Nationale, 1979. 102 p.

Hume, Mark.
«Eco-cards Make Debut», *BC Outdoors*, 36(av. 1980):1a.

Lowe, James L. et Ben Papell.
Detroit Publishing Company Collectors' Guide. Newton Square, Penn., 1975.

Mappin, John N.
«La collection de cartes postales illustrées de la bibliothèque publique de Westmount», *Archives*, 9, 1(juin 1977):3-10.

Morris, M.
«Image Bank Postcard Show. Fine Arts Gallery, the University of British Columbia», *Arts Canada*, 28(déc. 1971-janv. 1972):133-136.

Neudin, Joëlle et Gérard Neudin.
L'Arqus international des cartes postales. Le premier annuaire mondial. 1980. (6e année).

Noble, Graham.
«Some Remedies for Ailing Postal History Collections», *The Postal His-*

tory Society of Canada, 19(30 sept. 1979):12-13.

O'Brien, Francis.
«Capturing a Bit of History. Postcard Collecting», CanadiAntiquer, 1, 8(nov. 1975):14-15.

Ottawa in Postcards. Ottawa, Commoner's, 1979. 40 p.

Parry, David.
«Pennies and Postcards», The Review (Imperial Oil), 60, 5(1976):24-29.

«Post Card Clubs», CanadiAntiquer, 6, 11(av. 1981):6, 8.

«Postcards by John Innes», Card Talk (Toronto Postcard Club), 1980-3 (11 sept. 1980):5-6.

Richardson, Edward A.
Collect Canada Cards. State College (Pa.), American Philatelic Society, 1978. 97 p.

Rowe, Kenneth.
«The Illustrated Postcard in Canada», The Canadian Philatelist, 22, 3(mai-juin 1971):105-109.

Spencer, Keith R.
Fond Memories. Edmonton, J. and S. Philatelic Publishers Ltd., 1979. 78 p.

Staff, Frank.
The Picture Postcard and its Origins. New York, Praeger, 1966. 96 p.

Steinhart, Allan L.
The Postal History of the Postcard in Canada 1878-1911. Toronto, Mission Press, 1979. 65 p.

University of British Columbia.
The Image Bank Postcard Show. Colombie Britannique, Fine Arts Gallery, 1971. 82 cartes.

Valentine & Sons, Ltd.
List of Local, General and Humorous Pictorial Postcards in Monochrome and Color. Montreal, Toronto, vers 1910. 5 p.

Carte-prime

Bagnall, Dorothy.
Collecting Cigarette Cards. Londres, Cigarette Card Co., 1973.

Boyd, Brendanc et Fred Harris.
The Great American Baseball Card Flipping, Trading and Bubble Gum Book. Boston, Little Brown, 1973. 151 p.

Burdick, J.R.
The American Card Catalogue. Nostalgia Press, 1967.

Clark, Steve.
The Complete Book of Baseball Cards. New York, Grosset and Dunlop, 1976. 112 p.

«Collecting: Bucks in Bubblegum Cards», Financial Post Magazine, 74(8 nov. 1980):10.

«Collecting Hockey Cards», CanadiAntiquer, 6, 10(mars 1981):10.

Demers, Pierre.
«Des héros qui «collent» et qui «marchent», Éducation Québec, 10, 1(sept. 1979):26-30. [Réflexions sur l'impact des cartes de collection vendues avec achat de gomme à macher].

332

Heitman, Bill.
«Baseball Cards: The Oldest and Rarest Aren't Necessarily the Most Valuable», *Rarities*, 2, 2(été 1981):72-77.

«Des images à coller par millions», *Le Photographe*, 6(juin 1978):78-87.

Leeking, Morley.
«Hockey Memorabilia», *Canadian Collector* (janv.-fév. 1980):40-43.

Catalogue de vente

Cornell, B.
«Closing the Catalogue», *Time Canada*, 107(26 janv. 1976):9-10.

Cornell, B.
«Shoping while the clothes dry», *Chatelaine*, 48(av. 1975):23.

Edds, J.A.
«Reflections on the Demise of a Catalogue», *Canadian Business*, 49(mars 1976):32-34.

Glazebrook, G. de T., Katharine Brett et Judith McErvel.
A Shopper's View of Canada's Past. Pages from Eaton's Catalogues, 1886-1930. Toronto, University of Toronto Press, 1969. xviii, 286 p.

Griffin, H.L.
«Dialogue With the Catalogue! The Role of the Mail Order Catalogue in Adult Education in Canada», *Continous Learning*, 9(mai-juin 1970):137-141.

Hale, B.
«Death in the Family: Elegy for Eaton's Catalogue — And Something More», *Canadian Magazine* (20 mars 1976):10-11.

Hudson's Bay Company.
The Autumn and Winter Catalogue (1910-11) of the Hudson's Bay Company. Winnipeg, Watson and Dwyer, 1977. 254 p.

Jeuck, John E.
Catalogues and Counters: A History of Sears, Roebuck and Company. 1950.

Provencher, Jean.
«Maudit catalogue!», *Le Maclean*, 13(nov. 1973):24-25.

Woodward Stores Limited.
The Shopping Guide of the West: Woodwards Catalogue 1898-1953. Vancouver, J.J. Douglas Ltd., 1977. xxviii, 160, 176 p.

Couverture de livre

Gatenberg, G.
«Burried Treasure in Chapbooks», *Quill and Quire*, 42, 4(mars 1976):14-15.

Gatenberg, G.
«New Talents Emerge in Chapbooks», *Quill and Quire*, 42, 8(juin 1976):32, 38-39.

Lamb, Lynton.
Drawing for Illustration. Londres, Oxford University Press, 1962. 211 p.

Lewis, John.
The Twentieth Century Books, Its Illustration and Design. Londres et New York, Studio Vista/Reinhold Club, 1967. 272 p.

Lorelle, Yves.
«Grandeur et Servitude de la photo pour couvertures de livres, de l'image d'archives à la recherche sur

commande», *Le Photographe*, 10(oct. 1978):53-60.

Morgan, Jean-Louis.
«Massin, un artisan récalcitrant», *Antennes*, 13-14(1er et 2e trimestres 1979):40-42.

Pitz, H.C.
Illustrating Children's Books. History, Technique, Production. New York, Watson-Guptill, 1963. 207 p.

Schuwer, P.
«Conception et graphisme du livre en France, 1956-1968», *Arts et Techniques graphiques*, 76(mai-juin 1968):293-355.

Surguy, Phil.
«Designing Book Jackets to Capture Work — in Trade», *Quill and Quire*, 43, 7(juin 1977):26-27, 33.

Estampe

Général

Il existe des milliers de titres sur l'estampe dans les fichiers de la Division de l'iconographie des APC, dans ceux de la Galerie nationale et dans la plupart des fichiers des grands musées. Comme pour l'affiche, ne sont donnés ici que quelques titres en guise d'exemple.

La gravure au Québec, problèmes et orientations», *Vie des arts*, 90(print. 1978):17-51.

Allodi, Mary.
«Prints and Early Illustrations», Donald Blake Webster, *The Book of Canadian Antiques* (Toronto, McGraw Hill Ryerson 1974):296-312.

Béguin, André.
Dictionnaire technique de l'estampe. Bruxelles, André Béguin, 1977. 510 p.

Helmer, Marilyn.
«The Art of the Canadian Printmaker», *CanadiAntiquer*, 5, 3(août 1979):12, 14.

Laran, Jean.
L'Estampe. Paris, Presses universitaires de France, 1959. 2 vol.: 1. *Histoire générale de la gravure*, 428 p. 2. *Planches* — 420 en noir, 16 coul. 8 photos.

Malenfant, Nicole.
L'estampe. Québec, La documentation québécoise, ministère des Communications, 1979. xv, 307 p.

Simard, Cyril.
Artisanat québécois 2. Montréal, Éditions de l'Homme, 1976. 484 p.

Histoire

Allodi, Mary.
Printmaking in Canada: The Earliest News and Portraits. Les débuts de l'estampe imprimée au Canada: vues et portraits. Toronto, Royal Ontario Museum, 1980. 244 p.

Bell, Michael.
«Richard Short's Views of4 Quebec», *Canadian Collector* (sept.-oct. 1977):38-43.

Cole, Douglas.
«Cook at Nootka. The Engraved Record», *Canadian Collector* (mai-juin 1976):27-29.

Daigneault, Gilles et Ginette Deslauriers.
La gravure au Québec (1940-1980). Montréal, Héritage Plus, 1981. 272 p.

Duval, Paul.
Canadian Drawings and Prints. Toronto, Burns and MacEachern, 1952. 100, 14 p.

Fenwick, Kathleen M.
«Perspective», *Canadian Art*, 18, 2(mars-av. 1961):86-99.

Kilbourn, Elizabeth.
«18 Print-makers», *Canadian Art*, 18, 2(mars-av. 1961):100-113.

Letocha, Louise.
Les origines de l'art de l'estampe au Québec. [S.l., s.é.], 1975. viii, 136 p.

Melot, Michel et al.
L'estampe, l'histoire d'un art. Albert Skira, 1981.

MacKeeman.
«The Shannon and the Chesapeake», *Canadian Collector* (mars-av. 1978):46-47.

Murray, John.
«Early Canadian Printmakers», *Canadian Collector* (août 1969):22-25.

Musée national de l'Homme.
L'estampe inuit. The Inuit Print. Ottawa, Musée national de l'Homme, 1977. 268 p.

O'Dea, F.A.
«Old Prints of Newfoundland», *Canadian Collector* (mars-av. 1975):30-35.

Ross, Maria.
«Early Canadian Prints», *Canadian Antiques and Art Review*, 1, 3(nov. 1979):37; 7(av. 1980):40-41.

Roy, Jean-Louis.
«La Librairie Crémazie», Jean Robidoux et Paul Wyczynski. *Crémazie et Nelligan* (Montréal, Fides, 1981):19-21.

Salaman, Malcolm C.
«The Woodcut in Canada», Geoffrey Holm, *The Woodcut of Today at Home and Abroad* (Londres, Studio, 1927):145-150.

Spendlove, F. St. George.
The Face of Early Canada. Toronto, The Ryerson Press, 1958. xxi, 162 p.

Sparling, Mary.
«Great Expectations. The European Vision in Nova Scotia 1749-1848», *Canadian Antiques and Art Review*, 2, 11(sept. 1980):31-34.

Weber, Wilhelm.
Histoire de la lithographie. Paris, Somogy, 1967. 260 p.

Livre d'artistes

Bibliothèque nationale (Canada).
Livres d'artistes made in Canada I. Ottawa, B.N.C., 1981.

Bibliothèque nationale (Canada).
Livres d'artistes made in Canada II. Ottawa, B.N.C., 1982. 30 p.

Bibliothèque nationale (France).
Livres d'artistes québécois: 1967-1976. Paris, Bibliothèque nationale, 1977. 5 p.

Bibliothèque nationale du Québec. *Éditions Erta*. Montréal, 1971. 34 p.

Bibliothèque nationale du Québec. *Livres d'artistes: le livre illustré québécois, 1967-1977: exposition*. Montréal, Bibliothèque nationale du Québec, 1978. 56 p.

Daigneault, Gilles. «L'Aventure d'art global: *Vie des Arts*, 95(été 1979):25-27.

Joubert, Suzanne. «L'édition d'art à l'Estampe», *Le Droit* (28 mars 1981):20.

Kermoyan, Era Alain. *J.A. Martin photographe*. Livre d'artiste. Ottawa, B.N.C., 1982. 11 p.

Roloff, Beny, W. «An Approach to Book Design», *Canadian Art*, 5, 4(print.-été 1948):189-193, 210.

Roussan, Jacques de. «Michel Nantel, artisan du livre», *Vie des Arts*, 83(été 1976):59-61.

Strachan, W.J. *The Artist and the Book in France: the 20th Century Livre d'artiste*. New York, G. Wittenborn, 1969. 368 p.

Vézina, Raymond. *Lithographies d'André Bergeron. Maria Chapdelaine*. Hull, Galerie l'Estampe, 1981. 28 p.

Vézina, Raymond. «Exposition André Bergeron», *Le Burin. Bulletin d'information de la galerie l'Estampe*, 1, 1(print. 1982):2-4.

Viau, René. «Le livre d'art, une passion», *Décormag*, 58(oct. 1977):44-46.

Salon International de la gravure. International Exhibition of Graphics. Montréal, 1971. 64 p.

Emballage

Général

«À titre d'information», *Le Consommateur canadien*, 4, 3(juin 1974):11-14.

Constantine, Mildred et Arthur Drexler. «The Package», *Museum of Modern Art Bulletin*, 27, 1(aut. 1959):39.

Davis, Alex. *Graphis Packaging 2*. Zurich, Graphis Press, 1970.

Davis, Alex. *Package and Print: the development of container and label design*. Londres, Faber and Faber, 1967. 112 p.

Dichter, Ernest. *Packaging, The Sixth Sense? A Guide to Identifying Consumer Motivation*. Boston, Cahners Books, 1975. 160 p.

Heath, B. «President Speaks Out on Design in Packaging», *Marketing*, 79(18 mars 1974):36, 38.

Herdeg, Walter. *Graphis Annual; International Yearbook of Advertising Art*. Zurich, Graphis Press.

Hogan, Bill et Pauline Hogan.
Canadian Country Store Collectables.
[S.l., s.d.].

«Improving on Tradition», *Canadian Business Magazine*, 53(mars 1980):58.

Kleefeld, Hans.
«Package Power: Design Ingredients that Make Packaging Tick», *Marketing*, 85(31 mars 1980):17, 20.

Kleefeld, Hans.
«Student Designs on the Future», *Marketing*, 85(7 av. 1980):8.

Lebeau, Françoise.
Étiquetage et emballage des produits de consommation. Montréal, Université de Montréal, 1977. [N.p.].

Neubauer, Robert G.
Packaging, the Contemporary Media. New York, Van Nostrand Reinhold, 1973. 208 p.

Emballage par produit

Cruse, A.J. et Robert Ross.
Matchbox Labels of the World. Londres, 1946.

Gosztyla, Frank G.
«Matchcovers: They're a Collectible That's Still Free!» *Rarities*, 2, 2(été 1981):12-17.

Lucker, J.H.
Encyclopaedia Philomenica or the Matchbox Label Collectors' Encyclopaedia. Londres, J.H. Luker, 1975.

Mullen, Chris.
Cigarette Pack Art. Toronto, Totem Books, 1979. 128 p.

Rendell, Joan.
Match Box Labels. 1968. 112 p.

Étiquette

Général

«À titre d'information», *Le Consommateur canadien*, 4, 3(juin 1974):11-14.

«The Copy Catalogue». Scarborough, Prentice-Hall Canada, 1981.

«Étiquettes imprimées sur place plus rapidement et à moins cher», *Le Bureau*, 8, 4(juill. 1972):8.

Humbert, Claude.
Label Design: The Evolution, Design and Function of Labels from the Earliest Times to the Present Day. Londres Thamer and Hudson, 1972. 252 p. 1 000 illustrations.

Lambert, Jean-Marc.
«Affiche, enseigne, étiquette, pancarte, panneau ou plaque?», *Meta: journal des traducteurs*, 24, 4(déc. 1979):464.

Étiquette par produit

Alexandre, Alexandre.
«Étiquettes françaises de vins», *Novum Gebrauchsgraphik*, 12(déc. 1980):52-56.

Faber, A.D.
Smokers, Segars and Stickers. Watkins Glen (N.Y.), Century House, 1949.

Kayler, Françoise.
«Exposition à Montréal de toiles de grands maîtres, sorties de France pour

la première fois», *La Presse* (18 juill. 1981):B2. (Étiquettes de bouteilles de vin).

Landauer, Bella C.
Some Alcoholic Americana. New York, 1932.

Moogk, Edward B.
En remontant les années: l'histoire et l'héritage de l'enregistrement sonore au Canada: des débuts à 1930. Ottawa, Bibliothèque nationale du Canada, 1975. 447 p.

Osborne, Keith et Brian Pipe.
The International Book of Beer Labels, Mats and Coasters. Secausus (N.J.), Chartwell Books Inc., 1979. 93 p.

Salkin, John et Laurie Gordon.
Orange Crate Art. New York, Warner Books, 1976.

Van Gogh Museum.
The Wonderful World of American Fruit-Crate Art. Amsterdam, 1976.

Ex-libris

Acadiensis.
Ce journal publiait une série sur les ex-libris. Cf. les comptes rendus dans le *Journal of the Ex-Libris Society*, chronique «Notes of the Month» (mai 1901):61-62; (nov. 1901):etc.

«Book-Plates», *Collector*, 19(mai 1906):77.

Arellanes, Audrey Spencer.
Bookplates. A Selective Annotated Bibliography of the Periodical Literature. Detroit, Gale Research Co., 1971. 473 p.

Brearley, Neil.
A Selection of Old Canadian Book-Plates from the Collection in the Library of the University of British Columbia. Vancouver, Alcuin Society, 1967. 12 p.

Colgate, William G.
The Bookplates of Leslie Victor Smith. Weston, The Old Rectory Press, 1947. 20 p.

Colgate, William G.
Canadian Arts; Its Origin and Development. Toronto, McGraw-Hill Ryerson, 1967. 278 p.

Dabbs, Toni.
«Bookplates. As Old as Printed Books», *Antiques and Art*, 5, 2(nov.-déc. 1978):30-31.

Fournier, Paul-André.
Ex-libris canadiens. Présence du Québec au 14ᵉ congrès international ex-libris à Helsingor, Danemark. Québec, L'auteur, 1972. 36 p.

Gagnon, Philéas.
Essai de bibliographie canadienne; inventaire d'une bibliothèque comprenant imprimés, manuscrits, estampes, etc. Montréal, Imprimerie «La Patrie», 1895-1913. 2 vol.

Hamilton, Walter.
French Book-Plates: A Handbook to the Study and History of French Ex-libris, Their Makers and Owners. Amsterdam, Heusden, 1975. x, 360 p. [Réimpression de l'édition de 1896].

Howard, Sidney H.
«William W. Alexander. A Canadian Engraver», *Year Book*, American

Bookplate Society, Kansas City, 17(1939):15-22.

Johnson, Fridolf.
A Treasury of Bookplates. New York, Dover Publications, 1977. 151 p.

Lee, Brian North.
Early Printed Book Labels. Pinner, Middlesex, Private Libraries Association and the Bookplate Society, 1976. 185 p.

Prescott, Winward.
A List of Canadian Book-Plates, with a Review of the History of Ex-libris in the Dominion, Together with Biographical and Historical Notes. Illustrated With Prints from the Original Coppers and Blocks. Boston et Toronto, the Society of Bookplate Bibliophiles, 1919. 156 p.

Warren, John B. Leicester, Baron de Tabley.
A Guide to the Study of Book-Plates (ex-libris). Amsterdam, Heusden, 1975. v, 228, 28 p. [Réimpression des éditions de 1900 et de 1894].

Wiggishoff, J.-C.
Dictionnaire des dessinateurs et graveurs d'ex-libris français. Paris, Société française des collectionneurs d'ex-libris, 1915. 278 p.

Finance: billet/banque

Angus, Ian.
Paper Money. New York, St. Martin's Press, 1975. 128 p.

Blanchard, Julian.
Bank-Notes and Bank-Note Engravers. [Plusieurs articles reliés ensemble, la plupart tirés de *Essay-Proof Journal* de 1944 à 1950: «Stamps and Paper Money (1944)»; «Signed Vignettes and Obsolete Bank Notes (1945)»; «Bank Notes Related to the 1851 Stamps»; deux articles sur l'artiste Asher B. Durand].

Carroll, Sheldon S.
«The Bank of Canada's Numismatic Collection», *The Canadian Banker*, 75, 1(print. 1968):58-62; 2(été 1968):47-53; 76, 4(juill.-août 1969):25-27.

The Charlton Standard Catalogue of Canadian Paper Money. Toronto, The Charlton Press, 1980. 821 p.

The Essay-Proof Journal, périodique «Devoted to the Historical and Artistic Background of Stamps and Paper Money». 1944.

Fetherling, Doug.
«Passing Notes: Banker William McDonald's Collection is a Tribute to the Engraver's Art», *Canadian Business Magazine*, 51(mars 1978):34-37.

Fulford, Robert.
«Clarity and Precision», *Saturday Night*, 85(nov. 1970):12-13, 15.

Gingras, Larry.
Paper Money of the Hudson's Bay Company. [S.l.], The Canadian Numismatic Research Society, 1969. 22 p.

«Harper's Pays a Visit to the American Bank Note Company», *BNA Topics*, 31, 1(janv. 1974):5; 6(juin-juill. 1974):126-127; 7(août 1974):152-153; 8(sept. 1974):182-183, 194-196; 32, 1(janv. 1975):10-11.

«How to Revise a Treatened Economy», *Maclean Magazine*, 85(mai 1972):40-43.

Howard, C.S.
«Canadian Banks and Banknotes: A Record», *The Canadian Banker*, 57(hiv. 1950):30-66.

Lolli, Renato.
«Graphic Arts: Paper Money and Postage Stamp», *Encyclopedia of World Art* (New York, McGraw-Hill, 1962):vol. 6, col. 708-711.

«Les nouveaux billets de banque canadiens», *Revue de la Banque du Canada* (déc. 1971):17-19.

P.E.I. Numismatic Society.
«Island Currency», *Canadian Collector*, 8, 1(mars-av. 1973):24-25.

Patterson, Robin.
«Mediums of Exchange», *Canadian Collector* (mai-juin 1976):78-79.

Pijoan, J.
«Art for the People», *Canadian Forum*, 1, 11(août 1921):336-338.

«Pour une poignée de dollars», *News*, 2, 9(fév. 1975):61-63. [Six dessinateurs ont imaginé des billets de banque fantaisistes pour l'État du Québec].

«Rainbow Currency», *Canadian Banker*, 77(juill.-août 1970):17.

«Rare Bank Note», *Atlantic Advocate*, 67(janv. 1977):55.

Rowe, C.F.
«Collectables: Currency», *Canadian Collector* (mars-av. 1975):53-54.

Thompson, Harwood.
«Sheepshead Banknotes», *Canadian Collector* (déc. 1969):24-25.

Formule

Hare, John.
Formules/Printed Forms. Québec: 1765-1850. Ottawa, C.R.C.C.F., Université d'Ottawa, 1972. 50 p.

Fournitures de bureau

The Copy Catalogue. Scarborough, Prentice-Hall, 1981.

Pickard, P.
«The History of the Letterhead», *Printing Review*, 75(aut. 1957):5-20.

Richardson, Edward A.
Collect Canada Covers. State College (Pa.), American Philatelic Society, 1978. 97 p.

Watson, G.G.
Collecting Tomorrow's Antiques. Londres, Kaye & Ward, 1977. 182 p.

Image de piété

Historique complet de l'image de Notre-Dame de la Pureté. Québec, Imprimerie du Bon-Pasteur, 1946. 32 p.

«L'image de la Sainte Vierge et un païen», *La Semaine religieuse de Montréal*, 30, 3(17 juill. 1897):44-45.

«L'imagerie religieuse», *La Semaine religieuse de Montréal*, 32, 12(17 sept. 1898):187-191.

«Les images de la Sainte Famille», *La Semaine religieuse de Montréal*, 23, 15(14 av. 1894):234.

«Les images de Sainte Anne. Ce qu'elles enseignent aux parents», *La Semaine religieuse de Montréal*, 24, 14(6 oct. 1894):229-230.

«Les images religieuses», *La Semaine religieuse de Montréal*, 4, 20(15 mai 1886):392-393.

«Scapulaire du Sacré Coeur de Jésus», *La Semaine religieuse de Québec*, 2, 43(22 juin 1890):681-682.

Chaumont, H.
«L'ameublement de nos maisons», *La famille* (Joliette), 2, 3(17 janv. 1892):33-34.

Chaumont, H.
«La chambre de la jeune fille», *La famille* (Joliette), 2, 7(14 fév. 1892):92.

Lapadu-Hargues, Françoise.
«Images et Imagerie de piété — I: Histoire», *Dictionnaire de spiritualité* (Paris, Beauchesne, 1971):t. VII, 2ᵉ partie:1519-1529.

Lessard, Pierre.
«L'imagerie de dévotion populaire de petit format», *Culture et Tradition*, 2(1977):21-34.

Lessard, Pierre.
Les petites images dévotes. Leur utilisation traditionnelle au Québec. Québec, les Presses de l'Université Laval, 1981. 174 p.

Lessard, Pierre.
«L'imagerie religieuse», Jean Simard, *Un patrimoine méprisé* (Ville La Salle, Hurtubise — HMH, 1979):309 p.

Miquel, Pierre.
«Culte des images», *Dictionnaire de spiritualité* (Paris, Beauchesne, 1971):t. VII:1503-1519.

Ochsé, Madeleine.
«Un art exquis, l'imagerie religieuse», *Ecclesia* (Paris), 85(av. 1956):117-124.

Rayez, André.
«Images et Imagerie de piété — II: Imagerie et dévotion», *Dictionnaire de spiritualité* (Paris, Beauchesne, 1971):t. VII:1529-1535.

Toinet, Paul.
Philosophie de la petite imagerie dévote. Paris, Le vieux papier, 1967. 32 p. Fascicule no 220.

Image didactique

Autonome

Sadlier, D. et J. Sadlier.
Sadlier's Educational Catalogue. Montréal, Sadlier & Co., 1885.

Dans le manuel scolaire

Amtmann, Bernard.
Early Canadian Children's Books 1763-1840; a bibliographical investigation into the nature and extent of early Canadian children's books and books for young people. Livres de l'enfance et livres de la jeunesse au Canada 1763-1840: étude bibliographique. Montréal, 1976. 150 p.

Amtmann, Bernard.
A Bibliography of Canadian Children's Books and Books for Young People 1841-1867. Livres de l'enfance et livres de la jeunesse au Cana-

da *1841-1867*. Montréal, 1977. 124 p.

Audet, Louis-Philippe.
Histoire de l'enseignement au Québec. Montréal, Holt, Rinehart et Winston, 1971. 2 vol.

Audet, Louis-Philippe.
Le système scolaire de la province de Québec: L'instruction publique de 1635 à 1800. T. II. Québec, Les Presses de l'Université Laval, 1951. 362 p.

Audet, Louis-Philippe.
Le système scolaire de la province de Québec: Les écoles élémentaires dans le Bas-Canada 1800 à 1836. T. V. Québec, Les Éditions de l'Érable, 1955. 327 p.

Audet, Louis-Philippe.
Le système scolaire de la province de Québec: L'institution royale — le déclin 1825 à 1846. T. IV. Québec, Les Presses de l'Université Laval, 1952. 416 p.

Audet, Louis-Philippe.
Le système scolaire de la province de Québec: La situation scolaire à la veille de l'union: 1836-40. T. VI. Québec, Les Éditions de l'Érable, 1956. 353 p.

Beauchemin, Georges.
Liste des ouvrages publiés par les Frères des écoles chrétiennes au Canada. Laval, Maison provinciale F.E.C., 1972. 9 p.

Bernad, Marcel.
Bibliographie des Missionnaires oblats de Marie Immaculée. T. I: Écirts des Missionnaires oblats, 1816-1915. Liége, H. Dessain, 1922. 147 p.

Blanchard, Gérard.
De l'art d'écrire des histoires en images. Paris, 1968.

Brouillette, Guy et al.
École et luttes de classes au Québec. Québec, Centrale de l'enseignement du Québec, 1974. 160 p.

Chalvin, Solange et Michel Chalvin.
Comment on abrutit nos enfants. La bêtise en 23 manuels scolaires. Montréal, Éditions du Jour, 1962. 139 p.

Dunnigan, Lise.
Analyse des stéréotypes masculins et féminins dans les manuels scolaires au Québec. Conseil du statut de la femme, éditeur officiel du Québec, 1975. 188 p.

Frères des écoles chrétiennes.
L'oeuvre d'un siècle; les Frères des écoles chrétiennes au Canada. Centenaire F.E.C., 1837-1937. Montréal, 1937. 587 p.

Good, Harry G.
«The «first» illustrated schoolbooks», *Journal of Educational Research*, 35(janv. 1942):338-343.

Groulx, Lionel.
L'Enseignement français au Canada. Montréal, Albert Lévesque, 1931. 2 vol.

Isidore-Jean, frère f.i.c.
L'oeuvre pédagogique des Frères de l'instruction chrétienne dans la province de Québec, 1886-1953. Essai de bibliographie. Précédé d'une notice historique. L'Institut des Frères de

l'instruction chrétienne au Canada. Montréal, École de bibliothécaires, 1955. xxii, 203 p.

Jeanneret, Marsh.
«Text-book Illustration in Canada», *Canadian Art*, 2(av.-mai 1945):166-169.

Lapointe, P.-M.
«Et le vase a débordé. . .», *Magazine Maclean*, 6, 1(janv. 1966):4, 5ᵉ col.

Lapalme, Auguste.
Un pèlerinage à l'école du Rang. Montréal, Librairie d'Action canadienne-française ltée, 1928. 229 p.

Lord, Catherine.
«Comment on abêtit nos filles», *L'Actualité*, 1(sept. 1976):20.

Olivier, Réjean.
Bibliographie d'anciens manuels scolaires étrangers employés au Collège de l'Assomption depuis 1832 jusqu'au début de 1900. L'Assomption, Collège de l'Assomption, 1979. 26 p.

Paradis, Raymond.
Les Anciens manuels scolaires canadiens de la bibliothèque EPC: essai bibliographique et inventaire, 1799-1839. 1972. 57 p.

Prud'homme, François.
Une contribution à l'éducation: manuels scolaires publiés par des clercs de Saint-Viateur, 1830-1968. Rome, Clercs de Saint-Viateur, 1968. 60 p.

Roy, Adrien.
«Comment inculquer idées, valeurs, et comportements d'une certaine classe? Par les livres scolaires», *Perception*, 2(mai-juin 1979):21-23.

Roy, Pierre-Georges.
«Les premiers manuels scolaires canadiens», *Bulletin des recherches historiques*, 52, 10(oct. 1946):291-303; 11(nov. 1946):324-341.

Savard, Pierre.
«Les débuts de l'enseignement de l'histoire et de la géographie au Petit Séminaire de Québec», *Revue d'histoire de l'Amérique française*, 15, 4(mars 1962):509-525; 16, 1(juin 1963):43-62; 2(sept. 1963):188-212.

School Group (Toronto, Ontario).
Textbooks are for Everyone: A Guide to Understanding. Toronto, School Group, Canadian Book Publishers Council, (1979?). 31 p.

Théodule, frère, f.s.c.
Les Frères du Sacré-Coeur au Canada, 1872-1936. Arthabaska, Imprimerie d'Arthabaska, 1936. 264 p.

Trudeau, Paul Albert.
Bibliographie viatorienne: relevé des publications des clercs de Saint-Viateur, 1958-1962. Côteau-du-Lac, Clercs de Saint-Viateur, 1967. 222 p.

Turgeon, Pierre.
«Les Blancs ont déformé l'Histoire pour se donner bonne conscience. Max Groslouis et «notre» histoire du Canada», *Perspective*, 13, 32(7 août 1971):2-4.

Young Women's Christian Association.
Une étude sur le Sexisme dans les Manuels Scolaires de Premier [sic] Année. Montréal, YWCA, Centre des femmes, 1977. 68 p.

Par matières

Giasson, Jocelyne.
«Le rôle des illustrations dans l'apprentissage de la lecture», *Des livres et des jeunes*, 3, 8(hiv. 1981):27-29.

Hamelin, Louis-Edmond.
Bibliographie annotée concernant la pénétration de la géographie dans le Québec Québec (1959-1960). 2 vol.: vol. 1: *Manuels. Manuels scolaires édités au Canada* [Publié dans *Les Cahiers de géographie de Québec*, 8(1960):345-358]; vol. 2: *Notes et Documents*.

Lacroix, Benoît.
«Le «Dieu merveilleux» des Québécois», *Le Merveilleux. Deuxième colloque sur les religions populaires, 1971* (Québec, Presses de l'Université Laval, 1973):67 p.

Lefebvre, André.
Histoire et Mythologie. Essai sur l'enseignement de l'histoire à l'école primaire. Montréal, Beauchemin, 1964. 86 p.

Leduc, A. et al.
Les manuels d'histoire du Canada. Québec, École de pédagogie et d'orientation de l'Université Laval, 1966. 137 p.

Pouliot, Lorenzo.
«Nos manuels d'histoire du Canada de 1830 à nos jours», *Revue de l'école normale*, 3, 2(déc. 1966):137-145.

Image mortuaire

Vovelle, Michel.
Article illustré dans *Le Débat*, Paris, 1981.

Jeu

Berthiaume, Jocelyne.
21 super succès + notre jeu des vedettes pour toute la famille: un jeu excitant. [S.l., s.é.], 1972.

Jendrick, Barbara Whitton.
A Picture Book of Paper Dolls and Paper Toys. Pittsford (New York), 1974. 137 p.

Séguin, Robert-Lionel.
Les jouets anciens du Québec. Montréal, Leméac, 1976. 123 p.

Journal illustré

Général

Clermont, Ghislain.
«Karen McKenzie et Mary F. Williamson.
«The Art and Pictorial Press in Canada: Two Centuries of Art Magazines», *Vie des arts*, 25, 101(hiv. 1980-1981):84-85.

De Vries, Leonard.
History as Hot News: 1865-1897. The Late 19th Century World as Seen Through the Eyes of the Illustrated London News and the Graphic. Londres, Murray, 1973. 160 p.

De Vries, Léonard.
Panorama 1842-1865; the World of the Early Victorians as Seen Through the Eyes of the Illustrated London News. Londres, Murray, 1967. 159 p.

Hogarth, Paul.
Artists on Horseback; the Old West in Illustrated Journalism, 1857-1900. Toronto, General Pub. Co., 1972. 288 p.

McKenzie, Karen et Mary F. Williamson.
The Art and Pictorial Press in Canada. Toronto, Art Gallery of Ontario, 1979. 71 p.

Packer, William.
The Art of Vogue Covers 1909-1940. Londres, Octopus Books, 1980. 256 p.

Canada/Québec

«Illustrating magazine fiction was one of the few ways for an artist to make a living and some of the country's best illustrators worked for Weekend», *Weekend Magazine* (10 sept. 1977):12-13.

«Picturesque Canada», *Canadian Monthly* (déc. 1881):653-655.

Colgate, William G.
Canadian Art; its origin and development. Toronto, McGraw-Hill Ryerson, 1967. 278 p.

Deguy-Lepage, Françoise.
«Les débuts de la presse enfantine au Québec: *L'oiseau bleu* (1921-1940)», *Documentation et Bibliothèques*, 24(mars 1978):25-31.·

Desbarats, Peter.
Canadian Illustrated News: A Commemorative Portfolio. Montréal, McClelland & Stewart, 1970. VI parties.

Greenhill, Ralph et Andrew Birrell.
Canadian Photography: 1839-1920. Toronto, The Coach House Press, 1979. 183 p.

Hébert, François.
Analyse du contenu de la revue Hérauts publiée par les Éditions Fides de 1944 à 1965. Thèse de M.A., Université Laval, 1981.

Jones, Mary Fallis.
«The Canadian Illustrated News — Glimpses of High Victorian Life in Canada», *Canadian Collector* (mai-juin 1981):43-46.

Laurence, Gérard.
«Illustration et Information dans les quotidiens francophones du Québec», *La Barre du Jour* (aut. 1972):9-37.

Major, Henriette.
«Nos Racines: L'histoire des Québécois comme un beau roman illustré», *Perspectives*, 22, 11(15 mars 1980):16-18.

Nelles, Charles M.
Selections from Picturesque Canada. An Affectionate Look Back. Victoria, Pandora, 1975.

Pantazzi, Sybille.
«Groupe of Seven — Early Magazine Drawings», *Canadian Collector* (fév. 1969):22-23.

Reid, Dennis.
«Notre patrie le Canada». *Mémoires sur les aspirations nationales des principaux paysagistes de Montréal et de Toronto 1860-1890*. Ottawa, Galerie nationale du Canada, Musées nationaux du Canada, 1979.

Livre d'enfants

Général

Bader, Barbara.
American Picture Books from Noah's Ark to the Beast Within. New York,

Macmillan Publishing Co. Inc., 1976. 615 p.

Brenni, Vito J.
Book Illustration and Decoration. A Guide to Research. Westport (Conn.), Greenwood Press, 1980. 191 p. 2 114 titres.

Des livres et des jeunes. Sherbrooke, Association canadienne de littérature de jeunesse (ACLJ). Numéros thématiques, 3, 8(hiv. 1981).

De Vries, Leonard.
Flowers of Delight. Montréal, McClelland and Stewart, 1965. 232 p.

Durand, Marion et Gérard Bertrand.
L'image dans le livre pour enfants. Paris, École des loisirs, 1975. 220 p. c.r. par Louisette Bergeron-Choquette, *Documentation et Bibliothèques*, 23, 1(mars 1977):48-51.

Escarpit, Denise.
Les Exigences de l'image dans le livre de la première enfance. Paris, Éditions Magnard, 1973. 217 p.

Gottlieb, Gerald.
Early Children's Books and Their Illustration. Toronto, Oxford University Press, 1975. xxx, 263 p.

Kingman, Lee et al.
Illustrators of Children's Books. 1957-1966: xvii, 295 p.; *1967-1976*: xiv, 290 p. Boston, The Horn Book, 1968 et 1978.

Mahony, Bertha E. et al.
Illustrators of Children's Books, 1744-1945. Boston, Horn Book Inc., 1961. xvi, 527 p.

Major, Henriette.
«Avec des yeux d'enfants», *La Barre du Jour* (aut. 1972):75-83.

Malenfant, Nicole.
«L'illustration: une porte ouverte sur l'imaginaire», *Des livres et des jeunes*, 3, 8(hiv. 1981):18-21.

Pelletier-Bourneuf, Denyse.
«Quelques jalons pour une appréciation du livre d'images», *Des livres et des jeunes*, 3, 8(été 1981):23-25.

Regina, Norman Mackenzie Art Gallery.
The Illustration of Books for Children: An Historical Sampling. Regina, The Gallery, 1977. 56 p. [Catalogue d'exposition].

Ryder, Huia G.
«Children's Books of the Past», *Canadian Collector* (été 1966):16-17.

Toronto Public Library.
Osborne Collection of Early Children's Books (The), 1476-1910. Toronto, Toronto Public Library, 1975. 2 vol., 1138 p.

3rd International Survey of Children's Book Illustration — 3e Aperçu international des illustrations de livres d'enfants. Zurich, W. Herdeg, The Graphis Press, 1975. 136 p.

Canada

Amtmann, Bernard.
Early Canadian Children's Books 1763-1840; a bibliographical investigation into the nature and extent of early Canadian children's books and books for young people. Livres de

l'enfance et livres de la jeunesse au Canada 1763-1840; étude bibliographique. Montréal, 1976. 150 p.

Amtmann, Bernard.
A bibliography of Canadian Children's Books and Books for Young People 1841-1867 / Livres de l'enfance et livres de la jeunesse au Canada 1841-1867. Montréal, 1977. 124 p.

Aubrey, Irene E.
Animals in Canadian Children's Books/Livres canadiens sur les animaux pour la jeunesse — Liste. Ottawa, B.N.C., 1978. 10 p.

Aubrey, Irene E.
Canadian Children's Books. A Treasury of Pictures. Livres canadiens. Un trésor d'images. Ottawa, B.N.C., 1976. 18 p.

Bibliothèque nationale du Canada.
Contemporary Children's Picture Books. Albums illustrés pour enfants. Ottawa, B.N.C., 1974. 16 p.

Children's Book Center.
Guide for Children's Authors and Illustrators. Toronto, Children's Book Center, 1978. 4 p.

Communication-Jeunesse.
Illustrateurs canadiens pour la jeunesse. Montréal, C.-J., 1975. 32 p.

Egoff, Sheila.
The Republic of Childhood: A Critical Guide to Canadian Children's Literature in English. Toronto, Oxford University Press, 1967 et 1975. xxiii, 287 p.

Farley, Paul-Émile.
Livres d'enfants. Montréal, Clercs de Saint-Viateur, 1929. 97 p.

In Review. Canadian Books for Children. Toronto, vol. 1, 1967.

Loomer, L.S.
«Early Children's Book of the Atlantic Provinces: Notes on the Literature to 1915 (part one)», The Occasional (An Occasional Journal for Nova Scotia Museums), 6, 2(aut. 1980):8-13.

McDonough, Irma, Ed.
Canadian Books for Young People. Livres canadiens pour la jeunesse. Toronto, University of Toronto Press, 1978. x, 148 p.

McDonough, Irma, Ed.
Profiles. Ottawa, Canadian Library Association, 1975. 159 p.

Notable Canadian Children's Books. Un choix de livres canadiens pour la jeunesse. Ottawa, National Library, 1973. 91 p. Suppléments.

...Pictures to share: illustration in Canadian children's books. Images pour tous: illustrations de livres canadiens pour enfants. Ottawa, National Library of Canada, 1979. 32 p.

Smiley, Barbara.
Illustrators of Canadian books for young people. Toronto, Ontario Ministry of Culture and Recreation, Provincial Library Service, 1979. 49 p.

Québec

«Illustrateurs pour la jeunesse», Le Devoir (28 nov. 1978):14, col. 6.

347

Sources d'information sur les livres canadiens-français pour enfants. Sources of French-Canadian materials for children. Ottawa, National Library of Canada, 1979. 7 p.

Bélanger, France et André Lamarre.
«Images, valeurs, thèmes dans la littérature québécoise pour la jeunesse, 1950-1971», Paule Daveluy et Guy Boulizon, *Création culturelle pour la jeunesse et identité québécoise* (texte de la rencontre de 1972, Communication-Jeunesse), (Montréal, Leméac, 1973):27-53.

Bizier, H.-A.
«Les livres jeunesse: une littérature en quête d'auteurs», *Perspectives*, 19, 19(7 mai 1977):18-22.

Cartier, Lyse.
«Plus jamais sages comme des images», *Décormag*, 51(fév. 1977):66-71.

Communication-Jeunesse.
100 livres pour nous. 100 livres à nous. Montréal, C.-J., 1978. 24 p.

Duval-Le Monnier, Thérèse.
«Mosaïque express — Bravo Duranceau!», *Châtelaine*, 22, 7(juill. 1981):5.

Fontannaz-Howard, Lucienne.
«Les livres d'images québécois», *Documentation et bibliothèques*, 22, 2(juin 1976):87-90.

Fontannaz-Howard, Lucienne.
Propos sur le livre d'images québécois. Montréal, Université Concordia, 1975. 128 p.

Lemieux, Louise.
«Le livre québécois pour la jeunesse», G.A. Chartrand, *Livre, bibliothèque et culture québécoise: mélanges offerts à Edmond Desrochers...*, (Montréal, ASTED, 1977) vol. 1:131-149.

Lemieux, Louise.
Pleins feux sur la littérature de jeunesse au Canada français. Montréal, Leméac, 1972. 337 p.

Lurelu. Montréal, Communication-Jeunesse, 1978.

Major, Henriette.
«Il était une fois...», *Culture vivante*, 26(sept. 1972):18-21.

Potvin, Claude.
La littérature de jeunesse au Canada français: bref historique, sources bibliographiques, répertoire des livres. Montréal, Association canadienne des bibliothécaires de langue française, 1972. 110 p. (2ᵉ édition: *Le Canada français et sa littérature de jeunesse.* Moncton, Éditions CRP, 1981. 185 p.).

Roberge, Hélène.
«Le tour de l'image avec Tibo», *Des livres et des jeunes*, 3, 8(hiv. 1981):3-6.

Sévigny, Marc.
«L'Aventure périlleuse de l'édition pour enfant», *Éducation Québec*, 9, 6(av. 1979):10-17.

Livre illustré

Général

Barberi, Francesco.
«Graphic Arts: Illustration», *Encyclopedia of World Art*, 6(1962):687-696.

Brenni, Vito J.
Book Illustration and Decoration. A Guide to Research. Westport (Conn.), Greenwood Press, 1980. 191 p. 2 114 titres.

Brivois, Jules.
Bibliographie des ouvrages illustrés du XIXe siècle. Guide de l'amateur. Hildesheim, G. Olms Verlag, 1974. xiii, 468 p.

Galarneau, Claude.
«Le livre ancien au Québec: état présent des recherches», *Revue française d'histoire du livre*, 46, 16(juill.-sept. 1977):335-348.

Galerie nationale du Canada.
Exhibition of Book Illustration and Fine Printing. Ottawa, 1937. 31 p.

Hamilton, Sinclair, ed.
Early American Book Illustrators and Wood Engravers 1670-1870. Princeton, Princeton University Library, 1958. 265 p., 124 pl.

Holme, C. Geoffrey.
Modern Book Illustration in Great Britain and America. New York, W.E. Rudge, 1931. 144 p.

Jussim, Estelle.
Visual Communication and the Graphic Arts: Photographic Technologies in the Nineteenth Century. New York, R.R. Bowker Co., 1974. xv, 364 p.

Lamonde, Yvan.
«La recherche sur l'histoire de l'imprimé et du livre québécois», *Revue d'histoire de l'Amérique française*, 28, 3(déc. 1974):405-414.

MacLean, Ruari.
Victorian Book Design & Colour Printing. Londres, Faber & Faber, 1963. xvi, 182 p.

MacLean, Ruari.
Modern Book Design from William Morris to the Present Day. Londres, Faber & Faber, 1958. 115 p.

Martin, Henry et al.
Le livre français des origines à la fin du second Empire. Paris, G. van Oest, 1924. ix, 184 p.

Bibliothèque nationale.
Le Livre dans la vie quotidienne. Paris, 1975. 179 p.

Réau, Louis.
La gravure d'illustration en France au XVIIIe siècle. Paris, 1928. 69 p.

Reilly, Elizabeth Carroll.
A Dictionary of Colonial American Printers' Ornaments and Illustrations. Worcester, American Antiquarian Society, 1975. xxxvi, 515 p.

Simon, Howard.
Five Hundred Years of Art in Illustration from Albrecht Durer to Rockwell Kent. New York, Hacker Art Books, 1978. xvii, 476 p.

Thomas, Alan G.
Great Books and Book Collectors. Londres, Weidenfeld & Nicolson, 1975. 280 p.

Canada/Québec

Auger, Roland.
«Ouvrages anciens recueillis de la communauté des Eudistes», *Bulletin de la Bibliothèque nationale du Québec* (sept. 1981):15.

Burgoyne, St. George.
«Some Canadian Illustrators», *Canadian Bookman* (janv. 1919):21-25; (av. 1919):27-30.

Campbell, H. C.
«Reprinting Early Canadian Books», *Canadian Collector* (mars 1969):18-19.

Colgate, William G.
Canadian Art: Its Origin and Development. Toronto, McGraw-Hill Ryerson, 1967. 278 p.

Collard, Elizabeth.
«Flowers to Heal and Comfort: Mrs. Traill's Books for Collectors», *Canadian Collector* (mai-juin 1978):32-36.

Design Canada.
The Look of Books. Les plus beaux livres. Ottawa, GNC, 1974-1975.

Firth, Edith G.
«Books and Broadsides», Donald Blake Webster, *The Book of Canadian Antiques* (Toronto, McGraw Hill Ryerson, 1974):313-326.

Ostiguy, Denise A.
«L'illustration du livre au Québec», G.-A. Chartrand, *Livre, bibliothèque et culture québécoise: mélanges offerts à Edmond Desrochers. . .* (Montréal, Asted, 1977):99-111.

Pantazzi, Sybille.
«Book Illustration and Design by Canadian Artists 1890-1940», *Bulletin de la Galerie nationale du Canada*, 4, 1(1966):6-24.

Stillman, Terry A.
«Book Illustrations by the Group of Seven», *Antiques & Art*, 6, 5(juin-juill. 1980):32-36.

Logotype — voir sigle

Macaron

Direct Film Catalogue (aut.-hiv. 1980-1981):15.

Albert, Alphaeus Homer.
Political Campaign and Commemorative Buttons. Hightstown (N.J.), 1966. xi, 76 p.

Defalco, Jane.
«This Man's Right on the Buttons», *The Citizen*, (12 fév. 1981):4.

Hake, Theodore L.
The Button Book. New York, Dafran House, 1973. 255 p. 5 000 macarons.

Hake, Theodore L.
Encyclopedia of Political Buttons. United States, 1896-1972. New York, Dafran House, 1974. 256 p.

Hake, Theodore L.
Political Buttons Book II, 1920-1976; Political Buttons Book III, 1789-1916. Suite de son livre *Encyclopedia of Political Buttons*.

Harris, Eiran.
«Buttons from Soups to Nuts», *CanadiAntiquer*, 3, 11(av. 1978):17-18.

Harris, Eiran.
«Give Until it Hurts», *CanadiAntiquer*, 4, 5(oct. 1978):14.

Harris, Eiran.
«All About Buttons», *CanadiAntiques*, 5, 7(déc. 1979):8; 8(janv. 1980):4; 6, 4(sept. 1980):6.

Harris, Eiran.
«Why not? Indeed!», *CanadiAntiquer*, 4, 2(juill. 1978):16.

Joanisse, Marc-André.
«Pour Sébastien St-Jean: l'objectif de 1 000 macarons de l'Outaouais», *Le Régional* (28 août 1981):15.

Wearin, Otha D.
Political Campaign Buttons. Leon (Iowa), Mid-American Book Co., 1969. 51 p.

Menu

Mazars, Pierre.
«Trophées gastronomiques», *Jardin des Arts*, 192(nov. 1970):72-74.

Schmidt, Hanspoter.
Menu Design. Fribourg, Office du livre, 1981.

Panneau-réclame

Henderson, Sally et Robert Landau.
Billboard Art. San Francisco, Chronicle Books, 1980. 112 p.

Lambert, Jean-Marc.
«Affiche, enseigne, étiquette, pancarte, panneau ou plaque?», *Meta: journal des traducteurs*, 24, 4(déc. 1979):464.

Outdoor Advertising Association of Canada.
Outdoor Advertising in Canada: The Modern Marketing Force. Toronto, O.A.A.C., 1966; *Inside Outdoor*. Toronto, O.A.A.C., 1970.

St. Catharine, Ont. — Rodman Art Center.
Niagara Now. Catalogue d'une exposition au centre Rodman et sur les panneaux-réclame de la ville (28 av.-21 mai 1972).

Tocker, P.
Outdoor Advertising. New York, Outdoor Advertising Association, 1969.

Papier peint

Amic, Yolande et Yvonne Brunhammer.
«L'Histoire des papiers peints», *L'Oeil*, 149(mai 1967):42-51.

Andy.
«Wallpaper», *The Citizen*, Ottawa (1er sept. 1981):61.

Duncan, Dorothy.
«Nineteenth Century Room Paper in Canada», *Canadian Collector* (janv.-fév. 1973):20-21.

Greysmith, Brenda.
Wallpaper. New York, Macmillan Publishing Co. Inc., 1976. 208 p.

Partition musicale

Bibliothèque nationale du Canada.
Index sur fiches des partitions musicales. Ottawa, Département de musique.

Bouchard, Antoine et Élisabeth Gallat-Morin.
Témoins de la vie musicale en Nouvelle-France. Québec, ministère des Affaires culturelles, 1981. 74 p.

Bradley, Jan L.
A Selected Bibliography of Musical Canadiana. Victoria, University of Victoria, 1976. 177 p.

Brenni, Vito J.
Book Illustration and Decoration. A Guide to Research. Westport (Conn.), Greenwood Press, 1980. 191 p. 2 114 titres.

351

Calderisi, Maria.
L'édition musicale au Canada, 1800-1867. Ottawa, Bibliothèque nationale du Canada, 1981. 124 p.

Canadian Music Library Association.
Musical Canadiana; a subject index. A preliminary ed. in which will be found listed some 800 vocal and instrumental pieces of music published... up to 1921. Ottawa, CMLA, 1967. 62 p.

Dichter, Harry et Elliott Shapiro.
Early American Sheet Music. Its Lure and its Love, 1768-1889. New York, R.R. Bowker Co., 1941. 187 p.

Klamkin, Marian.
Old Sheet Music. New York, Hawthorne Books Inc., 1975. 214 p.

Landauer, Bella C.
Some Aeronautical Music. Paris, 1933.

Landauer, Bella C.
Striking the Right Note in Advertising. New York, [s.é.], 1950.

Lande, Lawrence.
A Checklist of Early Music Relating to Canada, Collected, Compiled and Annoted. Montreal, McGill University, 1973. 23 p.

Seline, Janice.
L'illustration de la chanson folklorique au Québec, des origines à la bonne chanson. Montréal, Musée des beaux-arts, 1980.

Shepard, Leslie.
The Broadside Ballad; a Study in Origins and Meaning. Londres, H. Jenkins, 1962. 205 p.

Placard

Bumgardner, Georgia B.
American Broadsides. Barre (E.-U.), Imprint Society, 1971.

Firth, Edith G.
A Century of Ontario Broadsides, 1793-1893; A Typographic Exhibition in the Toronto Public Library. Toronto, 1965. 20 p.

Firth, Edith G.
«Books and Broadsides», Webster: *The Book of Canadian Antiques*, p. 313-326.

Fox, Hyla Wults.
«Canada Book Auctions», *Canadian Antiques & Art Review*, 1, 5(fév. 1980):34-35.

Library of Congress.
Catalogue of Broadsides in the Rare Book Division. Boston, G.K. Hall, 1972. 4 vol.

Peel, Bruce.
Early Printing in the Red River Settlement, 1859-1870 and its Effect on the Riel Rebellion. Winnipeg, Peguis, 1974. 56 p.

Rickards, Maurice.
The Public Notice: an Illustrative History. David and Charles, 1973. 128 p.

Séguin, Jean-Pierre.
«Les Canards au XIXe siècle», Jean Adhémar, *L'Imagerie populaire française* (Paris, Weber, 1968):195.

Séguin, Jean-Pierre.
Nouvelles à sensation. Canards du 19e siècle. Coll. «Kiosque» no 3. Paris, Armand Colin, 1959. 227 p.

Pochette de disque

«Exposition «La Pochette», *Le Devoir* (1er nov. 1977):21, col. 6.

Baticle, Yveline-R.
«La pochette de disque et son message», Anne-Marie Thibault-Laulan, *Image et Communication* (Paris, Éditions universitaires, 1972):183 p.

Case, Brian.
The Illustrated Encyclopedia of Jazz. New York, Salamander, Harmony Books, 1978. 224 p. 275 pochettes.

Francey, Peter.
«Il faut bien que quelqu'un se penche sur les pochettes/Creating Artwork for the Canadian Music Business», *Le Compositeur Canadien/The Canadian Composer*, 101(mai 1975):31, 33 (français); 30, 32 (anglais).

Herdeg, Walter.
Record Covers. The evolution of graphics reflected in record packaging/ L'évolution de l'art graphique vue à travers la chemise de disque. Zurich, Graphis Press, 1974. 192 p. Une chemise canadienne.

Hipgnosis et Roger Dean.
Album Cover Album. The Book of Record Jackets. New York, A Dragon's World Book, A & W Visual Library, 1977. 160 p.

Juneau, Normande.
«Arts: il y a des gens qui travaillent de la pochette!», *Châtelaine*, 19, 2(fév. 1978):30.

Lachapelle, Louise.
«Charlebois», *Perspectives*, 17, 7(15 fév. 1975):15-17.

Landry, Jean-Eudes.
«Où est passée la noce?», *Loisir Plus*, 43(mars 1976):16-17.

Logan, Nick et Bob Woffinden.
The Illustrated Encyclopedia of Rock. New York, Harmony Books, 1976. 155 p. 300 chemises.

Manescau, Jacqueline.
«Pochette de disque: média ou emballage», *Le Photographe*, 4(av. 1980):37-44.

Saleh, Dennis.
Rock Art. The Golden Age of Record Album Covers. New York, Comma Books & Ballantine Books, 1977. 134 p.

Sac d'emballage

«Coming Surprises in Paper Bag Design», Packaging Institute, *Full Texts of Papers Presented at the 27th Annual National Packaging Forum - New York 28-30 sept. 1965 (New York, 1965):205-273.*

Sigle

«Deux logos mis à profit», *Commerce*, 81(mars 1979):148-149. (Aéroport de Mirabel).

«The Story Behind the New CBC Logo», *Marketing*, 79(8 mars 1974):32.

Barach, Arnold B.
Famous American Trademarks. Washington (D.C.), Public Affairs Press, 1971. 192 p.

Blanchard, Gérard.
«Le discours de la marque: le logotype», *Communication et Langages*, 36(4e trimestre 1977):65-78.

Cooper, Al.
World of Logotypes. New York, Art Direction Book Co., 1976. 2 vol.

Danard, Jean.
«Symbols to Poster Sales», *Financial Post*, 62(5 oct. 1968):41-42.

Diethelm, Walter.
Emblème — signal — symbole. Répertoire de signes internationaux. Zurich, Éditions ABC, 1970. 226 p.

Eber, D. et M. Harris.
«Tough, Tricky Art of Logo-making», *Maclean Magazine*, 81(mars 1968):2.

Gottschalk, Fritz.
«Graphisme québécois: un art en devenir», *Antennes*, 13-14(1er-2e trimestres 1979):30-34.

Haiat, Pierre.
«Sigles et logotypes», *Schéma et Schématisation*, (Paris) 8(1977):49-55.

Kramer, Burton.
«Canada», Franco Maria Ricci, *Top Symbols and Trademarks of the World*, 7 vol. Milan, Deco Press, 1973: vol. 2, 336 éléments.

Kuwayama, Yasaburo.
Trademarks and Symbols. New York, Van Nostrand Reinhold 1973: vol. 1: *Alphabetical Designs*, 193 p.; vol. 2: *Symbolical Designs*, 186 p. 3 074 illustrations.

Leblond, Jean-Claude.
«Gouvernement du Québec: une nouvelle image de marque», *Antennes*, 13-14(1er-2e trimestres 1979):43.

Le Bourdais, Eric.
«What does your Trademark Say about your Company?», *Industrial Canada*, 68(déc. 1967):30-34.

Nataf, Georges.
Symboles, signes et marques. Paris, Berg, 1973. 315 p.

Pelletier, Jean-François.
Une publicité en quête de qualité. Montréal, Publicité Pelletier Limitée, 1977. 359 p.

Smart, Leslie.
«Your Corporate Symbols are Showing», *Business Quarterly*, 34(été 1969):66-78.

Wildbur, Peter.
International Trademark Design. A Handbook of Marks of Identity. Londres, Barrie & Jenkins, Communication Europa, 1979. 135 p.

Signet

Coysh, Arthur Wilfrid.
Collecting Bookmarkers. New York, Drake, 1975. 96 p.

Laundy, Jean.
«To Mark My Place», *Canadian Collector*, 15, 6(nov. 1980):29-31.

Sous-verre

Osborne, Keith et Brian Pipe.
The International Book of Beer Labels, Mats & Coasters. Secausus (N.J.), Chartwell Books Inc., 1979. 93 p.

Timbre

«Profil d'un dessinateur de timbres», *Bulletin philatélique*, Ottawa, Postes Canada, 81-1(1981).

Bond, Nelson.
The Postal Stationery of Canada. A Reference Catalogue. Shrub Oak (N.Y.), Herman Herst Jr., 1953.

Brennan, James E.
Chronique dans *The Postal History Society of Canada Journal.*

Bringinshaw, Geoffrey F.
«Canadian Painters in Philately», *The Canadian Philatelist*, 28, 3(mai-juin 1977):147-151; 4(juill-août 1977):215-219; 5(sept.-oct. 1977):271-275.

Burgess, Eric L.
«Canadian Postage Stamps», *Canadian Art*, 20, 1(janv.-fév. 1963):54-56.

Canada, Bureau de poste.
Canada's Postage Stamps. Le timbre-poste canadien. Ottawa, Imprimeur de la Reine, 1969. 20 p.

Canada: les belles histoires des timbres-poste. Ottawa, 1972. 114 p.

Charland, Robert.
«Une collection vraiment unique», *La Philatélie au Québec*, 5, 4(déc. 1978):8.

Comfort, Charles et Donald W. Buchanan.
«Wanted! Better Designs for Canadian Postage Stamps», *Canadian Art*, 5, 1(oct.-nov. 1947):24-29.

Felter, James Warren.
Artists' Stamps and Stamp Images. Burnaby (C.-B.), Simon Fraser Gallery, Simon Fraser University, 29 oct.-15 nov. 1974.

Hansen, Glenn F.
The Guidebook and Catalogue of Canadian Stamps. Winnipeg, Regency Pub. Co., 1970 et 1973.

Lorente, Luis Maria.
«El arte del grabado en los sellos del correo», *Goya*, 157(juill.-août 1981):24-27.

Morin, Cimon.
Canadian Philately: Bibliography and Index, 1864-1974. Philatélie canadienne: bibliographie et index. Ottawa, National Library of Canada, 1979. 281 p.

Nicholson, N.L.
«Our Heritage of Maps on Canadian Stamps», *Canadian Geographic*, 98(fév.-mars 1979):48-51.

Patrick, Douglas et Mary Patrick.
Canada's Postage Stamps. Toronto, McClelland and Stewart, 1964. 220 p.

Patterson, Robin.
«Mediums of Exchange», *Canadian Collector* (mai-juin 1976):78-79.

B.N.A. Topics. Périodique publié à Ottawa par la British North America Philatelic Society. *B.N.A. Topics* et *Maple Leaves* (publié en Angleterre) sont les deux principaux périodiques à propos des timbres canadiens.

The Canadian Philatelist. Ottawa, Royal Philatelic Society of Canada. Périodique. Depuis 1950.

The Essay-Proof Journal Devoted to the Historical and Artistic Background of Stamps and Paper Money. Périodique. Depuis 1944.

La philatélie au Québec. Philately in Quebec. Fédération des Sociétés philatéliques du Québec. Périodique.

Musée de la poste — Ottawa.
Les clubs de philatélistes anglophones et francophones y envoient leurs bulletins, les avis de réunions et leurs listes de membres.

Pijoan, J.
«Art for the People», *Canadian Forum*, 1, 11(août 1921):336-338.

Rosenthal, Max.
«Artists' Thoughts on Canadian Stamps», *The Canadian Philatelist*, 32, 1(janv.-fév. 1981):33.

Roussan, Jacques de.
«Deux timbres olympiques», *Vie des arts*, 83(été 1976):77.

Rowe, C.F.
«Collectables: Stamps», *Canadian Collector* (mars-av. 1975):52-53.

Seary, Victor.
A Postage Stamp History of Canada. Toronto, McGraw Hill Ryerson, 1972. 168 p.

Taschereau, Yves.
»Un Canada mal léché», *L'Actualité*, 3(juin 1978):39-42.

Taschereau, Yves.
Collectionner les timbres. Montréal, Éditions de l'Homme, 1978. 174 p.

Vignette

Cirker, Blanche.
1 800 Woodcuts by Thomas Bewick and his School. New York, Dover Publications, 1962.

Salman, Robert.
Fleurons (et) vignettes: frises, bandeaux, culs de lampe (et) gravures des XVe, XVIe, XVIIe, XVIIIe et XIXe siècles. Paris, Compagnie française d'éditions, 1966. 62 doubles feuillets de planches.

Tuer, Andrew W.
1 000 Quaint Cuts from Books of Other Days. Detroit, Siging Tree Press, 1968.

Zucker, Irving.
A Source Book of French Advertising Art, with Over 5 000 Illustrations from the Turn of the Century. Londres, Faber & Faber, 1966. 256 p.

Aspects particuliers

Diffusion

Bellemare, Pierre.
«Ce monde merveilleux des vendeurs de nostalgie», *Vidéo-Presse*, 6, 6(fév. 1977):18-19.

Côté, Augustin.
Catalogue de livres, brochures, journaux, etc., sortis de l'Imprimerie générale, Québec, 8 rue de Fort, depuis sa fondation le 1er décembre 1842. 2e édition, 1898. 32 p.

Calderisi, Maria.
L'Édition musicale au Canada, 1800-1867. Ottawa, Bibliothèque nationale du Canada, 1981. 124 p.

Desbarats, Peter.
Canadian Illustrated News: A Commemorative Portfolio. Montréal, McClelland & Stewart, 1970. vi parties.

Drolet, Antonio.
Les bibliothèques canadiennes (1604-1960). Montréal, le Cercle du livre de France, 1965. 234 p.

Fournier, Régis.
«D'un cabinet des estampes au Québec», *Cahiers*, 1, 3(aut. 1979):12-13. [Repris dans *Bulletin de la Bibliothèque nationale du Québec*, 14, 1(mars 1980):12-14].

Françon, André.
La propriété littéraire et artistique. Paris, Presses universitaires de France, 1970. 136 p.

Gundy, Henry Pearson.
Book Publishing and Publishers in Canada before 1900. Toronto, Canadian Bibliographical Society, 1965. iv, 63 p.

Lemoine, Henry.
Present State of Printing and Bookselling in America, 1796. Chicago, 1929. 23 p.

Massicotte, Édouard-Zotique.
«Cinquante ans de Librairie à Montréal», *Bulletin des recherches historiques*, 49(4 av. 1943):103-107.

Massicotte, Édouard-Zotique.
«Images d'Épinal», *Bulletin des recherches historiques*, 53(1947):216-218.

Massicotte, Édouard-Zotique.
«Le libraire relieur Bargeas», *Bulletin des recherches historiques*, 36, 8(août 1930):466-469.

Massicotte, Édouard-Zotique.
«Libraires — Papetiers — Relieurs à Montréal au XVIIIe siècle», *Bulletin des recherches historiques*, 36, 5(mai 1930):298-299.

Massicotte, Édouard-Zotique.
«Quelques libraires montréalais d'autrefois», *Bulletin des recherches historiques*, 49(10 oct. 1943):298-300; 50(6 juin 1944):170-173.

Oak, Lydia.
Le droit d'auteur: une bibliographie sélective. Ottawa, Bibliothèque nationale du Canada, 1980. 8 p.

Pantazzi, Sybille.
«Canadian Prize Books», *Canadian Collector* (mars 1970):24-27.

Pantazzi, Sybille.
«Canadian School Life in the 19th Century, Student Prize Books», *Canadian Collector* (janv.-fév. 1975):26-30. 2 articles.

Pantazzi, Sybille.
«Early Academic Laurels in Canada», *Canadian Collector* (juill.-août 1977):40-44.

Pierce, Lorne.
The House of Ryerson, 1829-1954. Toronto, Ryerson Press, 1954. 52 p.

Roy, Jean-Louis.
Édouard-Raymond Fabre, libraire et patriote canadien (1799-1954): contre l'isolement et la sujétion. Montréal, Hurtubise HMH, 1974. 220 p.

Trudel, Clément.
«P.-A. Martin, éditeur», *Antennes*,
18(1980):41-45.

Vipond, Patti.
«Toronto Print Gallery», *Canadian Collector* (nov.-déc. 1978):17-19.

Wallace, William Stewart.
The Ryerson Imprint, a Checklist of the Books and Pamphlets Published by the Ryerson Press Since the Foundation of the House in 1829. Toronto, Ryerson Press, 1954. 141 p.

Histoire de l'imprimerie

American Dictionary of Printing and Bookmaking: Containing a History of these Arts in Europe and America, with Definitions of Technical Terms and Biographical Sketches. Detroit, Gale, 1967. iv, 592 p.

Audin, Marius.
Histoire de l'Imprimerie par l'image. Paris, Henri Jonquières, 1928-29. 4 vol.

Bassam, Bertha.
The First Printers and Newspapers in Canada. Toronto, University of Toronto School of Library Science, 1968. 25 p.

Buono, Yolande.
Imprimerie et Diffusion de l'imprimé à Montréal 1776-1820. Montréal, Université de Montréal, 1980. 216 p.

Carroll, E.G.
«History of Printing», *Canadian Collector* (mars-av. 1973):43-45. [L'imprimerie à l'Ile-du-Prince-Édouard].

Chappell, Warren.
A Short History of the Printed Word. Boston, Nonpareil Books 1980. xv, 244 p.

Elliott, Shirley.
«Heritage in Printing», *Canadian Collector* (janv.-fév. 1972):71-74. [Imprimerie en Nouvelle-Écosse].

Fauteux, Aegidius.
«Les débuts de l'imprimerie au Canada», *Les Cahiers des Dix*, 16(1951):17-37.

Fauteux, Aegidius.
L'introduction de l'imprimerie au Canada. Une brève histoire. Montréal, Cie de papier Rolland, 1957. [Traduction de *The Introduction of Printing into Canada. A brief history...* Montreal, Rolland Paper Co, 1930, xvi, 178 p.].

Gagnon, Philéas.
«Graveurs canadiens», *Bulletin des recherches historiques*, 2, 7(juill. 1896):108-109.

Gauthier, André.
Bibliographie annotée sur les débuts de l'imprimerie au Québec. Montréal, Université de Montréal, 1975. 10 p.

Gibson, John et Laurie Lewis.
Sticks and Stones: Some Aspects of Canadian Printing History. Toronto, Toronto Typographic Association, 1980. 120 p.

Guimond, Lionel.
La Gazette de Montréal, de 1785 à 1790. Thèse de M.A. (lettres), Université de Montréal, 1958. 304 p.

Gundy, Henry Pearson.
Early Printers and Printing in the Canadas. Toronto, Bibliographical Society of Canada, 1964. 62 p.

Gundy, Henry Pearson.
The Spread of Printing. Western Hemisphere: Canada. New York, Abner Schram, 1972. 86 p.

Haworth, Eric.
Imprint of a Nation. Toronto, Baxter Publishing, 1969. 220 p.

Lapointe, Raoul.
Histoire de l'imprimerie au Saguenay, 1879-1969. Chicoutimi, Société historique du Saguenay, 1969. 292 p.

Letocha, Louise.
Les Origines de l'art de l'estampe au Québec. [S.l., s.é.], 1975. viii, 136 p.

Lewis, C.T. Courtney.
The Story of Picture Printing in England During the Nineteenth Century; or, Forty Years of Wood and Stone. Londres, Sampson Low, 1928. xxxv, 405 p.

Melot, Michel et al.
L'estampe, l'histoire d'un art. Skira, 1981.

Oswald, John Clyde.
Printing in the Americas. Port Washington (N.Y.), Kennikat Pres, 1965. 2 vol.: 506 et 525 p.

Peel, Bruce.
Early Printing in the Red River Settlement. 1859-1870 and its Effect on the Riel Rebellion. Winnipeg, Peguis, 1974. 56 p.

Reilly, Elizabeth Carroll.
A Dictionary of Colonial American Printers' Ornaments and Illustrations. Worcester, American Antiquarian Society, 1975. xxxvi, 515 p.

Renault, Raoul.
Débuts de l'imprimerie. Québec, Imprimé pour l'auteur, 1905. 72 p.

Rodwell, Lloyd.
«Printing», *Canadian Collector* (juill.-août 1973):17-18. [Imprimerie en Saskatchewan].

Thomas, Isaiah.
The History of Printing in America. New York, Weathervane Books, 1970. 650 p.

Toronto Public Library.
Canadian Book of Printing. Toronto, Toronto Public Libraries, 1940. 130 p.

Tremaine, Marie.
A Bibliography of Canadian Imprints, 1751-1800. Toronto, University of Toronto Press, 1952. 705 p.

Tremaine, Marie.
«A Half-Century of Canadian Life and Print, 1751-1800», *Essays Honoring Lawrence C. Wroth* (Portland (Me), 1951):371-390.

Imprimeurs

«Cover Story», *CanadiAntiquer*, 1, 10(mars 1976):9 et couverture.

Archives publiques du Canada. Manuscrits. *Fleury Mesplet*. Dossier MG23 B38.

Archives publiques du Canada. Manuscrits. *John Nelson*. Dossier MG24 B1.

Archives publiques du Canada. Manuscrits. *Ludger Duvernay*. Dossier MG24 C3.

Auger, Roland.
Essai de bio-bibliographie sur Ludger Duvernay, imprimeur, journaliste et fondateur de la Société Saint-Jean-Baptiste. Montréal, 1953. 114 p.

Bibliothèque de la ville de Montréal. Salle Gagnon. Collection Fauteux.
Les imprimeurs canadiens. Notes et références biographiques et historiques. 150 p.

Colgate, William.
«Louis Roy 1771-1799. First Printer in Upper Canada», *Ontario History*, 43, 3(1951):123-142.

Colgate, William.
Nahum Mower: an Early Printer of Montreal. Toronto, Press of the North Toronto Herald, 1964. 27 p.

Fauteux, Aegidius.
»Fleury Mesplet: une étude sur les commencements de l'imprimerie dans la ville de Montréal», *The Papers of the Bibliographical Society of America*, 28, partie 2(1934):164-193.

Greig, Peter E.
Fleury Mesplet (1734-1794), the First French Printer in the Dominion of Canada: a bibliographical Discussion. Thèse de M.A., University of Leeds (Angleterre), 1973. iii, 214 p.

Joyner, Geoffrey.
«Canadian Subjects of Currier & Ives: American Lithographers», *Canadian Collector* (sept. 1970):14-16.

Lewis, Charles T. Courtney.
George Baxter, The Picture Printer. Londres, S. Low, Marston & Co. Ltd., 1924. xxxvi, 608 p.

Marlowe, Christina.
«Currier & Yves. They Measured America's Growth in Pictures», *Antiques & Art*, 6, 2(déc. 1979-janv. 1980):44-46, 52-53.

McClinton, Katherine.
The Chromolithographs of Louis Prang. New York, Clarkson N. Potter Inc., 1973. 246 p.

McKeeman, Karl.
«Currier and Ives in Canada», *CanadiAntiquer*, 2, 8(janv. 1977):10-11.

McLachlan, R.W.
«Fleury Mesplet, the First Printer at Montreal», *The Transactions of the Royal Society of Canada*, 2ᵉ serie, 12, section II (Ottawa, J. Hope, 1906):197-309.

Morin, Victor.
Fleury Mesplet Pionnier de l'imprimerie à Montréal. Montréal, Papier Rolland, 1939. 30 p.

Peters, Harry T.
Currier & Ives: Printmakers to the American People. New York, Doubleday, Doran & Company, 1929, 1931, 1942. 41 p. 191 planches.

Rawls, Walton.
*The Great Book of Currier & Ives'
America*. New York, Abbeville Press,
1979. 487 p.

Tessier, Ives.
«Ludger Duvernay et les débuts de la
presse périodique aux Trois-
Rivières», *Revue d'histoire de l'Amérique française*, 18, 3(déc. 1964):387-
404.

Thériault, Michel.
«Fleury Mesplet», *Forces*, 43(2ᵉ trimestre 1978):44-51.

Procédés techniques

Engraving of Postage Stamps», *Popular Stamps*, 13, 12(janv. 1951):13-18.

Ayot, Pierre.
La sérigraphie photomécanique.
Montréal, Éditions Formart, 1974.
32 p.

Ballinger, Raymond A.
Art and Reproductions. Scarborough,
Van Nostrand Reinhold Ltd., 1977. 7,
112 p.

Béguin, André.
Dictionnaire technique de l'estampe.
Bruxelles, [s.é.], 1977. 510 p.

Blackburn, Henry.
The Art of Illustration. Londres, W.H.
Allen, 1894. xvi, 240 p.

Burch, R.M.
Colour Printing and Colour Printers.
Londres, 1910. xviii, 280 p.

Carruthers, George.
*Paper-Making: Part I. First Hundred
Years of Paper-Making by Machine:*

*Part II. First Century of Paper-
Making in Canada*. Toronto, The Garden City Press Co-operative, 1947.
712 p.

Charbonneau, Monique.
La gravure sur bois de fil. Montréal,
Éditions Formart, 1972. 32 p.

Courmont, Émile.
*La photogravure: histoire et techni-
que*. Paris, Gauthier-Villars, 1947.
249 p.

De Laborderie, Fernand et Jean Bois-
seau.
*Toute l'imprimerie. Les techniques et
leurs applications*. Montréal, Dunod,
1973. xx, 538 p.

Derouin, René.
La sérigraphie (film découpé). Montréal, Éditions Formart, 1972. 32 p.

Desaulniers, Louis.
L'art de la sérigraphie. Montréal, Les
Presses de l'Université du Québec,
1973. 197 p.

Dumouchel, Albert.
La lithographie. Montréal, Éditions
Formart, 1972. 32 p.

Eddy, E. B.
Handbook of Printing Production.
Hull, 1952. 100 p.

Giguère, Roland.
La sérigraphie à la colle. Montréal,
Éditions Formart, 1972. 32 p.

Gray, Nicolette.
*XIXᵗʰ Century Ornamented Types and
Title-Pages*. Londres, Faber & Faber,
1938. 213 p.

Griffits, Thomas E.
Colour Printing. Londres, Faber & Faber, 1948. xi, 35 p. 10 tableaux explicatifs.

Hardie, M.
English Coloured Books. Londres, Methuen, 1906. xxiv, 340 p.

Hasler, Charles.
«Mid-Nineteenth Century Colour Printing», *Penrose Annual*, 45(1951):66-68.

Huss, Richard.
The Development of Printer's Mechanical Typesetting Methods, 1822-1925. Charlottesville, University Press of Virginia, 1973. 307 p.

Jussim, Estelle.
Visual Communication and the Graphic Arts: Photographic Technologies in the Nineteenth Century. New York, R.R. Bowker Co., 1974. xv, 364 p.

Lafontaine, Gérard-H.
Dictionary of Terms Used in the Paper Printing and Allied Industries. Montreal, Howard Smith Paper Mills, 1949.

Lamb, Lynton.
Drawing for Illustration. Londres, Oxford University Press, 1962. 211 p.

Lechêne, Robert.
L'Imprimerie de Gutenberg à l'électron. Paris, Éditions La Farandole, 1972. 205 p.

Leroux-Guillaume, Janine.
La gravure sur bois de bout. Montréal, Éditions Formart, 1972. 32 p.

Malenfant, Nicole.
L'Estampe. Québec, Éditeur officiel du Québec, 1979. 307 p.

Marzio, Peter C.
The Democratic Art. Pictures for a 19th Century America. Chromolithography 1840-1900. Boston, David R. Godine, 1979. 357 p.

Ménard, Josée.
Litho-Québec et sérigraphie. Montréal, Musée d'art contemporain, 1974. Vidéo, noir et blanc, 20 minutes.

Ménard, Josée.
Litho-Québec et relief en creux. Montréal, Musée d'art contemporain, 1974. Vidéo, noir et blanc, 20 minutes.

Momoro, Antoine-François.
Traité élémentaire de l'imprimerie ou le manuel de l'imprimeur. Paris, A.F. Momoro, 1793. Réimpression: Westmead (Angleterre), Gregg International Publishers, 1971. 347 p.

Moran, James.
Printing Presses: History and Development from the Fifteenth Century to the Modern Times. Berkeley, University of California Press, 1973. 263 p.

Parramon, José-Maria.
Comment on imprime: initiation aux arts graphiques. Paris, Bordas, 1978. 127 p.

Pitz, H.C.
Illustrating Children's Books. History, Technique, Production. New York, Watson-Guptill, 1963. 207 p.

Prideaux, S. T.
Aquatin Engraving: A Chapter in the History of Book Illustration. Londres, W. & G. Foyle, 1968. xv, 434 p.

Savoie, Robert.
L'eau-forte en couleurs. Montréal, Éditions Formart, 1972. 32 p.

Strauss, Victor.
The Printing Industry. Washington (D.C.), Printing Industries of America Inc., 1967. xiv, 814 p.

Twyman, Michael.
Lithography, 1800-1850: The Techniques of Drawing on Stone in England and France. Londres et Toronto, Oxford University Press, 1970. xxi, 302 p. 88 planches.

Villedieu, Yannick.
«Imprimerie: une histoire de techniques», *Québec Science*, 13, 12(août 1975):23-27.

Wakeman, Geoffrey.
Victorian Book Illustration. The Technical Revolution. Detroit, Gale Research Company, 1973. 182 p.

Weber, Wilhelm.
Histoire de la lithographie. Paris, Somogy, 1967. 260 p.

Wolfe, Robert.
La linogravure. Montréal, Éditions Formart, 1974. 32 p.

Typographie

Dair, Carl.
«Typography can be Creative», *Canadian Art*, 5, 4(été-aut. 1948):184-188.

Exposition des meilleures réussites dans l'art typographique canadien dans le domaine de l'imprimerie commerciale, du livre, des journaux et revues. Catalogue annuel.

Hénault, Gilles.
«Reflections on Seeing Typography 62», *Canadian Art*, 20, 5(sept.-oct. 1963):288-290.

L'Art du livre à l'Imprimerie nationale. 5 siècles de typographie. Paris, 1973.

Lewis, John.
Typography, Design and Practice. Londres, Barrie and Jenkins, 1978. 144 p.

Lortie, Stanislas.
«Compositeur typographe de Québec», *Les ouvriers des Deux mondes*, 3e série, 10e fascicule, Paris, (1904). [Reproduit dans Pierre Savard, *Paysans et ouvriers québécois d'autrefois* (Québec, les Presses de l'Université Laval, 1968):77-132).

Massin.
La lettre et l'image. La figuration dans l'alphabet latin du 8e siècle à nos jours. Paris, Gallimard, 1970. 286 p. 1 106 ill.

Rosen, Ben.
Type and Typography. The Designer's Type Book. New York, Van Nostrand Reinhold, 1976. 406 p.

Updike, Daniel Berkeley.
Printing Types. Their History, Forms, and Use. New York, Dover, 1980. 2 vol.:292 et 326.

Mise en page

Davis, Alec.
Graphics. Design into Production. Londres, Faber & Faber, 1973.

Ede, Charles.
The Art of the Book: Some Record of Work Carried Out in Europe and the U.S.A., 1939-1950. Londres, Studio Publications, 1951. x, 214 p.

Hinwood, Tony.
Advertising Art: Time and Money-Saving Tricks of the Trade. Vancouver, Douglas, David & Charles, 1973. 175 p.

Holme, Charles.
L'Art du livre: étude sur quelques-uns (sic) des dernières créations en typographie, ornementation de textes et reliure exécutées en Europe et en Amérique. Londres, Le Studio, 1914. vi, 276 p.

Jones, Owen.
Grammar of Ornament. New York, Reinhold, 1972. [Première édition en 1856].

Newdigate, Bernard H.
The Art of the Book. New York, The Studio, 1938. vi, 104 p.

Thompson, Susan Otis.
American Book Design and William Morris. New York, R.R. Bowker Co., 1977. xvii, 258 p.

Thème

Amérindien

Arcand, Bernard, Marc Laberge et Sylvie Vincent.
«L'imagerie des Amérindiens. Un tour organisé», *Recherches Amérindiennes au Québec*, 10, 1-2(1980):132-135; 3(1980):205-207; 4(1981):278-281.

«Commentaires sur l'imagerie», *Recherches Amérindiennes au Québec*, 10, 4(1981):285.

Gagnon, François-Marc.
«L'anthropologie sans tête. Fondement d'une iconographie de l'indien», *Recherches Amérindiennes au Québec*, 11, 4(1981):273-280.

Laberge, Marc.
Peaux-Rouges en vitrine ou l'Amérindien imaginé. Diaporama, Vidéanthrop, Montréal.

Lande, Lawrence Montague.
A Checklist of Printed and Manuscript Material Relating to the Canadian Indian, Also Relating to the Pacific North West Coast. Montreal, McGill University, 1974. 78 p.

Martijn, Charles A.
«Les armoiries de Terre-Neuve et l'iconographie béothuk», *Recherches Amérindiennes au Québec*, 11, 4(1981):315-318.

Martijn, Charles A.
«Commentaires sur la *Frise des Sauvages* à l'église Saint-Jacques de Dieppe, France», *Recherches Amérindiennes au Québec*, 11, 4(1981):319-324.

Moreau, Jean-François.
«Les indiens de Goscinny», *Recherches Amérindiennes au Québec*, 11, 4(1981):351-378.

Quinn, David Beers.
«La femme et l'enfant inuit de Nuremberg, 1566», *Recherches Amérindiennes au Québec*, 11, 4(1981):311-313.

Sioui, Anne-Marie.
«Les onze portraits d'indiens du *Codex canadiensis*», *Recherches Amérindiennes au Québec*, 11, 4(1981):281-296.

Smith, Donald B.
Le »Sauvage« pendant la période héroïque de la Nouvelle-France (1534-1663) d'après les historiens canadiens-français des XIXe et XXe siècles. Montréal, Hurtubise HMH, 1979. 137 p.

Sturtevant, William C.
»Quelques représentations de canots et de pirogues à partir du XVIIe siècle«, *Recherches Amérindiennes au Québec*, 11, 4(1981):297-310.

bibliothèque

Association pour l'avancement des sciences et des techniques de la documentation.
Biblio, bibliothè, bibliothèque quoi?. Montréal, ASTED, 1976. 1 sac, 44 cm.

bière

Borgwardt, Bill.
«Collecting Breweriana», *CanadiAntiquer*, 5, 5(oct. 1979):2.

Donaldson, Gerald et Gerald Lampert.
The Great Canadian Beer Book. Toronto, McClelland & Stewart, 1975. 126 p.

Osborne, Keith et Brian Pipe.
The International Book of Beer Labels, Mats & Coasters. Secausus (N.J.), Chartwell Books Inc., 1979. 93 p.

Coca-Cola

Munsey, Cecil.
The Illustrated Guide to the Collectibles of Coca-Cola. New York, Hawthorn Books, 1972. xv, 333 p.

Contes et légendes

Cauchon, Michel.
L'Iconographie de la légende québécoise. Thèse de Ph.D. (Arts et Traditions populaires), Université Laval, 1979. xviii, 557 p.

Guilbault, Nicole.
Henri Julien et la tradition orale. Montréal, Boréal Express, 1980. 200 p.

danse

Landauer, Bella C.
Some Terpsichorean Ephemera From the Collection of Bella C. Landauer at the New York Historical Society. New York, 1953. 92 p.

Disney

Munsey, Cecil.
Disneyana: Walt Disney Collectibles. New York, Hawthorn Books, 1974. xiv, 385 p.

enfant

Bennett, Peter.
The Child Celebrated in Illustration. Markham (Ont.), Penguin Books Canada Ltd., 1979.

histoire

Doughty, Arthur George.
The Siege of Quebec and the Battle of the Plains of Abraham. Québec, Dussault & Proulx, 1901, 1902. 6 vol.

Massicotte, Édouard-Zotique.
Six boîtes d'illustrations sur 100 sujets différents. Montréal, Bibliothèque nationale, division des manuscrits.

Industries

Warkman, Mary Ann.
«Massey Memorabilia», *Canadian Collector* (juill.-août 1980):45-48.

jeux olympiques

«Montréal: graphisme et design des Jeux», *Vie des arts*, 21(aut. 1976):65-66.

Pelletier, Pierre-Yves.
«Graphisme et Design COJO 76», *Architecture Concept*, 31, 333(janv.-fév. 1976):16-21.

Montréal

Linteau, Paul-André.
Montréal au 19ᵉ siècle: bibliographie. Montréal, Université du Québec à Rimouski, 1972. 79 p.

Lambert, Phyllis.
«Un choix d'estampes documentaires de Montréal, avec annotations sur la croissance urbaine», *Racar*, 4, 2(1977):511-529.

musique

Amtmann, Willy.
La Musique au Québec, 1600-1875. Montréal, Éditions de l'Homme, 1976. 420 p.

Noël

Carver, Caroline.
Canadian Christmas Book. Montreal, Tundra Books, 1975. 96 p.

Lacroix, Yvon-André.
Noëls québécois: catalogue d'exposition. Bibliothèque nationale du Québec, 1970. 61 p.

Lassonde, Jean-René.
La Noël par le texte et par l'image: catalogue d'exposition. Bibliothèque nationale du Québec, 1971. 4 p.

Montpetit, Raymond.
Le temps des Fêtes au Québec. Montréal, les Éditions de l'Homme, 1978. 285 p.

politique

Séguin, Robert-Lionel.
L'Esprit révolutionnaire dans l'art québécois. Montréal, Éditions Parti Pris, 1972. 577 p.

presse underground

Carpentier, André.
«La Page Image», *La Barre du Jour* (aut. 1972):129-143.

Glessing, Robert J.
The Underground Press in America. Bloomington, Indiana University Press, 1970. 207 p.

Renaud, France et Yvan Mornard.
«Les publications», *Québec Underground*, 2(Montréal, Médiart, 1973):354-442.

publicité

«Réussite à l'italienne», *100 Idées* (Paris), 77(mars 1980):142-144.

Bradshaw, Percy Venner.
Art in Advertising, a Study of British and American Pictorial Publicity. Londres, The Press Art School, 1925. xvi, 496 p.

Stewart, Clair.
«Advertising Design in Canada», *Canadian Art*, 6, 1(aut. 1948):2-7.

religion

Beaulieu, Victor-Levy.
Manuel de la petite littérature du Québec. Montréal, L'Aurore, 1974. 268 p.

Lacroix, Benoît.
Folklore de la mer et religion. Ottawa, Leméac, 1980. 114 p.

Lemay, Hugolin.
Bibliographie antonienne ou Nomenclature des ouvrages: livres, revues, brochures, feuilles, etc., sur la dévotion à S. Antoine de Padoue, publiés dans la province de Québec de 1777 à 1909. Québec, Imprimerie de l'Événement, 1910. 76 p.

Lemay, Hugolin.
Bibliographie et iconographie du serviteur de Dieu, le R.P. Frédéric Janssoone, O.F.M., 1838-1916. Québec, Imprimerie franciscaine missionnaire, 1932. 62 p.

Nadeau, Charles.
Saint Joseph dans l'édition canadienne: bibliographie. Montréal, Oratoire Saint-Joseph du Mont-Royal, 1967. v, 81 p.

Simard, Jean.
Un patrimoine méprisé. La religion populaire des Québécois. Montréal, Hurtubise HMH, 1979. 309 p.

science et technologie

Brenni, Vito J.
Book Illustration and Decoration. A Guide to Research. Westport (Conn.), Greenwood Press, 1980. 191 p. 2 114 titres.

sport

Guay, Donald.
Bibliographie québécoise sur l'activité physique, 1850-1973: hygiène, santé, éducation physique, sport, plein air, tourisme, loisirs. Québec, Éditions du Pélican, 1974. xix, 316 p.

Houle, Ghislaine et al.
Les Sports au Québec, 1879-1975: Catalogue d'exposition. Montréal, Bibliothèque nationale du Québec, 1976. xiii, 185 p.

Sugar, Bert Randolph.
The Sports Collectors Bible. New York, The Bobb-Merrill Co. Inc., 1979. xii, 578 p.

Zieman, Margaret.
«British Sporting Prints», *Canadian Collector*, 8, 6(nov.-déc. 1973):15-18.

tempérance

Lemay, Hugolin.
Catalogue de l'exposition anti-alcoolique du premier congrès de tempérance du diocèse de Québec, tenu à Québec du 31 août au 4 septembre 1910. Québec, Imprimerie l'Action sociale, 1910. viii, 99 p.

Lemay, Hugolin.
Bibliographie des ouvrages concernant la tempérance: livres, brochures, journaux, revues, feuilles, cartes, etc., imprimés à Québec et à Lévis depuis l'établissement de l'imprimerie, 1764, jusqu'à 1910. Québec, Im-primerie de l'Événement, 1910, 1911. 165 p.

Lemay, Hugolin.
Inventaire des travaux, livres, brochures, feuillets, et autres écrits concernant la tempérance publiés par les Pères franciscains du Canada de 1906 à 1915. Montréal, 1915. 50 p.

transport

Mika, Nick et Helma Mika.
Railways of Canada. A Pictorial History. Toronto, McGraw-Hill Ryerson, 1972. 176 p. [Nouvelle édition en 1978].

LES PUBLICATIONS DE L'I.Q.R.C.

Collection « Culture populaire » (sous la direction de Robert Laplante).

1. Yvan Lamonde, Lucia Ferretti et Daniel Leblanc. *La culture ouvrière à Montréal (1880-1920) : bilan historiographique*   9,00$

Collection « Culture savante » (sous la direction de Maurice Lemire).

1. François Colbert. *Le marché québécois du théâtre.*   8,00$
2. Sous la direction de Yvan Lamonde. *L'imprimé au Québec — Aspects historiques (18e-20e siècles)*   18,00$

Collection « Diagnostics culturels » (sous la direction de Jean Gagné).

1. Jean-Robert Faucher, André Fournier et Gisèle Gallichan. *L'information culturelle dans les media électroniques.*   7,00$
2. Angèle Dagenais. *Crise de croissance — Le théâtre au Québec.*   5,00$

Collection « Documents préliminaires » (sous la direction de Pierre Anctil).

1. Danielle Nepveu. *Les représentations religieuses au Québec dans les manuels scolaires de niveau élémentaire (1950-1960).*   6,50$
2. Jean-Pierre Dupuis, Andrée Fortin, Gabriel Gagnon, Robert Laplante et Marcel Rioux. *Les pratiques émancipatoires en milieu populaire.*   9,00$
3. Renée Cloutier, Gabrielle Lachance, Denise Lemieux, Madeleine Préclaire et Luce Ranger-Poisson. *Femmes et culture au Québec.*   6,00$
4. Jean Bourassa. *Le travailleur minier, la culture et le savoir ouvrier : quatre analyses de cas.*   5,25$

Collection « Documents de recherche »

1. Honorius Provost. *Les premiers Anglo-Canadiens à Québec — Essai de recensement (1759-1775).*   7,50$

Collection « Edmond-de-Nevers » (sous la direction de Léo Jacques).

1. Lucie Robert. *Le manuel d'histoire de la littérature canadienne de Mgr Camille Roy.*   11,00$
2. Réal Brisson. *La charpenterie navale à Québec sous le Régime français.*   19,50$

Collection « Identité et changements culturels » (sous la direction de Fernand Harvey).

1. Gary Caldwell et Éric Waddell, dir. *Les anglophones du Québec : de majoritaires à minoritaires.*   14,00$
2. Gary Caldwell and Éric Waddell, editors. *The English of Québec : from majority to minority status.*   14,00$
3. Alain Vinet, Francine Dufresne et Lucie Vézina. *La condition féminine en milieu ouvrier : une enquête.*   18,50$

Collection « Instruments de travail » (sous la direction de Marîse Thivierge).

1. David Rome, Judith Nefsky et Paule Obermeir. *Les Juifs du Québec — Bibliographie rétrospective annotée.*   13,00$
2. Yvan Lamonde et Pierre-François Hébert. *Le cinéma au Québec — Essai de statistique historique (1896 à nos jours).*   18,00$
3. Jean-Pierre Charland et Nicole Thivierge. *Bibliographie de l'enseignement professionnel au Québec (1850-1980).*   14,00$
4. Vivian Labrie. *Précis de transcription de documents d'archives orales.*   11,00$
5. Denise Lemieux et Lucie Mercier. *La recherche sur les femmes au Québec : bilan et bibliographie.*   14,25$
6. Sylvie Tellier. *La chronologie littéraire du Québec.*   18,50$
7. Yolande Cohen. *Les thèses québécoises sur les femmes.*   8,00$
8. Gary Caldwell. *Les études ethniques au Québec.*   10,50$
9. Yvan Lamonde. *Je me souviens — La littérature personnelle au Québec (1860-1980).*   17,00$

Collection « Les régions du Québec » (sous la direction de Fernand Harvey).

1. Jules Bélanger, Marc Desjardins et Yves Frenette. *Histoire de la Gaspésie.*   29,95$

Revue « Questions de culture » (sous la direction de Fernand Dumont et Gabrielle Lachance).

1. *Cette culture que l'on appelle savante.*   15,00$
2. *Migrations et communautés culturelles.*   15,00$
3. *Les cultures parallèles.*   15,00$

Hors série

1. Paul Aubin. *Bibliographie de l'histoire du Québec et du Canada (1966-1975).* 2 tomes.   60,00$
2. Nicole Thivierge. *Écoles ménagères et instituts familiaux : un modèle féminin traditionnel.*   25,50$
3. Jean-Pierre Charland. *Histoire de l'enseignement technique et professionnel.*   25,50$
4. Laurence Lamontagne. *L'hiver dans la culture québécoise (XVIIe-XIXe siècles).*   11,50$

Achevé d'imprimer
en avril 1983 sur les presses
des Ateliers Graphiques Marc Veilleux Inc.
Cap-Saint-Ignace, Qué.